Anforderungsbereich III (Reflexion und Problemlösung)

Er umfasst den kritischen und reflektierten Umgang mit neuen Problemstellungen, den eingesetzten Methoden und den gewonnenen Erkenntnissen. Ziel sind eigenständige Begründungen, Folgerungen, Deutungen und Wertungen.

beurteilen

den Stellenwert von Sachverhalten oder Prozessen in einem Zusammenhang bestimmen, um kriterienorientiert zu einem begründeten Sachurteil zu gelangen

entwickeln

zu einem Sachverhalt oder zu einer Problemstellung eine Einschätzung, ein Lösungsmodell, eine Gegenposition oder ein begründetes Lösungskonzept darlegen

erörtern

zu einer vorgegebenen Problemstellung eine reflektierte, abwägende Auseinandersetzung führen und zu einem begründeten Sach- und / oder Werturteil kommen

sich auseinandersetzen

zu einem Sachverhalt, einem Konzept, einer Problemstellung oder einer These usw. eine Argumentation → *entwickeln*, die zu einem begründeten Sach- und / oder Werturteil führt

Stellung nehmen

Beurteilung (→ *beurteilen*) mit zusätzlicher Reflexion individueller, sachbezogener und / oder politischer Wertmaßstäbe, die Pluralität gewährleisten und zu einem begründeten eigenen Werturteil führen

überprüfen

Inhalte, Sachverhalte, Vermutungen oder Hypothesen auf der Grundlage eigener Kenntnisse oder mithilfe zusätzlicher Materialien auf ihre sachliche Richtigkeit bzw. auf ihre innere Logik hin untersuchen

Operator, der Leistungen in allen drei Anforderungsbereichen verlangt:

interpretieren

Sinnzusammenhänge aus Quellen erschließen und ein begründetes Sachurteil oder eine Stellungnahme abgeben, die auf einer Analyse beruhen

Operatoren zusammengestellt nach: http://db2.nibis.de/1db/cuvo/datei/ge_go_kc_druck_2017.pdf (Zugriff: 24. Oktober 2018)

Tipps für den richtigen Umgang mit den Operatoren und den Aufgaben im Buch:

- Nützliche Erklärungen zu den einzelnen Operatoren bietet die Übersicht auf Seite 150 bis 157.
- Zu Aufgaben, die mit einem **H** (= Helfen) oder **F** (= Fordern) gekennzeichnet sind, finden Sie im Anhang auf Seite 169 bis 172 Hinweise und weitere Informationen.

BUCHNERS KOLLEG
THEMEN GESCHICHTE

Amerikanische Revolution

Krisen, Umbrüche und Revolutionen

C.C.Buchner Verlag

Buchners Kolleg. Themen Geschichte

Amerikanische Revolution

Krisen, Umbrüche und Revolutionen

Unterrichtswerk für die Oberstufe

Bearbeitet von Boris Barth, Klaus Dieter Hein-Mooren, Stephan Kohser, Heike Krause-Leipoldt und Thomas Ott

Zu diesem Lehrwerk sind erhältlich:
- Digitales Lehrermaterial **click & teach** Einzellizenz, Bestell-Nr. 322511
- Digitales Lehrermaterial **click & teach** Box (Karte mit Freischaltcode), ISBN 978-3-661-32251-3

Weitere Materialien finden Sie unter www.ccbuchner.de.

Dieser Titel ist auch als digitale Ausgabe **click & study** unter www.ccbuchner.de erhältlich.

1. Auflage, 1. Druck 2019
Alle Drucke dieser Auflage sind, weil untereinander unverändert, nebeneinander benutzbar.

Das Werk folgt der reformierten Rechtschreibung und Zeichensetzung. Ausnahmen bilden Texte, bei denen künstlerische, philologische oder lizenzrechtliche Gründe einer Änderung entgegenstehen.

Auf verschiedenen Seiten dieses Buches finden sich Mediencodes. Sie verweisen auf optionale Unterrichtsmaterialien und Internetadressen (Links).
Haftungshinweis: Trotz sorgfältiger inhaltlicher Kontrolle wird die Haftung für die Inhalte externer Seiten ausgeschlossen.

Redaktion: Stefanie Witt
Korrektorat: Kerstin Schulbert
Layout, Satz, Umschlaggestaltung und Grafiken: HOCHVIER GmbH & Co. KG, Bamberg
Karten: ARTBOX Grafik und Satz GmbH, Bremen; HOCHVIER GmbH & Co. KG, Bamberg
Druck und Bindung: creo Druck & Medienservice GmbH, Bamberg

www.ccbuchner.de

ISBN 978-3-661-**32201**-8

Zur Arbeit mit dem Buch

Das vorliegende **Lern- und Arbeitsbuch** wurde eigens nach den Vorgaben des Kerncurriculums für Niedersachsen und den fachbezogenen Hinweisen zur schriftlichen Abiturprüfung konzipiert.

Einführungsseiten

leiten mit problemorientierten Bildern und Texten, einer **Lernstandserhebung** sowie den **Kompetenzerwartungen** in das Rahmenthema ein.

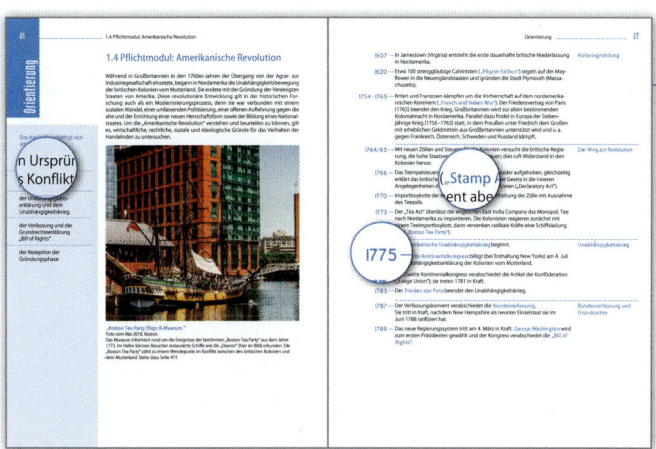

Orientierungsseiten

informieren überblicksartig über die Themen der **Pflichtmodule** (blau) bzw. der **Wahlmodule** (grün). Die Doppelseite umfasst ein Auftaktbild, einen kurzen Text zum Einstieg ins Thema, die **Lerninhalte** des jeweiligen Moduls sowie eine **Chronologie** mit zentralen Daten und Fakten.

Darstellungen

vermitteln ein Verständnis für historische Zusammenhänge und Strukturen. Sie sind mit den Materialien durch Querverweise vernetzt. (→ M1, → M2 etc.) Die Randspalte enthält **Namens- und Begriffserklärungen**, weiterführende **Internettipps** sowie Hinweise auf **animierte Karten**. Um die Karte und Tipps abzurufen, geben Sie im Suchfeld auf www.ccbuchner.de den im Buch genannten **Mediencode** (z. B. 32201-01) ein oder steuern Sie die digitalen Inhalte direkt über die **QR-Codes** an.

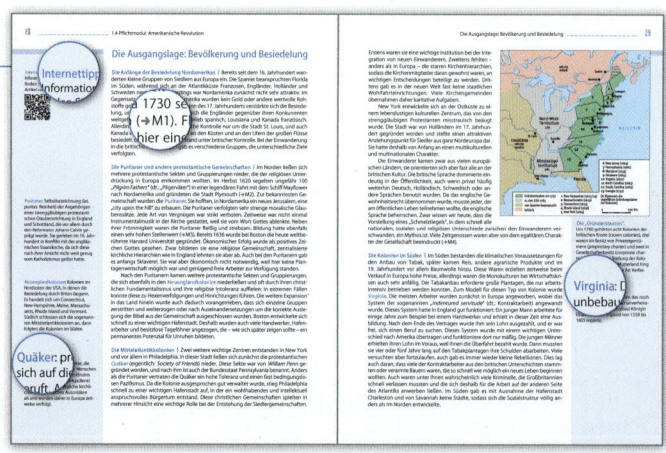

Materialien

vertiefen zentrale Themenaspekte und stellen kontroverse Sichtweisen dar. Die Aufgaben sind farblich je nach **Anforderungsbereich** gekennzeichnet. Erläuterungen dazu stehen ganz vorne im Buch. Tipps zum richtigen **Umgang mit den Operatoren** finden Sie ab Seite 150. Über Angebote zum Helfen (**H**) und Fordern (**F**) informiert Seite 169 ff.

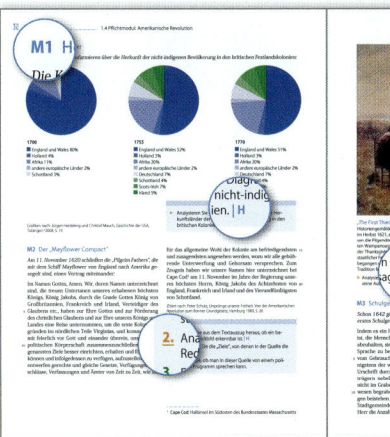
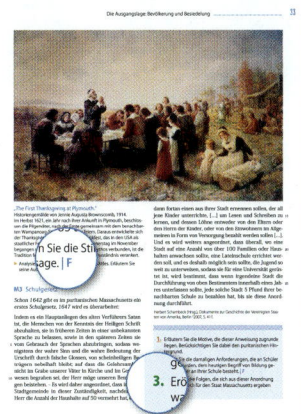

Weitere Hinweise

- Aufgaben, die eine **Partner-/Gruppenarbeit** sowie spezifische **Präsentationsformen** erfordern, sind zusätzlich ausgewiesen.
- Aufgaben für **gA-Kurse** sind durch einen Unterstrich gekennzeichnet.

Kernmodule

sind **rot** gekennzeichnet. Sie behandeln **historische Theorien und Erklärungsmodelle** und vernetzen zum Teil die Kapitel durch Querverweise und Aufgaben miteinander.

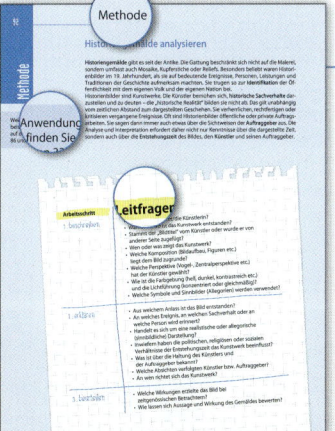

Methoden

erläutern **historische Arbeitstechniken** für die eigenständige Erarbeitung und Wiederholung an einem konkreten Beispiel. Die **Musterlösungen** können Sie auf Seite 165 bis 168 nachlesen. Zudem finden Sie auf Seite 164 grundlegende **Hinweise zur methodischen Arbeit**.

Geschichte kontrovers

präsentiert Standpunkte vornehmlich von Fachwissenschaftlern, die zur Diskussion anregen und die eigene **Urteilskompetenz** fördern sollen.

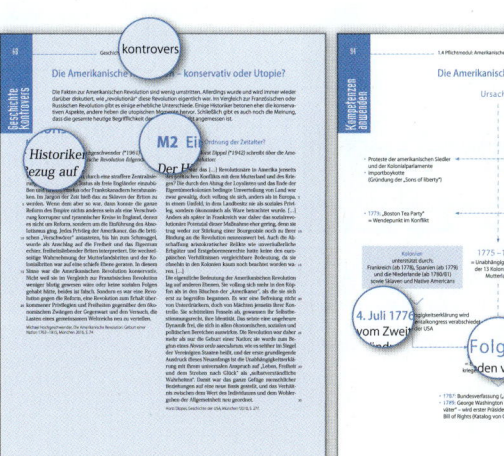

Kompetenzen anwenden

Auf dieser Doppelseite fassen **Schaubilder** die wesentlichen Lerninhalte des Kapitels zusammen. Mithilfe von **Materialien** und Arbeitsaufträgen können das erworbene Wissen und die angeeigneten methodischen Kenntnisse getestet werden.

Independence Day – Unabhängigkeitstag.
Foto vom 4. Juli 2010.
Die Aufnahme zeigt eine Gruppe von marschierenden Männern in historischen
Kostümen bei einer Parade am Nationalfeiertag der USA in Amherst (Massachusetts).
Es handelt sich dabei um eine Neuinszenierung von Soldaten des First New Hampshire
Regiments aus dem Amerikanischen Unabhängigkeitskrieg.

Auf Luthers Spuren: Sightseeing in Wittenberg.
Foto vom 30. Oktober 2017.
Eine Gruppe von Touristen betrachtet die
bronzene Thesentür aus dem 19. Jahrhundert
an der Wittenberger Schlosskirche.

Französischer Nationalfeiertag.
Foto vom 14. Juli 2012.
Eine Militärparade findet auf den Champs-Elysées
vor dem Pariser Triumphbogen statt.

1. Krisen, Umbrüche und Revolutionen

Was steckt hinter den Begriffen Krise, Umbruch und Revolution? Was unterscheidet sie und was ist ihnen gemeinsam? Sicher kennen Sie Beispiele wie Wirtschaftskrisen, politische und gesellschaftliche Umbrüche oder Revolutionen wie die Französische. In diesem Rahmenthema lernen Sie, warum eine Krise noch keinen Umbruch bedeutet und erst recht keine Revolution. Vielmehr bezeichnet sie einen unsicheren Schwebezustand, der sich bis zur Revolution hin verstärken, aber auch wieder auflösen kann. Nicht immer ist Gewalt im Spiel. Und manche alten Strukturen geraten nicht deshalb ins Wanken, weil sich jemand dagegen auflehnt, sondern aus ganz anderen Gründen. Um das vielschichtige Wechselspiel von Ursache und Wirkung, um konkrete Beispiele und die Frage, wie Zeitgenossen und heutige Betrachter die geschichtlichen Ereignisse wahrnahmen bzw. deuten, geht es auf den folgenden Seiten.

Kompetenzen

Am Ende des ersten Rahmenthemas sollten Sie Folgendes können:

… Wendepunkte und beschleunigte Veränderungsprozesse in Form von Krisen, Umbruchsituationen oder Revolutionen benennen und erklären.

… Bedingungen, Verlauf und Folgen von beschleunigten Veränderungsprozessen analysieren und beurteilen.

… sich mit der Gleichzeitigkeit von Kontinuität und Wandel sowie deren Bedeutung in der Geschichte auseinandersetzen.

… unterschiedliche zeitgenössische und moderne Deutungen dieser Prozesse analysieren und überprüfen.

Was wissen und können Sie schon?

Bilden Sie Kleingruppen und bearbeiten Sie die Bildmaterialien auf der linken Seite:

1. Beschreiben Sie in wenigen Worten die drei Fotos: Wer oder was ist dargestellt? Was wird thematisiert?
2. Arbeiten Sie heraus, auf welche historischen Ereignisse sich die Bildinhalte beziehen.
3. Ordnen Sie die in Aufgabe 2 ermittelten historischen Ereignisse folgenden Begriffen zu: Krisen, Umbruchsituationen und Revolutionen. Begründen Sie jeweils Ihre Meinung.
4. Präsentieren Sie im Anschluss Ihre Ergebnisse im Kurs und vergleichen Sie zusammenfassend Ihre Einschätzungen.

1.1 Kernmodul: Krisen

Begriffliche Herkunft | Das Wort „Krise" stammt vom altgriechischen *krísis* (Entscheidung, Bewertung, Zuspitzung). Seit der Antike bis in die Frühe Neuzeit wurde der Begriff vielfältig verwendet. In der Medizin galt er als das entscheidende Stadium eines Krankheitsverlaufs, das zur Genesung oder zum Tod führt; in der Kriegführung stand er für die Entscheidungsphase während einer Schlacht; in der Rechtslehre bezeichnete er die Urteilsfindung; in der religiösen Vorstellung war damit der göttliche Richtspruch gemeint, der die Menschen entweder zu Heil oder Verdammnis bestimmte.

Von diesen Bedeutungsvarianten sind etliche moderne Begriffe abgeleitet, etwa „Kritik" (Beurteilung, Prüfung; Beanstandung), „kritisch" (prüfend; entscheidend, klärend; auch: überhandnehmend) oder „Kriterium" (Unterscheidungsmerkmal, Maßstab).

„Krise" wird heute ganz allgemein als eine Entwicklung verstanden, in der Störungen, Widersprüche oder Konflikte auftreten, sich verstärken und unweigerlich auf eine Entscheidung zusteuern. Ein solcher Prozess kann in Politik, Wirtschaft oder Gesellschaft, aber auch im privaten Bereich stattfinden. Er stellt die bisherigen Verhältnisse grundlegend infrage und sorgt damit für Unsicherheit und ein Gefühl der Bedrohung. Der Ausgang einer Krise ist für die Dauer ihres Verlaufs ungewiss: Die Betroffenen können die Krise bewältigen (Krisenmanagement) oder an den Problemen scheitern. Daher werden Krisen zugleich als dringliche Herausforderung und als Bewährungsprobe aufgefasst (➔M1).

Karriere eines Begriffs | Der Begriff „Krise" war nicht immer so prominent wie in unserer Zeit. Wie der Bielefelder Historiker *Reinhart Koselleck* (1923 – 2006) nachwies, ging er erst seit dem ausgehenden 18. Jahrhundert in die Alltagssprachen ein, zunächst im Englischen und Französischen (*crisis*, *crise*), später auch im Deutschen (➔M2). Im Lauf des 19. und 20. Jahrhunderts wurde der Begriff eingesetzt, um in der Öffentlichkeit auf alarmierende Vorgänge hinzuweisen oder sie zumindest zu behaupten (➔M3).

Heutzutage wird das Wort häufig in negativem Zusammenhang verwendet, etwa wenn ein Leistungsabfall eintritt (z. B. Formkrise, Schaffenskrise), Knappheit und Not herrschen (Energiekrise, Versorgungskrise, humanitäre Krise) oder schwierige persönliche Übergänge zu bewältigen sind (Beziehungskrise, Identitätskrise, Pubertätskrise, Midlife-Crisis).

Krisen in der Geschichte | Auch die Geschichtswissenschaft verwendet den Begriff der Krise. Als historische Krisen gelten solche Phasen, in denen Menschen tief greifende Veränderungen ihrer Lebenswelt wahrnahmen, ohne sie mit herkömmlichen Mitteln bewältigen zu können. Der Verlauf historischer Krisen ist für die Zeitgenossen nur bedingt beeinflussbar. Ausgang und Folgen der Krise lassen sich erst in der Rückschau absehen (➔M4 und M5).

Für die Geschichtsforschung ist dieses Konzept höchst reizvoll. Denn zum einen geht es um die – subjektive – Erfahrung von Veränderungen in einer Zeit (Wie haben die Menschen den Wandel wahrgenommen?). Zum anderen wird jene Zeit in der Nachbetrachtung – objektiv – in einen sinnvollen historischen Zusammenhang gestellt (Krisen als Phasen des Übergangs und Umbruchs). Die historische Krisen-Erzählung betont gerade die Offenheit der Geschichte, und damit ihre Dramatik. Menschen haben in der Vergangenheit Krisen erlebt und darauf reagiert. Was aus diesem Verhalten resultieren würde und wozu dies letztlich geführt hat, musste den Zeitgenossen jedoch verborgen bleiben (➔M6).

Krise?

► Präsentation: Geben Sie in einer Mindmap wieder, welche Arten von Krisen Ihnen bekannt sind.

► Erklären Sie ausgehend von Ihrer erstellten Mindmap, welche verschiedenen Kennzeichen eine Krise Ihrer Meinung nach haben kann. | **F**

► Vergleichen Sie Ihre Ergebnisse mit der Übersicht in M1.

M1 Krisen in der Moderne

Die Historiker Rüdiger Graf (*1975) und Konrad H. Jarausch (*1941) geben einen schematischen Überblick zu Krisen der neueren und neuesten Zeit:

Krisentypus	Beschreibung	Beispiele
internationale Krisen	• internationale Konfrontationen, die bereits von Zeitgenossen als Krisen beschrieben werden • Spannungen, die bis an den Rand eines Krieges führen können oder diesen einleiten	• Faschodakrise (1898) • Erste Marokkokrise (1904–1906) • Julikrise (1914) • Erste Berlinkrise (1947/48) • Kubakrise (1962)
politische Systemkrisen	• Konflikt innerhalb einer Regierung, der deren Existenz bedroht • Phase nach dem erzwungenen Abtreten einer Regierung bis zur neuen Regierungsbildung • politische Entwicklung, die das ganze Staatswesen gefährdet oder den allgemeinen Wunsch nach einem Systemwechsel entstehen lässt	• Krise der Weimarer Republik (1929–1933) • Entstehung der Fünften Republik in Frankreich (1958) • Krise der Ostblockstaaten (um 1980–1989/91)
Wirtschafts-krisen	• vor der Industrialisierung: Agrarkrisen, verursacht durch Missernten oder Spekulationen • im Industriezeitalter: drastische Einbrüche des Wirtschaftswachstums, entweder kurzzeitig (Rezession) oder von längerer Dauer (Depression)	• Tamborakrise (1815–1817) • Gründerkrach (1873) • Weltwirtschaftskrise (nach 1929) • Ölkrise (1973) • globale Finanzkrise (2007/08)
gesellschaft-liche Krisen	• Zuspitzung von Problemen innerhalb der Gesellschaft • sie betreffen entweder bestimmte gesellschaftliche Schichten, gesellschaftliches Verhalten und Lebensstile oder den Zusammenhalt der Gesellschaft insgesamt	• Soziale Frage (19. Jh.) • Hyperinflation in Deutschland (1923) • Wohnungsnot nach dem Zweiten Weltkrieg • demografischer Wandel seit dem späten 20. Jh.
„kulturelle Krisen"	• Schlagwort in der Auseinandersetzung mit geistig-kulturellen Entwicklungen, die entweder als „Verfall" abgelehnt oder als „Fortschritt" begrüßt werden	• Streit um die Rolle der Frau in der Gesellschaft im 20. Jh. • moderne vs. klassische Kunst • Streit um Bildungsgüter (z. B. alte Sprachen im Unterricht, bestimmte Erziehungsmethoden) • analoges Zeitalter vs. Digitalisierung

Tabelle zusammengestellt nach: Rüdiger Graf und Konrad H. Jarausch, „Crisis" in Contemporary History and Historiography, in: Docupedia-Zeitgeschichte, 27. März 2017; http://docupedia.de/zg/Graf_jarausch_crisis_en_2017 (Zugriff: 1. November 2018; übersetzt und ergänzt von Thomas Ott)

1. Wählen Sie jeweils eines der genannten Beispiele einer internationalen Krise, politischen Systemkrise, Wirtschafts- und gesellschaftlichen Krise aus und informieren Sie sich über die Hintergründe. Beurteilen Sie daraufhin, ob und inwieweit die Definition einer Krise wie auf Seite 8 im Verfassertext „Begriffliche Herkunft" (dritter Absatz) erfüllt ist.

2. Erörtern Sie, inwieweit die „kulturelle Krise" von den übrigen Krisentypen abweicht.

3. Geben Sie weitere Beispiele aus Geschichte und Gegenwart für die in der Übersicht genannten Krisentypen wieder.

4. Gruppenarbeit: Diskutieren Sie, ob es neben den hier aufgeführten Typen von Krisen noch wesentlich andere Arten einer Krise gibt. Tragen Sie die Ergebnisse zusammen, und ergänzen Sie ggf. die vorliegende Übersicht.

M2　Krise als neues Zeitverständnis

Reinhart Koselleck (siehe Seite 8) schreibt über die Entwicklung des Krisenbegriffs:

Seit der zweiten Hälfte des 18. Jahrhunderts kam eine religiöse Tönung in den Wortgebrauch, die aber schon als posttheologisch, nämlich als geschichtsphilosophisch[1] bezeichnet werden muss. Dabei spielt [...] die Assoziations-
5　kraft des Jüngsten Gerichtes[2] und der Apokalyptik[3] dauernd in die Wortverwendung hinein [...]. Auch deshalb führt die geschichtsphilosophische Begriffsbildung von ‚Krise‘ zu harten dualistischen Alternativen. [...]
Entweder gibt die Krise zu erkennen, dass es sich zwar um
10　eine einmalige Situation handelt, dass sie sich aber – wie bei Krankheitsverläufen – grundsätzlich wiederholen könne. Oder die Krise wird in Analogie zum Jüngsten Gericht zwar auch als einmalige, vor allem aber als letzte Entscheidung gedeutet, nach der alles ganz anders sein
15　werde. [...]
So kann der Krisenbegriff die neuzeitliche Erfahrung so weit verallgemeinern, dass ‚Krise‘ zum Dauerbegriff für ‚Geschichte‘ schlechthin wird. Dies ist erstmals der Fall bei Schillers[4] Diktum: *Die Weltgeschichte ist das Weltgericht*[5]
20　[...]. [...] Schiller [hat] die ganze Weltgeschichte als einzige Krise gedeutet, die sich stets und ständig vollzieht. Der Richtspruch wird nicht von außen, etwa von Gott oder von den Historikern ex post[6] über die Geschichte gesprochen, sondern er vollzieht sich durch die Handlungen und Unter-
25　lassungen der Menschen hindurch. [...]
Eine andere Variante liegt in der wiederholten Anwendbarkeit eines Krisenbegriffs, der zugleich – etwa auf der aufsteigenden Linie des Fortschritts – eine historisch einmalige Durchgangsphase darstellt. Er gerinnt dann zu einem
30　Epochenbegriff, der eine kritische Übergangszeit indiziert, nach der, wenn nicht alles, so doch grundsätzlich sehr vieles sehr anders sein werde. [...]
In allen Fällen handelt es sich um die tastenden Versuche, eine zeitspezifische Ausdrucksmöglichkeit zu gewinnen,
35　die die Erfahrung einer neuen Zeit auf den Begriff bringen sollte, deren Herkunft verschieden tief gestaffelt wird und

deren unbekannte Zukunft allen Wünschen und Ängsten, Befürchtungen oder Hoffnungen freien Spielraum zu lassen schien. ‚Krise‘ wird zur strukturellen Signatur der Neuzeit.
40

Reinhart Koselleck, Krise, in: Ders., Otto Brunner und Werner Conze (Hrsg.), Geschichtliche Grundbegriffe. Historisches Lexikon zur politisch-sozialen Sprache in Deutschland, Bd. 3, Stuttgart 1982, S. 617–650, hier S. 626f.

1. Erläutern Sie den Zusammenhang zwischen der religiösen Vorstellung eines Jüngsten Gerichts und dem von Koselleck skizzierten Verständnis von Krise.

2. Erklären Sie, welche Vorgänge in Politik, Wirtschaft, Gesellschaft und im Denken seit Ende des 18. Jahrhunderts für die „Erfahrung einer neuen Zeit" (Zeile 35) sorgten. Dazu können Sie auch vorab Informationen aus Fachbüchern und/oder dem Internet zusammentragen.

M3　Wirtschaftskrisen in der Sicht von Marx und Engels

Der Ökonom und Philosoph Karl Marx (1818–1883) und der Philosoph, Soziologe und Unternehmer Friedrich Engels (1820–1895) verfassen 1847/48 das „Manifest der Kommunistischen Partei" (siehe auch M1 auf Seite 16). In der Programmschrift heißt es zur Zukunft von Marktwirtschaft und bürgerlicher Gesellschaft:

Die Bourgeoisie[7] hat in ihrer kaum hundertjährigen Klassenherrschaft massenhaftere und kolossalere Produktionskräfte geschaffen als alle vergangenen Generationen zusammen. Unterjochung der Naturkräfte, Maschinerie, Anwendung der Chemie auf Industrie und Ackerbau, 5
Dampfschifffahrt, Eisenbahnen, elektrische Telegrafen, Urbarmachung ganzer Weltteile, Schiffbarmachung der Flüsse, ganze aus dem Boden hervorgestampfte Bevölkerungen – welches frühere Jahrhundert ahnte, dass solche Produktionskräfte im Schoß der gesellschaftlichen Arbeit 10
schlummerten.
[...] Die [...] moderne bürgerliche Gesellschaft, die so gewaltige Produktions- und Verkehrsmittel hervorgezaubert hat, gleicht dem Hexenmeister, der die unterirdischen Gewalten nicht mehr zu beherrschen vermag, die er herauf- 15
beschwor. Seit Dezennien[8] ist die Geschichte der Industrie und des Handels nur die Geschichte der Empörung der modernen Produktivkräfte gegen die modernen Produktionsverhältnisse, gegen die Eigentumsverhältnisse, welche die Lebensbedingungen der Bourgeoisie und ihrer Herr- 20
schaft sind. Es genügt, die Handelskrisen zu nennen, welche in ihrer periodischen Wiederkehr immer drohender die Existenz der ganzen bürgerlichen Gesellschaft infrage stel-

---

[1] **Geschichtsphilosophie:** Nachdenken über Sinn, Eigenart und mögliche Gesetzmäßigkeiten der Geschichte. Zu den Leitfragen zählen: Was treibt die Entwicklung einer Gesellschaft oder der ganzen Menschheit an? Wie ist der Verlauf der Geschichte zu deuten? Wozu befassen wir uns mit der Vergangenheit?

[2] **Jüngstes Gericht:** im jüdischen, christlichen und muslimischen Glauben Vorstellung eines göttlichen Gerichts über alle Menschen am Ende der Zeiten

[3] **Apokalyptik** (von altgriech. *apokálypsis:* Enthüllung, Offenbarung): Darstellung oder Vorhersage eines Weltendes in Wort und Bild

[4] **Friedrich Schiller** (1759–1805): deutscher Dichter, Publizist, Arzt, Philosoph und Historiker

[5] Zitat aus Schillers Gedicht „Resignation. Eine Phantasie", 1786 veröffentlicht

[6] **ex post** (lat.): hinterher, im Nachhinein

[7] **Bourgeoisie** (frz.): Besitzbürgertum

[8] **Dezennium** (lat.): Jahrzehnt

len. In den Handelskrisen wird ein großer Teil nicht nur der
25 erzeugten Produkte, sondern der bereits geschaffenen Produktivkräfte regelmäßig vernichtet. In den Krisen bricht
eine gesellschaftliche Epidemie aus, welche allen früheren
Epochen als ein Widersinn erschienen wäre – die Epidemie
der Überproduktion. Die Gesellschaft findet sich plötzlich
30 in einen Zustand momentaner Barbarei zurückversetzt;
eine Hungersnot, ein allgemeiner Vernichtungskrieg scheinen ihr alle Lebensmittel abgeschnitten zu haben; die Industrie, der Handel scheinen vernichtet, und warum? Weil
sie zu viel Zivilisation, zu viel Lebensmittel, zu viel Indust-
35 rie, zu viel Handel besitzt. Die Produktivkräfte, die ihr zur
Verfügung stehen, dienen nicht mehr zur Beförderung der
bürgerlichen Eigentumsverhältnisse; im Gegenteil, sie sind
zu gewaltig für diese Verhältnisse geworden, sie werden
von ihnen gehemmt; und sobald sie dies Hemmnis überwin-
40 den, bringen sie die ganze bürgerliche Gesellschaft in Un-
ordnung, gefährden sie die Existenz des bürgerlichen Eigentums. [...] – Wodurch überwindet die Bourgeoisie die
Krisen? Einerseits durch die erzwungene Vernichtung einer
Masse von Produktivkräften; andererseits durch die Erobe-
45 rung neuer Märkte und die gründlichere Ausbeutung alter
Märkte. Wodurch also? Dadurch, dass sie allseitigere und
gewaltigere Krisen vorbereitet und die Mittel, den Krisen
vorzubeugen, vermindert.

Karl Marx und Friedrich Engels, Manifest der Kommunistischen Partei, in: Dies.,
Werke, Bd. 4, Berlin ⁶1972, S. 459 – 493, hier S. 467f.

1. Geben Sie den Gedankengang von Marx und Engels
   in eigenen Worten wieder. | H

2. Arbeiten Sie den Krisenbegriff heraus, den Marx und
   Engels hier vertreten. Berücksichtigen Sie dabei Ursachen,
   Häufigkeit, Ausmaß, Folgen und Vorhersagbarkeit der
   geschilderten Krisenfälle.

3. Recherchieren und erklären Sie, inwieweit Marx' Krisen-
   theorie von anderen Wirtschaftswissenschaftlern geteilt
   oder abgelehnt wurde.

M4 „Lob der Krisen"

*Der Schweizer Kulturhistoriker Jacob Burckhardt
(1818 – 1897) stellt in seinen „Weltgeschichtlichen Betrachtungen" um 1870 Überlegungen zu „geschichtlichen
Krisen" an:*

Zum *Lobe der Krisen* lässt sich nun vor allem sagen: Die
Leidenschaft ist die Mutter großer Dinge, d. h. die wirkliche
Leidenschaft, die etwas Neues und nicht nur das Umstürzen
des Alten will. Ungeahnte Kräfte werden in den Einzelnen
und in den Massen wach, und auch der Himmel hat einen 5
andern Ton. Was etwas *ist*, kann sich geltend machen, weil
die Schranken zu Boden gerannt sind oder eben werden.
Die Krisen und selbst ihre Fanatismen sind [...] als echte
Zeichen des Lebens zu betrachten, die Krisis selbst als eine
Aushilfe der Natur, gleich einem Fieber, die Fanatismen als 10
Zeichen, dass man noch Dinge kennt, die man höher als
Habe und Leben schätzt. [...]
Die Krisen räumen auf: zunächst mit einer Menge von Lebensformen, aus welchen das Leben längst entwichen war,
und welche sonst mit ihrem historischen Recht nicht aus 15
der Welt wären wegzubringen gewesen. Sodann aber auch
mit wahren Pseudoorganismen, welche überhaupt nie ein
Recht des Daseins gehabt und sich dennoch im Laufe der
Zeit auf das Stärkste bei dem ganzen übrigen Leben asse-
kuriert[1], ja hauptsächlich die Vorliebe für alles Mittelmä- 20
ßige und den Hass gegen das Unversöhnliche verschuldet
haben. Die Krisen beseitigen auch die ganz unverhältnismäßig angewachsene Scheu vor „Störung" und bringen
frische und mächtige Individuen empor.

Jacob Burckhardt, Werke. Kritische Gesamtausgabe, Bd. 10, München bzw.
Basel 2000, S. 484

1. Fassen Sie zusammen, was nach Burckhardts Auffassung
   für Krisen charakteristisch ist. | F

2. Arbeiten Sie heraus, inwieweit sich der Verfasser an den
   überlieferten medizinischen Begriff der Krise anlehnt.
   Ziehen Sie dazu auch den Verfassertext „Begriffliche Herkunft" auf Seite 8 heran.

3. Vergleichen Sie das Krisenverständnis Burckhardts mit
   dem des Kommunistischen Manifestes in M3. Stellen Sie
   Unterschiede und Ähnlichkeiten heraus.

---

[1] **assekurieren:** versichern

M5 Merkmale historischer Krisen

Der einst in Bochum und Göttingen lehrende Historiker Rudolf Vierhaus (1922–2011) benennt eine Reihe von Kennzeichen für Krisen in der Geschichte:

Versucht man, einige offensichtliche Merkmale von Prozessen aufzuzählen, die gehaltvoll als historische Krisen bezeichnet werden können, so stellen sich die folgenden ein:
1. Krisen verlaufen meist ungleichmäßig. Es können Be-
5 schleunigungen, aber auch Verzögerungen und Aufstauungen eintreten, und gerade sie können die besonderen Krisenerfahrungen auslösen.
2. Krisen haben komplexen Charakter. Krisenhafte Entwicklungen in einem Bereich des gesellschaftlichen Lebens
10 [...] machen allein noch keine Krise aus, sondern erst das Zusammentreffen von ähnlichen Erscheinungen in mehreren Lebensbereichen und ihr wechselseitiges Aufeinanderwirken bzw. die von der Krise in einem Lebensbereich ausgreifende Verzerrung im sozialen Funktionszusammen-
15 hang. Dadurch entsteht
3. Krisengefühl oder, in gesteigerter Form, Krisenbewusstsein. Die Betroffenen bemerken Veränderungen, ohne Ursachen, Ausmaß und Folgen schon übersehen oder gar erklären zu können; sie fühlen sich verunsichert, weil der
20 gewohnte Zuschnitt der Lebensverhältnisse nicht mehr stimmt; weil bisherige Erfahrungen nicht mehr ausreichen, das, was geschieht, beurteilen und sich darauf einstellen zu können; weil die einen sich von Verlusten bedroht, die anderen Chancen vor sich sehen. Subjektives Krisenbewusst-
25 sein, das das Handeln der Menschen mitbestimmt und dadurch auch Verlauf und Ausgang der Krisen beeinflusst, genügt jedoch nicht, um von einer tatsächlichen Krise zu sprechen. Dass Menschen ihre eigene Zeit als krisenhaft erfahren und als Krise benannt haben, berechtigt deshalb
30 den Historiker nicht, dieses Urteil zu übernehmen. Denn Krisen müssen
4. einen objektiven Charakter haben. Das heißt: es müssen tatsächliche strukturelle Veränderungen feststellbar sein, die nicht intendiert zu sein brauchten und die meistens
35 auch dann, wenn Veränderungsabsichten an ihrem Anfang standen oder in sie eingegangen sind, in ihren Auswirkungen nicht intendiert waren. Krisen in ihrem vollen Ausmaß sind nicht gemacht; sie entwickeln eine eigene Dynamik und werden von den betroffenen Menschen deshalb als ein
40 nicht (mehr) lenkbarer Vorgang ungewissen Ausgangs erlebt. Damit ist
5. die Offenheit von Krisen angesprochen. Krisen sind nicht streng kausale, zielgerichtete Abläufe, sondern Entwicklungen mit alternativen Möglichkeiten, auch wenn diese nicht
45 realisiert werden. In jedem Falle aber geht eine in Krise geratene Gesellschaft verändert aus ihr hervor. [...]

Grundsätzlich lassen sich politisch-soziale Krisen nicht auf *naturale Ursachen* zurückführen: also z. B. auf geologische Katastrophen, Dürren oder Epidemien. Diese können aller-
50 dings eine Rolle spielen, insofern sich ökonomische Krisenfolgen aus ihnen ergeben oder Administrationen sich als unfähig erweisen, mit ihnen fertig zu werden und deshalb an Ansehen und Geltung verlieren. *Ökonomische Ursachen*, also z. B. Währungszerfall, Verzerrungen in Produktion und Konsumtion, Preisinflationen etc. können durch ihre Aus-
55 wirkungen auf die Gesellschaft und die politischen Institutionen zur großen Krise werden – nämlich durch Vertrauensverlust der Menschen, Verarmung von erheblichen Gruppen, dadurch erzwungene Abwanderung, defizitäre Politik und Ansehensverlust von Regierungen, die der Ent-
60 wicklung ohnmächtig gegenüberstehen oder falsch reagieren. *Soziale Ursachen*, also z. B. demografische Katastrophen oder Überbevölkerung, sich verschärfende Rassen-, Klassen-, Generationskonflikte, Emanzipationsbestrebungen aufstiegswilliger und Abwehrmaßnahmen abstiegs-
65 bedrohter Gruppen, haben in der Regel auch politische Auswirkungen. Und direkte *politische Ursachen*, also Verschlechterungen der internationalen Beziehungen, Misserfolge der Regierungen in der inneren und äußeren Politik, Unfähigkeit, mit politischen Gegnern fertigzuwerden oder
70 den geltenden Gesetzen Beachtung zu verschaffen oder gesetzgeberische Maßnahmen zu ergreifen, offenbar werdende Korruption der Regierenden und Abkehr der Regierten vom bestehenden System, Sturz von Regierungen und revolutionäre Veränderungen von Regierungssystemen,
75 wirken zurück auf das Verhalten der sozialen Gruppen untereinander und auf die wirtschaftliche Stabilität.

Rudolf Vierhaus, Zum Problem historischer Krisen [zuerst 1978], in: Ders., Vergangenheit als Geschichte. Studien zum 19. und 20. Jahrhundert, hrsg. von Hans Erich Bödeker, Benigna von Krusenstjern und Michael Matthiesen (Veröffentlichungen des Max-Planck-Instituts für Geschichte, Bd. 183), Göttingen 2003, S. 49–63, hier S. 56–58

1. Präsentation: Stellen Sie die genannten Merkmale von Krisen (Zeile 4 bis 46) in einem Schaubild dar. Unterscheiden Sie dabei zwischen Bedingungen, die nach Vierhaus notwendig sind, und denen, die ihm zufolge nicht unbedingt gegeben sein müssen.

2. Präsentation: Arbeiten Sie die Aussagen über mögliche Ursachen von Krisen (Zeile 47 bis 77) in Form einer Checkliste heraus.

3. Gruppenarbeit: Wählen Sie aus M1 auf Seite 9 ein Beispiel aus dem Bereich „politische Systemkrisen", „Wirtschaftskrisen" oder „gesellschaftliche Krisen". Überprüfen Sie anhand Ihres Schaubildes und Ihrer Checkliste aus der ersten und zweiten Aufgabe, inwieweit die Bedingungen für eine historische Krise erfüllt sind. | F

M6 Eurokrise

Am 19. Mai 2010 hält Bundeskanzlerin Angela Merkel (*1954) eine Rede im Deutschen Bundestag. Darin wirbt sie für die Verabschiedung weiterer Gesetze zur Rettung der gemeinsamen europäischen Währung:

Heute sind wir zusammengekommen, um eine Entscheidung zu fällen, die für die Zukunft Deutschlands und Europas noch bedeutender ist; denn jeder von uns spürt: Die gegenwärtige Krise des Euro ist die größte Bewährungs-
5 probe, die Europa seit Jahrzehnten, ja wohl seit Unterzeichnung der Römischen Verträge im Jahre 1957[1] zu bestehen hat. Diese Bewährungsprobe ist existenziell, und ich füge hinzu: Sie muss bestanden werden.

Bringen wir es auf den Punkt. Der Euro, der zusammen mit
10 dem Binnenmarkt das Fundament für Wachstum und Wohlstand auch in Deutschland darstellt, ist in Gefahr. Wenden wir diese Gefahr nicht ab, dann sind die Folgen für Europa unabsehbar, und dann sind auch die Folgen über Europa hinaus unabsehbar. Eine Ahnung von dem, was
15 dann geschehen könnte, haben wir […] mit den schon fast hysterisch anmutenden Turbulenzen auf den internationalen Märkten bekommen.

Was dort sichtbar wurde – Sie alle haben es mitverfolgt –, war dramatisch. Deshalb gab es zur Sicherung der Stabilität
20 des gesamten Euro-Finanzsystems wenige Tage später keine vernünftige Alternative. Die Ultima Ratio[2] war erreicht; das heißt nichts anderes, als dass der Euro insgesamt in Gefahr war. Aber das, was sich in jenen Tagen abspielte, war nur die ökonomische Ahnung dessen, was auf
25 Deutschland, Europa und die Welt zukäme, wenn nicht oder falsch gehandelt würde. Die politischen Folgen dagegen sind noch nicht einmal in Gedanken vorstellbar.

Legen wir deshalb einen Moment die technischen Eckdaten des vorliegenden Gesetzentwurfs beiseite: […] Das sind die Zahlen und Eckdaten. Aber legen wir sie kurz beiseite; denn 30 wir wissen: Es geht um viel mehr als um diese Zahlen; es geht um viel mehr als um eine Währung. Die Währungsunion ist eine Schicksalsgemeinschaft. Es geht deshalb um nicht mehr und nicht weniger als um die Bewahrung und Bewährung der europäischen Idee. 35

Das ist unsere historische Aufgabe; denn scheitert der Euro, dann scheitert Europa. Wenden wir diese Gefahr aber ab, dann werden der Euro und Europa stärker als zuvor sein. […]

Meine Damen und Herren, ich habe an dieser Stelle vor 40 nicht ganz zwei Wochen gesagt: Europa steht am Scheideweg. – Das gilt unverändert. Europa steht am Scheideweg, und es liegt jetzt an uns, den richtigen Weg einzuschlagen, um die existenzielle Bewährungsprobe zu bestehen, in der Europa sich befindet. Wir wissen, dass wir Europa brau- 45 chen, um die großen Zukunftsaufgaben, die wir als Mitgliedstaaten nicht alleine bewältigen können, mit Erfolg anzugehen. Ein Weg zurück aus Europa ist in Zeiten der Globalisierung kein Weg.

Stenografische Berichte des Deutschen Bundestages, 17. Wahlperiode, 42. Sitzung, 19. Mai 2010, S. 4125 f. und 4131; http://dipbt.bundestag.de/doc/btp/17/17042.pdf (Zugriff: 1. November 2018)

1. Analysieren Sie die Rede auf Aussagen und Formulierungen, die Alternativen andeuten, und solche, die keine Wahlmöglichkeit erkennen lassen.

2. Arbeiten Sie heraus, inwieweit der Text den Deutungsmustern einer Krise entspricht. Ziehen Sie dazu auch die Darstellung auf Seite 8 und M2 auf Seite 10 heran.

3. Präsentation: Verfassen Sie eine Erwiderung auf die Rede Merkels, in der Sie den Befund einer Krise zu relativieren versuchen. Argumentieren Sie, indem Sie die Überlegungen in M5 auf Seite 12 mit einbeziehen.

---

[1] **Römische Verträge** (1957): in Rom geschlossene Abkommen zur Gründung der Europäischen Wirtschaftsgemeinschaft (EWG), der Europäischen Atomgemeinschaft (EURATOM) und zur Schaffung gemeinsamer Institutionen für die spätere sogenannte Europäische Gemeinschaft (EG), die Vorläuferorganisation der Europäischen Union

[2] **Ultima Ratio** (lat.): letztes Mittel, einziger Ausweg

1.2 Kernmodul: Revolutionen

Was sind Revolutionen? | Der Begriff „Revolution" erhielt erst seit der Französischen Revolution[1] nach 1789 seine heutige Bedeutung, vorher bestanden zahlreiche andere Interpretationen. Eine eindeutige und allgemein akzeptierte Definition von „Revolution" existiert nicht und ist auch nicht möglich. Im Historischen Materialismus, der aus dem Marxismus entstanden war, ist eine derartige Definition, die für alle Revolutionen gelten sollte, zwar versucht worden, doch hält diese aus heutiger Sicht einer näheren Betrachtung nicht mehr stand (→ M1). Die marxistische Variante der Interpretation von Revolutionen wird deshalb heute fast überhaupt nicht mehr vertreten. Die Gründe und die Abläufe von Revolutionen konnten und können sehr unterschiedlich sein, und oft ist es kaum möglich, übergreifend und sinnvoll zu vergleichen. Stattdessen gibt es viele unterschiedliche Theorien, die alle ihre Stärken und Schwächen haben (→ M2 – M4).

Revolutionen lassen sich aber grob von Revolten, Rebellionen, Putschen oder von Reformen abgrenzen. Reformen versuchen langsame (evolutionäre) Veränderungen innerhalb des bestehenden Systems durchzuführen, ohne dass der Staat oder die Gesellschaft grundsätzlich infrage gestellt wird. Diese Veränderungen können die Wirtschaft, die Politik, das Recht, die Kultur oder auch das soziale System betreffen. Revolten, Rebellionen oder auch Putsche hingegen zielen ebenfalls nicht unbedingt auf grundsätzliche Veränderungen ab: Hier versucht etwa eine bestimmte Gruppe oder ein einzelner Akteur mit Gewalt an die Macht zu kommen oder den herrschenden Eliten bestimmte Zugeständnisse abzutrotzen. Oft sind die „Massen" der Bevölkerung nicht an solchen Aktionen beteiligt, und die bestehende Ordnung wird nicht grundsätzlich infrage gestellt. Beispielsweise gab es in der Frühen Neuzeit häufig Agrarrevolten, wenn hungernde Bauern materielle Erleichterungen von der Regierung oder von den Herrschern forderten. Rebellionen oder Revolten konnten aber, auch wenn sie zunächst scheiterten, dazu beitragen, dass langsam eine revolutionäre Situation entstand.

Wie lassen sich Revolutionen charakterisieren? | Revolutionen verlaufen viel radikaler als Rebellionen oder Revolten. Immer beteiligen sich zumindest Teile der Eliten an den Bewegungen, die Änderungen im System fordert. Manchmal streben diese „Revolutionäre" anfangs gar nicht den vollständigen Umsturz einer Gesellschaft an, sondern haben vordergründig sogar konservative Ziele: Ein vergangener, angeblich besserer Zustand soll wiederhergestellt werden. Typisch für Revolutionen ist aber, dass nach ihrem Beginn Dynamiken freigesetzt werden, die von den Revolutionären selbst kaum oder gar nicht mehr kontrollierbar sind: Dafür ist u. a. die sehr hohe Beteiligung des „Volkes" verantwortlich, das als eigenständiger Akteur auftritt. Oft spielten bei Revolutionen auch neue Ideologien und Weltanschauungen eine Rolle, mit denen das Verlangen nach Veränderungen gerechtfertigt wurde. Dies kann beispielsweise die Forderung nach bestimmten Freiheiten und nach Menschenrechten sein (etwa in der Französischen oder in der Amerikanischen Revolution[2]), aber auch die nach einer Diktatur des Proletariats (in der Russischen Revolution 1917/18). Derartige Weltanschauungen erheben häufig einen absoluten Geltungsanspruch, und dieser Umstand erklärt auch, warum Revolutionen manchmal zu fast unbegrenzter Gewaltanwendung tendieren (→ M5 und M6).

Typisch für Revolutionen ist ferner, dass diejenigen Veränderungen, die an ihrem Ende stehen, dauerhaft sind. Diese können beispielsweise darin bestehen, dass eine grundsätzlich andere Regierungs- oder Verfassungsform geschaffen wird, dass andere soziale Gruppen und Eliten an die Macht gekommen sind oder dass ein völlig anderes

Internettipp
Im jungen Politik-Lexikon der Bundeszentrale für politische Bildung finden Sie einen Eintrag zum Begriff „Revolution". Siehe dazu den Code **32201-01**.

---

[1] Zur Französischen Revolution und ihrer Wirkung siehe das Kapitel auf Seite 122 ff.
[2] Über die Amerikanische Revolution informiert Seite 26 ff.

Wirtschaftssystem errichtet wird. Zwischen diesen und weiteren möglichen Veränderungen existieren zahlreiche Kombinationen und Zwischenstufen. In der Amerikanischen Revolution gab es keinen ernsthaften Versuch zu einer Gegenrevolution, weil die potenziellen Gegenrevolutionäre das Land verlassen hatten und die Unabhängigkeit der USA deshalb zu einem Faktum geworden war, das innerhalb des neuen Staates nicht mehr infrage gestellt wurde. In vielen Revolutionen war dies aber anders: Der Versuch zu einer Gegenrevolution – gleichgültig, ob diese erfolgreich oder erfolglos war – löste häufig sehr blutige Kämpfe und Säuberungen aus und radikalisierte auch die revolutionäre Bewegung.

„Die Erstürmung der Bastille."
Ölgemälde von Charles Thévenin, 1793.
Die Festung war Ende des 14. Jahrhunderts zur Verteidigung gegen die Engländer erbaut und später zum Staatsgefängnis gemacht worden. Die im Bild gezeigte blau-weiß-rote Trikolore (lat. *tricolor:* dreifarbig) ist eine Kombination aus den Farben der Stadt Paris (blau und rot) und dem weißen Lilienbanner der Monarchie. Offiziell wurde die Trikolore erst 1794 zur Nationalflagge erklärt.

Sind Revolutionen stets gewaltsam? | Noch vor wenigen Jahrzehnten wurde angenommen, dass Revolutionen immer mit Gewalt verbunden sind: Vorbilder wie die Amerikanische, die Französische und die Russische Revolution schienen dies eindrucksvoll zu bestätigen. Auch 1848 in Europa und 1918/19 im Deutschen Reich war revolutionäre und gegenrevolutionäre Gewalt an der Tagesordnung und forderte viele Todesopfer. Ein weiteres historisches Beispiel zeigt allerdings auch einen anderen Blickwinkel: Ende der 1980er-Jahre brach die Sowjetunion zusammen. Von wenigen Ausnahmen abgesehen (Rumänien oder die Republiken im Kaukasus) blieb offene Gewalt hier aber aus. In der ehemaligen DDR kollabierte das alte System friedlich, und auch in der Tschechoslowakei trat die ehemals herrschende Schicht fast ohne Widerstand ab. Deshalb sprechen Zeitgenossen und Historiker von der „samtenen" Revolution. Ob und wie dieses Faktum des friedlichen Umsturzes in eine Gesamttheorie der Revolutionen integriert werden kann, ist derzeit noch offen.

M1 Revolutionstheorie von Marx und Engels

Karl Marx (1818–1883) und Friedrich Engels (1820–1895) schreiben vom Dezember 1847 bis Januar 1848 im Auftrag des „Bundes der Kommunisten" das „Manifest der Kommunistischen Partei". Darin heißt es:

Es ist hohe Zeit, dass die Kommunisten ihre Anschauungsweise, ihre Zwecke, ihre Tendenzen vor der ganzen Welt offen darlegen und dem Märchen vom Gespenst des Kommunismus ein Manifest der Partei selbst entgegenstellen.
5 [...]

Bourgeois und Proletarier[1]

Die Geschichte aller bisherigen Gesellschaft ist die Geschichte von Klassenkämpfen. Freier und Sklave, Patrizier und Plebejer, Baron und Leibeigener, Zunftbürger und Ge-
10 sell, kurz, Unterdrücker und Unterdrückte standen in stetem Gegensatz zueinander, führten einen ununterbrochenen, bald versteckten, bald offenen Kampf, einen Kampf, der jedesmal mit einer revolutionären Umgestaltung der ganzen Gesellschaft endete oder mit dem gemeinsamen
15 Untergang der kämpfenden Klassen. [...]
Die aus dem Untergange der feudalen Gesellschaft[2] hervorgegangene moderne bürgerliche Gesellschaft hat die Klassengegensätze nicht aufgehoben. Sie hat nur neue Klassen, neue Bedingungen der Unterdrückung, neue Gestaltungen
20 des Kampfes an die Stelle der alten gesetzt.
Unsere Epoche, die Epoche der Bourgeoisie, zeichnet sich jedoch dadurch aus, dass sie die Klassengegensätze vereinfacht hat. Die ganze Gesellschaft spaltet sich mehr und mehr in zwei große feindliche Lager, in zwei große, einan-
25 der direkt gegenüberstehende Klassen: Bourgeoisie und Proletariat. [...] Jede dieser Entwicklungsstufen der Bourgeoisie war begleitet von einem entsprechenden politischen Fortschritt. [...] Die Bourgeoisie hat in der Geschichte eine höchst revolutionäre Rolle gespielt. [...]
30 Das Bedürfnis nach einem stets ausgedehnteren Absatz für ihre Produkte jagt die Bourgeoisie über die ganze Erdkugel. [...] In demselben Maße, worin sich die Bourgeoisie, d.h. das Kapital, entwickelte, in demselben Maße entwickelte sich das Proletariat. [...] Aber mit der Entwicklung der In-
35 dustrie vermehrt sich nicht nur das Proletariat; es wird in größeren Massen zusammengedrängt, seine Kraft wächst, und es fühlt sie mehr. [...] [Die Bourgeoisie] produziert vor allem ihren eigenen Totengräber.

Proletarier und Kommunisten

40 [...] Der erste Schritt in der Arbeiterrevolution [ist] die Erhebung des Proletariats zur herrschenden Klasse, die Erkämpfung der Demokratie. [...] Das Proletariat wird seine politische Herrschaft dazu benutzen, der Bourgeoisie nach und nach alles Kapital zu entreißen, alle Produktionsinst-
45 rumente in den Händen des Staats, d.h. des als herrschende Klasse organisierten Proletariats, zu zentralisieren und die Masse der Produktionskräfte möglichst rasch zu vermehren. [...]
An die Stelle der alten bürgerlichen Gesellschaft mit ihren
50 Klassen und Klassengegensätzen tritt eine Assoziation[3], worin die freie Entwicklung eines jeden die Bedingung für die freie Entwicklung aller ist. [...]
Mit einem Wort, die Kommunisten unterstützen überall jede revolutionäre Bewegung gegen die bestehenden gesellschaftlichen und politischen Zustände. [...]
55 Die Kommunisten verschmähen es, ihre Ansichten und Absichten zu verheimlichen. Sie erklären es offen, dass ihre Zwecke nur erreicht werden können durch den gewaltsamen Umsturz aller bisherigen Gesellschaftsordnung. Mögen die herrschenden Klassen vor einer kommunistischen
60 Revolution zittern. Die Proletarier haben nichts in ihr zu verlieren als ihre Ketten. Sie haben eine Welt zu gewinnen.
Proletarier aller Länder, vereinigt euch!

Theo Stammen und Alexander Classen (Hrsg.), Karl Marx: Das Manifest der kommunistischen Partei, Paderborn 2009, S. 66–69, 72, 74, 77, 84–86, 96 und 207

---

1. Präsentation: Beschreiben Sie mithilfe eines Schaubildes das Revolutionsverständnis von Marx und Engels. Unterscheiden Sie dabei die verschiedenen Phasen der revolutionären Entwicklung.

2. Setzen Sie die Merkmale der bürgerlichen, sozialistischen und kommunistischen Gesellschaft zueinander in Beziehung.

3. Nehmen Sie Stellung zum Demokratieverständnis von Marx und Engels (siehe bes. Zeilen 40 ff.). Grenzen Sie es vom heutigen Demokratieverständnis ab.

---

[1] „Unter **Bourgeoisie** wird die Klasse der modernen Kapitalisten verstanden, die Besitzer der gesellschaftlichen Produktionsmittel sind und Lohnarbeit ausnutzen. Unter **Proletariat** die Klasse der modernen Lohnarbeiter, die, da sie keine eigenen Produktionsmittel besitzen, darauf angewiesen sind, ihre Arbeitskraft zu verkaufen, um leben zu können." Fußnote von Engels zur englischen Ausgabe von 1888.

[2] **Feudalismus**: In dieser Gesellschaftsordnung des Mittelalters und der Frühen Neuzeit übt der adlige Lehnsherr richterliche, politische und militärische Herrschaftsfunktionen aus. Bürger und Bauern, der „Dritte Stand", genießen den Schutz des Lehnsherrn, sind ihm aber zu Diensten und Abgaben verpflichtet und unterstehen seiner Herrschaft.

[3] **Assoziation**: im Sinne von Marx und Engels freiwillige Verbindung aller Gesellschaftsmitglieder, nicht nur einer gesellschaftlichen Teilgruppe

M2 Eine Begriffsdefinition

Der Historiker Theodor Schieder (1908–1984) setzt sich mit dem Begriff „Revolution" auseinander. Er kommt dabei zu folgendem Schluss:

Je größer der Anwendungsbereich eines Begriffs wird, desto schwieriger ist es, seinen spezifischen Gehalt zu bestimmen. Dies gilt auch für den Begriff „Revolution". Man wird sich daher im einzelnen Fall einer Revolution an die
5 Ereignisse zu halten haben, die im Geschehensablauf durch relativ feste Daten oder Datenketten markiert sind. Diese Ereignisse spielen sich in der Regel innerhalb der politischen Institutionen ab, erfassen aber je nach ihrer Komplexität gesellschaftliche, kulturell-ideologische, materielle
10 Lebensbereiche. Diese Komplexität ist es, die revolutionäre Ereignisse nach ihrer historischen Bedeutung unterscheiden lässt: Ein *Staatsstreich* führt beispielsweise nur einen irregulären Regierungswechsel oder – in der Monarchie – eine irreguläre Erbfolge herbei, ohne an der Grundstruktur
15 eines politischen und sozialen Systems etwas zu ändern. [...] *Rebellionen* können als Form der Wiederherstellung einer bestimmten politischen Struktur und Sozialstruktur, als Akt sozialer Chirurgie verstanden werden, mit dem eine durch Machtmissbrauch von Einzelnen oder ganzen Schich-
20 ten gestörte Ordnung restituiert[1] wird. In der modernen Revolutionssoziologie unterscheidet man solche Vorgänge auf drei Ebenen – auf der Ebene 1. der *Regierung*, 2. der *Regierungsform* und 3. der *Gesellschaftsverfassung* – und bemisst danach den Wirkungsgrad und die Stufe einer re-
25 volutionären Aktion. [...]
Die großen modernen Revolutionen sind insofern Totalrevolutionen, als von ihnen alle Bereiche erfasst und in verschiedenem Grad dauerhaft umgeformt wurden. Ihnen kommt auch Ausstrahlung über ihren nationalen Ur-
30 sprungsherd hinaus zu.

Theodor Schieder, Artikel „Revolution", in: C. D. Kernig (Hrsg.), Sowjetsystem und demokratische Gesellschaft. Eine vergleichende Enzyklopädie, Bd. V, Freiburg/Basel/Wien 1972, Sp. 696

1. Präsentation: Beschreiben Sie die von Schieder genannten Typen des schnellen Wandels. Notieren Sie dazu die jeweiligen Charakteristika in einem Schaubild. | **H**

2. Erläutern Sie Schieders Modell, indem Sie selbst gewählte historische Beispiele untersuchen.

3. Präsentation: Entwickeln Sie eine eigene Definition des Begriffes „Revolution". | **F**

M3 Reformen können gefährlich sein

Der französische Schriftsteller und Politiker Alexis de Tocqueville (1805–1859) analysiert in den 50er-Jahren des 19. Jahrhunderts die Ursachen der Französischen Revolution und verallgemeinert seine Untersuchung zu folgender grundsätzlichen Hypothese:

Man gelangt nicht immer nur dann zur Revolution, wenn eine schlimme Lage zur schlimmsten wird. Sehr oft geschieht es, dass ein Volk, das die erdrückendsten Gesetze ohne Klage und gleichsam, als fühlte es sie nicht, ertragen hatte, diese gewaltsam beseitigt, sobald ihre Last sich 5 vermindert. Die Regierung, die durch eine Revolution vernichtet wird, ist fast stets besser als die unmittelbar voraufgegangene, und die Erfahrung lehrt, dass der gefährlichste Augenblick für eine schlechte Regierung der ist, wo sie sich zu reformieren beginnt. 10

Alexis de Tocqueville, Der alte Staat und die Revolution, hrsg. von Jacob Peter Mayer, Reinbek 1969, S. 153 (übersetzt von Theodor Oelckers)

1. Vergleichen Sie die Bedeutung von Revolutionen für Tocqueville und Marx / Engels (M1).

2. Überprüfen Sie Tocquevilles Aussage über Revolutionen auf der Grundlage Ihres Wissens über die Französische Revolution (siehe das Kapitel auf Seite 122 ff.). Beziehen Sie sich auch – auf Grundlage eigener Recherche – auf die Russische Revolution von 1917. | **H**

---

[1] **restituieren**: zurückgeben; hier im Sinne von wiederherstellen

M4 Ursachen von Revolutionen

Der amerikanische Soziologe und Politikwissenschaftler Jack A. Goldstone (*1953) nennt 1991 folgende zusammenwirkende Trends für die Zusammenbrüche von Staaten:

1. Zunehmender Druck auf die Staatsfinanzen, da die Inflation die Staatseinnahmen unterhöhlte und das Bevölkerungswachstum die Realausgaben erhöhte. Die Staaten versuchten, sich selbst zu erhalten, indem sie die Einnah-
5 men auf verschiedene Arten erhöhten, doch diese Versuche entfremdeten Eliten, Bauernschaft und die städtischen Konsumenten vom Staat und versagten gleichzeitig als Mittel gegen die wachsende Verschuldung und schließlich den Bankrott.
10 2. Konflikte zwischen Eliten wurden immer vorherrschender, da eine größere Zahl an Familienmitgliedern und die Inflation es manchen Familien erschwerte, ihren Status zu halten, während Bevölkerungswachstum und steigende Preise zum Aufstieg anderer Familien und somit zu Anwär-
15 tern neuer Elitepositionen führten. Die finanziell schwache Situation des Staates erlaubte es diesem nicht, allen diesen Anwärtern entsprechende Positionen zur Verfügung zu stellen, und innerhalb der Elitehierarchie kam es zu beträchtlichen Änderungen und Verschiebungen. [...] Wenn
20 die zentralen Autoritäten dann aufgrund von Bankrott oder Krieg zusammenbrachen, traten beim Kampf um die Macht die Elitegruppen in den Vordergrund.
3. Die Unruhen in der Bevölkerung nahmen in dem Maße zu, in dem Konkurrenz um Boden, Landflucht, übersättigte
25 Arbeitsmärkte, abnehmendes Realeinkommen und Anstieg des Anteils der jugendlichen Bevölkerung zu einem Anstieg des Potenzials für Massenmobilisierung innerhalb der Bevölkerung führten. Unruhen traten sowohl in ländlichen als auch in städtischen Gebieten [...] in verschiedenen Varian-
30 ten auf: Als Hungeraufstände, Angriffe auf die Landbesitzer und Staatsbeamte oder Land- und Nahrungsbeschlagnahmungen. [...]
4. Die Bedeutung der [...] Ideologien nahm zu.

Jack A. Goldstone, Revolution and Rebellion in the Early Modern World, 1991; zitiert nach: Shmuel N. Eisenstadt, Die großen Revolutionen und die Kulturen der Moderne, Wiesbaden 2006, S. 44 f. (vereinfacht; übersetzt von Ulrike Brandhorst)

1. Präsentation: Fassen Sie die Ursachen für eine Revolution nach Goldstone zusammen. Tipp: Verwenden Sie die Form eines Schaubildes mit Folge- und Beziehungspfeilen.

2. Analysieren Sie zum Beispiel die Französische Revolution mithilfe der von Goldstone genannten Faktoren.

3. Erläutern Sie Goldstones Überlegungen anhand eines selbst gewählten historischen Beispiels.

M5 Charakter von Revolutionen

Der israelische Soziologe Shmuel Noah Eisenstadt (1923–2010; siehe auch Seite 25) stellt fest:

Revolutionen, insbesondere die „großen Revolutionen", zeigen zunächst natürlich den radikalen Wandel der politischen Herrschaft weit entfernt von der bloßen Absetzung eines Herrschers oder des Wechsels der herrschenden Gruppen an. Sie bezeichnen eine Situation, in der Abset-
5 zung und Wandel, manchmal in Verbindung mit der Exekution oder Ermordung, manchmal „nur" mit der Entthronung und Verbannung des Herrschers, in einem radikalen Wandel der politischen Spielregeln und der Symbole und Grundlagen der Legitimation des Regimes endeten. Ein
10 solcher Wandel ist normalerweise ein gewalttätiger Akt, aber die Gewalt, die sich in diesen Revolutionen entwickelt, ist nicht diejenige, die man auch in vielen Demonstrationen oder Aufständen findet. Was diese Gewalt auszeichnet, ist vielmehr ihre ideologische Rechtfertigung, die bis zur
15 Sanktionierung reicht. Eine solche Rechtfertigung wurzelt oft in dem Versuch, den Wandel in den Symbolen, den Grundlagen der Legitimation und dem institutionellen Rahmen eines Regimes mit neuen Visionen der politischen und sozialen Ordnung zu verbinden. Es ist diese Kombination,
20 die für die großen Revolutionen kennzeichnend ist. [...]
Wie groß auch immer die Differenzen zwischen diesen Revolutionen sind, sie alle teilten [...] einige grundlegende Charakteristika. In allen entstand der Versuch, das Staatswesen zu erneuern – die Zerstörung der alten und die Be-
25 gründung neuer politischer Institutionen auf der Basis einer neuen Vision, in der Gleichheit, Gerechtigkeit, Freiheit und Partizipation der Gemeinschaft am politischen Zentrum verkündet wurde. Das Propagieren dieser zentralen Anliegen war natürlich nicht auf diese Revolutionen begrenzt; sie
30 können in vielen Protestbewegungen der Menschheitsgeschichte verfolgt werden. Neu war erstens die Kombination dieser immer wiederkehrenden Protestthemen mit neuen „modernen" Themen, wie mit dem Glauben an den Fortschritt und mit den Forderungen nach uneingeschränk-
35 tem Zugang zu den politischen Zentren. Neu war zweitens die Kombination all dieser Themen mit einer allgemeinen utopischen Vision der Erneuerung der Gesellschaft und der politischen Ordnung – und eben nicht einfach nur die millenarische[1] Vision des Protests. Von zentraler Bedeutung
40 waren die ausgeprägte utopischen Komponente, die [...] auf starken utopischen Visionen dieser Gesellschaften oder Kulturen, in denen diese Revolutionen sich ereigneten, aufbaute, ebenso wie die Verlagerung solch utopischer Visionen in die Zentren ihrer jeweiligen Gesellschaften.
45

Shmuel N. Eisenstadt, Die Antinomien der Moderne. Die jakobinischen Grundzüge der Moderne und des Fundamentalismus, Frankfurt am Main 1998, S. 44 ff. (übersetzt von Georg Stauth)

_____

[1] **millenarisch:** Lehre von der Erwartung des tausendjährigen Reiches Christi auf Erden nach seiner Wiederkunft vor dem Weltende

1. Geben Sie den Inhalt der Quelle (M5) mit eigenen Worten wieder.

2. Erklären Sie ausgehend von der Quelle und dem Verfassertext auf Seite 15 die Rolle von Gewalt in Revolutionen.

3. Setzen Sie sich mit der Funktion von Utopien in Revolutionen auseinander, wie sie Eisenstadt darstellt.

M6 Revolution und Freiheit

Die deutsch-amerikanische Philosophin Hannah Arendt (1906–1975) äußert sich über Revolutionen wie folgt:

[...] [E]ine neue Erfahrung, in der die menschliche Fähigkeit für Anfangen überhaupt erfahren wurde, bildet die Wurzel für das ungeheure Pathos, mit dem die Amerikanische wie die Französische Revolution darauf bestanden, dass nichts
5 an Größe und Bedeutung Vergleichbares sich je in der gesamten überlieferten Geschichte ereignet habe; und da es dieses Pathos ist, das den Ereignissen ihr eigentliches Gewicht gibt, wäre es in der Tat absurd, wenn wir es mit nichts anderem zu tun hätten als mit der erfolgreichen Verteidi-
10 gung überkommener und wohl begründeter Rechte.
Nur wo dieses Pathos des Neubeginns vorherrscht und mit Freiheitsvorstellungen verknüpft ist, haben wir das Recht, von Revolution zu sprechen. Woraus folgt, dass Revolutionen prinzipiell etwas anderes sind als erfolgreiche Auf-
15 stände, dass man nicht jeden Staatsstreich zu einer Revolution auffrisieren darf und dass nicht einmal jeder Bürgerkrieg bereits eine Revolution genannt zu werden verdient. [...]

Alle diese politischen Phänomene haben mit der Revolution die Gewalttätigkeit gemein, und dies ist der Grund, 20 warum sie so oft revolutionär genannt werden. Aber die Kategorie der Gewalt wie die Kategorie des bloßen Wechsels oder Umsturzes ist für eine Beschreibung des Phänomens der Revolution ganz unzulänglich; nur wo durch Wechsel ein Neuanfang sichtbar wird, nur wo Gewalt ge- 25 braucht wird, um eine neue Staatsform zu konstituieren, einen neuen politischen Körper zu gründen, nur wo der Befreiungskampf gegen den Unterdrücker die Begründung der Freiheit wenigstens mitintendiert, können wir von einer Revolution im eigentlichen Sinne sprechen. Und Tat- 30 sache ist, dass zwar die Geschichte immer [...] Männer [...] hervorgebracht hat, die nach der Macht um der Macht willen streben, und solche, die, gierig nach neuen Dingen [...], die Unruhe um der Unruhe willen begehren, dass aber der revolutionäre Geist der letzten Jahrhunderte, nämlich 35 das Verlangen, zu befreien *und* der Freiheit selbst eine neue Stätte zu gründen, zumindest in den Jahrhunderten unserer Zeitrechnung beispiellos ist und nicht seinesgleichen hat.

Hannah Arendt, Über die Revolution, Frankfurt am Main 1968, S. 41 f.

1. Fassen Sie die Kernaussage des Textes kurz zusammen.

2. Arbeiten Sie heraus, was Hannah Arendt unter „Pathos des Neubeginns" im Zusammenhang mit „Freiheitsvorstellungen" meint.

3. Setzen Sie sich anhand dieses Textes mit der Frage der Gewalt in Revolutionen auseinander. Vergleichen Sie anschließend die Thesen von Hannah Arendt mit denen von Shmuel N. Eisenstadt (M5).

Kernmodul

1.3 Kernmodul: Modernisierung

„Modernisierung" – Geschichte einer Theorie | Das Thema der Modernisierung ist bereits seit den 1950ern und dann vor allem seit den 1970er-Jahren von Historikern, Politikwissenschaftlern, Ökonomen und Soziologen intensiv diskutiert worden – diese Debatten sind auch heute noch nicht entschieden. Modernisierung wurde anfangs oft als Fortschritt gesehen, der gekennzeichnet ist durch sozialen, wirtschaftlichen, gesellschaftlichen, politischen und kulturellen Wandel. Beispiele hierfür sind die Entwicklung von der Agrar- zur Industrie- und schließlich zur Dienstleistungsgesellschaft oder von der Adelsherrschaft zur Republik oder zur Demokratie.

Anfangs wurde stark mit Gegensatzpaaren argumentiert (→M1 und M2). Allerdings zeigt die Praxis, dass Gesellschaften komplizierter strukturiert sind, als die frühen Modernisierungstheoretiker angenommen haben. Sehr häufig finden sich ältere Strukturen neben neuen und modernen, Rückschritt und Wandel treten oft gleichzeitig auf (→M3). Prozesse der Modernisierung verlaufen selten konfliktfrei, weil es neben sozialen Gewinnern auch stets Gruppen von sozialen Verlierern gibt. Die Folge hiervon sind Krisen, Umbrüche, Revolten oder sogar Revolutionen.

Ursprünglich gingen viele Wissenschaftler davon aus, dass die Modernisierung von Gesellschaften etwas Positives sei und mittelfristig Prozesse der Demokratisierung fördern würde. Derartige Fälle hat es selbstverständlich im 19. und im 20. Jahrhundert gegeben. Allerdings ist diese sehr optimistische Sicht heute auch scharfer Kritik ausgesetzt. Wie zahlreiche Beispiele zeigen, bedeutet ökonomische Modernisierung keineswegs auch Demokratisierung. Das Beispiel Chinas zeigt, dass dies oft gerade nicht der Fall ist. Das Land hat sich seit den 1980er-Jahren zu einer wirtschaftlichen Großmacht entwickelt, ohne dass eine entsprechende Demokratisierung auch nur im Ansatz zu erkennen wäre. Auch im Falle der Amerikanischen Revolution[1] ist das Verhältnis von Modernisierung und Demokratisierung zwiespältig. Einerseits gelang es den Gründungsvätern, mit der amerikanischen Verfassung einen neuen Typ von Staat zu schaffen, in dem die Herrschaft des Volkes fest verankert wurde. Diese Verfassung hat viele schwere Krisen überstanden und gilt im Prinzip heute noch wie vor weit über 200 Jahren. Andererseits wurden große Teile des Volkes ausgegrenzt: Die „Indianer" wurden nicht assimiliert, sondern verdrängt. Die Sklaverei bestand in vielen Staaten fort, und

Peking: Tradition und …
Foto vom November 2012.
Das Foto zeigt den 18. Nationalkongress der Kommunistischen Partei Chinas in der Hauptstadt Peking.

… Moderne.
Foto vom Mai 2016.
Eine Besucherin probiert eine VR-Brille auf einem Schlauchboot während einer Hightech-Messe in Peking aus.

---

[1] Über die Amerikanische Revolution informiert das Kapitel ab Seite 26 ff.

die völlige rechtliche Gleichstellung der Afroamerikaner fand erst in den 1960er-Jahren statt. Auch in diesem Beispiel verschränkten sich also moderne und traditionelle Formen und es ist schwierig zu entscheiden, welche von beiden dominierte.

Technischer Fortschritt | Auch stehen wir heute dem technischen Fortschritt viel skeptischer gegenüber, als dies die Zeitgenossen vor 100 oder 200 Jahren taten. In der Vergangenheit wurden häufig technischer Fortschritt, Modernisierung und Steigerung der Lebensqualität gleich gesetzt. Wir wissen heute, dass zahlreiche neue Errungenschaften unser Leben erheblich erleichtern und verbessern können. Zugleich ist aber auch klar, dass dieser Fortschritt einen Preis hat: zu nennen wäre z. B. Umweltverschmutzung, zu hoher Ressourcenverbrauch oder auch schwere Unfälle wie die Explosionen in den Atomkraftwerken von Tschernobyl (1986) und Fukushima (2011). Technischer Fortschritt ist nicht einfach „gut" oder „schlecht", er erfordert eine differenzierte Bewertung, und technische Modernisierung kann, muss aber keineswegs zu einer freieren Gesellschaft führen. Diejenigen Menschen, die zur Zeit der Amerikanischen Revolution lebten, waren zu einer solchen Abwägung noch nicht in der Lage, weil die Industrielle Revolution in Großbritannien erst etwa 1760 begonnen hatte. Für die amerikanischen Siedler war es beispielsweise selbstverständlich, dass die großen Urwälder an der Ostküste so schnell wie möglich abgeholzt werden mussten, um Platz für Farmen und neue Ortschaften zu schaffen – sie glaubten an die unbegrenzte Macht des Fortschritts.

Gesellschaftlicher Wandel | Kritisiert worden ist ferner, dass es schwierig sei, einzelne Prozesse von gesellschaftlichem Wandel isoliert zu beschreiben und Modernisierung ausschließlich positiv zu sehen. Stets fanden und finden Wechselwirkungen zwischen Tradition und Moderne statt, und im konkreten Einzelfall ist es häufig schwierig, genau abzugrenzen, was genau traditionell und was modern ist. Wenn man beispielsweise die Säkularisierung einer Gesellschaft als etwas Modernes und Positives ansieht, entstehen bei der Interpretation der Amerikanischen Revolution einige Probleme. Einerseits steht am Ende der Revolution die klare Trennung von Kirche und Staat. Andererseits ist aber ganz unübersehbar, dass protestantische christliche Kirchen und Sekten auch noch nach der Revolution – teilweise sogar bis heute – über einen enormen Einfluss verfügten und verfügen, der bis in die Tagespolitik hineinreicht. Ein simples Schema „traditionell – modern" kann diese sehr komplexen Vorgänge nicht erfassen.

Der Soziologe Shmuel N. Eisenstadt hat demgegenüber den Begriff der „multiple modernities" geprägt (→ M4). Damit ist gemeint, dass es die *eine* Moderne nicht gibt. Gesellschaften, die sich wie z. B. China modernisieren, können zwar, müssen aber keineswegs dem westlichen Modell folgen. Zugleich existieren oft eigenartige Mischformen. Die USA waren bei ihrer Gründung – betreffend die Staatsform – sicherlich der „modernste" Staat der Welt. Zugleich aber existierte in vielen Bundesstaaten die Sklaverei, die mit modernen politischen und wirtschaftlichen Vorstellungen überhaupt nicht in Einklang zu bringen ist. Ein weiteres Beispiel: Heutige islamische Fundamentalisten bekämpfen offensiv die westliche Moderne. Zugleich nutzen sie aber auch virtuos das Internet und andere moderne Kommunikationsmittel, um ihre Hassbotschaften zu verbreiten.

M1 Traditional und Modern

Der deutsche Historiker Hans-Ulrich Wehler (1931–2014) hat 1975 folgenden Katalog von Begriffen zusammengestellt, um seine modernisierungstheoretischen Vorstellungen anschaulich zu machen:

	Traditional	Modern
Alphabetismus[1]	gering	hoch
Berufe	einfach, stabil	ausdifferenziert, wechselnd
Soziale Bewegung	stabil	mobil
Soziale Differenzierung	gering	hoch
Einkommen	niedrig, große Unterschiede	hoch, tendenzielle Angleichung
Familie	Dominanz großer Primärgruppe	Kernfamilie, konkurrierender Gruppeneinfluss
Herrschaft	lokal, personal	zentralistisch, anonym
Kommunikation	personal	Medien
Konflikte	offen, disruptiv[2]	institutionalisiert, eingehegt
Soziale Kontrolle	direkt, personal	indirekt, bürokratisch
Lebenserwartung	gering	hoch
Mobilität	gering	hoch
Politische Partizipation[3]	gering	groß
Produktivität	gering	hoch
Recht	religiös, personalistisch	abstrakt, formelle Verträge
Religion	Dogmatik, Staatsbeistand	Säkularisierung, Trennung von Staat und Kirche
Siedlungsweise	ländlich	städtisch
Sozialstruktur	homogen, stabile lokale Gruppen	heterogen, hohe Mobilität
Technik	gering	hoch
Wirtschaft	agrarische Subsistenzweise[4]	Technologie

Zitiert nach: Hans-Ulrich Wehler, Modernisierungstheorie und Gesellschaftsgeschichte, in: Ders., Die Gegenwart als Geschichte, München 1995, S. 20 (gekürzt)

1. Erklären Sie einzelne Begriffspaare. Hier ein kurzes Beispiel: „Recht: In traditionellen Gesellschaften ist das Rechtswesen oft an religiösen Werten orientiert, und ein Urteil wird nicht unabhängig von Macht und Einfluss der Prozessbeteiligten gesprochen. In modernen Gesellschaften …"

2. Wehler hat diese Gegenüberstellung als „Dichotomien-Alphabet" bezeichnet. Erläutern Sie den Begriff.

3. Modernisierungen sind stets positiv. Nehmen Sie Stellung zu dieser Aussage.

---

[1] **Alphabetismus:** Fähigkeit, lesen und schreiben zu können
[2] **disruptiv:** störend
[3] **Partizipation:** Teilhabe
[4] **agrarische Subsistenzweise:** bäuerliche Wirtschaft für den Eigenbedarf

Hans-Ulrich Wehler.
Foto vom Oktober 2008, Buchmesse in Frankfurt am Main.
Wehler lehrte von 1971 bis 1996 als Professor für Allgemeine Geschichte mit besonderer Berücksichtigung der Geschichte des 19. und
20. Jahrhunderts an der Universität Bielefeld. Er gilt als einer der einflussreichsten deutschen Historiker in der zweiten Hälfte des 20. Jahrhunderts. Zu seinen bekanntesten Publikationen zählt seine fünfbändige „Deutsche Gesellschaftsgeschichte", die sich mit der Zeit von 1700
bis 1990 beschäftigt.

M2 Historische Modernisierungsforschung

Hans-Ulrich Wehler schreibt:

Diese historische Modernisierungsforschung bevorzugt die
Analyse eines Bündels von Basisprozessen, z. B.
- die Entwicklung des Kapitalismus, insbesondere des In-
dustriekapitalismus;
5 - die Bildung von Klassen und damit neuer Muster der sozialen Ungleichheit;
- die Entstehung und den Ausbau des bürokratischen An-
staltsstaats[1], vor allem in Form des Nationalstaats mit
einem demokratischen politischen System;
10 - die kulturelle Mobilisierung[2] und Rationalisierung;
- die „Entzauberung" der Welt: die Verwissenschaftlichung
der Produktion und der Lebensführung;
- die Urbanisierung usw.

Zugleich gibt die historische Modernisierungsforschung
Entwicklungskriterien an (die Bewegung hin zum Kapita- 15
lismus, zur Klassengesellschaft, zum modernen Staat), die
idealtypisch-hypothetisch[3] verwendet werden können. Sie
macht auch die normativen Implikationen[4] klar, um die in
jeder Modernisierungsforschung kein Weg herumführt
und die deshalb […] diskussionsfähig gemacht werden 20
müssen.

Hans-Ulrich Wehler, Diktaturenvergleich, Totalitarismustheorie, DDR-
Geschichte, in: Ders., Umbruch und Kontinuität. Essays zum 20. Jahrhundert,
München 2000, S. 120

▶ Weisen Sie „normativ[e] Implikationen" (Zeile 18) nach
Wehler in den von Jens Flemming (M3) referierten Modernisierungstheorien nach.

---

[1] **bürokratischer Anstaltsstaat**: Fachleute führen die Staatsgeschäfte
nach demokratisch festgelegten Regeln.
[2] **kulturelle Mobilisierung**: Alte, überlieferte Rollen weichen
neuen Lebensstilen freier Individualität.

[3] **idealtypisch-hypothetisch**: Auf der Grundlage theoretischer Überlegungen werden Analysekriterien oder Modelle gewonnen, die z. B.
bei der Untersuchung historischer Ereignisse helfen können.
[4] **normative Implikationen**: Annahmen über Gesetzmäßigkeiten

M3 Modernisierungstheorie als Denkanstoß

Der deutsche Historiker Jens Flemming (*1944) schreibt in einem Lexikonartikel über Modernisierungstheorien:

Modernisierungstheorien oder Elemente von Modernisierungstheorien, wie sie derzeit in der Geschichtsschreibung benutzt werden, versuchen den sozialen, kulturellen und wirtschaftlichen Wandel zu erfassen, der sich im Zeitalter
5 der industriellen und demokratischen Revolution seit dem späten 18. Jh. vollzieht. Dabei geht es um den Übergang von Agrar- zur Industrie-, von der ständischen zur Klassengesellschaft. Geprägt wird dieser Prozess durch die fortschreitende „Entzauberung der Welt" (Max Weber[1]). Ältere Regel-
10 werke, Normen für Sinnbezüge werden fragwürdig, Religion und Kirche müssen sich der Konkurrenz der Wissenschaften erwehren. Am Ende stehen der säkularisierte Mensch und die säkularisierte Gesellschaft. An die Stelle von Selbstgenügsamkeit und Statik treten Bewegung, Tempo und Mo-
15 bilität. Darin eingeschlossen sind Bürokratisierung, Rationalisierung und Zentralisierung, Mechanisierung und Kommerzialisierung, Verstädterung, steigende Produktivität und steigende Masseneinkommen. Konflikte werden institutionalisiert und verrechtlicht, insoweit entschärft und
20 gezähmt. Verkehrsmittel durchdringen Landstriche und ganze Kontinente, Raum und Zeit, Metropole und Peripherie rücken zusammen. Moderne Gesellschaften sind im Vergleich zu traditionalen komplexer, arbeitsteiliger und durchlässiger. Sozialer Status orientiert sich nicht mehr an
25 Geburt und Herkunft, sondern an individueller Tüchtigkeit und beruflicher Leistung. Staatliche Herrschaft bedarf neuer Formen der Legitimation, muss Möglichkeiten der politischen Teilhabe für alle bieten, die Erwartungen und Interessen der Bürger zu befriedigen. Milieus und Lebens-
30 welten verlieren an Geschlossenheit und Bindekraft, Rollen und Rollenbilder verändern sich ebenso wie die Beziehungen der Geschlechter, der Generationen und Klassen.

Ein derartiges Raster von Merkmalen und Kategorien entworfen zu haben, ist zweifellos ein Verdienst. Der Nachteil jedoch ist, dass diese ungeordnet, ohne plausiblen inneren 35 Zusammenhang bleiben; überhaupt arbeiten Modernisierungstheorien mit relativ starren, schematischen Gegensatzpaaren, die in dieser Reinheit gewöhnlich nicht in der Wirklichkeit anzutreffen sind. Historische Prozesse verlaufen nicht linear, sondern in Sprüngen, sind widersprüchlich und 40 vielschichtig. Fortschritt und Rückschritt, Tradition und Modernität sind nicht säuberlich getrennt, sondern liegen häufig dicht beieinander. Kennzeichnend ist die Gleichzeitigkeit höchst unterschiedlicher Entwicklungen und Entwicklungslinien, spannend sind die Brüche, die Ambivalenzen und 45 Mischungsverhältnisse. Insofern liefern sozialwissenschaftliche Konzepte der Modernisierung bestenfalls Denkanstöße, Ausgangspunkte für vergleichende Betrachtungen. Idealtypen, die sich am historischen Material aber erst noch zu bewähren haben. 50

Manfred Asendorf, Jens Flemming, Achatz von Müller und Volker Ullrich (Hrsg.), Geschichte. Lexikon der wissenschaftlichen Grundbegriffe, Hamburg 1994, S. 446 f.

1. Fassen Sie Flemmings Ausführungen zu Modernisierungstheorien stichpunktartig zusammen.

2. Beurteilen Sie ausgehend von den kritischen Anmerkungen zu den Modernisierungstheorien, ob diese ein sinnvolles Modell zur Betrachtung geschichtlicher Prozesse sein können.

3. Präsentation: Entwickeln Sie ausgehend von M1, M2 und M3 einen Kriterienkatalog, mit dem sich untersuchen lässt, ob ein Modernisierungsprozess vorliegt, und überprüfen Sie anhand dessen, inwieweit bei der Französischen Revolution (siehe das Kapitel auf Seite 122 ff.) oder der Amerikanischen Revolution (siehe das Kapitel auf Seite 26 ff.) Formen von Modernisierungsprozessen auszumachen sind.

---

[1] **Max Weber** (1864–1920): deutscher Jurist, Soziologe und Nationalökonom

Shmuel Noah Eisenstadt.
Foto vom November 2006, Bergen (Norwegen).
Der in Warschau geborene Soziologe Shmuel N. Eisenstadt hält den
„Internationalen Holberg-Gedenkpreis" in die Kamera. Die Auszeich-
nung wird an herausragende wissenschaftliche Arbeiten u. a. in den
Geistes- und Sozialwissenschaften von der Universität Bergen ver-
liehen. Eisenstadt lehrte seit 1959 an der Hebräischen Universität
von Jerusalem.
Eine weitere Textquelle von Eisenstadt finden Sie im Kernmodul
„Revolutionen" auf Seite 18 (M5).

M4 „multiple modernities"

Der israelische Soziologe Shmuel N. Eisenstadt (1923–
2010) kritisiert Modernisierungstheorien wie folgt:

Der Begriff *multiple modernities* steht für eine Sicht der
heutigen Welt, [...] die den im wissenschaftlichen wie auch
im allgemeinen Diskurs lange Zeit vorherrschenden Sichtweisen zuwiderläuft. Er richtet sich gegen die in den
5 1950er-Jahren vorherrschenden Sichtweisen der „klassischen" Modernisierungs- und Konvergenztheorien[1] wie
überhaupt gegen die klassischen soziologischen Analysen
[...]. Sie alle nahmen an [...], dass das kulturelle Programm
der Moderne, wie es sich im modernen Europa entwickelte,
und die institutionellen Grundkonstellationen, die sich dort 10
herausbildeten, letzten Endes in allen modernen und in der
Modernisierung begriffenen Gesellschaften die Oberhand
gewinnen und mit der Ausbreitung der Moderne schließlich überall auf der Welt gelten würden.
Diese Annahmen wurden durch die Realität, wie sie sich 15
bereits in den frühen Bezugssystemen der Moderne und
erst recht nach dem Zweiten Weltkrieg abzeichnete, nicht
bestätigt. Die tatsächliche Entwicklung der Gesellschaften,
die einen Modernisierungsprozess durchgemacht haben,
hat die homogenisierenden und hegemonialen Annahmen 20
dieses westlichen Programms der Moderne widerlegt. [...]
Der Gedanke der *multiple modernities* geht davon aus, dass
sich die heutige Welt – und die Geschichte der Moderne
überhaupt – am ehesten als Geschichte einer in ständiger
Neu- und Umbildung begriffenen Vielfalt von kulturellen 25
Programmen verstehen und erklären lässt. [...] Eine der
wichtigsten Implikationen des Begriffs *multiple moderni-*
ties ist, dass Moderne nicht gleich Verwestlichung ist und
dass die westlichen Muster der Moderne nicht die einzigen
„authentischen" Formen der Moderne sind, auch wenn sie 30
historisch Vorrang haben und für andere Muster immer
noch einen grundsätzlichen Bezugspunkt darstellen.
Von zentraler Bedeutung für die Analyse der sich ständig
verändernden Vielfalt der Moderne ist die Tatsache, dass
sich diese eigenen Muster, die in vielerlei Hinsicht radikal 35
von dem „ursprünglichen" europäischen Muster abwichen,
nicht nur in den nicht-westlichen Gesellschaften bildeten,
[...] sondern auch – und tatsächlich zuallererst – in Gesellschaften, in denen im Rahmen der westlichen Expansion
scheinbar rein westliche institutionelle Systeme entstan- 40
den, nämlich in den Gesellschaften Nord- und Südamerikas.

Shmuel N. Eisenstadt, Theorie und Moderne. Soziologische Essays,
Wiesbaden 2006, S. 473 ff.

1. Geben Sie mit eigenen Worten wieder, was Eisenstadt
   unter den Begriffen des „westlichen Programms der
   Moderne" (Zeile 21) und den „multiple modernities"
   (Zeile 22) versteht.

2. Arbeiten Sie mit eigenen Beispielen heraus, wo sich
   widersprüchliche Fälle von unterschiedlichen Modernen
   entwickelt haben. Sie können beispielsweise von dem
   chinesischen Fall ausgehen. Siehe dazu als Anregung die
   beiden Bilder auf Seite 20.

---

[1] **Konvergenztheorie:** Diese Theorie geht davon aus, dass sich alle
sozialen Systeme irgendwann in dieselbe oder in eine ähnliche
Richtung entwickeln. Abweichungen werden als unnormal interpretiert und sind erklärungsbedürftig. Kritisch ist dagegen einge-
wandt worden, dass diese Theorie viel zu schematisch operiert.

1.4 Pflichtmodul: Amerikanische Revolution

Während in Großbritannien in den 1760er-Jahren der Übergang von der Agrar- zur Industriegesellschaft einsetzte, begann in Nordamerika die Unabhängigkeitsbewegung der britischen Kolonien vom Mutterland. Sie endete mit der Gründung der Vereinigten Staaten von Amerika. Diese revolutionäre Entwicklung gilt in der historischen Forschung auch als ein Modernisierungsprozess, denn sie war verbunden mit einem sozialen Wandel, einer umfassenden Politisierung, einer offenen Auflehnung gegen die alte und der Errichtung einer neuen Herrschaftsform sowie der Bildung eines Nationalstaates. Um die „Amerikanische Revolution" verstehen und beurteilen zu können, gilt es, wirtschaftliche, rechtliche, soziale und ideologische Gründe für das Verhalten der Handelnden zu untersuchen.

Orientierung

Das Kapitel beschäftigt sich inhaltlich mit...

den Ursprüngen des Konflikts

den Perspektiven der Konfliktparteien

der Unabhängigkeitserklärung und dem Unabhängigkeitskrieg

der Verfassung und der Grundrechteerklärung „Bill of Rights"

der Rezeption der Gründungsphase

„Boston Tea Party Ships & Museum."
Foto vom Mai 2018, Boston.
Das Museum informiert rund um die Ereignisse der berühmten „Boston Tea Party" aus dem Jahre 1773. Im Hafen können Besucher restaurierte Schiffe wie die „Eleanor" (hier im Bild) erkunden. Die „Boston Tea Party" zählt zu einem Wendepunkt im Konflikt zwischen den britischen Kolonien und dem Mutterland. Siehe dazu Seite 41 f.

1607 — In Jamestown (Virginia) entsteht die erste dauerhafte britische Niederlassung in Nordamerika. — **Koloniegründung**

1620 — Etwa 100 strenggläubige Calvinisten („Pilgrim Fathers") segeln auf der Mayflower in die Neuenglandstaaten und gründen die Stadt Plymouth (Massachusetts).

1754 - 1763 — Briten und Franzosen kämpfen um die Vorherrschaft auf dem nordamerikanischen Kontinent („French and Indian War"). Der Friedensvertrag von Paris (1763) beendet den Krieg. Großbritannien wird zur allein bestimmenden Kolonialmacht in Nordamerika. Parallel dazu findet in Europa der Siebenjährige Krieg (1756–1763) statt, in dem Preußen unter Friedrich dem Großen mit erheblichen Geldmitteln aus Großbritannien unterstützt wird und u.a. gegen Frankreich, Österreich, Schweden und Russland kämpft.

1764/65 — Mit neuen Zöllen und Steuern für die Kolonien versucht die britische Regierung, die hohe Staatsverschuldung abzubauen; dies ruft Widerstand in den Kolonien hervor. — **Der Weg zur Revolution**

1766 — Das Stempelsteuergesetz („Stamp Act") wird wieder aufgehoben, gleichzeitig erklärt das britische Parlament aber, jederzeit per Gesetz in die inneren Angelegenheiten der Kolonien eingreifen zu können („Declaratory Act").

1770 — Importboykotte der Kolonisten führen zur Aufhebung der Zölle mit Ausnahme des Teezolls.

1773 — Der „Tea Act" überlässt der englischen East India Company das Monopol, Tee nach Nordamerika zu importieren. Die Kolonisten reagieren zunächst mit einem Teeimportboykott, dann versenken radikale Kräfte eine Schiffsladung Tee („Boston Tea Party").

1775 — Der amerikanische Unabhängigkeitskrieg beginnt. — **Unabhängigkeitskrieg**

1776 — Der Zweite Kontinentalkongress billigt (bei Enthaltung New Yorks) am 4. Juli die Unabhängigkeitserklärung der Kolonien vom Mutterland.

1777 — Der Zweite Kontinentalkongress verabschiedet die Artikel der Konföderation („Ewige Union"); sie treten 1781 in Kraft.

1783 — Der Frieden von Paris beendet den Unabhängigkeitskrieg.

1787 — Der Verfassungskonvent verabschiedet die Bundesverfassung. Sie tritt in Kraft, nachdem New Hampshire als neunter Einzelstaat sie im Juni 1788 ratifiziert hat. — **Bundesverfassung und Grundrechte**

1789 — Das neue Regierungssystem tritt am 4. März in Kraft. George Washington wird zum ersten Präsidenten gewählt und der Kongress verabschiedet die „Bill of Rights".

Die Ausgangslage: Bevölkerung und Besiedelung

Internettipp
Informationen über die Kolonialzeit finden Sie auch in einem Online-Artikel unter dem Code 32201-02.

Puritaner: Selbstbezeichnung (lat. puritas: Reinheit) der Angehörigen einer strenggläubigen protestantischen Glaubensrichtung in England und Schottland, die vor allem durch den Reformator Johann Calvin geprägt wurde. Sie gerieten im 16. Jahrhundert in Konflikt mit der anglikanischen Staatskirche, da sich diese nach ihrer Ansicht nicht weit genug vom Katholizismus gelöst hatte.

Neuenglandkolonien: Kolonien im Nordosten der USA, in denen die Besiedelung durch Briten begann. Es handelt sich um Connecticut, New Hampshire, Maine, Massachusetts, Rhode Island und Vermont. Südlich schlossen sich die sogenannten Mittelatlantikkolonien an, dann folgten die Kolonien im Süden.

Quäker: protestantische Sekte, die sich auf die Gleichheit aller Menschen beruft. Aus ihrem Bibelverständnis heraus lehnen sie Eid, Kriegsdienst und Sklaverei sowie jegliche kirchlichen und staatlichen Autoritäten ab und wurden daher in Europa zeitweise verfolgt.

Die Anfänge der Besiedelung Nordamerikas | Bereits seit dem 16. Jahrhundert wanderten kleine Gruppen von Siedlern aus Europa ein. Die Spanier beanspruchten Florida im Süden, während sich an der Atlantikküste Franzosen, Engländer, Holländer und Schweden niederließen. Allerdings war Nordamerika zunächst nicht sehr attraktiv. Im Gegensatz zu Süd- oder Mittelamerika wurden kein Gold oder andere wertvolle Rohstoffe gefunden. Erst seit dem Beginn des 17. Jahrhunderts verstärkte sich die Besiedelung, und seit etwa 1730 setzten sich die Engländer gegenüber ihren Konkurrenten weitgehend durch (➜M1). Florida blieb spanisch, Louisiana und Kanada französisch. Allerdings bestand hier eine wirkliche Kontrolle nur um die Stadt St. Louis, und auch Kanada war extrem dünn, fast nur an den Küsten und an den Ufern der großen Flüsse besiedelt. Die restliche Ostküste stand unter britischer Kontrolle. Bei der Einwanderung in die britischen Besitzungen gab es verschiedene Gruppen, die unterschiedliche Ziele verfolgten.

Die Puritaner und andere protestantische Gemeinschaften | Im Norden ließen sich mehrere protestantische Sekten und Gruppierungen nieder, die der religiösen Unterdrückung in Europa entkommen wollten. Im Herbst 1620 segelten ungefähr 100 „Pilgrim Fathers" (dt.: „Pilgerväter") in einer legendären Fahrt mit dem Schiff Mayflower nach Nordamerika und gründeten die Stadt Plymouth (➜M2). Zur bekanntesten Gemeinschaft wurden die Puritaner. Sie hofften, in Nordamerika ein neues Jerusalem, eine „city upon the hill" zu erbauen. Die Puritaner verfolgten sehr strenge moralische Glaubenssätze. Jede Art von Vergnügen war strikt verboten. Zeitweise war nicht einmal Instrumentalmusik in der Kirche gestattet, weil sie vom Wort Gottes ablenkte. Neben ihrer Frömmigkeit waren die Puritaner fleißig und strebsam. Bildung hatte ebenfalls einen sehr hohen Stellenwert (➜M3). Bereits 1636 wurde bei Boston die heute weltberühmte Harvard Universität gegründet. Ökonomischer Erfolg wurde als positives Zeichen Gottes gesehen. Zwar bildeten sie eine religiöse Gemeinschaft, zentralisierte kirchliche Hierarchien wie in England lehnten sie aber ab. Auch bei den Puritanern gab es anfangs Sklaverei. Sie war aber ökonomisch nicht notwendig, weil hier keine Plantagenwirtschaft möglich war und genügend freie Arbeiter zur Verfügung standen.

Nach den Puritanern kamen weitere protestantische Sekten und Gruppierungen, die sich ebenfalls in den Neuenglandkolonien niederließen und oft durch ihren christlichen Fundamentalismus und ihre religiöse Intoleranz auffielen: In extremen Fällen konnte diese zu Hexenverfolgungen und Hinrichtungen führen. Die weitere Expansion in das Land hinein wurde auch dadurch vorangetrieben, dass sich einzelne Gruppen zerstritten und weiterzogen oder nach Auseinandersetzungen um die korrekte Auslegung der Bibel aus der Gemeinschaft ausgeschlossen wurden. Boston entwickelte sich schnell zu einer wichtigen Hafenstadt. Deshalb wurden auch viele Handwerker, Hafenarbeiter und besitzlose Tagelöhner angezogen, die – wie sich später zeigen sollte – ein permanentes Potenzial für Unruhen bildeten.

Die Mittelatlantikkolonien | Zwei weitere wichtige Zentren entstanden in New York und vor allem in Philadelphia. In dieser Stadt ließen sich zunächst die protestantischen Quäker (eigentlich: Society of Friends) nieder. Diese Sekte war von William Penn gegründet worden, und nach ihm ist auch der Bundesstaat Pennsylvania benannt. Anders als die Puritaner vertraten die Quäker ein hohe Toleranz und einen fast bedingungslosen Pazifismus. Da die Kolonie ausgesprochen gut verwaltet wurde, stieg Philadelphia schnell zu einer wichtigen Hafenstadt auf, in der ein wohlhabendes und intellektuell anspruchsvolles Bürgertum entstand. Diese christlichen Gemeinschaften spielten in mehrerer Hinsicht eine wichtige Rolle bei der Entstehung der Siedlergemeinschaften.

Erstens waren sie eine wichtige Institution bei der Integration von neuen Einwanderern. Zweitens fehlten – anders als in Europa – die starren Kirchenhierarchien, sodass die Kirchenmitglieder daran gewohnt waren, an wichtigen Entscheidungen beteiligt zu werden. Drittens gab es in der neuen Welt fast keine staatlichen Wohlfahrteinrichtungen. Viele Kirchengemeinden übernahmen daher karitative Aufgaben.

New York entwickelte sich an der Ostküste zu einem lebenslustigen kulturellen Zentrum, das von den strenggläubigen Protestanten misstrauisch beäugt wurde. Die Stadt war von Holländern im 17. Jahrhundert gegründet worden und stellte einen attraktiven Anziehungspunkt für Siedler aus ganz Nordeuropa dar. Sie hatte deshalb von Anfang an einen multikulturellen und multinationalen Charakter.

Die Einwanderer kamen zwar aus vielen europäischen Ländern, sie orientierten sich aber fast alle an der britischen Kultur. Die britische Sprache dominierte eindeutig in der Öffentlichkeit, auch wenn privat häufig weiterhin Deutsch, Holländisch, Schwedisch oder andere Sprachen benutzt wurden. Da das englische Gewohnheitsrecht übernommen wurde, musste jeder, der am öffentlichen Leben teilnehmen wollte, die englische Sprache beherrschen. Zwar wissen wir heute, dass die Vorstellung eines „Schmelztiegels", in dem schnell alle nationalen, sozialen und religiösen Unterschiede zwischen den Einwanderern verschwanden, ein Mythos ist. Viele Zeitgenossen waren aber von dem egalitären Charakter der Gesellschaft beeindruckt (→M4).

6 New Jersey (1664)
7 Pennsylvania (1681)
8 Maryland (1634)
9 Delaware (1664)
10 Virginia (1607)
11 North Carolina (1663)
12 South Carolina (1663)
13 Georgia (1732)

(in Klammern die ungefähren Gründungsdaten der Kolonien)

Gründerstaaten um 1732
zu den USA 1783
von Spanien beansprucht
britisch

1 New Hampshire (1622/29)
2 Massachusetts (1629)
3 Connecticut (1633)
4 Rhode Island (1636)
5 New York (1664)

0   500 km

Die Kolonien im Süden | Im Süden bestanden die klimatischen Voraussetzungen für den Anbau von Tabak, später kamen Reis, andere agrarische Produkte und im 19. Jahrhundert vor allem Baumwolle hinzu. Diese Waren erzielten zeitweise beim Verkauf in Europa hohe Preise, allerdings waren die Monokulturen bei Wirtschaftskrisen auch sehr anfällig. Der Tabakanbau erforderte große Plantagen, die nur arbeitsintensiv betrieben werden konnten. Zum Modell für diesen Typ von Kolonie wurde Virginia. Die meisten Arbeiter wurden zunächst in Europa angeworben, wobei das System der sogenannten „indentured servitude" (dt.: Kontraktarbeit) angewandt wurde. Dieses System hatte in England gut funktioniert: Ein junger Mann arbeitete für einige Jahre zum Beispiel bei einem Handwerker und erhielt in dieser Zeit eine Ausbildung. Nach dem Ende des Vertrages wurde ihm sein Lohn ausgezahlt, und er war frei, sich einen Beruf zu suchen. Dieses System wurde mit einem wichtigen Unterschied nach Amerika übertragen und funktioniere dort nur mäßig. Die jungen Männer erhielten ihren Lohn im Voraus, weil ihnen die Überfahrt bezahlt wurde. Dann mussten sie vier oder fünf Jahre lang auf den Tabakplantagen ihre Schulden abarbeiten. Viele versuchten aber fortzulaufen, auch gab es immer wieder kleine Rebellionen. Dies lag auch daran, dass viele der Kontraktarbeiter aus den britischen Unterschichten stammten oder verarmte Bauern waren, die so schnell wie möglich ein neues Leben beginnen wollten. Auch waren unter ihnen wahrscheinlich viele Kriminelle, die Großbritannien schnell verlassen mussten und die sich deshalb für die Arbeit auf der anderen Seite des Atlantiks anwerben ließen. Im Süden gab es mit Ausnahme der Hafenstadt Charleston und von Savannah keine Städte, sodass sich die Sozialstruktur völlig anders als im Norden entwickelte.

Die „Gründerstaaten".
Um 1760 gehörten acht Kolonien der britischen Krone (crown colonies), drei waren im Besitz von Privateigentümern (proprietary charter) und zwei in Gesellschafterbesitz (corporate charter). Die rechtliche Stellung der Kolonien gegenüber dem Mutterland hing von einer „Charter", einer Art Verfassungsstatut, ab.

Virginia: Die Siedler nannten das noch unbebaute Land nach der unverheirateten (engl. virgin: Jungfrau) Königin Elisabeth I., die England von 1558 bis 1603 regierte.

Afroamerikaner und die Anfänge der Sklaverei in den Kolonien im Süden | Vor allem in Virginia suchten die Plantagenbesitzer schon seit den 1640er- und 1650er-Jahren nach Alternativen zu ihren unzuverlässigen europäischen Kontraktarbeitern. Die Versuche, die indigene Bevölkerung zur Zwangsarbeit einzusetzen, waren aber nur wenig erfolgreich: Diese kannten das Land, versuchten zu entfliehen, wann immer dies möglich war und hofften auf die Solidarität ihrer Völker, die versuchten, sie zu befreien. 1619 verkaufte ein holländisches Piratenschiff zum ersten Mal 20 Afrikaner an die Siedler in Virginia. Anfangs wurden diese genauso behandelt, wie andere Kontraktarbeiter, d. h. sie wurden nach einigen Jahren frei gelassen. Dann stellten die Plantagenbesitzer aber zunehmend fest, dass farbige Afrikaner die Lösung für das Problem der Arbeitskräfte darstellten. Sie waren fremd im Land, konnten sich mit niemandem solidarisieren und waren zudem, wenn sie zu fliehen versuchten, wegen ihrer Hautfarbe leicht erkennbar. Außerdem mussten sie nicht freigelassen werden, sondern konnten lebenslang Zwangsarbeit verrichten. Seit den 1660er-Jahren wurden auf den Tabakplantagen deshalb immer mehr Afrikaner als Sklaven eingesetzt. Zwar verabschiedete das Parlament von Virginia erst 1705 den ersten „slave code", in dem die Sklaverei gesetzlich geregelt wurde, aber alle wesentlichen Entscheidungen waren schon in den Jahrzehnten davor getroffen worden. Diese Institution der „Rassensklaverei" entstand in der Neuen Welt, in England gab es hierfür keine Vorbilder (→M5).

(geschätzt, in Tausend) in Klammern der Anteil von Schwarzen an der Gesamtbevölkerung	1700	1780
New Hampshire*	5,0 (3 %)	88 (1 %)
Massachusetts*	56,0 (1 %)	269 (2 %)
New York*	19,0 (12 %)	210 (10 %)
New Jersey*	14,0 (6 %)	140 (8 %)
Virginia*	59,0 (30 %)	538 (41 %)
North Carolina*	11,0 (4 %)	270 (34 %)
South Carolina*	5,7 (43 %)	180 (54 %)
Georgia*	—	56 (37 %)
Pennsylvania**	18,0 (2 %)	327 (2 %)
Delaware**	2,5 (6 %)	45 (7 %)
Maryland**	30,0 (11 %)	245 (33 %)
Connecticut***	26,0 (2 %)	207 (3 %)
Rhode Island***	5,9 (5 %)	53 (5 %)
* um 1760 Kronkolonien ** um 1760 im Besitz von Privateigentümern *** um 1760 in Gesellschafterbesitz		

Nach: Udo Sautter, Die Vereinigten Staaten. Daten, Fakten, Dokumente, Tübingen/Basel 2000, S. 105 f. (Tab. 26 und 27)

Bevölkerungsentwicklung.

▶ Analysieren Sie den Zusammenhang zwischen Bevölkerungsentwicklung und geografischer Lage (siehe dazu die Karte auf Seite 29). Berücksichtigen Sie dabei auch die afroamerikanische Bevölkerung.

Die „frontier" | Neben diesen drei unterschiedlichen Siedlungszonen an der Küste existierte noch eine vierte im Landesinnern, die allerdings geografisch kaum zu bestimmen ist, weil sie sich ständig und sehr dynamisch verschob. Diese Region ist im Nachhinein von dem Historiker *Frederick Jackson Turner* (1861–1932) als *„frontier"* (d.h. Siedlungsgrenze) bezeichnet worden. Seit dem Beginn der Kolonisierung waren kontinuierlich einzelne Personen in Richtung Westen gewandert, wobei die Motive vielfältig waren. Manche junge Männer wollten unabhängig von jeder staatlichen Autorität sein, andere begaben sich auf die Jagd nach wertvollen Pelztieren oder suchten neues Farmland und gründeten einfache Bauernhöfe. Hinzu kamen Abenteurer, Flüchtlinge, Kriminelle oder Außenseiter; später auch Goldsucher. Um in der lebensfeindlichen Welt zu überleben, organisierten sie häufig primitive Formen von Selbstverwaltung. Diese Zonen der Gesetzlosigkeit haben Zeitgenossen, aber auch Romanautoren und später Filmregisseure stets fasziniert. Einerseits mussten sich diese Weißen, die sich in die Wildnis begaben, im Einzelfall mit der indigenen Bevölkerung arrangieren. Andererseits stellten sie aber auch eine permanente Ursache für Unruhen und Konflikte sowohl mit den „Indianern", als auch mit den kolonialen Behörden dar.

„Young Omahaw, War Eagle, Little Missouri, and Pawness." Ölgemälde von Charles Bird King, 1821.

„Indianer": Die Namensgebung geht auf den Irrtum von Christoph Kolumbus zurück, der glaubte, 1492 in Indien gelandet zu sein. Der Begriff gilt heute als herabsetzend und wird in den USA meist durch die Bezeichnung „Native Americans" oder „indigene Bevölkerung" ersetzt. Erst 1924 erhielten sie die volle amerikanische Staatsbürgerschaft.

Die Rolle der Native Americans („Indianer") | Als sich die ersten Europäer in Nordamerika niederließen, trafen sie auf kriegerische Völker, die sich nicht einfach unterwerfen ließen. In den 1620er-Jahren tobten zum Beispiel in Virginia mehrere Indianerkriege, die von beiden Seiten mit extremer Brutalität ausgetragen wurden. Auch deshalb galt Virginia anfangs als „deadly trap" (dt.: tödliche Falle) und 1622 wäre die noch kleine britische Kolonie bei einem Überfall fast vollständig vernichtet worden.

Drei Gründe waren aber dafür verantwortlich, dass die Engländer im Laufe des 17. und 18. Jahrhunderts die Oberhand gewannen:
• Erstens waren sie im Bereich der Feuerwaffen, vor allem bei der Artillerie, waffentechnisch überlegen.
• Zweitens haben sich die Native Americans, anders als die Engländer oder die Franzosen, nicht als ein einheitliches Volk begriffen, sondern sie bestanden aus vielen kleinen und größeren Völkern, die sich auch gegenseitig kontinuierlich bekriegten. Der etwas veraltete Begriff „Stamm" suggeriert eine Einheitlichkeit, die nur selten gegeben war. Diese Vielfalt kann man daran erkennen, dass bis heute unklar ist, wie viele unterschiedliche Sprachen und Dialekte die nordamerikanischen „Indianer" gesprochen haben. Schätzungen bewegen sich zwischen 250 und 500, und in vielen Fällen ist die Herkunft dieser Sprachen immer noch nicht geklärt. Die großen Unterschiede zwischen diesen Völkern haben die Engländer und Franzosen oft geschickt ausgenutzt. Erst seit der Mitte des 18. Jahrhunderts begannen sich mehrere, vorher verfeindete Indianervölker zusammenzuschließen, aber zu diesem Zeitpunkt war es für sie schon zu spät: Sie waren gegenüber den Europäern hoffnungslos ins Hintertreffen geraten.
• Drittens schließlich genossen die Natives – anders als viele Europäer und Afrikaner – keine Immunität gegen europäische Krankheiten. Auch wenn keine verlässlichen Zahlen existieren, wird geschätzt, dass in einigen Regionen bis zu 90 Prozent der indigenen Bevölkerung an Pocken, Masern, Cholera, Tuberkulose und an anderen Krankheiten starben, die zuvor in Amerika unbekannt gewesen waren.

M1 Herkunftsländer

Die Kreisdiagramme informieren über die Herkunft der nicht-indigenen Bevölkerung in den britischen Festlandskolonien:

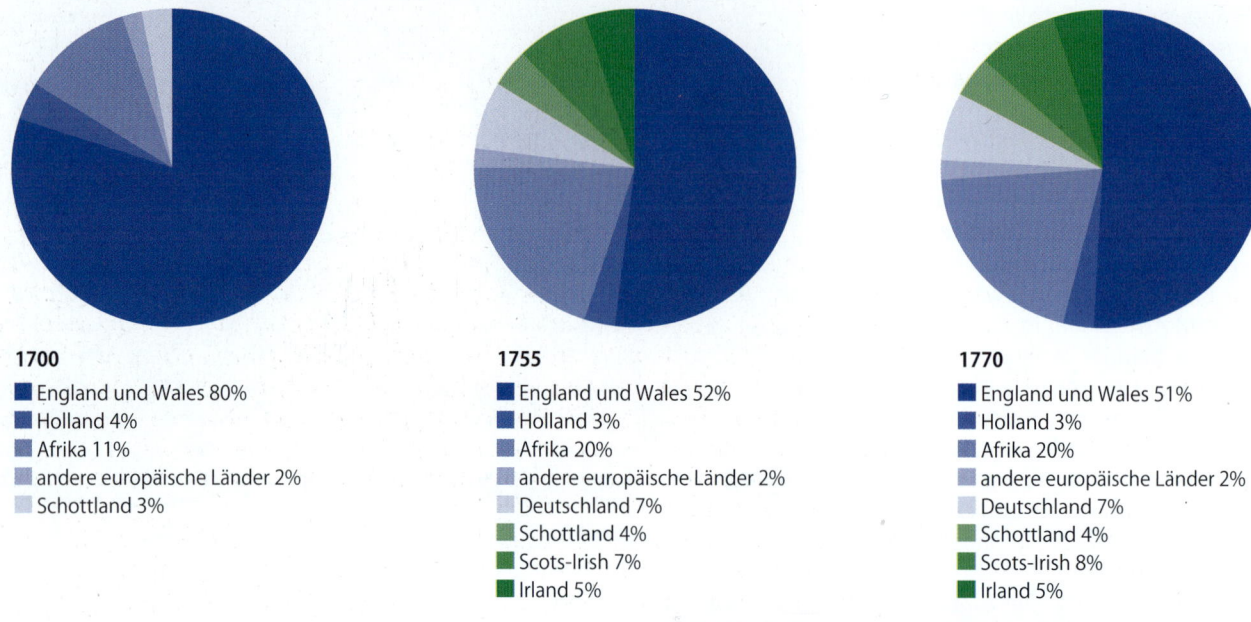

1700
- England und Wales 80%
- Holland 4%
- Afrika 11%
- andere europäische Länder 2%
- Schottland 3%

1755
- England und Wales 52%
- Holland 3%
- Afrika 20%
- andere europäische Länder 2%
- Deutschland 7%
- Schottland 4%
- Scots-Irish 7%
- Irland 5%

1770
- England und Wales 51%
- Holland 3%
- Afrika 20%
- andere europäische Länder 2%
- Deutschland 7%
- Schottland 4%
- Scots-Irish 8%
- Irland 5%

▶ Analysieren Sie die Diagramme hinsichtlich der Herkunftsländer der nicht-indigenen Bevölkerung in den britischen Kolonien. | **H**

Grafiken nach: Jürgen Heideking und Christof Mauch, Geschichte der USA, Tübingen ⁶2008, S. 19

M2 Der „Mayflower Compact"

Am 11. November 1620 schließen die „Pilgrim Fathers", die mit dem Schiff Mayflower von England nach Amerika gesegelt sind, einen Vertrag miteinander:

Im Namen Gottes, Amen. Wir, deren Namen unterzeichnet sind, die treuen Untertanen unseres erhabenen höchsten Königs, König Jakobs, durch die Gnade Gottes König von Großbritannien, Frankreich und Irland, Verteidiger des
5 Glaubens etc., haben zur Ehre Gottes und zur Förderung des christlichen Glaubens und zur Ehre unseres Königs und Landes eine Reise unternommen, um die erste Kolonie zu gründen im nördlichen Teile Virginias, und kommen hiermit feierlich vor Gott und einander überein, uns in einer
10 politischen Körperschaft zusammenzuschließen, um die genannten Ziele besser einrichten, erhalten und fördern zu können und infolgedessen zu verfügen, aufzustellen und zu entwerfen gerechte und gleiche Gesetze, Verfügungen, Beschlüsse, Verfassungen und Ämter von Zeit zu Zeit, wie sie

für das allgemeine Wohl der Kolonie am befriedigendsten 15 und zusagendsten angesehen werden, wozu wir alle gebührende Unterwerfung und Gehorsam versprechen. Zum Zeugnis haben wir unsere Namen hier unterzeichnet bei Cape Cod[1] am 11. November im Jahre der Regierung unseres höchsten Herrn, König Jakobs des Achtzehnten von 20 England, Frankreich und Irland und des Vierundfünfzigsten von Schottland.

Zitiert nach: Peter Schulz, Ursprünge unserer Freiheit. Von der Amerikanischen Revolution zum Bonner Grundgesetz, Hamburg 1989, S. 26

1. Arbeiten Sie aus dem Textauszug heraus, ob ein bestimmtes Weltbild erkennbar ist. | **H**

2. Analysieren Sie die „Ziele", von denen in der Quelle die Rede ist.

3. Erörtern Sie, ob man in dieser Quelle von einem politischen Programm sprechen kann.

---

[1] **Cape Cod**: Halbinsel im Südosten des Bundesstaates Massachusetts

„The First Thanksgiving at Plymouth."
Historiengemälde von Jennie Augusta Brownscomb, 1914.
Im Herbst 1621, ein Jahr nach ihrer Ankunft in Plymouth, beschlossen die Pilgerväter, nach der Ernte gemeinsam mit dem benachbarten Wampanoag-Stamm ein Fest zu feiern. Daraus entwickelte sich der Thanksgiving-Day, eine Art Erntedankfest, das in den USA als staatlicher Feiertag immer am vierten Donnerstag im November begangen wird. Eng mit dem Gründungsmythos verbunden, ist die Tradition fest im US-amerikanischen Selbstverständnis verankert.

▶ Analysieren Sie die Stilelemente des Gemäldes. Erläutern Sie seine Aussage. | **F**

M3 Schulgesetz

Schon 1642 gibt es im puritanischen Massachusetts ein erstes Schulgesetz, 1647 wird es überarbeitet:

Indem es ein Hauptanliegen des alten Verführers Satan ist, die Menschen von der Kenntnis der Heiligen Schrift abzuhalten, sie in früheren Zeiten in einer unbekannten Sprache zu belassen, sowie in den späteren Zeiten sie
5 vom Gebrauch der Sprachen abzubringen, sodass wenigstens der wahre Sinn und die wahre Bedeutung der Urschrift durch falsche Glossen, von scheinheiligen Betrügern nebelhaft bleibt; auf dass die Gelehrsamkeit nicht im Grabe unserer Väter in Kirche und im Gemein-
10 wesen begraben sei, der Herr möge unseren Bemühungen beistehen. – Es wird daher angeordnet, dass in jeder Stadtgemeinde in dieser Zuständigkeit, nachdem der Herr die Anzahl der Haushalte auf 50 vermehrt hat, diese dann fortan einen aus ihrer Stadt ernennen sollen, der all jene Kinder unterrichte, […] um Lesen und Schreiben zu 15 lernen, und dessen Löhne entweder von den Eltern oder den Herrn der Kinder, oder von den Einwohnern im Allgemeinen in Form von Versorgung bezahlt werden sollen […]. Und es wird weiters angeordnet, dass überall, wo eine Stadt auf eine Anzahl von über 100 Familien oder Haus- 20 halten anwachsen sollte, eine Lateinschule errichtet werden soll, und es deshalb möglich sein sollte, die Jugend so weit zu unterweisen, sodass sie für eine Universität gerüstet ist, wird bestimmt, dass wenn irgendeine Stadt die Durchführung von oben Bestimmtem innerhalb eines Jah- 25 res unterlassen sollte, jede solche Stadt 5 Pfund ihrer benachbarten Schule zu bezahlen hat, bis sie diese Anordnung durchführt.

Herbert Schambeck (Hrsg.), Dokumente zur Geschichte der Vereinigten Staaten von Amerika, Berlin ²2007, S. 41 f.

1. Erläutern Sie die Motive, die dieser Anweisung zugrunde liegen. Berücksichtigen Sie dabei den puritanischen Hintergrund.
2. Stellen Sie die damaligen Anforderungen, die an Schüler gestellt wurden, dem heutigen Begriff von Bildung gegenüber, der an Ihrer Schule besteht. | **F**
3. Erörtern Sie die Folgen, die sich aus dieser Anordnung wahrscheinlich für den Staat Massachusetts ergeben haben.

M4　Was ist ein Amerikaner?

Der gebürtige Franzose Hector St. John de Crèvecoeur (1735–1815) kommt 1754 als Soldat nach Nordamerika, wo er viel reist. 1793 wird er französischer Konsul in New York. Crèvecoeur beantwortet die Frage, was ein Amerikaner ist, wie folgt:

Hier gibt es keine aristokratischen Familien, keine Fürstenhöfe, keine Könige, keine Bischöfe, keine geistliche Oberherrschaft, keine unsichtbare Macht, die wenigen eine sehr sichtbare verleiht, keine großen Manufakturbesitzer, die
5　Tausende beschäftigen, keine Übertreibung des Luxus. Die Reichen und die Armen sind nicht so weit voneinander entfernt wie in Europa. [...]
Rechtsanwalt oder Kaufmann sind die erhabensten Titel, die unsere Städte gewähren; der eines Farmers ist die ein-
10　zige Bezeichnung für die ländlichen Bewohner unseres Gemeinwesens. Gewiss wird der Reisende einige Zeit benötigen, ehe er sich mit unserem Wortschatz anfreunden kann, dem es wohl an würdevollen Bezeichnungen und Ehrennamen gebricht. So sieht er an einem Sonntag eine
15　Versammlung respektabler Farmer und ihrer Frauen, alle in schmuckes, selbsterzeugtes Tuch gekleidet, wohlberitten oder in ihren eigenen schlichten Wagen. Unter ihnen gibt es keinen Hochwohlgeborenen außer dem unbelesenen Friedensrichter. Dort erblickt er einen Pfarrer, so schlicht
20　wie seine Herde, einen Farmer, der nicht von der Arbeit anderer in Saus und Braus lebt. Wir haben keine Prinzen, für die wir uns abmühen, hungern und bluten; wir sind die vollkommenste Gesellschaft, die jetzt in der Welt existiert. Hier ist der Mensch so frei, wie er sein sollte [...].
25　In diesem großen amerikanischen Asyl haben sich die Armen Europas auf die eine oder andere Weise und im Ergebnis verschiedener Ursachen zusammengefunden; zu welchem Zweck sollten Sie einander fragen, aus welchem Land sie kommen? Ach, zwei Drittel von ihnen hatten kein Hei-
30　matland. Kann ein Unglücklicher, der umherstreifen muss, der arbeitet und hungert, dessen Leben ständig voll tiefen Elends und bedrückender Armut ist – kann dieser Mensch England oder irgendein anderes Königreich sein Heimatland nennen? Ein Land, das kein Brot für ihn hatte, dessen
35　Felder ihm keine Ernte lieferten, dem nichts anderes als das Stirnrunzeln der Reichen, die Härte der Gesetze, Kerkerhaft und schwere Strafen zuteil wurden; dem kein Fußbreit der unendlichen Oberfläche dieses Planeten gehörte? Nein! Gedrängt von einer Vielfalt von Beweggründen kamen sie
40　hierher, wo alles darauf gerichtet war, ihnen neues Leben einzuhauchen; neue Gesetze, eine neue Lebensweise, ein neues Gesellschaftssystem; hier sind sie Menschen geworden [...]. Welche unsichtbare Kraft hat diese überraschende Metamorphose[1] bewirkt? Die der Gesetze und die ihres
45　Fleißes. Die Gesetze, die nachsichtigen Gesetze schützen sie

bei ihrer Ankunft; sie erhalten reichen Lohn für ihre Arbeit; der angehäufte Lohn verschafft ihnen Land; dieses Land verleiht ihnen den Titel freier Menschen, und diesem Titel haftet jeglicher Vorteil an, welchen Menschen je erlangen können. [...]　50
Sein Heimatland ist nun das, welches ihm Boden gibt, Brot, Schutz und Ansehen. Ubi panis ibi patria[2] ist das Motto aller Emigranten. Was also ist dann der Amerikaner, dieser neue Mensch? Er ist weder ein Europäer noch Abkömmling eines Europäers, daher diese seltsame Mischung des Blu-　55
tes, welche ihr in keinem anderen Land finden werdet. Ich könnte euch eine Familie nennen, wo der Großvater ein Engländer war, dessen Frau eine Holländerin, deren beider Sohn eine Französin heiratete, und dessen gegenwärtige vier Söhne nun vier Frauen verschiedener Nationalität ge-　60
ehelicht haben. Derjenige ist Amerikaner, der all seine alten Vorurteile und Verhaltensweisen hinter sich gelassen hat und aus der neuen Lebensform, die er angenommen hat, von der neuen Regierung, der er gehorcht, und von dem neuen Stand, den er bekleidet, neue empfängt. [...] Hier　65
sind die Einzelwesen aller Nationen verschmolzen zu einem neuen Menschenschlag, dessen Taten und Nachkommenschaft eines Tages große Veränderungen in der Welt hervorrufen werden. Die Amerikaner sind die Pilger des Westens. [...] Der Amerikaner ist ein neuer Mensch, der nach　70
neuen Grundsätzen handelt; er muss deshalb neue Gedanken hegen und neue Meinungen formen. Aus unfreiwilligem Müßiggang, sklavischer Abhängigkeit, Armut und nutzloser Fron ist er zu einem Schaffen ganz anderer Art übergegangen, das durch ein reichliches Auskommen be-　75
lohnt wird, – das ist ein Amerikaner. [...] Nun langen wir bei den großen Wäldern an, nahe den letzten bewohnten Gebieten; hier scheinen sich die Menschen noch weiter jenseits der Reichweite der Regierung zu befinden, wodurch sie in gewissem Maße sich selbst überlassen sind. Wie　80
könnte diese in jeden Winkel dringen? Da die Menschen durch Unglück, den Zwang des Neubeginns, durch das Verlangen, große Landgebiete zu erwerben, durch Müßiggang, häufig auch durch mangelnde Sparsamkeit und durch alte Schulden dorthin getrieben wurden, bietet das　85
Wiederzusammenführen solchen Volkes kein sehr angenehmes Schauspiel. Wenn Zwietracht, Mangel an Einmütigkeit und Freundschaft, wenn entweder Trunksucht oder Müßiggang in solch fernen Gebieten vorherrschen, müssen Hader, Untätigkeit und Elend folgen. Gegen solche Übel　90
stehen nicht dieselben Heilmittel zur Verfügung wie in einer lange bestehenden Gemeinschaft. Die wenigen Friedensrichter, die sie haben, sind im Allgemeinen kaum besser als der Rest; oft befinden sich die Menschen in einem regelrechten Kriegszustand ist auch ihr Verhältnis zu den　95
wilden Bewohnern dieser ehrwürdigen Wälder, die ihnen zu entreißen sie hergekommen sind. Hier scheinen die

---
[1] **Metamorphose**: Verwandlung

[2] **Ubi panis ibi patria**: lat., „wo ich Brot finde, dort bin ich zu Hause"

Menschen nicht besser zu sein als Fleisch fressende Tiere einer höheren Stufe, die sich von anderen wilden Tieren
100 ernähren, wenn sie sie fangen können, und falls sie dieses nicht vermögen, leben sie vom Ackerbau. [...] Die Kraft des Beispiels und der Kontrolle durch das Schamgefühl dort entratend, stellen viele Familien den abscheulichsten Teil unserer Gesellschaft dar. Sie sind eine Art verlorener Hoff-
105 nung und schreiten der höchst ehrenwerten Armee von erfahrenen Männern, die nach ihnen kommen, um zehn oder zwölf Jahre voraus. [...] Sie machen fleißigeren Menschen Platz, die die Landkultivierung abschließen und das Blockhaus in eine behagliche Wohnstätte verwandeln wer-
110 den, und die Freude, dass diese ersten schweren Arbeiten beendet sind, wird das bislang barbarische Land binnen weniger Jahre in einen schönen, fruchtbaren, wohlgeordneten Distrikt verwandeln.

Heinz Förster (Hrsg.), Was ist ein Amerikaner? Zeugnisse aus dem Zeitalter der amerikanischen Revolution, Leipzig/Weimar 1987, S. 8ff.

1. Erklären Sie, was Amerika nach Meinung Crèvecoeurs von Europa unterscheidet.

2. Charakterisieren Sie Crèvecoeurs Vision von einem „neuen Menschen".

3. Erläutern Sie die Position, die die ersten Siedler in den Wäldern nach Ansicht des Autors in der amerikanischen Zivilisationsgeschichte einnehmen.

4. Diskutieren Sie in der Klasse, ob sich Elemente dieses Amerikabildes bis in die Gegenwart erhalten haben.

M5 Ein ehrenwerter Handel?

In der britischen Hafenstadt Bristol findet im Sommer 1999 eine Ausstellung mit dem Titel „Ein ehrenwerter Handel? Bristol und der transatlantische Sklavenhandel" statt. Die „Frankfurter Allgemeine Zeitung" berichtet darüber im August 1999:

Die Ausstellung weist deutlich darauf hin, dass afrikanische Häuptlinge selbst am Handel interessiert waren und ihresgleichen den Europäern bereitwillig zum Kauf anboten. Die Menschen wurden im Tausch vor allem gegen Gewehre
5 und Munition veräußert – Waffen wurden bald für einzelne afrikanische Stämme zur Notwendigkeit, um sich gegen andere Stämme zur Wehr setzen zu können. Zunächst hatten sich einige afrikanische Oberhäupter dem Handel verweigert. Doch ihre Ablehnung schlug schnell in Kollabora-
10 tion[1] um: Widerstand führte oftmals erst recht zur brutalen

Versklavung des eigenen Stammes. Sie hofften, durch die Gefangennahme von Mitgliedern anderer Stämme, die sie dann den weißen Händlern als Sklaven anboten, der eigenen Ausrottung zuvorzukommen. So entzündete der Skla-
15 venhandel grausame Kriege, die zwischen den verschiedenen afrikanischen Stämmen ausbrachen. Den britischen Händlern war es recht: Je leichter sich der Kauf von Menschen in Afrika gestaltete, desto weniger mussten sie auf eigene Gefahr entführen und verschleppen.

Trotz breitester Übersicht wird das Individuum in Bristol 20 nicht vergessen. So kann der Besucher beispielsweise das Schicksal von Olaudah Equiano verfolgen. Geboren im Gebiet des heutigen Nigeria, wurde der Schwarze im Alter von zehn Jahren an englische Sklavenhändler verkauft. Nachdem er mit seinem ersten Besitzer, einem Offizier der bri-25 tischen Marine, den Siebenjährigen Krieg[2] überstanden hatte, brach dieser sein Versprechen, verweigerte ihm die Freiheit und verkaufte ihn stattdessen auf die westindischen Inseln. Erst 1766 gelang es Equiano, sich freizukaufen. Er schrieb seine Geschichte auf: „The interesting nar-30 rative of the Life of Olaudah Equiano, or Gustavus Vassa, the African" erschien 1789 in England. [...] Geschildert wird die Schiffspassage von Afrika nach Amerika, wo der arme Teufel mit Hunderten anderer Schwarzer dicht an dicht im Bauch des Schiffes saß. Er hörte die Schreie der 35 Gequälten und das Wimmern der Sterbenden, doch konnte er sich nicht bewegen – nicht um ihnen zu helfen, nicht einmal, um die Latrineneimer zu erreichen. Der Plantagenbesitzer John Pinney, damals ein Vorzeigebürger Bristols, dessen georgianisches[3] Stadthaus ein paar Straßen weiter 40 zu besichtigen ist, wird ebenfalls zitiert. Er war zunächst über den Menschenhandel schockiert. Doch seine Skrupel wichen rasch: „Sicherlich hat Gott sie für unseren Nutzen vorgesehen."

„Der Mensch, nichts als Arbeitsware" von Felicitas von Lovenberg, in: F.A.Z. vom 6. August 1999, © Alle Rechte vorbehalten. Frankfurter Allgemeine Zeitung GmbH, Frankfurt. Zur Verfügung gestellt vom Frankfurter Allgemeine Archiv

1. Gliedern Sie den Zeitungsartikel in sinnvolle Abschnitte und versehen Sie diese mit passenden Oberbegriffen.

2. Erläutern Sie anhand des Textes die sozialen und politischen Folgen des Sklavenhandels für Afrika. **| H**

3. Erörtern Sie die Möglichkeiten und Grenzen einer Ausstellung für das Verständnis eines historischen Themas.

[1] **Kollaboration:** Zusammenarbeit mit dem Feind

[2] **Siebenjähriger Krieg:** See- und Kolonialkrieg zwischen England und Frankreich; gleichzeitig führten in Europa Preußen (als Verbündeter Englands), Österreich und Russland (verbündet mit Frankreich) Krieg gegeneinander (1756–1763).

[3] **georgianisch:** Epochenbezeichnung für die Zeit der englischen Könige Georg I.- IV. (1714–1830)

Die Ursprünge des Konfliktes

Die rechtliche Stellung der Kolonien | Die 13 Kolonien, die später ihre Unabhängigkeit von Großbritannien erklären sollten, waren zu Beginn des Konfliktes London nach drei unterschiedlichen Prinzipien unterstellt:
- Acht waren *Kronkolonien (crown colonies)*, d.h., sie gehörten direkt der Krone (New Hampshire, Massachusetts, New York, New Jersey, Virginia, Nord- und Süd-Carolina und Georgia).
- Drei Kolonien waren *Eigentümerkolonien (proprietary charter)*, d.h., sie gehörten privaten Besitzern (Pennsylvania, Delaware und Maryland).
- Zwei Kolonien besaßen eine *königliche Charter (corporate charter)*. Hier gab es keinen Gouverneur, sondern die Kolonien regierten sich selbst (Connecticut und Rhode Island).

In der Praxis spielten diese Unterschiede aber nur eine geringe Rolle. In den Kronkolonien hatte ein Gouverneur, der vom König ernannt worden war, die Regierungsgewalt inne. Wichtig war aber, dass in allen Kolonien daneben auch ein *Kolonialparlament (assembly)* bestand, das nach dem Vorbild des englischen Parlaments meist nach dem Zensuswahlrecht gewählt worden war. Der Gouverneur besaß gegenüber diesen Parlamenten ein Vetorecht. Diese Parlamente verfügten über weitgehende Befugnisse in der regionalen Finanzpolitik. Sie bestimmten, welche Steuern erhoben und wie die eingenommenen Gelder ausgegeben wurden. Oft setzten sie auch die Höhe des Gehaltes des Gouverneurs fest. Potenziell bestand also ein Spannungsverhältnis zwischen den Parlamenten und den königlichen Institutionen, das allerdings vor der Mitte des 18. Jahrhunderts nur selten zu Konflikten geführt hatte.

Anfangs hatte die britische Regierung den Siedlern erhebliche Freiheitsrechte eingeräumt und sich – solange es keine gravierenden Probleme gab – aus den inneren Angelegenheiten der Kolonien herausgehalten. Dies war darauf zurückzuführen, dass im 17. Jahrhundert Großbritannien von sehr schweren innenpolitischen Krisen, Kriegen und Bürgerkriegen erschüttert wurde. Hierzu gehörten der Konflikt zwischen dem König und dem Parlament in London, der mit der Hinrichtung des Königs im Jahre 1649 endete, die Frage einer schottischen Unabhängigkeit und schließlich das Problem, ob England ein katholisches oder ein protestantisches Land sein solle. Vor diesen Hintergründen hatte in Großbritannien kaum jemand Zeit und Interesse, sich vertieft um die Kolonien zu kümmern, solange keine Rebellionen ausbrachen. Vor dem *„French and Indian War"* von 1754 mussten die Kolonien deshalb auch ihre Verteidigung selbst organisieren und finanzieren.

Die Gesellschaft in den Kolonien | Sozial waren die britischen Kolonien in Nordamerika viel egalitärer als die Gesellschaft Großbritanniens. Es gab keinen Adel, ebenso bestanden auch fast keine anderen ständischen Vorrechte. Selbstverständlich gab es soziale Unterschiede, nur sahen diese ganz anders aus als im Mutterland. Die reichen Plantagenbesitzer in Virginia oder große Kaufleute und Händler in den Neuenglandkolonien vertraten auch innerhalb der kolonialen Gesellschaft selbstbewusst ihre Interessen. In den nördlichen Städten entstand eine breite Mittelschicht von Farmern, Rechtsanwälten, Ärzten, Lehrern, Kaufleuten und Handwerkern, die am politischen Leben teilnahmen. Daneben bestand sowohl in den Städten als auch auf dem Land eine breite Unterschicht und – im Süden – lebten Sklaven und einige rechtlose freie Farbige. Bittere Armut, die in allen europäischen Gesellschaften fast immer existierte, war in Amerika viel seltener. In Fällen, in denen soziale Spannungen zu stark wurden, bestand stets die Möglichkeit, einfach nach Westen in Richtung Indianerterritorien weiterzuwandern – was viele soziale und ökonomische Konflikte entschärfte.

Zensuswahlrecht: Wahlsystem, bei dem das Wahlrecht an den Nachweis von Besitz, Einkommen oder Steuerleistung (Zensus) gebunden ist.

Die wirtschaftliche Entwicklung | Wirtschaftlich standen sich widersprüchliche Trends gegenüber. Durch die hohen Geburtenraten und die ständige Zuwanderung aus Europa stieg die Bevölkerung stark an. Für das Jahr 1770 wird geschätzt, dass im britischen Nordamerika ca. 2,5 Millionen Einwohner lebten. Zum Vergleich: In Großbritannien waren es etwa 6,5 Millionen. Einerseits waren damit die ökonomischen Perspektiven der Kolonien sehr gut. Sie produzierten vor allem Rohstoffe, für die in Großbritannien Absatzmärkte existierten, wurden aber auch als Markt für britische Produkte immer wichtiger. Andererseits versuchte die britische Regierung, die ökonomischen Entwicklungen in den Kolonien zu beeinflussen. Eine große Zahl von Gesetzen und Verboten regulierte den Handel und die Güterproduktion. Seit dem *Navigationsgesetz (Navigation Act)* von 1651, das in den kommenden Jahrzehnten erweitert und präzisiert wurde, war es den Kolonisten verboten, Dinge herzustellen, die englischen Waren Konkurrenz machen konnten. Hierzu gehörten Kleidung, Hüte und Eisen. Außerdem durften Produkte aus den Kolonien wie z. B. Tabak oder Reis nur in Großbritannien verkauft werden. Güter, die aus anderen Teilen Europas eingeführt wurden, mussten über England transportiert werden. Zugleich erwies es sich aber als schwierig, alle diese Vorschriften umzusetzen, weil vor Ort Kontrolleure und Truppen fehlten und zugleich der „Schmuggel" blühte. Beispielsweise wurde allein im Jahr 1757 in der französischen Kolonie St. Domingue (heute Haiti) mehr als 150 amerikanische Handelsschiffe gesichtet, die offen Schmuggel betrieben. In diesem Jahr bestand zwischen Großbritannien und Frankreich immerhin der Kriegszustand. Auch hier waren viele Kolonisten an große Freiheiten gewöhnt. Die Periode zu Beginn des 18. Jahrhunderts wurde deshalb später als „salutary neglect" (dt.: „heilsame Vernachlässigung") bezeichnet.

Reenactment:
„French and Indian War."
Foto von Juni 2006.
Verschiedene Akteure stellen eine Schlacht des „Franzosen- und Indianerkriegs" im US-Bundesstaat New York nach.

Der „French and Indian War" | Dieser von 1754 bis 1763 andauernde Krieg zwischen Frankreich und Großbritannien hatte mehrere Ursachen. Erstens bestand eine große Rivalität zwischen den beiden Mächten, die sowohl in Europa, als auch in Asien (Indien) sowie in Nordamerika im 18. Jahrhundert häufig militärisch ausgetragen worden war. Zweitens hatten beide Mächte ein Interesse daran, in das fruchtbare und strategisch wichtige Tal des Ohio vorzustoßen und dieses mit eigenen Kolonisten zu besiedeln. Der Krieg begann, als beide Seiten Forts (Befestigungsanlagen) in der Region errichteten. Vor allem zu Beginn des Konfliktes hatten die Franzosen trotz ihrer zahlenmäßigen Unterlegenheit deutliche Vorteile. Zum ersten Mal schickte die britische Regierung deshalb große reguläre Truppenverbände nach Nordamerika. Die englischen Truppen wurden aber schlecht geführt und fast alle Indianervölker unterstützten anfangs die Franzosen. Beispielsweise wurde eine britische Armee, die von General *Edward Braddock* (1695–1755) befehligt wurde, im Frühjahr 1755 südlich des Eriesees vernichtend geschlagen. Der Krieg wurde häufig als Klein- und Guerillakrieg geführt, und war deshalb besonders grausam: Auch Zivilisten und harmlose Siedler wurden auf beiden Seiten massakriert oder vertrieben.

Je länger der Konflikt dauerte, desto stärker gewannen die Briten die Oberhand. Entscheidend war, dass sie die Seeherrschaft errangen und die französischen Häfen blockierten. Sie fingen französischen Nachschub ab und führten vom Meer aus Landungsoperationen in Kanada durch. Dieser Krieg war nicht durch große Schlachten gekennzeichnet, sondern durch viele kleine Gefechte und langwierige Belagerungen von Forts und von Städten. Obwohl sich die Franzosen zäh verteidigten, konnten sie ihre Niederlage 1762/63 nicht verhindern. Am Ende des Krieges kämpften auf beiden Seiten auch Indianervölker, die wiederum ihre eigenen Interessen vertraten und aus deren Perspektive die jeweiligen Europäer mächtige und willkommene Verbündete darstellten. Gelegentlich wechselten sie die Seiten, wenn ihnen vorteilhafte Versprechungen oder wertvolle Geschenke gemacht wurden. Der britische Sieg verschlechterte die Situation der Native Americans erheblich, weil sie nun die beiden europäischen Mächte nicht mehr gegeneinander ausspielen konnten.

Guerillakrieg: Als Guerilla (dt.: der „kleine Krieg") oder Partisanenkrieg wird eine Kriegsführung bezeichnet, bei der die schwächere Seite Schlachten vermeidet. Stattdessen werden Hinterhalte gelegt und Überfälle durchgeführt. Oft beteiligen sich auch Zivilisten, d. h. sie kämpfen einige Wochen und kehren dann in ihren Heimatort zurück. Für die Gegenseite ist nur schwer zu erkennen, wer Kriegsteilnehmer und wer Zivilist ist, deshalb tendieren solche Konflikte zu extremer Grausamkeit.

„Join, or die."
Holzschnitt nach einem Entwurf von Benjamin Franklin.
Die Zeichnung erschien erstmals am 9. Mai 1754 in der „Pennsylvania Gazette" und gilt als die erste politische Karikatur Nordamerikas. An anderer Stelle hat Franklin einmal gesagt: „Entweder wir halten zusammen oder hängen einzeln."
Benjamin Franklin (1706–1790) war zunächst Buchdrucker und Zeitungsmacher, dann Schriftsteller, Erfinder, Politiker und später auch Gesandter seiner Heimat in Großbritannien und Frankreich. Weitere Informationen zu Franklin finden Sie auf Seite 74.

▶ Interpretieren Sie die Karikatur. Berücksichtigen Sie dabei die Entstehungszeit und das Motto.

Folgen der Konflikte | 1763 wurde in Paris Frieden geschlossen. Großbritannien war der eindeutige Sieger und hatte erhebliche Territorien in Nordamerika gewonnen. Es erhielt u. a. das französische Quebec und das spanische Florida zugesprochen. Großbritannien war zur allein bestimmenden Kolonialmacht in Nordamerika geworden. Die Franzosen waren als Konkurrent ausgeschaltet. Allerdings war der Preis für diesen Sieg hoch: Die britische Regierung stand vor einer Staatsverschuldung, die über 130 Millionen Pfund betrug und für die jedes Jahr Zinsen von etwa fünf Millionen Pfund fällig waren. Diese sehr hohe Summe musste so schnell wie möglich reduziert werden. Intensiv wurde in Großbritannien über eine Neuordnung des Empires diskutiert. Immerhin brachten manche Briten im Mutterland bis zu 26-mal mehr Steuern pro Kopf auf als Briten in Nordamerika. Deshalb hatten später britische Steuerzahler nur wenig Verständnis für die Proteste der amerikanischen Siedler.

Die neu eroberten Gebiete in Nordamerika wurden sofort direkt der Krone unterstellt. Die Gebirgskette der Appalachen wurde zudem als Grenze der Kolonien festgelegt. Das Territorium westlich davon wurde der indigenen Bevölkerung überlassen, und die weitere Besiedelung des Westens wurde verboten. Damit sollten erstens Konflikte mit den Native Americans vermieden werden. Zweitens sollten Kolonisten daran gehindert werden, nach Westen weiterzuwandern und sich damit dem britischen Zugriff zu entziehen. Weiterhin wurde begonnen, die bestehenden Gesetze im ökonomischen Bereich viel stärker als zuvor zu überwachen. Unter den Siedlern, die sich an die lockere britische Herrschaft gewöhnt hatten und die zudem im Krieg gegen Frankreich loyal ihre Pflicht erfüllt hatten, verbreitete sich Empörung. Hierzu trug bei, dass deutlich mehr britische Truppen als vor dem Krieg in den Kolonien stationiert wurden und dass diese auf Kosten der Kolonisten untergebracht und versorgt werden sollten. Viele adlige britische Offiziere behandelten die selbstbewussten Kolonisten, die auf ihre Freiheitsrechte pochten, zudem mit Herablassung oder sogar mit offener Verachtung und hielten sie für primitive Bauern.

Die neuen Steuergesetze | Ohne Rücksicht auf die Stimmung der amerikanischen Siedler zu nehmen, änderte die britische Regierung ihre Steuerpolitik. Die hohen Steuern auf Zuckerrohrsirup (Melasse), einem Vorprodukt von Rum, wurden gesenkt, aber nur, um auf diese Weise den weit verbreiteten Schmuggel unattraktiv zu machen. Zugleich wurden 1764 im *Zuckergesetz (Sugar Act)* neue hohe Steuern auf Kaffee, Seide, Wein und weitere Waren erhoben, wenn diese aus Häfen eingeführt wurden, die nicht zum britischen Reich gehörten. Außerdem wurde den lokalen Gerichten der Siedler die Aufsicht über die Abgaberechte entzogen, weil diese sehr milde geurteilt und häufig sogar an dem Schmuggel mitverdient hatten. Ferner wurde den Kolonien verboten, eigenes Geld zu drucken. 1765 folgte das *Steuermarkengesetz (Stamp Act)*, von dem sich die Regierung in London Mehreinnahmen in Höhe von etwa 100 000 Pfund erhoffte (➔M1). Nicht nur alle offiziellen Dokumente, sondern auch alle Papierprodukte wie Zeitungen oder Spielkarten mussten mit einem Steuerstempel versehen werden. Die neuen Maßnahmen trafen in den Kolonien mit einer wirtschaftlichen Krise zusammen, die den Kriegsboom abgelöst hatte.

Der Protest der Kolonialparlamente bewirkte nichts. Ihrer Meinung nach waren nur sie berechtigt, Steuern zu beschließen, weil keine Abgeordneten der Kolonien im Londoner Parlament vertreten waren. Die Forderung *„No taxation without representation"* wurde schnell populär. Aus Protest trafen sich Vertreter von neun Kolonialparlamenten im Oktober 1765 in New York zum *Stamp Act Congress*. Sie richteten Petitionen an den König, an das Oberhaus und das Unterhaus in London und legten dar, dass sie nur Steuern zahlen würden, wenn ihre eigenen Abgeordneten zugestimmt hätten (➔M2).

„Sons of liberty" | Zugleich organisierten vor allem Kaufleute aus den großen Hafenstädten offenen Widerstand gegen die ungeliebten Gesetze. Sie riefen dazu auf, alle englischen Waren zu boykottieren. Die *„Sons of liberty"* (dt.: „Söhne der Freiheit") wurden als eine Geheimgesellschaft gegründet. Da sich ihr sowohl viele Handwerker (Sattler, Schreiner, Maler, Schmiede, Drucker und Schreiber) als auch Lehrer und Juristen anschlossen, fand hier ein regelrechter Demokratisierungsprozess statt. Viele Händler, die vorher vom Schmuggel profitiert hatten, schlossen sich der Bewegung an, weil ihre wirtschaftliche Existenz bedroht war. Die „Sons of liberty" waren auch zu gewalttätigen Aktionen bereit. Sie überwachten den Warenboykott und verhinderten den Verkauf von Steuermarken. In vielen Fällen wurden britische Beamte verprügelt oder geteert und gefedert. Diese Prozedur war schmerzhaft, extrem unangenehm und erniedrigend, verlief aber nicht tödlich. Der Boykott war erfolgreich, und bis Ende 1765 gingen die Steuereinnahmen auf 30 500 Pfund zurück. Die britische Regierung und das Parlament in London agierten in der Folge planlos. Anfang 1766 wurde das Steuermarkengesetz wieder aufgehoben. Zugleich wurde aber im sogenannten *Deklarationsgesetz (Declaratory Act)* erklärt, dass die Kolonien der Krone und dem britischen Parlament untergeordnet seien. Deshalb hätten die Kolonisten auch nicht das Recht über ihre eigene Besteuerung zu bestimmen. Aber schon 1767 wurden mit den *Townshend-Gesetzen* – benannt nach dem britischen Schatzkanzler Charles Townshend – erneut Zölle erhoben: Diesmal waren besonders Importe von Gebrauchsgegenständen wie Glas, Blei, Farben, Papier und Tee betroffen. Wahrscheinlich wäre ein Kompromiss möglich gewesen, wenn es nur um die einzelnen Steuern gegangen wäre, aber der Konflikt wurde immer mehr zu einem Prinzipienstreit (➔M3).

Stempelsteuermarke.
Faksimile einer Stempelsteuermarke von 1765.

Teekanne aus dem Jahr 1766.
Der Schriftzug ruft zur Abschaffung des Stamp Act auf.

Gründe für die widersprüchlichen britischen Reaktionen | Neben den hohen Staatsschulden gab es in England weitere Probleme. 1760, noch im *Siebenjährigen Krieg* (1756 – 1763), war in England König *Georg II.* gestorben und sein Enkel bestieg als *Georg III.* den Thron. Im Vergleich zu seinem Vorgänger versuchte er, seine Herrschaft in England deutlich zu stärken. Dies löste schwere und kontinuierliche Konflikte mit dem Parlament aus, das nicht bereit war, Rechte abzutreten. Dem König wurde vorgeworfen, seine Kompetenzen zu übertreten. In der Öffentlichkeit wurde er gelegentlich als ein Tyrann bezeichnet, der die Grenzen seiner Macht überschreite. Die anti-monarchische Propaganda, die später im Amerikanischen Unabhängigkeitskrieg[1] erfolgreich sein sollte, bestand also schon mehr als zehn Jahre vorher in England. Außerdem gab es im Parlament permanente Intrigen und Streitigkeiten zwischen einzelnen mächtigen Persönlichkeiten und Gruppierungen, die versuchten, sich ohne Rücksicht auf Inhalte gegenseitig Einfluss streitig zu machen.

Die Krise um das Stempelsteuergesetz traf die britische Regierung völlig unvorbereitet, weil sie überhaupt nicht mit einer derartigen Zuspitzung gerechnet hatte. Außerdem war vielen Akteuren in London nicht klar, dass bereits in den Jahrzehnten zuvor ein schleichender, aber kontinuierlicher Autoritätsverlust der britischen Behörden stattgefunden hatte. Da die Mehrheiten im englischen Parlament wechselten und Regierungen oft instabil waren, schwankte der Kurs gegenüber den Kolonisten zwischen einer harten und einer kompromissbereiten Linie, je nachdem, welche Gruppierung sich gerade im Parlament durchsetzte. Dies bestärkte wiederum die amerikanischen Proteste, denn die Siedler machten die Erfahrung, dass sie mit ihren Aktionen indirekt Einfluss auf die Politik des Parlaments nehmen konnten. Ein weiteres Problem stellte die große Entfernung dar. Manchmal dauerte es Monate, bis Nachrichten aus den Kolonien London erreicht hatten und die Antwort wieder in Amerika eintraf. Da zugleich aber das politische Leben weiterging, handelte das englische Parlament häufig in einer gewissen Unsicherheit, was eigentlich genau in den Kolonien geschah. Oft wurden Entscheidungen getroffen, die durch die Entwicklungen vor Ort bereits überholt oder nicht mehr durchführbar waren.

Weitere Eskalation: das „Boston Massacre" | Wiederum entstand sehr schnell eine breite Boykottbewegung, die dazu aufrief, die Importe durch einheimische Produkte zu ersetzen. Auch eskalierte die Gewalt gegen britische Beamte und gegen amerikanische Siedler, die sich nicht der Boykottbewegung anschlossen. Daraufhin wurden zwei zusätzliche Regimenter britischer Soldaten nach Boston verlegt. Polarisierend wirkte das sogenannte „Boston Massacre" von 1770, auch wenn das Wort Massaker übertrieben wirkt. Eine Gruppe britischer Soldaten wurde am 5. März von einer großen Menschenmenge aggressiv bedrängt. Es kam zu Beleidigungen und Handgreiflichkeiten, woraufhin sich ein Schuss löste und die Soldaten das Feuer eröffneten. Dabei kamen drei Menschen ums Leben und acht wurden verwundet, von denen zwei später starben. Die folgende Gerichtsverhandlung vor einem amerikanischen Gericht war sehr fair und gestand den Soldaten zu, dass sie geglaubt hätten, sich in einer Notwehrsituation befunden zu haben. Nur einen Monat später wurden auch die Townshend-Gesetze wieder zurückgenommen. Dies wurde von der aufgehetzten Bevölkerung aber kaum zur Kenntnis genommen. Die Bewegung hatte ihre ersten Märtyrer, und die Beerdigung der Opfer wurde zu einer anti-britischen Demonstration umfunktioniert. Die „Sons of liberty" hatten einen derartigen Zulauf, dass die Führung die große Anhängerschaft, die sich zunehmend radikalisierte, kaum noch kontrollieren konnte. In Boston bestand ohnehin in den unteren Schichten ein erhebliches Unruhepotenzial. Neu war allerdings, dass nun die Eliten und die Unterschichten kooperierten.

---

[1] Zum Amerikanischen Unabhängigkeitskrieg siehe das Kapitel ab Seite 56.

„The Bloody Massacre in King-Street, March 5, 1770."
Kolorierter Kupferstich (Ausschnitt) von dem aus Boston stammenden Silberschmied Paul Revere, 1770.
Dieser populäre Kupferstich ist typisch für die amerikanische Bildpropaganda. Er zeigt wehrlose Bür-
ger, die von britischen Truppen kaltblütig zusammengeschossen werden. Dargestellt wird nicht eine
wütende Menschenmenge, die ihrerseits die Soldaten bedroht, sondern anständige Bostoner Bürger.
Auch fehlt eines der Todesopfer: Crispus Attucks war ein Farbiger, der als Gelegenheitsarbeiter im
Hafen arbeitete. Offenbar wurde er aus rassistischen Gründen nicht abgebildet.

Der Wendepunkt: die „Boston Tea Party" | Anfang 1773 geriet die East India Com-
pany, die vor allem in Indien tätig war, in finanzielle Schwierigkeiten. Sie war die wichtigste britische Handelskompanie. Um sie finanziell zu entlasten, wurde ein Gesetz erlassen, das den Teeimport dieser Gesellschaft nach Amerika erleichterte und verbilligte.
Die Regierung hoffte auf steigende Gewinne durch steigende Umsätze. Eigentlich hätte
dies die Amerikaner zufriedenstellen sollen, aber es blieben die verhassten Steuern und
vor allem bestand weiterhin keine Möglichkeit, bei den Abgaben mitzubestimmen.
Außerdem waren durch die billigen Importe amerikanische Teehändler nicht mehr
konkurrenzfähig.

East India Company: Die englische
Ostindienkompanie wurde 1600
als Aktiengesellschaft gegründet.
Sie bildete das Rückgrat des britischen
Imperiums in Asien. Die Kompanie
verfügte über eine eigene Verwaltung, hatte das Recht, selbstständig
Verträge zu schließen und stellte Söld-
nerarmeen und Flotten auf.

Eine weitere Aktion heizte die Stimmung an. Anfang Dezember 1773 weigerte sich die Stadtverwaltung von Boston, der Entladung von drei Teeschiffen, die im Hafen lagen, zuzustimmen. Viele Details der folgenden Vorfälle sind ungeklärt: Die Angaben, wie viele Menschen sich beteiligten, schwanken stark, wahrscheinlich waren es zwischen 50 und 100 Männer, einige Quellen geben aber auch höhere Zahlen an. Die Teilnehmer, die sich als „Indianer" verkleidet hatten, stürmten in der Nacht vom 16. auf den 17. Dezember im Hafen von Boston die Dartmouth. Dieses Schiff hatte etwa 45 Tonnen Tee aus Ostindien geladen, der etwa 10000 Pfund wert war. Unter großem Geschrei wurde dieser Tee ins Wasser geworfen. Da die Aktion mehrere Stunden dauerte, wurde eine unbekannte Zahl von Schaulustigen angelockt. Die Obrigkeit reagierte nicht: Weder Soldaten noch Sheriffs ließen sich blicken. Wegen der aufwändigen Verkleidungen kann es sich nicht um eine spontane Aktion gehandelt haben, wie später aber gelegentlich behauptet wurde. Mit der später ironisch als *Boston Tea Party* bezeichneten Aktion war ein Wendepunkt im Konflikt zwischen Kolonien und Mutterland erreicht (➔ M4).

Geteert und gefedert.
Nachträglich kolorierte Zeichnung von 1774, veröffentlicht in einer britischen Zeitung.

Die Zeichnung zeigt einen Steuerbeamten, der von einer Gruppe rebellischer Bostoner geteert und gefedert wird. Zudem wird der Beamte gezwungen, Tee zu trinken. Am Baum hängt ein Papier mit den auf dem Kopf stehenden Worten „Stamp Act". Im Hintergrund schütten Personen den Inhalt einer Schiffsladung ins Wasser.

▶ Arbeiten Sie die Elemente aus der Zeichnung heraus, die darauf hindeuten, dass es sich hierbei um eine propagandistische Darstellung handelt.

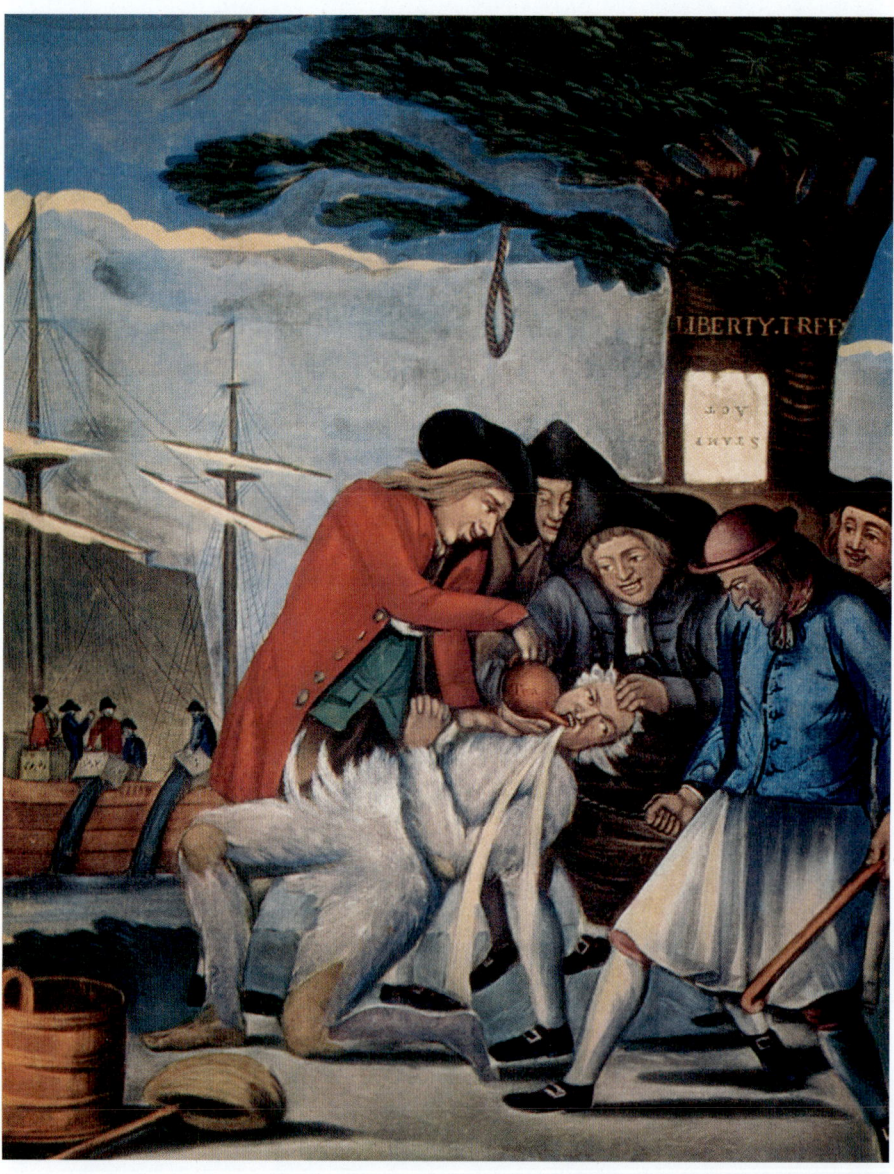

Die „Unerträglichen Gesetze" | Diesmal reagierte die britische Seite sehr hart. Zweimal hatte das Parlament den Siedlern nachgegeben, doch diesmal waren diese zu weit gegangen (→M5). Immer mehr Engländer plädierten dafür, die Kolonisten jetzt mit militärischer Gewalt zu unterwerfen. Nach Bekanntwerden der Nachrichten beschloss das Parlament 1774 vier Gesetze, denen jetzt auch Abgeordnete der gemäßigten Richtung zustimmten. Diese *Coercive Acts* (engl. coercive: zwingen, etwas erzwingen) bezeichneten die Kolonisten als *„Unerträgliche Gesetze"* (*„Intolerable Acts"*). Im Einzelnen bestimmten sie:

• Der Hafen von Boston sollte vorübergehend stillgelegt werden, bis die Stadt für den Tee bezahlt haben würde.
• Die lokalen Versammlungen verloren das Recht der Selbstregierung, und die Gemeindeversammlungen in Massachusetts wurden direkt unter die Kontrolle des Königs gestellt.
• Bewohner der Kolonien und vor allem Beamte, die des Verrates beschuldigt wurden, sollten nicht mehr vor amerikanischen Gerichten, sondern in London oder in anderen Teilen des Empires vor Gericht gestellt werden.
• Die britischen Truppen sollten aufgestockt und bei Bedarf auch in Privathäusern einquartiert werden können.

Eine weitere Bestimmung – das *Quebec-Gesetz (Quebec Act)* – war zwar nicht direkter Bestandteil dieser Gesetze, sie hätte aber, wenn sie durchgeführt worden wäre, weitreichende Folgen gehabt: Ein großer Teil des Ohiogebietes wurde Kanada zugeschlagen, um das Territorium der Kontrolle der Kolonisten zu entziehen. Damit wäre der weiteren Westexpansion der nordamerikanischen Kolonien ein Riegel vorgeschoben worden.

Viele Historiker sind heute der Meinung, dass bereits die „Boston Tea Party" und ihre Folgen den Beginn der Amerikanischen Revolution markiere. Zweimal hatte das britische Parlament versucht, die Kolonisten finanziell stärker an den Kosten zu beteiligen, und zweimal waren die Maßnahmen wegen der starken Proteste wieder zurückgenommen worden. Ein drittes Mal sollte es – aus britischer Perspektive – nicht mehr geben.

The Hated Stamp.

Holzschnitt aus dem „Pennsylvania Journal", 1765.
Das „Stamp Act" traf vor allem die Zeitungsmacher. Sie protestierten mit solchen Cartoons auf den Titelblättern ihrer Zeitungen gegen das Gesetz.

▶ Beschreiben Sie den Holzschnitt.

▶ Erläutern Sie die beabsichtigte Wirkung der Abbildung auf die Bevölkerung.

▶ Beurteilen Sie, inwieweit die Presse die Öffentlichkeit für ihre Interessen instrumentalisierte.

M1 The Stamp Act

In Großbritannien wird eine „Stempelsteuer" erhoben. Am 22. März 1765 beschließt das britische Parlament mit großer Mehrheit, diese Steuer in Zukunft auch in seinen nordamerikanischen Kolonien zu erheben. Im Beschluss heißt es:

Es sei hiermit verordnet [...], dass vom [1.11.1765] an und hernach in den Kolonien in Amerika, die derzeit oder künftig der Herrschaft seiner Majestät, seiner Erben und Nachfolger unterstehen, erhoben, auferlegt, gesammelt und an
5 seine Majestät gezahlt werden soll:
Für jedes Stück Pergament oder Blatt Papier, auf dem bei welchem Gerichtshof in den britischen Kolonien in Amerika auch immer, eine Erklärung, Prozessverteidigung, Erwiderung, Replik[1], Einwendung oder ein Gesuch, handschriftlich
10 oder gedruckt, abgefasst werden wird, sowie für jede Kopie davon, eine Stempelsteuer von drei Pence. [...]
Für jedes Blatt, auf welchem [...] ein Seefrachtvermerk oder Seefrachtbrief – für welche Art von Gütern, Waren, Handelsartikeln, die aus den genannten Kolonien und Ansiedlungen
15 ausgeführt werden sollen, er auch immer angefertigt worden sein mag – oder eine Tilgung oder eine im Bereich der genannten Kolonien gewährte Freigabe abgefasst ist, eine Stempelsteuer von vier Pence. [...]

Und für jede Packung Spielkarten und alle Würfel, die verkauft oder benutzt werden [...], [werden] folgende Stem- 20 pelsteuern [erhoben]:
Für jede Packung solcher Karten die Summe von einem Schilling. Und für jedes Paar solcher Würfel die Summe von zehn Schillingen. [...]
Für ein Pamphlet[2] und eine solche Schrift, die höchstens 25 einen halben Bogen[3] umfasst [...], eine Stempelsteuer von einem Halfpenny pro gedruckter Kopie. [...]
Für jede in einer Gazette[4], Zeitung oder einer anderen Schrift oder einem Pamphlet erhaltene Anzeige [...] eine Steuer von zwei Schilling. [...] 30
Für jeden Almanach[5] oder Kalender für ein bestimmtes Jahr oder einen beliebigen Zeitraum darunter, der nur einseitig [...] beschriftet oder bedruckt ist [...], eine Stempelsteuer von vier Pence. [...]
Vergehen gegen [...] Gesetze des Parlaments hinsichtlich 35 des Handels oder der Steuereinnahmen [...] werden in einem öffentlichen Gerichtshof oder in einem Admiralitätsgerichtshof [...] zur Verhandlung gebracht.

Angela und Willi Paul Adams (Hrsg.), Die Entstehung der Vereinigten Staaten und ihrer Verfassung. Dokumente 1754–1791, Münster 1995, S. 78 f.

---

1. Beschreiben Sie anhand der Materialien, die Sie täglich benutzen, was alles unter das Stempelsteuergesetz fiel.

2. Erläutern Sie die Motive der Krone für das Stempelsteuergesetz.

3. Überprüfen Sie, ob die Maßnahme, Würfel und Spielkarten zu besteuern, bestimmten gesellschaftlichen Vorstellungen entspricht.

M2 The Stamp Act Resolutions

Im April 1765 erreicht das „Stempelsteuergesetz" die Kolonien. Eine breite Protestwelle entsteht. In den Parlamenten der Kolonien wird das Stempelsteuergesetz verurteilt. Abgeordnete von neun Kolonien treffen sich illegal in New York und beschließen am 19. Oktober 1765:

• Es ist für die Freiheit eines Volkes unabdingbar und das unbezweifelte Recht von Engländern, dass ihnen keine Steuern auferlegt werden ohne ihre Zustimmung, die sie persönlich oder durch ihre Abgeordneten erteilt haben.
• Das Volk dieser Kolonien ist im Unterhaus von Großbri- 5 tannien nicht vertreten und kann es wegen der geografischen Gegebenheiten auch nicht sein.
• Die einzigen Vertreter des Volkes dieser Kolonien sind Personen, die von ihm selbst gewählt worden sind. Keine

---

[1] **Replik:** Entgegnung

[2] **Pamphlet:** Flugschrift, Broschüre
[3] **Bogen:** Ein Druckbogen hat 16 Seiten.
[4] **Gazette:** Zeitung
[5] **Almanach:** Jahrbuch mit Kalender und Texten

10 Steuern sind ihm jemals in verfassungsmäßiger Weise auferlegt worden und können ihm in Zukunft auferlegt werden, außer durch seine jeweiligen Legislativen.

- Da alle Bewilligungen für die Krone freiwillige Gaben des Volkes sind, ist es unvernünftig und unvereinbar mit den
15 Grundsätzen und dem Geist der britischen Verfassung, dass das Volk Großbritanniens Seiner Majestät das Eigentum der Bewohner der Kolonien übereignet. [...]
- Dass die Stempelsteuerakte, die den Einwohnern dieser Kolonien Steuern auferlegt [...], offenbar den Umsturz
20 der Rechte und Freiheiten der Kolonisten erstreben. [...]
- Dass die Zölle, die durch verschiedene frühere Parlamentsbeschlüsse verhängt wurden, extrem belastend und kränkend sind; wegen der Verknappung des Hartgeldes ist ihre Bezahlung absolut nicht zu verwirklichen.
25 - Da die Gewinne aus dem Handelsverkehr der Kolonien letztlich in Großbritannien zusammenfließen und sie ihrerseits die Fabrikate bezahlen, die sie nur von dort beziehen dürfen, so leisten sie dadurch praktisch einen sehr großen Beitrag zu allen Geldbewilligungen, die der Krone
30 dort gewährt werden.
- Dass die durch verschiedene Parlamentsbeschlüsse kürzlich auferlegten Handelsbeschränkungen diesen Kolonien die Möglichkeit nehmen, die Fabrikate Großbritanniens zu kaufen.
35 - Dass Wachstum, Wohlergehen und Glück dieser Kolonien vom vollen und freien Genuss ihrer Rechte und Freiheiten, sowie von einem gegenseitig freundschaftlichen und gewinnbringenden Verkehr mit Großbritannien abhängen.
40 - Dass den britischen Untertanen in diesen Kolonien das Recht zusteht, Bittschriften beim König sowie bei jedem Parlamentshaus einzureichen.

Basierend auf: Willi Paul Adams und Angela Meurer Adams (Hrsg.), Die Amerikanische Revolution in Augenzeugenberichten, München 1976, S. 51, und Fritz Wagner, USA. Geburt und Aufstieg der neuen Welt. Geschichte in Zeitdokumenten 1607–1865, München 1947, S. 44f.

1. Beschreiben Sie die Argumentation des Stempelsteuerkongresses.

2. Erläutern Sie anhand von M1 und M2 den Zusammenhang von Wirtschaft und Politik. | H

3. Nehmen Sie aus der Sicht des britischen Parlamentes Stellung zu den Vorwürfen und leiten Sie mögliche Reaktionen daraus ab (M1 und M2). | H

M3 Natürliches und verfassungsmäßiges Recht

Am 11. Februar 1768 entsendet das Repräsentantenhaus von Massachusetts einen Rundbrief an die anderen Kolonialparlamente:

Es ist ein wesentliches, unabänderliches Recht, Bestandteil der Natur der englischen Verfassung und ein Grundrecht, das von den Untertanen im Mutterland immer als heilig und unantastbar betrachtet wurde, dass die Güter, die ein Mensch ehrlich erworben hat, uneingeschränkt sein Eigen- 5 tum sind. Er kann freiwillig davon abgeben, aber sein Eigentum kann ihm nicht gegen seinen Willen genommen werden. Ganz unabhängig von ihren in den Gründungsurkunden und Freibriefen zugesicherten Rechten dürfen die Untertanen in Amerika daher dieses natürliche und verfas- 10 sungsmäßige Recht für sich mit der Unerschrockenheit beanspruchen, die dem Charakter freier Menschen und Untertanen angemessen ist. [...] Die Gesetze, die dort [im Parlament von Westminster] gemacht worden sind und Abgaben von den Bewohnern dieser Provinz mit dem allei- 15 nigen und klar ausgedrückten Zweck der Erhebung von Steuergeldern verlangen, sind eine Verletzung ihrer natürlichen und verfassungsmäßigen Rechte. Denn da sie im britischen Parlament nicht repräsentiert sind, vergibt das Unterhaus seiner Majestät in Britannien durch diese Ge- 20 setze ihren Besitz ohne ihre Zustimmung. Dieses Repräsentantenhaus ist weiterhin der Meinung, dass seine Wähler in Anbetracht der örtlichen Verhältnisse auf keinen Fall im Parlament repräsentiert sein können und dass es auch in Zukunft unpraktikabel sein wird, dass sie dort gleichmäßig 25 vertreten sein können; und dass sie folglich in einem Land von dem sie 3 000 Seemeilen weit entfernt sind, überhaupt nicht repräsentiert sind. [...]
Und da wir guten Grund für die Annahme haben, dass die Feinde der Kolonien uns den Ministern Seiner Majestät und 30 dem Parlament als abtrünnige und unloyale Untertanen hingestellt haben, die geneigt sind, sich vom Mutterland unabhängig zu machen, nutzen wir die Gelegenheit, Seiner Majestät und seinen Ministern in den untertänigsten Worten zu versichern, dass wir keinen Zweifel daran hegen, 35 dass dieser Vorwurf, was das Volk dieser Provinz und aller anderen Kolonien angeht, ungerechtfertigt ist.

Angela und Willi Paul Adams (Hrsg.), a. a. O., S. 60f.

1. Geben Sie den Inhalt der Quelle mit eigenen Worten wieder.

2. Charakterisieren Sie die Motive, die diesem Rundbrief zugrunde liegen.

3. Analysieren Sie, was mit dem Begriff der „natürlichen und verfassungsmäßigen Rechte" (Zeile 17 f.) gemeint ist.

„Boston Tea Party."
Kolorierter Kupferstich aus der 1789 in London veröffentlichten „History of North America"
von W. D. Cooper.

▶ Der Kupferstich weicht an einem wichtigen Punkt von dem überlieferten Geschehen ab.
  Arbeiten Sie diesen heraus und erläutern Sie die Intention des Künstlers.

M4 „Das Volk sollte sich nie erheben, ohne etwas Erinnerungswürdiges zu tun …"

Nach der „Boston Tea Party" schreibt John Adams[1] am 17. Dezember 1773 in sein Tagebuch:

Gestern Abend wurden drei Ladungen Bohea-Tee ins Meer geschüttet. Heute Morgen segelt ein Kriegsschiff los [nach England].
Dies ist die bisher großartigste Maßnahme. Dieses letzte
5 Unternehmen der Patrioten hat eine Würde, eine Majestät, eine Erhabenheit an sich, die ich bewundere. Das Volk sollte sich nie erheben, ohne etwas Erinnerungswürdiges zu tun – etwas Beachtenswertes und Aufsehenerregendes. Die Vernichtung des Tees ist eine so kühne, entschlossene, furchtlose und kompromisslose Tat, und sie wird notwen- 10 digerweise so wichtige und dauerhafte Konsequenzen hervorrufen, dass ich sie als epochemachendes Ereignis betrachten muss.
Dies war nur ein Angriff auf Eigentum. Ähnlicher Gebrauch der Volksgewalt kann zur Vernichtung von Menschenleben 15 führen. Viele wünschten, dass im Hafen ebenso viele Leichen wie Teekisten schwämmen – eine viel geringere Zahl von Menschenleben jedoch würde die Ursache all unseres Unglücks beseitigen.
Die bösartige Genugtuung, mit der Hutchinson, der Gouver- 20 neur […] und die Zollkommissare die schwierige Lage des Volkes bei dem Kampf um die Rücksendung des Tees nach London und zum Schluss auch die Vernichtung des Tees

---

[1] **John Adams** (1735 – 1826): Der Jurist kam aus einer puritanischen Familie aus Massachusetts. Er unterstützte die Unabhängigkeitsbewegung und beteiligte sich an der Abfassung der Unabhängigkeitserklärung (siehe M1, Seite 63 f.). Er wurde 1789 Vizepräsident und 1797 zweiter Präsident der Vereinigten Staaten.

mit angesehen haben, ist unglaublich. Man kann sich kaum
25 vorstellen, dass es so gewissenlose und hemmungslose
Menschen gibt. Welche Maßnahmen wird das Ministerium
ergreifen? Werden sie empört sein? Werden sie es wagen,
empört zu sein? Werden sie uns bestrafen? Wie? Indem sie
Truppen einquartieren? Die Gründungsurkunde widerru-
30 fen? Noch höhere Zölle einziehen? Unseren Handel beschränken? Sich an Einzelnen rächen? Oder wie?

Die Frage ist, ob die Vernichtung des Tees nötig war. Ich
fürchte, sie war absolut notwendig. Er konnte nicht zurück-
geschickt werden, weil Gouverneur, Admiral und der Zoll
35 es nicht erlaubten. Allein in deren Macht lag es, den Tee zu
retten. An der Wasserfestung und den Kriegsschiffen wären die Teeschiffe nicht vorbeigekommen. Die Alternative
war daher, den Tee zu vernichten oder an Land zu bringen.
Ihn an Land zu bringen, hätte bedeutet, dass wir das Be-
40 steuerungsrecht des Parlaments anerkennen, gegen das
der Kontinent zehn Jahre lang gekämpft hat. Es hätte bedeutet, dass wir die Arbeit von zehn Jahren zunichte machen und uns und unsere Nachkommen den ägyptischen
Sklaventreibern unterwerfen – den drückenden Abgaben,
45 der Schmach und Schande, den Anschuldigungen und der
Verachtung, dem Elend und der Unterdrückung, der Armut
und der Knechtschaft.

Herbert Schambeck u. a. (Hrsg.), Dokumente zur Geschichte der Vereinigten Staaten von Amerika, Berlin ²2007, S. 69 f.

1. Weisen Sie anhand der sprachlichen Elemente die Position Adams zur „Boston Tea Party" nach (siehe dazu
   nochmals die Darstellung auf Seite 41 f.). | H | F
2. Präsentation: Entwickeln Sie zum selben Anlass einen
   Tagebucheintrag aus der Sicht eines Loyalisten (Königstreuen), der die britische Politik verteidigt.

M5 Die versklavte Nation

*Der Historiker Bernd Stöver (*1961) bewertet die Reaktion
der Kolonien auf die britischen Gegenmaßnahmen nach der
„Boston Tea Party" wie folgt:*

In den Ostküstenkolonien führte die harte britische Linie
zum exakten Gegenteil dessen, was man sich in London
versprochen hatte: Statt Einschüchterung bewirkten die
Zwangsmaßnahmen sofort eine übergreifende Solidarisie-
rung. [...] Es war [...] kein Zufall, dass sich der Begriff der 5
Versklavten Nation (Enslaved Nation) langfristig zu einem
weiteren zentralen Topos politischer Identität in den USA
entwickelte, mit dem sich die Amerikaner nach ihrer Staats-
gründung bis ins 21. Jahrhundert als Schutzmacht und
Helfer jener Nationen weltweit empfehlen, die nach Frei- 10
heit strebten. Großbritannien und sein „despotischer König" übernahmen im traditionell manichäischen[1] Weltbild
der Siedler die Rolle einer dunklen Macht, die die eigene
Welt, die Welt der Freiheit und „des Lichts" bedrohte. Unabhängig von jedem Wirklichkeitsgehalt war dies nun die 15
Basis, auf der sich religiöse Fundamentalisten und politische Radikale in der Unabhängigkeitsbewegung zusam-
menfinden konnten. In diesem Bild wurden zuletzt alle
Gegner zu universalen Feinden einer politischen und religiösen Erneuerung der Welt, wie sie in den Kolonien über 20
einhundert Jahre zuvor begonnen worden war. Zu speziel-
len Verrätern im eigenen Land erklärte man die sogenannten Loyalisten[2] oder Tories[3], die als Parteigänger der Briten
die Rechte Großbritanniens verteidigten.

Bernd Stöver, Geschichte der USA. Von der ersten Kolonie bis zur Gegenwart, München ²2018, S. 93 f.

1. Erklären Sie das Feindbild, dass der Historiker hier schil-
   dert.
2. Setzen Sie dieses Feindbild in Beziehung zu Ihren Kennt-
   nissen der religiösen Sekten. | H

---

[1] **manichäisch:** mit drängendem Glauben; nach dem persischen Reli-
gionsgründer Mani aus dem 3. Jahrhundert n. Chr. benannt
[2] **Loyalist:** Königstreuer; zu den Loyalisten siehe auch Seite 50.
[3] **Tory:** Konservativer

Perspektiven der Konfliktparteien

Neue Formen von Öffentlichkeit | Bereits während des Widerstandes gegen den Stamp Act[1] waren neue Formen der Opposition erprobt worden, die sich später während des Unabhängigkeitskrieges[2] bewährten. Die Koordination von Protesten hatte eine intensive Kommunikation zwischen den einzelnen Kolonien erfordert, die zuvor fast überhaupt nicht existiert hatte. Neu gebildete *Committees of Correspondence* informierten sich gegenseitig über drohende britische Schritte. Große Teile der Bevölkerung waren vorher kaum am politischen Leben interessiert gewesen. Durch die stetige Eskalation wurden diese Gruppen nach und nach politisiert. Formen des Protestes wurden quasi eingeübt: Hierzu gehörten lokale Versammlungen, Flugblätter, Zeitungen und Pamphlete, Demonstrationen in den Straßen, Predigten in den Kirchen und lebhafte Diskussionen auf öffentlichen Plätzen oder in Wirtshäusern. Freiheitsbäume oder Freiheitsmasten symbolisierten den Willen zum Widerstand und regelmäßig wurden öffentlich Strohpuppen verbrannt, die englische Politiker oder Steuerbeamte darstellten. Zur Verbreitung von neuen Ideen trug der umfassende Grad der Alphabetisierung bei, der sehr viel höher als in vielen europäischen Ländern war. Auch ist vonseiten der Historiker angemerkt worden, dass diese Debatten einen hohen Unterhaltungswert in Gesellschaften boten, in denen es sonst nur wenig Ablenkung gab. In den Jahren vor dem Unabhängigkeitskrieg entstanden neue, moderne Formen von Öffentlichkeit und von öffentlicher Kommunikation (→M1).

Im Lesesaal eines New Yorker Kaffeehauses, Ende 1700.
Kolorierter Holschnitt nach einer Illustration des US-Amerikaners Howard Pyle, um 1900.

Der erste Kontinentalkongress | An diesem vom 5. September bis 26. Oktober 1774 tagenden Kongress, der in Philadelphia stattfand, nahmen 56 Vertreter von 12 nordamerikanischen Kolonien teil, nur Georgia fehlte. Beruflich war die Vertretung homogen: Unter den Delegierten waren u. a. 30 Anwälte und Richter, neun Kaufleute und vier Handwerker. Jede Delegation hatte nur eine Stimme – eine Rücksichtnahme auf die kleinen Kolonien. Dieser Kongress verstand sich als ein Organ, das alle Kolonien repräsentierte. Der starke Einfluss der Protestanten war daran erkennbar, dass der Kongress

---

[1] Lesen Sie hierzu nochmals Seite 39.
[2] Über den Unabhängigkeitskrieg informiert das folgende Kapitel ab Seite 56.

nebenbei Glücksspiel, Wetten, Pferderennen, Boxveranstaltungen, Hahnenkämpfe und andere Vergnügungen verbot, die als unsittlich angesehen wurden. Allerdings scheint sich fast niemand an diese Anweisungen gehalten zu haben. Vor allem war es notwendig, eine einheitliche Wirtschaftspolitik und Boykottmaßnahmen gegenüber Großbritannien zu verfolgen. Dies war, obwohl am Ende Einigkeit erreicht wurde, alles andere als einfach, weil die verschiedenen Kolonien unterschiedliche Interessen verfolgten. Wichtig war ferner, dass *Komitees* eingerichtet wurden, die die vom Kongress erweiterten Boykottmaßnahmen überwachen sollten. Damit erhielt der Kongress bürokratische und exekutive Werkzeuge, die nur ihm unterstanden. Zu diesem Zeitpunkt bestand noch die Hoffnung, dass ein Krieg gegen England vermieden werden könne. Vorsichtshalber wurden aber alle Kolonien aufgefordert, ihre Milizen zu vergrößern und kampfbereit zu machen. Die britische Marine reagierte auf die Beschlüsse des Kongresses mit einer Seeblockade, die allerdings noch Lücken aufwies. Die Kolonisten sollten wirtschaftlich in die Knie und zum Einlenken gezwungen werden.

Miliz (von lat. *militia*: Militärdienst): Bürger- oder Volksarmee, deren Angehörige nur kurzfristig ausgebildet und nur im Kriegsfall einberufen werden

Der erste Kontinentalkongress von 1774.
Undatierte Illustration.
Im Vordergrund ist der Rechtsanwalt und Politiker Patrick Henry (1736–1799) bei einer Rede in Carpenters' Hall in Philadelphia (Pennsylvania) zu sehen. Der Rechtsanwalt bekleidete von 1776 bis 1779 sowie von 1784 bis 1786 das Amt des Gouverneurs von Virginia. Bereits am zweiten Versammlungstag des Kontinentalkongresses verkündete Henry: „Die Unterscheidung zwischen Virginiern, Pennsylvaniern, New Yorkern und Neuengländern hat aufgehört. Ich bin kein Virginier, sondern ein Amerikaner." Diese Ansicht teilten damals noch längst nicht alle Delegierten.
Henry ging vor allem mit seiner „Give me liberty, or give me death!"-Rede von 1775 in die US-amerikanische Geschichte ein.

Bunker Hill Monument.
Foto vom Mai 2011.
Der knapp 64 m hohe Granitobelisk
wurde in der ersten Hälfte des
19. Jahrhunderts zum Gedenken
an die Schlacht von Bunker Hill
in Charlestown (Massachusetts)
errichtet.

Loyalisten und Patrioten | Die Anhänger der britischen Krone und diejenigen, die einen Konflikt mit Großbritannien vermeiden wollten, werden als *Loyalisten* bezeichnet. Diejenigen, die zu einer Rebellion tendierten, nannten sich oft *Patrioten*. Zeitgenössisch waren auch die Begriffe „Whigs" (anti-britisch) und „Tories" (pro-britisch) üblich (→M2). Leider wissen wir bis heute nicht, wie groß die Zahl derjenigen Menschen war, die keine Unabhängigkeit von Großbritannien wollten – zu diesen Zeiten gab es noch keine Meinungsumfragen. Viele Historiker vertreten aber die Meinung, dass die Zahl der Loyalisten lange deutlich unterschätzt worden sei. Wahrscheinlich waren mindestens 20 Prozent der Amerikaner streng königstreu. Während des Krieges stellten auch sie eigene Milizen auf, die aufseiten der Engländer kämpften. Viele weitere Amerikaner, die keine bekennenden Loyalisten waren, wollten keinen Krieg bzw. waren der Meinung, dass mit etwas gutem Willen ein Kompromiss zwischen den beiden Parteien gefunden werden könne. Andere sympathisierten zwar durchaus mit der Unabhängigkeit, hielten aber einen offenen Kampf gegen die Großmacht Großbritannien militärisch für aussichtslos. Entscheidend war, dass sich in den Monaten vor Kriegsausbruch auf beiden Seiten stets die „Hardliner" durchsetzten, die keinen Kompromiss wollten, sondern unversöhnlich den Konflikt schürten.

Die ersten Gefechte | Niemals ist geklärt worden, wer den ersten Schuss abgegeben hat. London hatte den Generälen in Amerika die Anweisung gegeben, scharf durchzugreifen. Daraufhin wurden britische Truppen entsandt, um ein Waffendepot der Kolonisten in Concord zu beschlagnahmen, das ungefähr 30 Kilometer von Boston entfernt lag. Die Kolonisten hatten aber mit einer derartigen Aktion gerechnet, und durch ein gut vorbereitetes System von schnellen Reitern wurden alle Milizen der Region alarmiert. Als die Briten am 19. April 1775 auf eine kleine Miliztruppe trafen, kam es zunächst zu wüsten Beschimpfungen und dann löste sich ein Schuss, möglicherweise aus Versehen. Bei der folgenden Schießerei starben acht Kolonisten, ein Engländer wurde verwundet. In Concord war inzwischen das Waffenlager von den Siedlern fast völlig geräumt worden. Als die Briten nach Boston zurückmarschieren wollten, sahen sie sich einer Übermacht gegenüber. Der Abmarsch gestaltete sich zu einem Spießrutenlauf: Die Engländer wurden aus Gebäuden, aus Büschen und aus anderen Hinterhalten permanent beschossen und hatten erhebliche Verluste zu beklagen. Im Juni folgte das nächste große Gefecht bei *Bunker Hill*. Zwar mussten sich die Kolonisten hier zurückziehen, doch waren die britischen Verluste viel höher als die der Amerikaner.

Der Zweite Kontinentalkongress | Dieser vom 10. Mai 1775 bis zum 1. März 1783 tagende Kongress war schon länger vorbereitet worden, doch bekam er durch die ersten Gefechte einen völlig anderen Charakter als geplant. Zunächst erhielten die Radikalen einen erheblichen Zulauf. Dennoch wollte die Mehrheit, vor allem die Kaufleute der Kolonien am Mittelatlantik und die Pflanzer im Süden, immer noch einen großen Krieg vermeiden, weil für sie ökonomisch zu viel auf dem Spiel stand. Sie suchten noch einmal nach einem Kompromiss. Faktisch stellte dieser Kongress aber die Vorform einer ersten amerikanischen Regierung dar, und die Kolonisten befanden sich bereits im Krieg, auch wenn dieser noch nicht formell erklärt war.

Der Kongress war deshalb gezwungen, weitere Vorbereitungen zu treffen, die eskalierend wirkten. Hierzu gehörten Fragen der Geldbeschaffung, der Rüstung, die weitere Ausgestaltung des Boykotts, der Aufbau eines landesweiten Nachrichten- und Transportwesens und der Aufbau einer Armee. Am 26. Mai 1775 wurde der Verteidigungsstatus (state of defence) für alle Kolonien ausgerufen, und im Juni 1775 wurde *George Washington*[1], ein erfahrener und beliebter Offizier, zum Oberbefehlshaber ernannt. Dies war auch ein politisches Signal an den Süden, weil Washington ein sehr

---

[1] Ausführliche Informationen zu George Washington finden Sie auf Seite 73.

reicher Plantagenbesitzer aus Virginia war. Damit sollte britischen Versuchen ein Riegel vorgeschoben werden, den Süden und den Norden auseinanderzubringen. Der letzte Schritt zur Eskalation fand statt durch eine Erklärung des britischen Königs. Er hatte sich einerseits geweigert, eine Petition, in der noch einmal ein Kompromiss angeboten wurde, zur Kenntnis zu nehmen. Andererseits hatte er die Amerikaner öffentlich pauschal zu Rebellen erklärt, gegen die hart durchzugreifen sei. Damit war der offene Krieg unausweichlich geworden.

Der zweite Kontinentalkongress entwickelte sich wie erwähnt in den folgenden Jahren faktisch zu einer Art von amerikanischer Regierung, auch wenn er wegen der militärischen Entwicklungen mehrfach den Tagungsort wechseln musste. Seine Aufgaben waren schwierig und der Kongress war ständig überfordert. Er verfügte über kein eigenes Budget, musste aber sehr hohe Geldsummen organisieren. Der Kongress hatte nicht das Recht, eigene Steuern zu erheben. Hinzu kam die Organisation der Versorgung von Washingtons Kontinentalarmee. Häufig fehlte es am Nötigsten, und oft konnte auch kein Sold an die Soldaten gezahlt werden, sodass die Moral der Truppen sank. Hinzu kam, dass der Kongress eine eigene einheitliche Außenpolitik entwickeln musste. Auch achteten die Einzelstaaten sehr darauf, dass ihre Rechte nicht verletzt wurden, und deshalb übertrugen sie dem Kongress nur diejenigen Kompetenzen, bei denen dies unvermeidbar war. Aus diesen Gründen entstanden erhebliche Reibungsverluste, und der Kongress agierte bei Weitem nicht so effektiv, wie dies bei einer anderen Arbeitsaufteilung möglich gewesen wäre.

Intellektuelle Hintergründe der Freiheitsbewegung | Auf viele heutige Beobachter wirken einige Argumente der amerikanischen Freiheitsbewegung fremd oder irritierend. Manche politische Denkformen waren für intellektuelle Zeitgenossen damals selbstverständlich, heute sind sie weitgehend in Vergessenheit geraten.

Weit verbreitet war die Theorie eines *Gesellschaftsvertrages*. Vor allem der Engländer *Thomas Hobbes* (1588–1679) war davon ausgegangen, dass der *Naturzustand* der Menschheit ein rechtsfreier Raum gewesen sei, in dem ein Krieg aller gegen alle geherrscht habe. Um einen geordneten Staat zu schaffen, habe es einen Bund zwischen Volk und Herrscher (König) gegeben, der die Pflicht gehabt habe, gerechte Gesetze zu schaffen und durchzusetzen. Der absolutistische Herrscher – der König mithilfe des Adels – sicherte den Frieden, und die Untertanen hatten ihre Rechte auf ihn übertragen. Obwohl scharfe Kritik an dieser These entstand, war diese Vertragstheorie bis zum Ende des 18. Jahrhunderts in der angelsächsischen Welt einflussreich. Der Gesellschaftsvertrag legitimierte die monarchische Ordnung moralisch und sozial. Bereits während der Bürgerkriege in England im 17. Jahrhundert war daraus aber auch die Frage abgeleitet worden, ob es ein Widerstandsrecht des Volkes gegen einen ungerechten König oder gegen einen Tyrannen gäbe. Diese Diskussion ging auf *John Locke* (1632–1704), einen weiteren wichtigen britischen Staatstheoretiker, zurück. Locke zufolge war eine Regierung nur dann legitim, wenn sie die Zustimmung der Regierten besaß. Die Aufgabe der Regierung bestand darin, Leben, Freiheit und Besitz zu schützen. Leistete sie dies nicht, hatten die Untertanen ein Recht auf Widerstand. Wenig überraschend hat Locke viele amerikanische Revolutionäre, die seine Schriften gut kannten, beeinflusst.

Heutige Beobachter haben ebenfalls oft Schwierigkeiten, den exzessiven Gebrauch des Freiheitsbegriffes mit der amerikanischen Realität zusammenzubringen. Viele Kolonisten sprachen von „Freiheit" und der „Versklavung" durch die britische Krone, hatten aber oft keinerlei Probleme damit, selbst Sklaven zu besitzen. Dieser Widerspruch lässt sich zumindest teilweise auflösen, wenn man bedenkt, dass in der englischen Sprache der Freiheitsbegriff in der Frühen Neuzeit nicht mit unserem heutigen Konzept übereinstimmte: „Frei" war ein Mann, wenn er über Besitz verfügte oder

Wappen der USA.
Die Vorderseite des noch heute verwendeten großen Wappens ist im Wesentlichen seit der ersten, 1782 vom Kongress verabschiedeten Fassung unverändert geblieben: Über dem Weißkopfseeadler prangen 13 Sterne und auf seiner Brust trägt er ein Schild in den amerikanischen Farben. Im Schnabel hält der Adler ein Spruchband mit dem Motto: „E Pluribus Unum": „Aus Vielen (wird, werde oder wurde) Eines". Mit den Krallen umfasst das Wappentier links einen Olivenzweig und rechts Pfeile.

► Analysieren Sie die Symbolik des Wappens.

► Interpretieren Sie es vor dem Hintergrund seiner Entstehungszeit.

Vermögen besaß und Steuern zahlte. Tagelöhner, landlose Arbeiter oder Sklaven wurden deshalb nicht als „frei" angesehen. Konsequenterweise war deshalb das Wahlrecht in den USA zunächst an Besitz gebunden. Eine andere ebenfalls im englischen Sprachraum verbreitete Version von Freiheit besagte, dass Freiheit diejenige Ordnung meinte, die auf denjenigen Privilegien beruhte, die vom Herrscher verliehen worden waren. Eine Rücknahme dieser Privilegien bedeutete deshalb Unfreiheit. Allerdings gab es auch Ausnahmen von diesen gängigen Interpretationen, und im Zeitalter der Amerikanischen Revolution fand ein langsamer Wandel der Begrifflichkeit statt.

Die amerikanische Propaganda

Den Kampfhandlungen gingen umfangreiche propagandistische Vorbereitungen voraus. Hierbei ging es in erster Linie darum, die Zweifler in den eigenen Reihen auf die Seite der Kriegspartei zu ziehen, weil immer noch viele Kolonialisten von der Aussicht auf einen großen Krieg nicht begeistert waren. Daneben zielten die zahlreichen Publikationen auf das neutrale Ausland, weil die amerikanische Politik erklärt und gerechtfertigt werden musste und nach möglichen Verbündeten Ausschau gehalten wurde. Vor allem in den Neuenglandkolonien hatte die Propaganda häufig einen sehr starken Bezug auf die protestantische Religion: Der Konflikt wurde gedeutet als ein Kampf zwischen Gut und Böse, wobei die himmlischen Mächte eindeutig aufseiten der Amerikaner standen.

Die wichtigste Schrift, die in Amerika einen sehr starken Eindruck hinterließ, war der Text „Common Sense" von Thomas Paine, der zunächst anonym publiziert wurde. In ihm wurde die Notwendigkeit einer amerikanischen Unabhängigkeit erläutert (→M3 und M4). Die Kolonisten hätten das Recht auf Widerstand gegen eine korrupte und tyrannische britische Monarchie. Die Schrift erschien am 10. Januar 1776 und erreichte innerhalb weniger Wochen eine Auflage von über 100 000 Exemplaren, insgesamt wurde sie 500 000 Mal verkauft. Da sie in einem einfachen, verständlichen und zugleich leidenschaftlichen Stil geschrieben war, konnten auch weniger gebildete Menschen etwas damit anfangen. Scharf wurde der englische König angegriffen und z.B. als „gekrönte[r] Schurke" bezeichnet. Auch die visionäre Sprache faszinierte: „Es steht in unserer Macht, die Welt noch einmal von Neuem zu beginnen." Die Schrift erschien genau zum richtigen Zeitpunkt und verstärkte die latente Stimmung für eine republikanische Staatsform. Thomas Paine war erst zwei Jahre zuvor in die Kolonien gekommen und hatte sich schnell der Unabhängigkeitsbewegung angeschlossen. Er stammte aus einfachen Verhältnissen, hatte sich aber als Autodidakt eine fundierte Bildung angeeignet und arbeitete in Amerika erfolgreich als aufklärerischer Journalist und Publizist. Bemerkenswert ist auch, dass er sich sehr früh der Anti-Sklavereibewegung anschloss und in flammenden Appellen die Abschaffung der Sklaverei und des Sklavenhandels forderte.

Sehr wichtig war die Entwicklung einer propagandistischen Bildkultur: Vor allem George Washington hatte verstanden, wie mit Bildern Politik gemacht werden konnte. Selbst in schwierigen Situationen im Krieg fand er stets Zeit, Malern und Bildhauern als Modell zur Verfügung zu stehen. Er achtete aber darauf, dass hieraus kein monarchischer Personenkult entstand. Nicht eine zeremonielle Überhöhung, sondern seine einfache Volkstümlichkeit sowie seine militärische Autorität standen im Vordergrund. In der amerikanischen Bildpropaganda wurden Themen, die sich patriotisch interpretieren ließen, gerne und häufig aufgegriffen. Hierzu gehörte das „Boston Massaker" von 1770 oder Washingtons Überquerung des Flusses Delaware im Jahre 1776.[1] Andere Themen, die später für den amerikanischen Sieg mitverantwortlich waren, fehlten völlig. Die sehr wichtige, wahrscheinlich kriegsentscheidende Hilfe der Franzosen wurde überhaupt nicht dargestellt, und auch Afroamerikaner finden sich selten.

Common Sense: Der Titel „Common Sense" ist mit einem deutschen Begriff nicht zu übersetzen. Er bedeutet zugleich gesunder Menschenverstand, Gemeinsinn, Nüchternheit und praktische Vernunft.

Thomas Paine (1737–1809): englischer Steuereinnehmer, Journalist und Politiker; emigrierte 1774 nach Amerika, wurde Mitherausgeber des Pennsylvanian Magazine und Aktivist im Kampf gegen die Sklaverei; 1776 Veröffentlichung seiner Schrift „Common Sense". Paine gilt als einer der geistigen „Gründungsväter" der USA.

---

[1] Zum „Boston Massaker" siehe die zeitgenössische Abbildung auf Seite 41. Über das berühmte Historiengemälde „Washington Crossing the Delaware" von Emanuel Gottlieb Leutze aus dem Jahre 1851 informiert Seite 93.

M1 Neue Öffentlichkeit

Der Historiker Michael Hochgeschwender (*1961) schreibt über die Entstehung einer modernen Öffentlichkeit in den nordamerikanischen Kolonien:

Ein wichtiges Element bei der Konstitution der modernen Öffentlichkeit war zudem die Lese- und Schreibfähigkeit der Bevölkerung. [...] In den 13 Kolonien in der Mitte des 18 Jahrhunderts [dürfte es] einen im Vergleich zu Europa
5 höheren Alphabetisierungsgrad gegeben haben. In den puritanischen Einzugsgebieten Neuenglands, wo die Fähigkeit, die Bibel zu lesen, für die Kirchenmitgliedschaft konstitutiv war, aber auch unter evangelikal Erweckten dürfte die Lesefähigkeit selbst bei Frauen bei über 50 Prozent gelegen
10 haben. [...]
Vormoderne und frühmoderne Gesellschaften waren noch erheblich stärker als heutige durch eine aushäusige Öffentlichkeit und eine orale Kultur geprägt. Mangels anderer Unterhaltungsmöglichkeiten war es durchaus üblich, Red-
15 nern selbst über längere Zeiträume zuzuhören. Noch im 19. Jahrhundert konnten beispielsweise Prunkreden aus Anlass von nationalen Feiertagen vier oder sechs Stunden dauern. Protestantische Predigten zogen sich ebenfalls über Stunden hin und wurden im Nachgang von den mehr
20 oder minder gläubigen Zuhörern eingehend diskutiert, dienten sie doch nicht allein der frommen Erbauung, sondern auch der Unterhaltung und Belehrung. In Kirchen, bei Erweckungsgottesdiensten im Freien, auf Festplätzen und an Straßenkreuzungen konnten Kontroversen ausgetragen
25 werden. Meinungsvielfalt war für die britische und nordamerikanische, aber auch die französische Diskussionslandschaft charakteristisch. Daneben bildeten sich im 18. Jahrhundert neue diskursive Orte und Räume heraus, vor allem Kaffee- und Teehäuser für die Mittel- und Ober-
30 klassen sowie Tavernen für die Unterklassen. Salons, Zirkel und Geheimgesellschaften waren eher etwas für die Eliten. [...]
Das 18. Jahrhundert pflegte nicht nur eine Kultur des gesprochenen Wortes, sondern auch, in den gebildeten Stän-
35 den zumindest, eine Kultur des Briefes, zumal des transkontinentalen Briefes. Über Briefe informierte man sich, man gab Anweisungen, holte Erkundigungen ein oder hielt einfach eine bestehende Beziehung aufrecht, die anderntags wieder nützlich sein konnte. Zuerst in Großbritannien,
40 dann auch in Nordamerika wurde der regelmäßige, meist politisch oder literarisch motivierte Briefverkehr in den *corresponding societies* institutionalisiert. Diese bildeten [...] eine organisatorische Basis für das revolutionäre Geschehen, und zwar transatlantisch wie zwischen den Kolo-
45 nien.

Michael Hochgeschwender, Die Amerikanische Revolution. Geburt einer Nation 1763–1815, München 2016, S. 77 ff.

1. Fassen Sie die Argumentation mit eigenen Worten zusammen.

2. Analysieren Sie, was mit den Begriffen der „aushäusige[n] Öffentlichkeit" und der „orale[n] Kultur" (Zeile 12 f.) gemeint ist.

3. Interpretieren Sie den Zusammenhang zwischen dieser Öffentlichkeit und der Amerikanischen Revolution.

M2 Gut gegen Böse?

In einer Einführung über die amerikanische Geschichte schreibt der Historiker Mark Häberlein (*1966):

Die britische Politik der Jahre 1763 bis 1775 kann keineswegs als durchweg repressiv und autoritär bezeichnet werden. Ihre negative Wirkung entfalteten die Maßnahmen der Regierung vor allem deshalb, weil sie von den Amerikanern nicht isoliert, sondern als Bestandteile einer angeb- 5 lichen Verschwörung gegen die Freiheiten der Kolonisten gesehen wurden. [...] Die oppositionellen Denker des 18. Jahrhunderts sahen sich im Gegensatz zu den machthabenden Politikern im damaligen England als Real Whigs, als Bewahrer der echten, unverfälschten Whig-Tradition 10 an. Zentrale Elemente ihres Denkens waren die Gegensätze zwischen Freiheit und Macht sowie zwischen Tugend und Korruption. Persönliche Freiheit erschien ihnen als höchstes Gut, das am besten aufgehoben war bei wirtschaftlich unabhängigen, tugendhaften, um das Gemeinwohl besorg- 15 ten Landbesitzern. Allerdings hielten die Real Whigs Freiheit für ein stets gefährdetes Gut. Gefahr für die Freiheit ging ihrer Ansicht nach vor allem von den Regierenden aus, da diese stets dazu neigten, ihre Macht zu vergrößern und zu missbrauchen. [...] 20
In Kolonien wie Virginia und South Carolina hatte das Country-Ideal des unabhängigen, um das Gemeinwohl besorgten Landbesitzers unter der Sklaven besitzenden Oberschicht eine starke Integrationskraft. Schließlich genossen die amerikanischen Kolonisten zwar faktisch große Freihei- 25 ten, doch waren diese Freiheiten nie rechtsverbindlich fixiert worden und wurden daher stets als gefährdet angesehen, zumal über die Absichten der Regierung keine Klarheit bestand.
Da Freiheit stets bedroht war und Macht immer zum Miss- 30 brauch verleitete, wurden die Maßnahmen der britischen Politik nicht isoliert angesehen, sondern als Bausteine eines umfassenden Planes, die Freiheitsrechte der Kolonisten zu beschneiden. Demnach galt es, den Anfängen zu wehren und jegliche Maßnahme zu verhindern, mittels deren die 35 Rechte der Kolonisten unterminiert werden sollten. Es fiel den Kolonisten leicht, die politischen Initiativen Londons

mit den klassischen Mechanismen der Korruption zu iden-
tifizieren, die die englische Whig-Opposition immer wieder
angeprangert hatte [...].

40 Die puritanischen Geistlichen in Neuengland, die bereits
den Kampf zwischen England und Frankreich im Siebenjährigen Krieg zu einer endzeitlichen Auseinandersetzung
zwischen Gut und Böse stilisiert hatten, gaben nun auch
dem Konflikt zwischen Großbritannien und den Kolonien

45 eine apokalyptische Dimension, indem sie etwa das
Quebec-Gesetz und die Strafgesetze gegen Massachusetts[1]
als Werkzeuge des Antichrist geißelten.

Philipp Gassert, Mark Häberlein und Michael Wala, Kleine Geschichte der USA,
Stuttgart 2008, S. 126–129

---

1. Geben Sie die wesentlichen Aussagen des Textes stich-
   punktartig wieder. | F
2. Vergleichen Sie die englische und die amerikanische
   Perspektive auf den Konflikt.
3. Setzen Sie sich anschließend mit den beiden Positionen
   auseinander, und erörtern Sie die tieferen Gründe für die
   jeweiligen Missverständnisse.

M3   Common Sense

*Im Januar 1776 veröffentlicht Thomas Paine anonym die
Streitschrift „Common Sense“. Er schreibt:*

Über die Monarchie und die Erbfolge

Da alle Menschen nach der Ordnung der Schöpfung ursprünglich gleich waren, kann diese Gleichheit nur durch
spätere Ereignisse zerstört worden sein [...], ohne dass man

5 dabei auf solch harte und böse klingende Begriffe wie Unterdrückung und Habgier zurückgreifen muss. [...] Aber es
gibt noch eine andere und wichtigere Unterscheidung, die
auf keinen wahrhaft natürlichen oder religiösen Grund zu-
rückgeführt werden kann, nämlich die Unterscheidung der

10 Menschen in Könige und Untertanen. Die Natur unterscheidet nur nach männlich und weiblich, der Himmel nach gut
und böse [...].
Kurz gesagt: Monarchie und Erbfolge (und dies nicht nur in
diesem oder jenem Königreich) haben nichts anderes be-

15 wirkt, als die Welt in Schutt und Asche zu legen. Es ist eine
Regierungsform, gegen die das Wort Gottes Zeugnis ablegt
und die mit Blut befleckt ist. [...]

Gedanken über den gegenwärtigen Stand der Sache Amerikas

20 Unsere Pläne zielen auf den Handel, und dieser wird, wenn
er ordentlich betrieben wird, uns den Frieden und die

Freundschaft mit ganz Europa sichern; denn es liegt im
Interesse ganz Europas, Amerika als Freihafen zu haben.
[...] Da ganz Europa der Absatzmarkt für unseren Handel
ist, sollten wir keine parteiische Verbindung mit einem Teil 25
davon eingehen. Es liegt im wahren Interesse Amerikas,
sich aus europäischen Streitigkeiten herauszuhalten, was
es niemals tun kann, solange es durch die Abhängigkeit
von Großbritannien zum Zugewicht in der Waagschale der
britischen Politik wird. [...] 30
Alles, was wahr und naturgemäß ist, spricht für die Trennung. Das Blut der Getöteten, die klagende Stimme der
Natur schreien: ES IST ZEIT SICH ZU TRENNEN. [...]

COMMON SENSE;

ADDRESSED TO THE

INHABITANTS

OF

AMERICA,

On the following interesting

SUBJECTS:

I. Of the Origin and Design of Government in general, with
   concise Remarks on the English Constitution.

II. Of Monarchy and Hereditary Succession.

III. Thoughts on the present State of American Affairs.

IV. Of the present ability of America, with some miscel-
    laneous Reflections.

A NEW EDITION, with several Additions in the Body of
the Work. To which is Added an APPENDIX; together
with an Address to the People called QUAKERS.

Man knows no Master save creating HEAVEN,
Or those whom choice and common Good ordain.
THOMSON.

PHILADELPHIA:

PRINTED and SOLD by W. and T. BRADFORD

M,DCC,LXXVI.

[PRICE ONE BRITISH SHILLING.]

„Common Sense.“
Titelblatt der Originalausgabe von 1776.

---

[1] Lesen Sie hierzu nochmals Seite 43.

Um die Sache auf einen Punkt zu bringen: Ist die Macht, die
35 eifersüchtig auf unseren Reichtum ist, geeignet, uns zu re-
gieren? Wer auch immer auf diese Frage mit Nein antwortet, ist ein Unabhängiger [independent], denn Unabhängigkeit bedeutet nichts anderes, als dass entweder wir unsere
eigenen Gesetze machen werden, oder der König, der größte
40 Feind, den dieser Kontinent hat oder haben kann, uns sagen
wird: Es soll keine anderen Gesetze geben als solche, die mir
gefallen.
Aber wo bleibt, sagen einige, der König von Amerika? Ich
sage dir, mein Freund, er regiert oben im Himmel und
45 richtet keine Gemetzel unter der Menschheit an so wie der
königliche Unmensch aus Großbritannien. [...] Eine eigene
Regierung ist unser natürliches Recht; und wenn man
ernsthaft über die Vergänglichkeit menschlicher Dinge
nachdenkt, wird man zur Überzeugung kommen, dass es
50 sehr viel sicherer und weiser ist, uns gelassen und überlegt
eine eigene Verfassung zu schaffen, solange wir noch die
Möglichkeit dazu haben, als ihre Entstehung der Zeit und
dem Zufall anzuvertrauen.

Thomas Paine, Common Sense, übersetzt und herausgegeben von Lothar
Meinzer, Stuttgart 1982, S. 16, 27, 36 f., 45 und 52 f.

---

1. Beschreiben Sie Paines Haltung zur Monarchie.

2. Erläutern Sie, wie Paine das Verhältnis zwischen den
Kolonien und England sieht.

3. Vergleichen Sie Paines Argumentation mit der Rechts-
auffassung der Verfasser des Stempelsteuerprotestes
(M2, Seite 44 f.).

4. Erörtern Sie Pro und Kontra der verfassungsrechtlichen
Prinzipien für ein unabhängiges Amerika. | **H**

Internettipp
Den Artikel „Thomas Paine war Rebell und Welt-
veränderer" von Theo Stemmler auf „Welt Online"
finden Sie unter dem Code **32201-03**.

M4 „Welche Vorteile wird die Unabhängigkeit bringen?"

*In einem anonymen Zeitungsartikel aus Philadelphia heißt
es am 17. Februar 1776:*

Einen freien und unbeschränkten Handel; eine große Zu-
nahme des Wohlstandes und einen entsprechenden Anstieg des Grundstückswertes; die Einrichtung und allmähliche Entwicklung und Verbesserung der Manufakturen
und der Naturwissenschaften; einen großen Andrang von 5
Einwanderern, die, angezogen von der Milde freier, gleicher und toleranter Regierung, ihre Heimatländer verlassen und in diesen Kolonien siedeln; eine erstaunliche Ver-
mehrung unserer derzeitigen Bevölkerung. Wo Fleiß
belohnt wird; wo Freiheit und Eigentum gesichert sind; wo 10
die Armen leicht ihren Lebensunterhalt finden, und wo die
mittlere Klasse mit ihrer Arbeit ihre Familien bequem un-
terhalten kann, dort muss sich die Bevölkerung schnell
vermehren. Einigen dieser Umstände verdanken wir bereits
die Verdoppelung unserer Einwohnerzahl in etwas mehr 15
als den vergangenen 25 Jahren. Wenn unter den bisherigen Beschränkungen unseres Handels und der Manufakturen die Bevölkerung derart zugenommen hat, ist es nur
vernünftig, einen noch rapideren Anstieg zu erwarten,
wenn diese Beschränkungen erst einmal aufgehoben sind. 20
[...] Nehmen wir an, der Krieg dauere sechs Jahre und jedes
Jahr koste uns drei Millionen. Wenn am Ende dieser Zeit
der Sieg unsere Unabhängigkeit bewirkt und sichert, werden in der Rückschau 18 Millionen vielleicht nicht als eine
große Belastung angesehen werden. Ungehinderter Handel 25
wird dann neue Quellen des Reichtums eröffnen. [...]
Für die Freiheit ist kein Preis zu hoch, und spätere Generationen werden die Unabhängigkeit für 18 Millionen als
einen billigen Kauf betrachten.

Angela und Willi Paul Adams (Hrsg.), Die Entstehung der Vereinigten Staaten
und ihrer Verfassung. Dokumente 1754–1791, Münster 1995, S. 185 f.

---

1. Arbeiten Sie aus M3 und M4 die Motive für den Unabhängigkeitskampf der nordamerikanischen Kolonien
heraus.

2. Präsentation: Entwickeln Sie zum Zeitungsartikel einen
ablehnenden und/oder einen zustimmenden Leserbrief.

Unabhängigkeitserklärung und Unabhängigkeitskrieg

Die Unabhängigkeitserklärung | Da der Krieg bereits 1775 ausgebrochen war, arbeitete der Zweite Kontinentalkongress – wenn auch langsam – auf die Unabhängigkeit hin. Allerdings lehnten noch im November die Kolonialparlamente von Pennsylvania, New York, Delaware und Maryland eine Unabhängigkeitserklärung ab, weil sie auf eine Wiederherstellung des vorherigen Verhältnisses zu Großbritannien – allerdings zu amerikanischen Bedingungen – hofften. Erst am 2. Juli 1776 wurde festgestellt: „These United Colonies are, and of right ought to be, free and independent states." Zwei Tage später, am 4. Juli, wurde die „*Declaration of Independence*" mit der notwendigen Einstimmigkeit angenommen (→M1).[1] Die Delegation aus New York nahm an der Abstimmung nicht teil, weil sie noch keine Instruktionen erhalten hatte.

Die Unabhängigkeitserklärung war von einem Ausschuss unter der Leitung des erst 33-jährigen Rechtsanwaltes *Thomas Jefferson*[2] entworfen worden. In der Präambel wurde das Recht auf Loslösung aus dem Naturrecht abgeleitet. Eine Regierung beruhe auf der Zustimmung der Regierten, und wenn die Regierung ihre Aufgaben nicht erfülle, könne sie ersetzt werden. Außerdem wurden in der Erklärung die Prinzipien der Gleichheit und der Volkssouveränität hervorgehoben. Daneben konzentrierte sich die Schrift aber vor allem darauf, den König von England als einen Tyrannen darzustellen, dem die Treue aufgekündigt wurde. Nicht das britische Parlament, wo die Beschlüsse gegen die Kolonisten gefasst worden waren, sondern Georg III. war der Adressat. In einer langen Liste wurde aufgezählt, wo der König seine Befugnisse überschritten hatte. Einige dieser Vorwürfe waren frei erfunden, andere gingen gerade nicht auf den Monarchen, sondern auf das britische Parlament zurück. Die personalisierte Zuspitzung hatte aber eine starke propagandistische Wirkung.

Die militärische Ausgangslage | Auf den ersten Blick sahen die Perspektiven der Amerikaner nicht gut aus. Großbritannien verfügte über eine professionelle und kampferfahrene Armee, die mit modernen Waffen ausgestattet war. Allerdings wurde dieses Heer häufig von unfähigen Offizieren kommandiert, weil in vielen Regimentern Offiziersstellen käuflich geworden waren. Aber die Engländer hatten eine der stärksten Flotten der Welt, die die amerikanischen Häfen blockierte und gezielte Landungsoperationen durchführte. Die Amerikaner konnten hingegen zunächst nur Milizen aufstellen. Diese waren zwar hoch motiviert, hatten aber viel weniger Erfahrung und waren schlechter bewaffnet als die Engländer. In einer großen Schlacht gegen disziplinierte Truppen oder bei komplizierten taktischen Manövern waren sie ohne Chance. George Washington[3] und seine Generäle vermieden deshalb bewusst derartige Gefechte. Stattdessen wurde eine Doppelstrategie gewählt: Die Milizen verteidigten ihre Heimat, führten einen Guerillakrieg und standen als Hilfstruppen zur Verfügung. Daneben baute General Washington unter extremen Schwierigkeiten ein stehendes Heer, die *Kontinentalarmee*, auf. Er warnte vor übertriebenen Erwartungen: Ein schneller Sieg sei unmöglich und man müsse eine reine Defensivstrategie führen, die unpopulär sei und bei der anfangs wenig Ruhm zu erwerben sei.

Drei Umstände kamen den Amerikanern aber zugute:
- Erstens waren weite Teile des Landes nur dünn besiedelt, und die Nachschubwege waren sehr lang. Um alle Territorien auch nur annähernd zu kontrollieren, hätten die Engländer riesige Mengen an Truppen aufbieten müssen, die dann aber kaum zu

Präambel: Eine Präambel ist eine Art Vorwort, das einem wichtigen Text wie einer Verfassung oder einer Grundsatzerklärung vorangestellt wird, um die Entstehung, den höheren Sinn oder den Zweck dieses Textes kurz zu erläutern.

Internettipp
Den vollständigen Text der Unabhängigkeitserklärung in deutscher Übersetzung finden Sie unter dem Code **32201-04**.

---

[1] Zum Gemälde „Declaration of Independence" von John Trumbull siehe Seite 86.
[2] Ausführliche Informationen zu Thomas Jefferson erhalten Sie auf Seite 74.
[3] Über George Washington informiert vor allem Seite 73.

versorgen gewesen wären. Die Amerikaner hingegen kämpften in einer Umgebung, die sie gut kannten, und häufig brauchtes sie sich nur zu verteidigen.

- Zweitens machten die Amerikaner ihre Unterlegenheit dadurch wett, dass sie eine konsequente Guerillataktik anwendeten. Sie vermieden eine große Schlacht und griffen mit kleinen, beweglichen Einheiten die Engländer an Stellen an, an denen diese nicht damit rechneten. Dadurch wurden die Engländer wiederum gezwungen, ihre Truppen im Land zu verteilen.
- Drittens konnten die Engländer ihre Übermacht nicht wirklich einsetzen, weil der Krieg auf andere Kontinente übergriff: Nach der französischen Kriegserklärung von 1778 mussten die Briten auch in Asien und in Europa kämpfen und konnten ihre überlegene Flotte nicht mehr allein im Atlantik konzentrieren.

Die Engländer wollten schnell eine Entscheidung erzwingen, weil sie ein Eingreifen Frankreichs oder anderer europäischer Mächte auf der Seite der „Rebellen" befürchteten. Außerdem wollten sie aus Kostengründen einen langen Krieg vermeiden. Deshalb versuchten die jeweiligen Oberbefehlshaber, eine Entscheidungsschlacht herbeizuführen. Wenn es zu großen Gefechten kam, behielten die Engländer meist die Oberhand, aber es gelang ihnen nicht, die amerikanischen Truppen zu solchen Kämpfen zu zwingen.

Die „Hessen" | Die europäischen regulären Armeen rekrutierten sich entweder aus freiwilligen Söldnern oder aus armen Bauern und Handwerkern, die zum Dienst „gepresst", also gezwungen wurden. In der britischen Armee in Nordamerika dienten etwa 30 000 „Hessen", die von mehreren deutschen Fürsten für die Dauer des Krieges verliehen wurden. Diese Einheiten stammten aus kleinen und armen deutschen Fürstentümern wie Hessen-Kassel, Hessen-Hanau, Anhalt-Zerbst, Braunschweig-Wolfenbüttel und Waldeck. Die deutschen Fürsten wurden für diese Praxis, ihre eigenen „Landeskinder" zu Geld zu machen, scharf kritisiert. Dies hing auch damit zusammen, dass in der aufgeklärten europäischen Öffentlichkeit Sympathien für den Freiheitskampf der Amerikaner bestanden. Allerdings war es in der Frühen Neuzeit üblich, Truppen für Geld zu verleihen. Besonders die kleinen deutschen Herrscher besserten hiermit ihren Haushalt auf.

Früher wurde angenommen, dass diese Soldaten in Amerika nur ungern und gezwungenermaßen gekämpft hätten. Die neuere historische Forschung hat aber gezeigt, dass das Gegenteil korrekt ist. Die Kampfkraft der disziplinierten „Hessen", die oft hohe Verluste erlitten, wurde von den Amerikanern gefürchtet. Die Wirkung der amerikanischen Propaganda war auch begrenzt, weil – zumindest zu Beginn des Einsatzes – fast kein Deutscher Englisch verstand. Trotz intensiver amerikanischer Propaganda war die Zahl der Deserteure niedrig. Wenn „Hessen" gefangen genommen wurden, behandelte man sie, wenn dies möglich war, sehr gut und versprach ihnen sogar die Freiheit. Allerdings scheint die Idee der „Freiheit" für diese Deutschen bei Weitem nicht so attraktiv gewesen zu sein, wie die Amerikaner annahmen. Nach dem Ende des Krieges ließen sich nur etwa 5 000 in den USA nieder, der Rest kehrte nach Europa zurück. Die Gründe sind vielfältig: Manche hatten Familien in Deutschland, und in den wenigen Quellen taucht manchmal Heimweh auf. Landschaft, Klima, Menschen und Lebensbedingungen unterschieden sich erheblich, viele amerikanische Städte wirkten klein, kulturarm und primitiv. New York, Philadelphia und Boston hingegen, sowie der im Vergleich mit Deutschland viel höhere Lebensstandard, wurden oft sehr positiv wahrgenommen. Durchweg reagierten die Deutschen mit großer Ablehnung auf die weit verbreitete Sklaverei (→M2).

Britische und hessische Soldaten des amerikanischen Unabhängigkeitskrieges.
Kolorierter Holzstich, 19. Jahrhundert. Die hessischen Soldaten sind an der hohen Kopfbedeckung zu erkennen.

Die Rolle Frankreichs | Zwar bestand zwischen Großbritannien und Frankreich traditionell eine erhebliche Rivalität, die in der Vergangenheit häufig zu Kriegen geführt hatte. Die französische Gesellschaft reagierte jedoch gespalten auf die amerikanische Unabhängigkeitsbewegung. Ein Teil des regierenden Adels lehnte diese strikt ab, weil befürchtet wurde, dass die revolutionären Strömungen auf das absolutistische Frankreich übergreifen könnten. Auch waren die Staatsfinanzen in einem schlechten Zustand. Einige Fachleute waren davon überzeugt, dass sich Frankreich einen erneuten Krieg gegen England nicht leisten könne.

In anderen Teilen der französischen Gesellschaft fand sich aber offener Enthusiasmus für die Amerikaner. Philosophen der Aufklärung, große Teile des ebenfalls aufgeklärten Bürgertums und auch viele Militärs waren von der Freiheitsbewegung begeistert. Sie drängten in der Öffentlichkeit vehement darauf, die Amerikaner nicht nur mit Geld und Waffen zu unterstützen, sondern England auch den Krieg zu erklären. Spontan verließen einige französische Offiziere ihre Armee, reisten nach Amerika und traten amerikanischen Truppen bei. Für die amerikanische Armee erwiesen sich ihre Erfahrung und ihre Fachkenntnisse als sehr wertvoll.

Zwar rechnete niemand ernsthaft damit, dass Kanada in einem Krieg zurückerobert werden könne, aber zumindest eine Schwächung Großbritanniens war der französischen Regierung hoch willkommen. Insgeheim stellte sie schon 1776 zwei Millionen Livres für private Munitionstransporte an die Amerikaner bereit. Risikobereite französische Investoren, die die Amerikaner auf eigene Faust unterstützten, wurden nach außen gedeckt. Aber erst nach erheblichen Auseinandersetzungen konnte der französische Hof überzeugt werden, auf amerikanischer Seite in den Krieg einzutreten. Der amerikanische Sondergesandte *Benjamin Franklin*[1], der in Frankreich ein hohes Ansehen genoss, bearbeitete zielbewusst die französische Gesellschaft (→M3). Entscheidend war 1777 der unerwartete amerikanische Sieg in der *Schlacht von Saratoga* (siehe weiter unten). Da das amerikanische Experiment nun Aussicht auf Erfolg zu haben schien, unterzeichnete die französische Regierung am 6. Februar 1778 den Bündnisvertrag, erkannte den neuen Staat diplomatisch an und erklärte kurz darauf Großbritannien den Krieg. 1779 schlugen sich Spanien und 1780/81 auch die Niederlande auf die Seite der Amerikaner. Damit hatte sich der Konflikt zu einem umfassenden Krieg der europäischen Seemächte ausgeweitet. Die meisten Historiker sind sich heute sicher, dass die französische Kriegsteilnahme entscheidend war: Wäre sie nicht erfolgt, hätte sich der Konflikt in Amerika noch viele Jahre länger hingezogen, und vielleicht hätten die Engländer diesen Krieg sogar gewonnen.

Der Kriegsverlauf | Der Krieg war langwierig und verlief in mehreren Phasen:
- In der ersten Phase dominierten die Briten, aber sie erzielten keine entscheidenden Vorteile. Ein amerikanischer Vorstoß nach Kanada schlug fehl. Im Gegenzug eroberte eine englische Armee vom Atlantik aus New York. In den folgenden Jahren stellte diese Stadt das Zentrum der britischen Operationen dar. Washingtons Armee war demoralisiert und drohte auseinanderzubrechen (→M4). Deshalb überquerte Washington am zweiten Weihnachtstag 1776 in einem sehr riskanten Manöver mit etwa 2 500 Mann den Fluss Delaware[2] und überfiel die hessischen Truppen bei *Trenton* in New Jersey. Der überraschende Erfolg in dieser Schlacht stellte die Moral der Amerikaner wieder her.
- Der nächste englische Plan sah vor, dass der britische General *John Burgoyne* (1722–1792) aus Kanada vorstoßen und General *William Howe* (1729–1814) mit seiner Armee von New York aus nach Norden ziehen sollte. Hierdurch wären die Neuenglandkolonien von den übrigen Kolonien abgetrennt worden. Howe hielt sich jedoch

---

[1] Biografische Informationen über Benjamin Franklin finden Sie auf Seite 74.
[2] Zum berühmten Gemälde „Washington crossing the Delaware" von Leutze siehe die Methode auf Seite 93.

nicht an diese Befehle, zog nach Süden und eroberte Philadelphia. Dies brachte ihm zwar Prestige ein, führte aber dazu, dass die Armee von Burgoyne ohne Unterstützung isoliert war und – als sie keinen Nachschub mehr erhielt – am 17. Oktober 1777 bei Saratoga kapitulieren musste. Der Sieg bei Saratoga hatte die entscheidende Folge, dass die bis dahin unentschlossene französische Regierung England den Krieg erklärte. Am 6. Februar 1778 wurde, wie bereits weiter oben erwähnt, der amerikanisch-französische Bündnisvertrag unterzeichnet.

• Im Winter 1777/78 bezog Washington mit der Kontinentalarmee ein Winterquartier in *Valley Forge* im südlichen Pennsylvania. Trotz der vorangehenden Erfolge war die Kampfkraft schwach und wurde zusätzlich durch Hunger, Krankheiten und Kälte untergraben. Ohnehin waren während des gesamten Krieges die Verluste durch Krankheiten und Seuchen deutlich höher als durch Kampfhandlungen. Auch war Washington darüber frustriert, dass der Kongress nicht genug Geld für einfachste Dinge wie Decken, Zelte, Kleidung und Verpflegung bereitstellen konnte. Die Armee wurde aber in Valley Forge von Baron *Friedrich Wilhelm von Steuben* (1730–1794), einem erfahrenen preußischen Offizier, ganz neu ausgebildet. Der Drill war hart, aber die demoralisierten Soldaten sahen ein, dass nur durch scharfe Disziplin die britische Überlegenheit auf dem Schlachtfeld ausgeglichen werden konnte.

• In der nächsten Phase wechselten die Briten erneut ihre Strategie und wendeten sich gegen den Süden. Ende 1778 eroberte eine große englische Streitmacht Georgia. 1780 wurden auch ein Teil von Süd-Carolina und die Stadt Charleston eingenommen. Wiederum funktionierte die Koordination der englischen Truppen untereinander aber nicht. General *Charles Cornwallis'* (1738–1805) Armee zog nach Virginia weiter und stand an der Küste bereit, um eventuell mit Unterstützung der britischen Flotte schnell nach New York zu gelangen. Washington hatte diesen Plan aber durchschaut: Die französische Flotte blockierte die Chesapeake Bay, und Washington zog mit der Kontinentalarmee so schnell es ging ebenfalls nach Virginia. Da die britische Flotte eine Niederlage gegen die französischen Schiffe erlitt, waren die britischen Truppen

Die Schlacht von Monmouth.
Ölgemälde (ca. 701 x 396 cm) von Emanuel Gottlieb Leutze, um 1857. Das Historiengemälde zeigt die Schlacht von Monmouth (New Jersey) am 28. Juni 1778, in der sich die amerikanische Kontinentalarmee unter General George Washington (Bildmitte) und die britische Armee unter Sir Henry Clinton gegenüberstand. Informationen zur Quellenart „Historiengemälde" finden Sie auf Seite 92.

▶ Gliedern Sie das Bild in sinnvolle Bereiche (z. B. nach Bildebenen, Handlungen, Personengruppen).

▶ Charakterisieren Sie die einzelnen Personengruppen (Mimik, Gestik, Attribute) und deren Beziehungen zueinander.

▶ Erläutern Sie, welche Aussage der Künstler in seinem Bild trifft.

Internettipp
Informationen über den Maler Emanuel Gottlieb Leutze finden Sie unter dem Code **32201-05**.

zugleich vom Wasser abgeschnitten und zu Lande eingekreist. Schnell wurde der Nachschub knapp. General Cornwallis musste am 19. Oktober 1781 in der *Schlacht bei Yorktown* kapitulieren. Damit war der Krieg militärisch entschieden. Zwar fanden keine großen Schlachten mehr statt, aber die Briten hielten New York. Bis zum Friedensschluss wurde der grausame Kleinkrieg zwischen den jeweiligen Milizen weiter geführt.

Das Ende des Krieges | Die Friedensverhandlungen waren kompliziert, obwohl der militärische Sieg der anti-englischen Allianz feststand. Der englische König Georg III. wollte den Krieg eigentlich fortsetzen, stieß im Parlament aber auf sehr starken Widerstand. Entscheidend war, dass die britischen Staatsschulden inzwischen auf 232 Millionen Pfund angestiegen waren und eine Fortsetzung der Auseinandersetzungen nicht mehr finanzierbar war. Ferner hatten die Amerikaner, Frankreich und Spanien vereinbart, dass sie nur gemeinsam Frieden schließen konnten, die Spanier hofften aber noch darauf, Gibraltar zu erobern. Um Fakten zu schaffen, verhandelte die amerikanische Delegation in Paris deshalb heimlich mit den Engländern.

Der *Frieden von Paris*, der erst am 3. September 1783 unterzeichnet wurde, legte fest, dass England die Souveränität der 13 Kolonien anerkannte. Das Gebiet zwischen den Appalachen und dem Mississippi wurde abgetreten, Kanada blieb in britischer Hand. Sehr viele Loyalisten, geschätzt wird etwa 80 000 bis 100 000, wurden entweder vertrieben oder wanderten freiwillig nach England oder Kanada aus. Ihr Besitz wurde meist beschlagnahmt. Sehr häufig handelte es sich um Mitglieder der Oberschichten. Geschätzt wird, dass bis 1783 mehr als 70 Prozent der ehemaligen kolonialen Amtsinhaber ihre Stellung verlor. Damit fehlten in vielen Regionen Fachleute, die über entsprechende Erfahrungen in der Verwaltung oder im Gerichtswesen verfügten. Diese Emigrationswelle erklärt, warum es in den USA – im Unterschied zu vielen anderen Revolutionen – niemals einen Versuch zur Gegenrevolution gegeben hat: Fast alle potenziellen Gegenrevolutionäre hatten das Land verlassen.

Das Problem der Sklaverei | Zwischen der amerikanischen Freiheitsrhetorik und der Sklaverei bestand – aus heutiger Sicht – ein erheblicher Widerspruch. Eine Debatte um die Rechtmäßigkeit der Sklaverei entwickelte sich aber nur zögernd, auch weil viele der führenden Personen aus den Südstaaten selbst Sklavenbesitzer waren (→M5). Die Engländer hatten während des Krieges versucht, diesen Gegensatz auszunutzen. Entlaufenen Sklaven versprachen sie die Freiheit und – nach dem Ende des Krieges – ein Stück Land. Viele tausend Sklaven wurden von englischen Truppen befreit, einige sind auch entflohen. Aus diesen freien Farbigen formierten die Engländer eigene Truppen, die – hoch motiviert – gegen die Amerikaner eingesetzt wurden. Besonders das von 1775 bis 1776 existierende *Ethiopian Regiment* hatte sich tapfer geschlagen, doch musste es hohe Verluste durch eine Pockenepidemie hinnehmen. Allerdings hielten die Engländer nach dem Ende des Krieges ihre Versprechen zunächst nicht ein. Die freien Schwarzen blieben mehrere Jahre lang im sehr kalten Nova Scotia (Kanada) und erhielten kein Land. Erst später wurden sie in die 1808 gegründete britische Kolonie Sierra Leone an der westafrikanischen Küste gebracht, die sie militärisch schützen sollten.

Auch in der amerikanischen Kontinentalarmee und bei den Milizen gab es Afroamerikaner. Ihre Zahl wird auf etwa 5 000 geschätzt. In einigen Südstaaten wie Georgia oder South Carolina wurde der Einsatz von freien Farbigen oder von Sklaven aber strikt abgelehnt. Es war völlig undenkbar, Waffen an Schwarze zu geben. Diese Menschen wurden als Arbeiter, beim Straßenbau oder beim Bau von Befestigungen eingesetzt.

Bei den Diskussionen um die amerikanische Verfassung und um den Aufbau des Staates spielte die Institution der Sklaverei zunächst nur eine geringe Rolle. Dies lag teilweise daran, dass die südlichen Staaten die Sklaverei als wirtschaftlich lebensnotwendig ansahen und sie niemals freiwillig abgeschafft hätten. Dieser Umstand war dem Norden, der einen lebensfähigen Gesamtstaat anstrebte, wiederum bewusst.

Internettipp
Eine animierte Karte zum Thema „Die Geburt der Vereinigten Staaten von Amerika" – von den Anfängen bis zur Unabhängigkeit – können Sie unter dem Code **32201-06** abrufen.

Zwar hat es einige Versuche gegeben, bei den Diskussionen um die Verfassung die Sklaverei zu thematisieren, aber der Süden setzte sich hier in allen Punkten durch. Beispielsweise fand sich in Thomas Jeffersons Entwurf der Unabhängigkeitserklärung eine Passage, die den Sklavenhandel scharf verurteilte. Diese Sätze wurden aber vom Kontinentalkongress gestrichen.

Ab 1780 wurde schrittweise in den nördlichen Staaten die Sklaverei eingeschränkt oder abgeschafft. Dies stellte keinen großen Einschnitt dar, weil Sklaven hier ohnehin keine ökonomische Rolle gespielt hatten. In den folgenden Jahren und Jahrzehnten änderte sich vor allem im Norden die Sicht auf die Farbigen. Auch unterlag die Vorstellung von „Freiheit", die bis dahin meist an Besitz gebunden war, einem langsamen Wandlungsprozess, der auch durch die Französische Revolution vorangetrieben wurde. Aus bescheidenen Anfängen entstand die *Abolitionistenbewegung* (von engl. „to abolish": abschaffen), die die Sklaverei ganz verbieten wollte. Schon während des Unabhängigkeitskrieges wurde der Widerspruch zwischen der Forderung nach Freiheit und der Sklaverei in wachsendem Maße diskutiert. Immerhin wurde – unter starkem britischem Druck – 1808 der transatlantische Sklavenhandel ganz verboten und offen von britischen Kriegsschiffen bekämpft.

Dennoch hatten einige „Gründungsväter" aus dem Süden, selbst wenn sie Sklavenbesitzer waren, ein schlechtes Gewissen. George Washington ließ in seinem Testament alle Sklaven, die er besaß, frei und stellte Geldmittel zur Verfügung, damit sie ein neues Leben als freie Schwarze beginnen konnten. Ähnlich wie er handelten auch einige weitere Sklavenbesitzer in Virginia. Thomas Jefferson publizierte 1785 zuerst anonym in Paris eine erste Fassung seiner berühmten Schrift „Notes on the state of Virginia". In dieser Schrift sprach er sich gegen die Sklaverei aus, aber er konnte keine Lösung für das Problem finden, was dann mit den freien Schwarzen geschehen solle. Schließlich war es unmöglich, sie alle nach Afrika zurückzubringen. Allerdings war ein ausgeprägter Rassismus auch im Norden allgegenwärtig. Kaum jemand konnte sich vorstellen, dass die Farbigen nach der Abschaffung der Sklaverei zu gleichberechtigten Bürgern der USA werden würden.

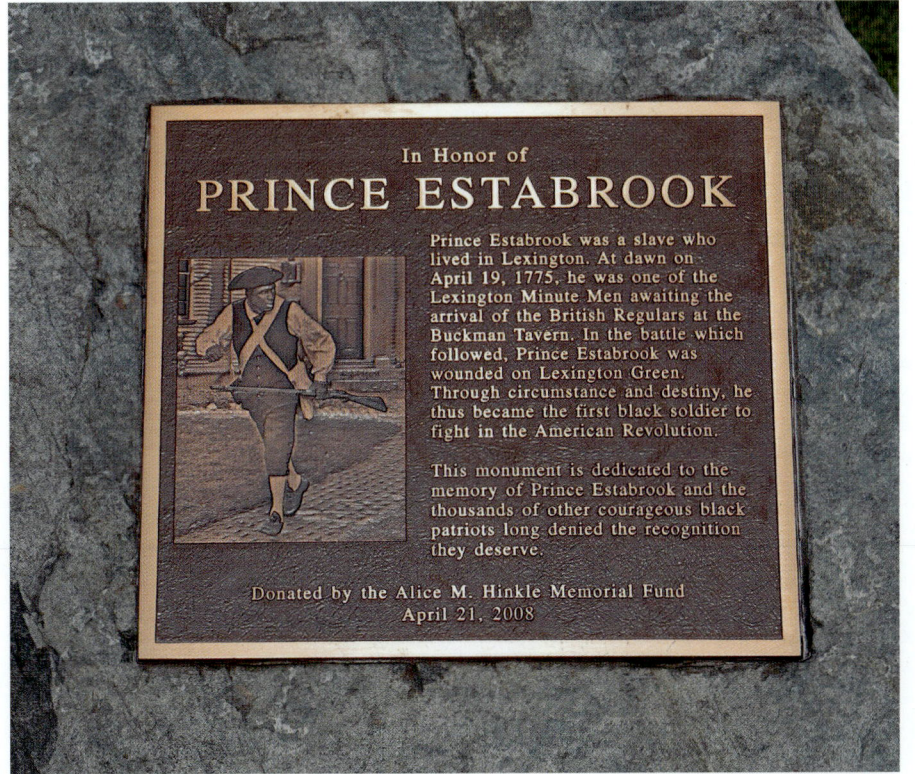

Denkmal für Prince Estabrook. Foto vom September 2016, Lexington (Massachusetts).
Prince Estabrook, ein schwarzer Sklave, kämpfte in den Gefechten von Lexington im April 1775.

▶ Das Denkmal wurde 2008 gestiftet. Diskutieren Sie mögliche Gründe, warum es erst so spät errichtet wurde.

Denkmal für „Molly Pitcher".
Foto von 2010.
Das Denkmal zeigt „Molly Pitcher"
bzw. Mary Ludwig Hays McCauley
(um 1744–1832) mit einem Kanonen-
stopfer in den Händen. Angeblich
kämpfte sie während der Schlacht von
Monmouth (siehe Seite 59) anstelle
ihres verwundeten Mannes und be-
diente die Kanonen.

Internettipp
Weitere Informationen über „Molly
Pitcher" finden Sie in einem englisch-
sprachigen Artikel des Fernsehsenders
„History". Siehe dazu den Code
32201-07.

Die Rolle der Frauen bei der Unabhängigkeit | Bereits bei den Boykottmaßnahmen, die dem Ausbruch des Krieges vorangingen, waren ganz neue Aufgaben für die Frauen in der amerikanischen Gesellschaft entstanden. Sie beteiligten sich an den Boykotten, gründeten Geheimbünde, demonstrierten wie die Männer auf den Straßen und publizierten in Zeitungen. Vor allem aber betätigten sie sich praktisch: Sie setzten sich an Spindeln und Webstühle und stellten Waren und vor allem Kleidung her, sodass die Anfänge einer eigenen amerikanischen Textilfertigung begannen. Zwar war die Qualität schlechter als die der britischen Waren, die teilweise bereits mit vorindustriellen Methoden hergestellt wurden, aber viele Kolonisten waren stolz darauf, ihre Eigenständigkeit durch diese einfache Kleidung zu demonstrieren. Frauen versuchten, Ersatzstoffe für britische Waren zu finden. So wurde beispielsweise Tee aus einheimischen Kräutern gekocht oder Beerensaft zum Färben von Stoffen verwendet. Die Wirkungen dieser Tätigkeiten waren zwiespältig. Einerseits ließ sich Nähen oder Weben mühelos mit traditionellen Frauenrollen in Einklang bringen. Andererseits handelte es sich um patriotische Tätigkeiten, durch die Frauen in die Politik hineingezogen wurden.

Auch während des Krieges übernahmen Frauen eigenständig ganz neue Aufgaben. Sie kümmerten sich auf dem Land allein um die Farmen und um die Kindererziehung, wenn die Männer in den Milizen dienten. Häufig begleiteten sie die Armee, wuschen Wäsche, bereiteten Essen zu und übernahmen viele kleine Aufgaben, um die Männer zu entlasten. Auch wenn dies fromme Amerikaner zu verhindern versuchten, fanden sich bei allen Armeen auch stets Prostituierte. Zwar gab es auch Vergewaltigungen, aber viele Berichte darüber waren – wie wir heute wissen – Kriegspropaganda. General Washington griff in solchen Fällen scharf durch, und meistens wurde bei Vergewaltigung die Todesstrafe verhängt.

Forderungen nach einer verstärkten Beteiligung an der Politik, eventuell sogar das Frauenwahlrecht, hatten in der amerikanischen Gesellschaft aber keine Chance, umgesetzt zu werden. Viele Frauen waren deshalb der Meinung, dass ihre aufopferungsvolle Tätigkeit nicht angemessen gewürdigt wurde (→M6). Durch einen Fehler konnten in New Jersey bei der Wahl von 1787 einige Frauen abstimmen. Das Wahlgesetz sprach nur von Eigentümern, definierte aber nicht das Geschlecht, und einige Frauen (meist Witwen) verfügten über Grundbesitz. Dieser „Fehler" wurde 1807 korrigiert, weil sich niemand – von vielen Frauen abgesehen – ein Frauenwahlrecht vorstellen konnte. Erst seit 1920 war es Frauen in den USA möglich, bei den Präsidentschaftswahlen teilzunehmen.

M1 „Declaration of Independence"

Der Zweite Kontinentalkongress beschließt am 2. Juli 1776,
dass die 13 Vereinigten Kolonien freie und unabhängige
Staaten sind. In der am 4. Juli 1776 vom Kongress gebillig-
ten Unabhängigkeitserklärung der „Vereinigten Staaten
von Amerika" heißt es:

Wenn es im Laufe der Menschheitsgeschichte für ein Volk
notwendig wird, die politischen Bande zu lösen, die es mit
einem anderen Volke verbunden haben, und unter den
Mächten der Erde den selbstständigen und gleichberechtig-
5 ten Rang einzunehmen, zu dem natürliches und göttliches
Gesetz es berechtigen, so erfordert geziemende Achtung vor
den Ansichten der Menschen, dass es die Gründe darlegt,
die es zur Absonderung bewegen.
Folgende Wahrheiten bedürfen für uns keines Beweises: Dass
10 alle Menschen gleich geschaffen sind; dass sie von ihrem
Schöpfer mit gewissen unveräußerlichen Rechten ausgestattet sind, dass dazu Leben, Freiheit und das Streben nach
Glück gehören, dass zur Sicherung dieser Rechte Regierungen unter den Menschen eingesetzt sind, die ihre rechtmä-
15 ßige Autorität aus der Zustimmung der Regierten herleiten;
dass, wenn immer irgendeine Regierungsform diesen Zielen
abträglich wird, das Volk berechtigt ist, sie zu ändern oder
abzuschaffen und eine neue Regierung einzusetzen und diese
auf solchen Prinzipien zu errichten und ihre Gewalten sol-
20 chermaßen zu organisieren, wie es ihm zur Gewährleistung
seiner Sicherheit und seines Glücks am ratsamsten erscheint.
Die Vernunft gebietet freilich, dass seit Langem bestehende
Regierungen nicht aus geringfügigen und flüchtigen Anlässen geändert werden sollten; und dementsprechend hat alle
25 Erfahrung gezeigt, dass die Menschen eher geneigt sind zu
leiden, solange die Missstände erduldbar sind, als sich
durch Beseitigung altgewohnter Formen Recht zu verschaffen. Aber wenn eine lange Reihe von Missbräuchen und
Übergriffen, die ausnahmslos das gleiche Ziel verfolgen, die
30 Absicht deutlich werden lässt, das Volk unumschränktem
Despotismus zu unterwerfen, so ist es sein Recht wie auch
seine Pflicht, eine solche Regierung zu beseitigen und durch
neue schützende Einrichtungen für seine künftige Sicherheit Vorsorge zu treffen. […]
35 Die Regierungszeit des jetzigen Königs von Großbritannien
ist voll wiederholt begangenen Unrechts und ständiger
Übergriffe, die alle unmittelbar auf die Errichtung einer
unumschränkten Tyrannei über unsere Staaten abzielen.

Es folgt eine Auflistung von 18 Beschwerden; darunter:

Er hat es abgelehnt, andere Gesetze zugunsten großer Be-
40 völkerungskreise zu verabschieden, wenn diese Menschen
nicht auf das Recht der Vertretung in der Legislative ver-
zichten wollten, ein Recht, das ihnen unschätzbar wichtig
ist und nur Tyrannen schrecken kann. […]
Er hat wiederholt Volksvertretungen aufgelöst, weil sie mit
45 männlicher Festigkeit seinen Eingriffen in die Rechte des
Volkes entgegengetreten sind. […]

Die amerikanische Unabhängigkeitserklärung.
Undatiertes Foto, Washington D.C.
Besucher betrachten die im Nationalarchiv der Vereinigten Staaten
ausgestellte Unabhängigkeitserklärung. Daneben bewahrt das
Archiv auch die Originalkopien der Verfassung der Vereinigten
Staaten und der Bill of Rights auf. Siehe hierzu Seite 70 ff.

Er hat Richter in Bezug auf ihre Amtsdauer, die Höhe und
den Zahlungsmodus ihrer Gehälter von seinem Willen allein abhängig gemacht.
Er hat eine Unzahl neuer Behörden eingerichtet und 50
Schwärme von Beamten hierher geschickt, um unser Volk
zu belästigen und seine Substanz aufzuzehren.
Er hat in Friedenszeiten bei uns ohne die Zustimmung der
gesetzgebenden Körperschaften stehende Heere unter-
halten. 55
Er hat danach gestrebt, das Militär von der Zivilgewalt
unabhängig zu machen und es ihr überzuordnen.
Er hat sich mit anderen zusammengetan, um uns einer
Form der Rechtsprechung zu unterwerfen, die unserer Verfassung fremd und von unseren Gesetzen nicht anerkannt 60
war; und er hat seine Zustimmung zu ihren angemaßten
gesetzgeberischen Handlungen erteilt […].
Er hat seinen Herrschaftsanspruch hier aufgegeben, indem
er uns als außerhalb seines Schutzes stehend erklärte und
Krieg gegen uns führte. 65
Er hat unsere Meere geplündert, unsere Küsten verwüstet,
unsere Städte niedergebrannt und unsere Mitbürger getötet.
Er schafft zum gegenwärtigen Zeitpunkt große Heere fremder Söldner heran, um das Werk des Todes, der Verwüs-
tung und der Tyrannei zu vollenden, das er bereits mit 70
solcher Grausamkeit und Heimtücke begonnen hat, wie sie
in den barbarischsten Zeiten kaum ihresgleichen finden,
und die des Oberhauptes einer zivilisierten Nation gänzlich
unwürdig sind. […]
Er hat Erhebungen in unserer Mitte angeschürt und sich 75
bemüht, auf die Bewohner unserer Grenze zur Wildnis hin
die erbarmungslosen indianischen Wilden zu hetzen,

deren Kriegführung bekanntlich darin besteht, alles ohne Rücksicht auf Alter, Geschlecht oder Zustand niederzuma-
80 chen. [...]

Daher tun wir, die in gemeinsamem Kongress versammel-ten Vertreter der Vereinigten Staaten von Amerika, unter Anrufung des obersten Weltenrichters als Zeugen für die Rechtschaffenheit unserer Absichten, im Namen und Auf-
85 trag des wohlmeinenden Volkes unserer Kolonien feierlich kund zu wissen, dass diese Vereinigten Kolonien freie und unabhängige Staaten sind und rechtens sein sollen; dass sie von jeglicher Treuepflicht gegen die britische Krone ent-bunden sind und dass jede politische Verbindung zwischen
90 ihnen und dem Staate Großbritannien vollständig gelöst ist und sein soll; und dass sie als freie und unabhängige Staa-ten das uneingeschränkte Recht haben, Krieg zu führen, Frieden zu schließen, Bündnisse einzugehen, Handel zu treiben und alle sonstigen Handlungen vorzunehmen und
95 Tätigkeiten auszuüben, zu denen unabhängige Staaten rechtens befugt sind.

Udo Sautter, Die Vereinigten Staaten. Daten, Fakten, Dokumente, Tübingen/Basel 2000, S. 148 und 150

---

1. Beschreiben Sie das Verhältnis zwischen dem englischen König und den Kongressteilnehmern.

2. Ordnen Sie die Unabhängigkeitserklärung in den histori-schen Zusammenhang ein. | **H**

3. Weisen Sie die Einflüsse Paines (siehe M3, Seite 54 f.) auf die Unabhängigkeitserklärung nach.

4. Beurteilen Sie, welche politische Bedeutung die Erklä-rung über den aktuellen Anlass hinaus hatte. | **H**

5. Interpretieren Sie die „Declaration of Independence" aus der Sicht eines modernisierungstheoretisch argumentie-renden Historikers (siehe hierzu das Kernmodul auf Seite 20 ff.). Verfassen Sie in diesem Sinne einen Kommentar zu einem Jahrestag des 4. Juli 1776. | **H**

M2 „Einsatz in der Fremde?"

Die Historikerin Lena Haunert untersucht die Erfahrungen, die hessische Offiziere im Unabhängigkeitskrieg gemacht haben – zu den einfachen Soldaten liegen leider fast keine Quellen vor:

Aus der durchgehend negativen Darstellung des politi-schen Systems der aufständischen Kolonien [ist] zu folgern, dass die Verfasser der untersuchten Aufzeichnungen die Herrschaftsform ihrer Heimat nicht grundsätzlich ablehn-
5 ten. Sie verstanden sich als ihrem Landesherrn treu erge-bene Untertanen, waren aufgrund ihrer beruflichen und ständischen Position freilich aber auch eng mit dem System verbunden. Wie stark ihr Weltbild in der ständischen Ge-sellschaft verhaftet blieb, zeigen die herablassenden Kom-
10 mentare über die vermeintlich niedere, wenn nicht gar

kriminelle Herkunft deutschstämmiger Siedler in Amerika oder auch die Anmerkungen zur Zusammensetzung der politischen und militärischen Führung der aufständischen Amerikaner.

Die Verfasser hielten an traditionellen Werten fest, sahen 15 sich allerdings zugleich als aufgeklärte und kultivierte, dem Fortschritt zugewandte Mitglieder einer arbeitsamen und zivilisierten Gesellschaft an. Ausdruck findet dies beispiels-weise in der Beschäftigung mit dem Bildungswesen der Ko-lonien, in dessen Rahmen direkt oder indirekt auf die eigene 20 Bildung und die deutsche Wissenschaftslandschaft abgeho-ben wird. [...] Der Einfluss der Aufklärung sowie der An-spruch auf Kultiviertheit und Zivilisiertheit spiegelt sich schließlich nicht zuletzt in der Kritik an der grausamen Be-handlung schwarzer Sklaven oder auch in der ausdrückli- 25 chen Offenheit gegenüber anderen Konfessionen wider. [...] Bezüglich des Zugehörigkeitsgefühls zur Herkunftsgesell-schaft lassen die überlieferten Aufzeichnungen eine starke Bindung an den jeweiligen Landesherrn beziehungsweise das jeweilige Herkunftsterritorium erkennen. [...] Zugleich 30 sorgten die räumliche Distanz zur Heimat sowie die Kon-frontation mit der amerikanischen Lebenswelt aber offen-sichtlich für ein intensiveres Zusammengehörigkeitsgefühl unter den verschiedenen deutschen Truppen und damit zusammenhängend für ausgeprägteres die jeweilige terri- 35 toriale Zugehörigkeit übergreifendes „deutsches" Selbst-bild. Eine europäische Identität ist hingegen lediglich in Ansätzen erkennbar [...]. Auch blieb die Identifikation mit dem Auftraggeber Großbritannien begrenzt, umso mehr, als der Krieg einen unvorteilhaften Verlauf nahm. Das per- 40 sönliche Interesse war es vorrangig, den Landesherrn zu-friedenzustellen und die eigene Ehre zu wahren.

Lena Haunert, Einsatz in der Fremde? Das Amerikabild der deutschen Subsidien-truppen im Amerikanischen Unabhängigkeitskrieg, Darmstadt 2014, S. 212 ff.

---

1. Arbeiten Sie das Wertesystem heraus, das für die Offiziere dieser Truppen handlungsleitend war.

2. Nehmen Sie Stellung zu der These, dass die amerikani-sche „Freiheit" für viele „Hessen" nicht attraktiv war.

M3 „Eine Schlacht, die den Sieger kein Blut kostet, ist ein ruhmloser Erfolg"

Benjamin Franklin (siehe Seite 74) verfasst 1777 eine scharfe Satire. Er schreibt anonym einen fingierten Brief eines Grafen von Schaumbergh an einen Baron Hohendorf, die beide allerdings nicht existieren. Mehrere französische Zeitungen drucken diesen „Brief" aber gerne ab, ohne den wirklichen Verfasser zu nennen:

Eine Schlacht, die den Sieger kein Blut kostet, ist ein ruhm-loser Erfolg, während die Besiegten sich mit Ruhm bede-cken, da sie mit der Waffe in der Hand untergehen. Entsin-

nen Sie sich, dass von den 300 Spartanern, welche die
5 Thermopylen verteidigten, keiner zurückkehrte?[1] Wie
glücklich wäre ich, könnte ich dasselbe von meinen tapfe-
ren Hessen sagen! [...]
Sie haben recht daran getan, jenen Dr. Crumerus nach Europa zurückzuschicken, der beim Kurieren der Dysenterie
10 [Durchfall] so erfolgreich war. [...] Besser, sie zerplatzen in
ihren Kasernen, als dass sie in der Schlacht davonlaufen
und den Ruhm unserer Waffen beflecken. Außerdem wissen Sie, dass man mir alle als getötet bezahlt, die an einer
Krankheit sterben, und für Geflohene bekomme ich keinen
15 Farthing[2]. Meine Italienreise, welche mich beträchtliches
Geld gekostet hat, lässt es wünschenswert erscheinen, dass
unter ihnen eine große Sterblichkeit herrsche. Sie werden
deshalb allen Beförderung versprechen, welche sich her-
vortun; Sie werden sie ermuntern, den Ruhm inmitten der
20 Gefahr zu suchen; Sie werden Major Maundorff sagen, dass
ich äußerst unzufrieden bin, weil er die 345 Mann gerettet
hat, welche dem Gemetzel von Trenton[3] entronnen sind.
Während des ganzen Feldzugs hat er keine zehn Tote im
Ergebnis seiner Befehle vorzuweisen. Schließlich möge es
25 Ihr Hauptziel sein, den Krieg zu verlängern und ein ent-
scheidendes Gefecht auf beiden Seiten zu verhindern, denn
ich habe für eine große italienische Oper Anstalten getroffen und möchte mich nicht gezwungen sehen, diese aufzu-
geben. Inzwischen bete ich, mein lieber Baron von Hohen-
30 dorf, dass Gott Sie schützen und behüten möge.

Heinz Förster (Hrsg.), Was ist ein Amerikaner. Zeugnisse aus dem Zeitalter der
amerikanischen Revolution, Leipzig 1987, S. 232 f.

1. Analysieren Sie die rhetorische Mittel, die in diesem Text
   verwendet werden.
2. Ordnen Sie die Quelle in den Kontext der amerikanischen
   Kriegspropaganda ein. | H
3. Erörtern Sie, mit welchen geeigneten Mitteln die Gegenseite auf derartige Angriffe hätte reagieren können.
4. Setzen Sie sich mit der Wirkung von Satire generell auseinander.

M4 „Was ist [...] ein Tory?"

*Im Dezember 1776, als sich die Armee von George
Washington auf dem Rückzug befindet, verfasst Thomas
Paine (siehe Seite 52), der bei der Armee weilt, einen Appell
an seine Landsleute:*

Wie kommt es, dass der Feind die Provinzen Neuenglands
verlassen und unsere mittleren zum Kriegsschauplatz gemacht hat? Die Antwort ist einfach: Neuengland ist nicht
von Tories verseucht, aber wir sind es. Ich habe mich gehü-
tet, ein Geschrei gegen sie anzustimmen, und habe zahllose 5
Argumente gebraucht, um ihnen die Gefahr aufzuzeigen,
aber es ist nicht angebracht, eine Welt entweder ihrer
Torheit oder ihrer Niedrigkeit zu opfern. Die Zeit ist jetzt
gekommen, in der entweder sie oder wir unsere Haltung
ändern müssen, oder einer von uns oder beide gehen zu- 10
grunde. Was ist nun eigentlich ein Tory? Großer Gott! Was
ist er denn? Ich würde mich nicht scheuen, mit hundert
Whigs gegen tausend Tories anzugehen, sollten diese versuchen, die Waffen zu erheben. Jeder Tory ist ein Feigling;
denn knechtische, sklavische und eigennützige Furcht ist 15
die Grundlage des Torytums, und unter einem solchen
Einfluss kann ein Mensch zwar grausam sein, aber niemals
tapfer. [...]
Ich spürte einmal den ganzen Zorn, den ein Mann gegen
die niedrigen Grundsätze empfinden sollte, wie sie die To- 20
ries vertreten. Ein bekannter Tory, der eine Schenke in
Amboy betreibt, stand unter seiner Tür, mit einem so hüb-
schen Kind an der Hand, [...] und nachdem er seine Meinung so offen geäußert hatte, wie er es für klug hielt,
schloss er mit diesen unväterlichen Worten: „Nun, gib mir 25
Frieden in meinen Tagen!" Es gibt niemand auf unserem
Kontinent, der nicht fest davon überzeugt ist, dass früher
oder später schließlich doch eine Trennung stattfinden
muss, und ein guter Vater hätte gesagt: „Wenn es schon
Unruhen geben muss, dann hoffentlich noch zu meinen 30
Lebzeiten, damit mein Kind in Frieden leben kann"; und
wenn man sich diesen einzigen Satz gut überlegt, so genügt
das, um jeden an seine Pflicht zu erinnern.

Herbert Schambeck (Hrsg.), Dokumente zur Geschichte der Vereinigten Staaten von Amerika, Berlin ²2007, S. 122 f.

1. Charakterisieren Sie die Argumentation von Thomas
   Paine.
2. Arbeiten Sie heraus, wer nach Paine ein „Tory" ist.

---

[1] Gemeint ist hier die Schlacht bei den Thermopylen um 480 v. Chr.
zwischen Spartanern und Persern.
[2] **Farthing**: kleine britische Münze
[3] Hier wird auf die Schlacht von Trenton Ende Dezember 1776 angespielt, bei der hessische Truppen durch die amerikanische Armee
geschlagen wurden.

M5 Petition an die Revolutionäre zur Abschaffung der Sklaverei

Am 13. Januar 1777 erhält die Gesetzgebende Versammlung von Massachusetts folgende Bittschrift:

Diese Petition einer großen Anzahl von Schwarzen, die im Zustand der Sklaverei gehalten werden inmitten eines freien und christlichen Landes, legt in aller Demut dar, dass ihre Verfasser begreifen, dass sie mit allen anderen Men-
5 schen ein natürliches und unveräußerliches Recht auf die Freiheit gemeinsam haben, die der große Schöpfer des Weltalls der ganzen Menschheit gleichermaßen verliehen hat und auf die sie niemals durch irgendeinen Vertrag oder eine Vereinbarung verzichtet haben – sondern sie wurden
10 unrechtmäßig durch die Handhabung grausamer Macht von ihren liebsten Freunden getrennt und einige sogar aus den Armen ihrer zärtlichen Eltern fortgerissen – aus einem volkreichen, freundlichen und fruchtbaren Land wurden sie unter Verletzung des Naturrechts und des Völkerrechts
15 und allen zarten Gefühlen der Menschlichkeit zum Trotz hierhergebracht, um wie Lasttiere verkauft und wie diese zu lebenslanger Sklaverei verurteilt zu werden.

In einem Volk, dass sich zur milden Religion Jesu bekennt, das sich den Geheimnissen des rationalen Seins nicht verschließt und dem es auch nicht an Mut fehlt, sich den un-
20 gerechten Versuchen anderer, es in einen Zustand der Knechtschaft und Unterwerfung zu zwingen, zu widersetzen, brauchen wir das hohe Haus nicht daran zu erinnern, dass ein Leben in Sklaverei wie das der Unterzeichneten, ohne alle sozialen Rechte und ohne alles, was das Leben
25 erträglich macht, schlimmer ist als das Nichtsein.
Dem löblichen Beispiel des guten Volkes dieser Staaten folgend, haben die Verfasser dieser Petition lange und geduldig das Ergebnis einer Petition nach der anderen, die sie der Legislative dieses Staates zugeleitet haben, abgewartet,
30 aber sie können nur bekümmert feststellen, dass sie alle einen nur zu ähnlichen Erfolg gehabt haben. Sie können nicht umhin, ihrem Erstaunen Ausdruck zu geben, dass niemals bedacht worden ist, dass alle Prinzipien, nach denen Amerika im Laufe seiner unglücklichen Differenzen
35 mit Großbritannien gehandelt hat, stärker als tausend Argumente für die Verfasser dieser Petition sprechen. Daher flehen sie das hohe Haus in aller Demut an, dieser Petition gebührend Gewicht beizumessen und sie zu erwägen und durch die Legislative ein Gesetz zu erlassen, durch das sie
40 wieder in den Genuss all dessen gesetzt werden, was das natürliche Recht eines jeden Menschen ist [...].

Eberhard Brüning (Hrsg.), Anspruch und Wirklichkeit. Zweihundert Jahre Kampf um Demokratie in den USA: Dokumente und Aussagen, Berlin 1976, S. 107 f.

1. Arbeiten Sie die Argumente der Verfasser dieser Bittschrift gegen die Sklaverei heraus.
2. Nehmen Sie Stellung zu der Petition. | **F**

Phillis Wheatley.
Stich aus ihrem 1773 veröffentlichten Gedichtband.

▶ Beschreiben Sie das Leben der Phillis Wheatley. Recherchieren Sie dazu im Internet.

▶ Überprüfen Sie die Behauptung, dass Sklavinnen damals doppelt unterdrückt waren.

M6 Politische Rechte für Frauen?

Abigail und John Adams (siehe Seite 46) führen eine lange und gute Ehe. Anfang 1776 kommt es allerdings zu einem Streit zwischen ihnen, bei dem es um die Gleichberechtigung der Geschlechter geht. Die beiden folgenden Quellen sind typisch für die Art der Auseinandersetzungen während der Unabhängigkeit. Sie zeigen aber auch, dass tiefe Risse über das richtige Vorgehen bis in einzelne Familien hineingehen konnten.

Abigail Adams schreibt am 31. März 1776 an ihren Ehemann:

Ich sehne mich nach der Nachricht, dass Ihr die Unabhängigkeit erklärt habt. Und, nebenbei, in dem neuen Gesetzbuch, das Ihr – meiner Meinung nach – notwendig machen müsst, solltet Ihr – wie ich wünsche – an die Frauen denken und sie großzügiger und günstiger behandeln als eure
5 Vorfahren es taten. Gebt keine solche unbegrenzte Macht mehr in die Hände der Ehemänner. Erinnert euch, dass alle

Männer Tyrannen wären, wenn sie könnten. Wenn den Frauen keine besondere Sorge und Berücksichtigung zuteil
10 wird, sind wir entschlossen, einen Aufruhr zu schüren. Wir werden uns nicht durch irgendwelche Gesetze gebunden fühlen, bei denen wir kein Stimm- oder Vertretungsrecht haben.

Dass euer Geschlecht von Natur aus tyrannisch ist, ist als
15 Wahrheit so völlig bewiesen, dass es keine Erörterung mehr erlaubt. Aber die von euch, die glücklich sein wollen, geben freiwillig das strenge Anrecht des Herren auf zugunsten des sanfteren und teureren als Freund. Warum dann nehmt Ihr es nicht aus der Macht der Bösen und Zü-
20 gellosen, ohne Strafe mit uns grausam und entwürdigend umzugehen? Männer von Verstand verabscheuen in allen Zeiten solche Sitten, die uns nur als die Mägde eures Geschlechtes behandeln. Betrachtet uns also als von der Vorsehung unter euren Schutz gestellt. Und in Nachahmung
25 des höchsten Wesens macht von dieser Gewalt nur zu unserem Glück Gebrauch.

John Adams antwortet am 14. April 1776:

Was dein außerordentliches Gesetzbuch betrifft, da kann ich nur lachen. Man hat uns erzählt, dass unser Kampf (gegen England) die Bande der Obrigkeit überall gelockert habe, dass Kinder und Lehrlinge ungehorsam würden, dass
30 Schulen und Universitäten aufgewühlt würden, dass Indianer ihre Wächter missachteten und Neger unverschämt gegen ihre Herren würden. Aber dein Brief war der erste Hinweis, dass noch ein anderer Klüngel – zahlreicher und mächtiger als alle anderen – zur Unzufriedenheit herange-
35 züchtet wird. Das ist ein ziemlich grobes Kompliment, aber du bist so frech, dass ich es nicht ausstreichen werde.
Verlass dich drauf, wir wissen etwas Besseres, als unsere männlichen Einrichtungen außer Kraft zu setzen. Obwohl sie in voller Rechtskraft stehen, sind sie – wie dir bekannt –
40 wenig mehr als Theorie. Wir wagen es nicht, unsere Gewalt auszuüben. Wir sind verpflichtet, fair und sanft vorzugehen: Und in der Praxis – du weißt es – sind wir die Untergebenen.

Erster und zweiter Text: Gerold Niemetz (Hrsg.), Vernachlässigte Fragen der Geschichtsdidaktik, Hannover 1992, S. 96

Abigail Adams.
Porträt von Mather Brown, 1785.
Abigail Adams (1744–1818) kam aus einer angesehenen Familie aus Massachusetts und war an philosophischen und politischen Fragen sehr interessiert. 1766 heiratete sie John Adams. Ihr Rat beeinflusste dessen Politik und Karriere maßgeblich.

1. Geben Sie die Argumente von Abigail Adams wieder.
2. Ordnen Sie den Briefwechsel in die zeitgenössische Situation ein.
3. Setzen Sie sich mit der Antwort von John Adams auseinander. | H
4. Entwickeln Sie Argumente für eine Fortsetzung des Streites zwischen dem Ehepaar Adams. | H

Die Amerikanische Revolution – konservativ oder Utopie?

Die Fakten zur Amerikanischen Revolution sind wenig umstritten. Allerdings wurde und wird immer wieder darüber diskutiert, wie „revolutionär" diese Revolution eigentlich war. Im Vergleich zur Französischen oder Russischen Revolution gibt es einige erhebliche Unterschiede. Einige Historiker betonen eher die konservativen Aspekte, andere heben die utopischen Momente hervor. Schließlich gibt es auch noch die Meinung, dass die gesamte heutige Begrifflichkeit den Ereignissen nicht angemessen ist.

M1 Konservativ?

Der Historiker Michael Hochgeschwender (*1961) vertritt in Bezug auf die Amerikanische Revolution folgende Meinung:

Viele Kolonisten glaubten, durch eine straffere Zentralisierung des Empire ihren Status als freie Engländer einzubüßen und zu Iren, Hindus oder Frankokanadiern herabzusinken. Im Jargon der Zeit hieß das: zu Sklaven der Briten zu
5 werden. Wenn dem aber so war, dann konnte die ganze Reform des Empire nichts anderes sein als eine Verschwörung korrupter und tyrannischer Kreise in England, denen es nicht um Reform, sondern um die Einführung des Absolutismus ging. Jedes Privileg der Amerikaner, das die briti-
10 schen „Verschwörer" antasteten, bis hin zum Schmuggel, wurde als Anschlag auf die Freiheit und das Eigentum echter, freiheitsliebender Briten interpretiert. Die wechselseitige Wahrnehmung der Mutterlandsbriten und der Kolonialbriten war auf eine schiefe Ebene geraten. In diesem
15 Sinne war die Amerikanischen Revolution konservativ. Nicht weil sie im Vergleich zur Französischen Revolution weniger blutig gewesen wäre oder keine sozialen Folgen gehabt hätte, beides ist falsch. Sondern es war eine Revolution gegen die Reform, eine Revolution zum Erhalt über-
20 kommener Privilegien und Freiheiten gegenüber den ökonomischen Zwängen der Gegenwart und den Versuch, die Lasten eines gemeinsamen Weltreichs neu zu verteilen.

Michael Hochgeschwender, Die Amerikanische Revolution. Geburt einer Nation 1763–1815, München 2016, S. 74

M2 Eine neue Ordnung der Zeitalter?

Der Historiker Horst Dippel (*1942) schreibt über die Amerikanische Revolution:

Was aber war das [...] Revolutionäre in Amerika jenseits des politischen Konflikts mit dem Mutterland und des Krieges? Die durch den Abzug der Loyalisten und das Ende der Eigentümerkolonien bedingte Umverteilung von Land war zwar gewaltig, doch vollzog sie sich, anders als in Europa, 5 in einem Umfeld, in dem Landbesitz nie als soziales Privileg, sondern ökonomisch als Ware betrachtet wurde. [...] Anders als später in Frankreich war daher das sozialrevolutionäre Potenzial dieser Maßnahme eher gering, denn sie trug weder zur Stärkung einer Bourgeoisie noch zu ihrer 10 Bindung an die Revolution nennenswert bei. Auch die Abschaffung aristokratischer Relikte wie unveräußerliche Erbgüter und Erstgeborenenrechte hatte keine den europäischen Verhältnissen vergleichbare Bedeutung, da sie ohnehin in den Kolonien kaum noch beachtet worden wa- 15 ren. [...]
Die eigentliche Bedeutung der Amerikanischen Revolution lag auf anderen Ebenen. Sie vollzog sich mehr in den Köpfen als in den Bäuchen der „Amerikaner", als die sie sich erst zu begreifen begannen. Es war eine Befreiung nicht 20 von Unterdrückern, doch von Mächten jenseits ihrer Kontrolle. Sie schüttelten Fesseln ab, gewannen ihr Selbstbestimmungsrecht, ihre Identität. Das setzte eine ungeheure Dynamik frei, die sich in allen ökonomischen, sozialen und politischen Bereichen auswirkte. Die Revolution war daher 25 mehr als nur die Geburt einer Nation; sie wurde zum Beginn eines *Novus ordo saeculorum*, wie es seither im Siegel der Vereinigten Staaten heißt, und der erste grundlegende Ausdruck dieses Neuanfangs ist die Unabhängigkeitserklärung mit ihrem universalen Anspruch auf „Leben, Freiheit 30 und dem Streben nach Glück" als „selbstverständliche Wahrheiten". Damit war das ganze Gefüge menschlicher Beziehungen auf eine neue Basis gestellt, und das Verhältnis zwischen dem Wert des Individuums und dem Wohlergehen der Allgemeinheit neu geordnet. 35

Horst Dippel, Geschichte der USA, München ⁹2010, S. 27 f.

„Zerstörung der königlichen Bildsäule zu New York."
Zeitgenössischer Kupferstich von Franz Xavier Habermann.
Am 9. Juli 1776 wurde in New York das Standbild des englischen Königs Georg III. gestürzt.

M3 Keine revolutionäre Bewegung?

Bereits 1963 hat sich die deutsch-amerikanische Philosophin Hannah Arendt (1906–1975) mit dem gleichen Problem beschäftigt:

[Bei der Beschäftigung mit der Amerikanischen und der Französischen Revolution] dürfen wir […] nicht vergessen, dass die Männer dieser beiden Revolutionen sich vor allem dadurch von allen ihnen folgenden „Revolutionären" unter-
5 scheiden, dass sie die Revolution in der Überzeugung begannen, sie stellten nicht mehr als eine alte Ordnung der Dinge wieder her, welche von der Monarchie im Zeitalter des Absolutismus verletzt und vergewaltigt worden war. Wenn sie vor allem in den Anfangsstadien der Revolutio-
10 nen immer wieder versicherten, sie wollten den Prozess des Absolutismus rückgängig machen und eine Ordnung restaurieren, welche zu Beginn der Neuzeit verlorengegangen war, so ist an ihrer Aufrichtigkeit nicht im Mindesten zu zweifeln.
15 Dieser Anfangsaspekt der Revolutionen hat zu einer Verwirrung über Sinn und Bedeutung von Revolution überhaupt geführt und zu einem Fehlurteil über die Amerikanische Revolution, die nicht ihre eigenen Kinder verschlang[1] und wo daher die gleichen Männer, welche die „Restaura-
20 tion" in Gang gesetzt hatten, auch die Revolution machten, den neuen Staat gründeten und sogar lange genug lebten, um zu Amt und Würden in der neuen Ordnung der Dinge aufzusteigen. Was sie zum Zwecke der Restauration in die Wege geleitet hatten, ein Handeln also, das kein anderes
25 Ziel verfolgte als das der Wiedergewinnung uralter, verbriefter Rechte und Freiheiten, führte zur Revolution, und alle Theorien und Vorstellungen von englischer Verfassung, den angestammten Rechten aller Engländer und ihrer

Gültigkeit in den Kolonien endete mit der Unabhängigkeits-
30 erklärung. Dies hatte keiner von ihnen gewollt oder vorausgesehen, denn die Bewegung, die zur Revolution führte, war nicht im Mindesten revolutionär. Niemand wusste dies auch im Nachhinein besser als Benjamin Franklin, der rückblickend allen Versuchen, die Revolution und die
35 Unabhängigkeitserklärung gleichsam ideologisch zu verklären, mit den Worten entgegentrat: „I never had heard in any Conversation from any Person drunk or sober, the least Expression of a wish for separation, or Hint that such a Thing would be advantageous to America."[2] So ist es in der
40 Tat so gut wie unmöglich auszumachen, ob die Männer der Amerikanischen Revolution nun Konservative oder Revolutionäre waren, was aber nur heißt, dass diese Termini außerhalb ihres historisch-politischen Zusammenhanges sinnlos sind; das konservative Denken entzündete sich an
45 der Französischen Revolution, es gibt so etwas überhaupt nicht vor dem neunzehnten Jahrhundert.

Hannah Arendt, Über die Revolution, Frankfurt am Main 1968, S. 53 f.

---

1. Fassen Sie die Kernaussagen der Autoren (M1 bis M3) mit eigenen Worten zusammen.
2. Nehmen Sie Stellung zu den drei Quellen und setzen Sie sich mit den Gemeinsamkeiten und Unterschieden auseinander.
3. Interpretieren Sie die drei Quellen unter der Fragestellung, ob die Amerikanische Revolution eher konservativ war oder ob sie eher Neuartiges brachte. | F
4. Erörtern Sie, ob es sinnvoll ist, heutige Begriffe auf historische Sachverhalte anzuwenden.

---

[1] Der Ausspruch „Die Revolution verschlingt (frisst) ihre eigenen Kinder" stammt von dem girondistischen Abgeordneten Pierre Victurnien Vergniaud, der im Oktober 1793 während der Französischen Revolution hingerichtet wurde.

---

[2] Die Aussage des amerikanischen Politikers und Naturwissenschaftlers Benjamin Franklin (1706–1790) lautet übersetzt: „Ich habe niemals in irgendeinem Gespräch von irgendeiner Person, betrunken oder nüchtern, den kleinsten Ausdruck eines Wunsches nach Trennung gehört, oder auch nur einen Hinweis, dass solch eine Angelegenheit vorteilhaft für Amerika wäre."

Amerikanische Verfassung und Bill of Rights

Zentralstaat oder Staatenbund? | Bei den Debatten um die kommende Staatsform standen sich zwei Gruppierungen gegenüber, deren Namen irreführend sind. Die *Federalists* (dt.: Föderalisten) plädierten für einen starken Zentralstaat, die *Anti-Federalists* wollten einen lockeren Staatenbund mit einer schwachen Zentralregierung (→ M1). Allerdings bestanden die Anti-Federalists aus sehr unterschiedlichen Gruppen mit unterschiedlichen Interessen: Reiche Pflanzer hatten mit den Siedlern an der Indianergrenze oder mit Kaufleuten in New York nur wenig gemeinsam. Einige agitierten aber mit großer Heftigkeit gegen die Schaffung eines Zentralstaates.

Nachdem die äußere Bedrohung fortgefallen war, bröckelte auch der Zusammenhalt der einzelnen Staaten untereinander. Zwischen 1777 und 1781 wurde immerhin ein lockerer Staatenbund geschaffen, dem ein Kongress an der Spitze vorstand. Berechtigte Skepsis bestand in der Frage, ob es überhaupt möglich sei, ein flächenmäßig so großes Land als Republik zu verwalten. Vielen schien es besser zu sein, die Souveränität bei den einzelnen Staaten zu lassen, wo sich wenigstens die Eliten untereinander persönlich kannten. Furcht bestand auch vor einem unkontrollierbaren Populismus. Deshalb wurden einige Wahlen und Ernennungen nicht direkt, sondern indirekt geplant.

Eine wichtige Entscheidung traf der Kongress im Juli 1787 mit der „*Northwest Ordinance*". In ihr wurde festgelegt, dass im Westen neue Staaten in die Union aufgenommen werden konnten, wenn sie mindestens 60 000 Einwohner hatten und sich eine republikanische Verfassung gegeben hatten. Damit wurde die weitere Westexpansion vorangetrieben. Allerdings war die Lösung weiterer großer Probleme wegen des Krieges nur aufgeschoben worden. Der Kongress verfügte über fast keine Machtmittel, die Schwierigkeiten anzugehen. Vor allem im Bereich der Wirtschaftspolitik bestand dringender Handlungsbedarf. Teile des Landes waren zerstört. Wegen der hohen Kriegsschulden bestand die permanente Gefahr eines Staatsbankrotts, die Preise für Agrarprodukte fielen, und die oft zwangsweise Eintreibung von Steuern stieß in der ländlichen Bevölkerung auf Widerstand. 1786/87 rebellierten verschuldete Farmer in Massachusetts („Shays' Rebellion"), und der Staat musste Truppen gegen die Farmer einsetzen. Diese und weitere kleine agrarische Revolten zeigten deutlich, wie schwach die USA noch waren. Hierdurch wurden die Federalists bestärkt, die die Macht der Einzelstaaten durch eine Verfassung begrenzen wollten. Das Dilemma war vielen Zeitgenossen bewusst: Der Kongress war nicht in der Lage, die Aufgaben einer Regierung zu erfüllen, und die sou-

Shays' Rebellion: Ab August 1786 behinderten einige hundert Farmer aus Massachusetts mit Gewalt die Durchführung von Gerichtsverfahren. Sie sahen sich von Zwangsversteigerungen und dem Verlust ihrer Existenzgrundlage bedroht. Ihr Anführer war der pensionierte Hauptmann Daniel Shays. Erst im Februar 1787 gelang es einer Miliz von 4000 Mann, die Proteste der Farmer mit Gewalt zu beenden.

Unterzeichner der Verfassung der Vereinigten Staaten.
Undatiertes Foto, National Constitution Center in Philadelphia.
Das Foto zeigt überlebensgroße Bronzestatuen der Delegierten der Verfassunggebenden Versammlung, die 1787 die Amerikanische Verfassung in Philadelphia unterzeichneten.
Im Vordergrund ist auf dem Stuhl sitzend Benjamin Franklin dargestellt.

veränen Einzelstaaten hatten nicht die Mittel und die Kraft, die schwierige Nachkriegssituation in den Griff zu bekommen. Letztlich erwies es sich als nicht vermeidbar, eine Finanzpolitik des Bundes einzuführen, die von den Einzelstaaten unabhängig war.

Die Amerikanische Verfassung | In zahlreichen Publikationen, Pamphleten und sonstigen Schriften fanden wieder umfangreiche Diskussionen um die zukünftige Gestaltung des Staates statt (→M2). Vielen Intellektuellen war klar, dass sich die einmalige Chance bot, etwas völlig Neues, eine Utopie in die Realität umzusetzen, für die es in der Geschichte keine Vorbilder gab. Fast alle Einzelstaaten hatten zwischen 1776 und 1780 bereits Verfassungen eingeführt, in denen die Macht der Gouverneure gegenüber den gewählten Kongressen stark eingeschränkt wurde. Bei diesen Verfassungen gab es sehr große Unterschiede. Da aber gleichzeitig keine handlungsfähige Zentralregierung bestand, drohte zwischen 1783 und 1787 mehrfach der Zusammenbruch des neuen Staates. Viele Akteure waren entsetzt und beschworen die verlorene Einigkeit – einige waren sogar der Meinung, dass diese Krise für die Amerikaner gefährlicher sei, als der gesamte vergangene Krieg. 1786 mussten einige Sitzungen des Kontinentalkongresses abgesagt werden, weil die Mindestzahl von neun Staaten nicht vertreten war, die von der Geschäftsordnung verlangt wurde.

Obwohl sehr unterschiedliche Vorstellungen aufeinandertrafen, war am Ende doch die Bereitschaft hoch, Kompromisse einzugehen. Erst im Mai 1787 trafen sich in Philadelphia 55 Delegierte aus 12 Staaten, um unter dem Vorsitz von George Washington eine Verfassung für den gesamten neuen Staat einzuführen. Dahinter stand die Überzeugung, dass Regierungen dem Volk dienen müssten, und sie nicht dazu da seien, es zu beherrschen. Die Verhandlungen fanden geheim statt, um Lösungen zu erleichtern. Anfangs war in fast allen Staaten das Wahlrecht an Landbesitz gebunden. Allerdings war Landbesitz sehr verbreitet und es wird geschätzt, dass in einigen Regionen 70 bis 90 Prozent der erwachsenen weißen Männer wahlberechtigt waren. Frauen, Afroamerikaner und die Native Americans hatten kein Wahlrecht.

Nach heftigen Auseinandersetzungen wurden Staat und Kirche voneinander getrennt. Alle Religionsgemeinschaften wurden gleichgestellt und damit sowohl religiöse Freiheit als auch Demokratisierung gefördert. Dies entsprach der Tradition vieler protestantischer Gemeinschaften in den USA, die jede Form von Staatskirche und hierarchische Kirchenstrukturen ablehnten.

Die „Gründungsväter" – siehe weiter unten – erkannten, dass eine gewisse Flexibilität notwendig war. Deshalb wurden Ergänzungen (*amendments*) ermöglicht, d.h., Verfassungszusätze konnten nachträglich eingefügt werden. Auch hier war die Kompromissbereitschaft hoch. Diese wurde dadurch erleichtert, dass das Gremium recht homogen zusammengesetzt war: Es handelte sich – mit wenigen Ausnahmen – um wohlhabende, gebildete Männer, die alle seit der Kolonialzeit politische Erfahrungen gesammelt hatten und die bereits Ämter als Gouverneure, Abgeordnete, Richter oder Offiziere bekleidet hatten.

„checks and balances" | Das Prinzip der Amerikanischen Verfassung basierte auf den „checks and balances", der gegenseitigen Kontrolle durch die Exekutive, Legislative und Judikative.[1] Den Schöpfern der Verfassung war klar, dass aus diesen miteinander verschränkten Kompetenzen Konflikte entstehen würden, aber derartige Auseinandersetzungen waren gewollt, um Machtkontrolle auszuüben. Das Menschenbild, das dahinter stand, war pessimistisch: Es würde immer Personen geben, die versuchen würden, Macht zu missbrauchen oder ihre Kompetenzen zu überschreiten. Deshalb mussten Institutionen geschaffen werden, die solche Übergriffe verhinderten (→M3). Außerdem bestand Einigkeit darüber, dass die Einzelstaaten weitgehende Rechte behalten sollten. Sie blieben zuständig für Justiz, Polizei oder Kultur, auch konnten sie intern Regelungen

Internettipp
Den vollständigen Text der Verfassung der Vereinigten Staaten von Amerika in deutscher Übersetzung finden Sie unter dem Code **32201-08**.

---

[1] Ein Schaubild zur Amerikanischen Verfassung finden Sie auf Seite 81.

treffen, die sich von anderen Staaten unterschieden (z. B. später Alkoholverbot für Jugendliche oder unterschiedliche Waffengesetze). Das Wahlrecht war Angelegenheit der Einzelstaaten. Der Präsident wurde bzw. wird indirekt durch Wahlmänner gewählt, die von den Staaten gestellt werden. Jeder Staat stimmt nach der Wahl einheitlich für denjenigen Kandidaten, der in ihm die Mehrheit gewonnen hat, die Stimmen für den Verlierer verfallen.

„We the People of the United States."
Erste Seite der amerikanischen Verfassung von 1787.

Das System der Gewaltenteilung in der Amerikanischen Verfassung lässt sich wie folgt erklären:
• Der Präsident stellt die Exekutive und hat eine sehr starke Stellung. Er ernennt die Regierung und hat den Oberbefehl über die Streitkräfte. Faktisch hatte der Präsident mehr Macht als der britische König, die ihm – anders als dem Monarchen – aber nur für eine bestimmte Zeit übergeben wurde. Die Verfassung sieht kein Kabinett vor, aber im Laufe der Jahrzehnte wurden immer mehr Ministerien (*departements*) eingerichtet, deren Leiter vom Präsidenten berufen werden. Diese Minister müssen vom Senat bestätigt werden. Der Präsident kann sich mit den Ministern beraten, bleibt in seiner Entscheidung aber frei. Allerdings darf der Kongress mit Mehrheit Maßnahmen des Präsidenten außer Kraft setzen. Auch kann der Präsident vom Kongress abgesetzt werden (*impeachment*).
• Der Kongress stellt die Legislative dar. Er besteht aus dem *Repräsentantenhaus* und dem *Senat*. Beide nehmen gleichberechtigt am Gesetzgebungsverfahren teil. Die Mitglieder des Repräsentantenhauses werden direkt alle zwei Jahre vom Volk gewählt, wobei hier die Größe der Bundesstaaten eine Rolle spielt: Je größer ein Staat ist, desto mehr Abgeordnete entsendet er. In den Senat hingegen entsenden alle Bundesstaaten jeweils zwei Abgeordnete, dies war ein Zugeständnis an die kleinen Staaten. Zu Beginn der Republik zählte er 26 Mitglieder (13 Staaten), heute sind es 100 (50 Bundesstaaten). Bis 1913 wurden sie von den jeweiligen Staatsparlamenten gewählt, seitdem findet eine direkte Wahl durch die Stimmberechtigten des Staates statt.
Der Präsident kann mit seinem Veto ein Gesetz verhindern, dann wird der Entwurf an diejenige Kammer zurückgesandt, die ihn zuerst vorgeschlagen hat. Das Veto kann überstimmt werden, wenn beide Kammern den Entwurf mit einer Mehrheit von mindestens zwei Dritteln annehmen.
• Die Jurisdiktion liegt beim *Obersten Bundesgericht* (Supreme Court), in dem ursprünglich fünf, heute neun Richter sitzen. Diese werden auf Lebenszeit vom Präsidenten ernannt, allerdings muss der Senat diesen Ernennungen zustimmen. Hierdurch soll sichergestellt werden, dass die Richter unabhängig von äußeren Einflüssen sind. Das Gericht kontrolliert den Präsidenten und den Kongress und kann Gesetze sowohl des Bundes, als auch der Einzelstaaten außer Kraft setzen, wenn diese nicht mit der Verfassung zu vereinbaren sind. Urteile werden mit einfacher Mehrheit gefällt. Allerdings findet sich dieses Recht, die Verfassungsmäßigkeit von Gesetzen zu prüfen, nicht ausdrücklich in der Verfassung. Es wurde erst durch eine Entscheidung des Supreme Courts im Jahre 1803 etabliert und wurde dann allgemein anerkannt.

Die Hauptstadt des neuen Staates war erst Philadelphia, aber 1800 zog die Regierung in die neu gegründete Stadt Washington um. Die meisten Staaten nahmen schon 1787 die Verfassung an. George Washington wurde zum ersten Präsidenten der USA gewählt. Allerdings weigerten sich mehrere Staaten, die Verfassung zu ratifizieren, weil sie schwerwiegende Mängel sahen: Beispielsweise fehlte ein Katalog der Grundrechte.

Bill of Rights – Ideal und Realität | Die Idee, die Verfassung durch Zusätze ergänzen zu können, war eine kluge Maßnahme. Denn schon bei den Beratungen in den jeweiligen Einzelstaaten wurde deutlich, dass eine ausdrückliche *„Bill of Rights"*, ein Katalog von Grundrechten, notwendig war. Diese Forderung der Anti-Federalists wurde 1789 erfüllt, als zehn Ergänzungsartikel in die Verfassung aufgenommen wurden. Vorbild war die „Virginia Bill of Rights", die im Juni 1776 verabschiedet worden war (→M4). In ihr findet sich bereits die Gewaltenteilung, regelmäßige Wahl der Abgeordneten, Geschworenengerichte und ein Katalog von Grund- und Menschenrechten.

In den Zusatzartikeln zur Verfassung, die sich an der britischen Tradition orientierten, wurde ausdrücklich garantiert: Rede-, Presse- und Petitionsfreiheit, die Freiheit der öffentlichen friedlichen Versammlung, das Recht, im Interesse einer geordneten Miliz Waffen zu tragen, der Schutz vor ungerechtfertigter Verhaftung und Durchsuchung, der Schutz vor zweifacher Anklage in derselben Sache, das Recht auf einen Prozess vor einer Jury und der Schutz vor grausamen Strafen. Die Religionsfreiheit mit der Trennung von Kirche und Staat fand allerdings kein Vorbild in der britischen Tradition (→M5).

Das Niveau der teilweise sehr kontroversen Debatten war beeindruckend hoch. Beispielsweise diskutierten die drei Intellektuellen *James Madison* (1751–1836), *John Jay* (1745–1829) und *Alexander Hamilton* (1757–1804) unter dem Pseudonym „Publius", ob die Republiken des antiken Roms oder Griechenlands möglicherweise Anregungen für den Staatsaufbau geben könnten. Sie kamen aber schnell zu dem Schluss, dass die damaligen Lösungen nicht für den Aufbau eines modernen Staates geeignet seien. Diese und andere Debatten publizierten sie 1787/88 zunächst in mehreren New Yorker Zeitungen und dann zusammengefasst unter dem Titel „The Federalist", um Werbung für die Verfassung zu machen. Bis heute stellen diese Diskussionen eindrucksvolle Dokumente zur politischen Theorie dar. Dennoch zogen sich in einigen Staaten die Debatten hin: Erst am 29. Mai 1790 ratifizierte Rhode Island als letzter Staat die Verfassung (→M6 und M7).

Exkurs: „Gründungsväter" | Im Folgenden werden drei bedeutende amerikanische Politiker vorgestellt, die auch als „Gründungsväter" bekannt sind. Dieser Begriff bezeichnet diejenigen Männer, die an der Unterzeichnung der Amerikanischen Unabhängigkeitserklärung und Verfassung bzw. an der Unabhängigkeitsbewegung beteiligt waren.

• *George Washington* (1732–1799): Der aus Virginia stammende Washington war ein wohlhabender Plantagenbesitzer, der gemeinsam mit seiner Frau zeitweise fast 400 Sklaven besaß. Während des Unabhängigkeitskrieges war er der unumstrittene Befehlshaber der amerikanischen Armee, obwohl seine strategischen Fähigkeiten begrenzt waren. Er verfügte aber über eine Reihe von anderen Talenten, mit denen er dieses Defizit mühelos kompensierte. Niemand bezweifelte seine persönliche Integrität und seine Führungsqualitäten. Washington war sich seiner Schwächen bewusst und suchte sich deshalb fähige Berater. Er versuchte nicht, um jeden Preis seinen eigenen Willen durchzusetzen, sondern war guten Ratschlägen gegenüber stets aufgeschlossen. Ferner war er ein brillanter und sorgfältiger Organisator, der sich unermüdlich für

George Washington.
Ölgemälde von 1797.

die Interessen der Armee einsetzte und deshalb von seinen Soldaten und Offizieren verehrt wurde. 1787 wurde er Vorsitzender des Verfassungskonvents in Philadelphia. Möglicherweise ist ihm nach dem Ende des Krieges aus Kreisen der Armee sogar angeboten worden, Militärdiktator zu werden, doch er lehnte ab und zog sich vorübergehend in das private Leben zurück. Später wurde er zum ersten amerikanischen Präsidenten gewählt. Während seiner Amtszeit von 1789 bis 1797 setzte er sich stark

Internettipp
Einen Artikel über die Geschichte der Grundrechte – darunter auch über die „Virginia Bill of Rights" und „Bill of Rights" – finden Sie unter dem Code **32201-09**.

für die Festigung der republikanischen Demokratie ein. Nach außen versuchte er, die junge Republik durch eine strikte Neutralitätspolitik zu festigen. Eine dritte Wiederwahl zum Präsidenten lehnte er ab. Washington genießt bis heute in den USA ein sehr hohes Ansehen (➔ M8).

- *Thomas Jefferson* (1743–1826): Auch Jefferson stammte aus Virginia, war als Rechtsanwalt ausgebildet worden und besaß als Plantagenbesitzer über 140 Sklaven. Seine Haltung gegenüber der Sklaverei war widersprüchlich: Er lehnte diese Institution zwar ab, konnte aber keine wirkliche Alternative dazu finden. Außerdem hatte er mindestens ein Kind mit einer seiner Sklavinnen.

Thomas Jefferson.
Ölgemälde von 1800.

Jefferson gilt als ein hervorragender Autor und einflussreicher Staatstheoretiker: Die Unabhängigkeitserklärung und Teile der Amerikanischen Verfassung stammten von ihm. Er setzte sich stark für die Trennung von Religion und Staat sowie für weitgehende individuelle Freiheiten ein. Seine Interessenfelder waren breit gefächert, u. a. befasste er sich mit Architektur. Daneben beschäftigte er sich auch intensiv mit den indianischen Kulturen.

Jefferson war in diplomatischen Missionen in Europa tätig. Von 1785 bis 1789 war er amerikanischer Botschafter in Paris. 1789 wurde er Außenminister unter Washington, den er in vielen Angelegenheiten beriet. 1800 wählte man ihn – allerdings gegen massive Widerstände – zum dritten Präsidenten der USA.

- *Benjamin Franklin* (1706–1790): Der in Boston geborene Franklin war ein vielseitiger Mensch, der auch in gegnerischen politischen Lagern erheblichen Respekt genoss. Er kam aus kleinen sozialen Verhältnissen und hatte ursprünglich als Drucker und als Publizist gearbeitet. Eher nebenbei befasste er sich mit der Elektrizität und erfand den Blitzableiter – auch wegen weiterer Erfindungen wurde er als ein bedeutender Gelehrter verehrt, der sich häufig in Europa aufhielt. In Amerika wurde er zum Mittelpunkt eines Kreises von aufgeklärten Denkern, Naturwissenschaftlern und Künstlern. Direkt nach Ausbruch der Feindseligkeiten wurde er – obwohl schon im hohen Alter – nach Paris entsandt, um dort für ein französisch-amerikanisches Bündnis zu werben. Durch eine hartnäckige, kluge und sachliche Diplomatie

Benjamin Franklin.
Ölgemälde von 1778.

konnte Franklin, der im ausschweifenden französischen Hofleben einen bewusst einfachen Lebensstil pflegte, zunächst kleine Kredite, Waffenlieferungen, die Anwerbung von französischen Offizieren und am Ende tatsächlich eine französische Kriegserklärung an Großbritannien erreichen.

Internettipp
Eine Auflistung aller US-Präsidenten seit 1789 bietet der Code **32201-10**.

M1 Starker oder schwacher Zentralstaat?

Am 8. Juni 1783 übt General George Washington (siehe Seite 73) in einem Rundschreiben an die Gouverneure Kritik am zahlungsunfähigen Kongress und fährt fort:

Wenn die Einzelstaaten es nicht hinnehmen, dass der Kongress die Rechte ausübt, mit denen die Verfassung ihn unzweifelhaft ausgestattet hat, wird sehr rasch Anarchie und Verwirrung hereinbrechen. [...] Es ist für das Wohler-
5 gehen der Einzelstaaten unabdingbar, dass es irgendwo eine Oberste Macht zur Regelung der allgemeinen Belange der konföderierten Republik gibt; ohne sie kann die Union nicht von langer Dauer sein. [...] Nur in unserem Zustand der Vereinigung in einem Reich [empire] haben fremde
10 Nationen unsere Unabhängigkeit anerkannt, unsere Macht akzeptiert und unsere Kreditwürdigkeit beurteilt. Die Verträge der europäischen Mächte mit den Vereinigten Staaten würden bei einer Auflösung der Union keine weitere Gültigkeit haben. [...]
15 Ich könnte jedem der Überzeugung Zugänglichen beweisen, dass der Krieg in einem kürzeren Zeitraum und mit weit weniger Kosten zum selben glücklichen Ende hätte gebracht werden können, wenn die Ressourcen des Kontinents richtig hätten herangezogen werden können. Die
20 Leiden und Enttäuschungen, die sehr oft aufgetreten sind, resultieren in allzuviel Fällen stärker aus dem Mangel an Entschlossenheit und Energie in der Kontinentalregierung, als aus mangelhafter Durchführung in den Einzelstaaten.

Angela und Willi Paul Adams (Hrsg.), Die Entstehung der Vereinigten Staaten und ihre Verfassung. Dokumente 1754–1791, Münster 1995, S. 295

1. Fassen Sie die Argumente zusammen, die General Washington vorträgt.

2. Arbeiten Sie den Kontext heraus, in dem diese Quelle steht.

3. Präsentation: Entwickeln Sie in Form eines Thesenpapiers mögliche Gegenargumente derjenigen Seite, die für einen schwachen Zentralstaat eingetreten ist. | H

M2 Diskussion über die Verfassung

Im Januar 1776 veröffentlicht John Adams (siehe auch Seite 46) zunächst anonym seine Vorstellungen über die Prinzipien republikanischen Regierens, die die Verfassungsdiskussion nachhaltig beeinflussen:

Ist die Vertretung des Volkes in einer Versammlung erreicht, erhebt sich die Frage, ob alle Regierungsmacht – legislative, exekutive und judikative – bei dieser Körperschaft belassen werden soll? Ich glaube, dass ein Volk,
5 dessen Regierung einer einzigen Versammlung überlassen ist, weder lange frei sein noch jemals glücklich sein kann. Meine Gründe für diese Überzeugung sind folgende:

1. Eine einzelne Versammlung ist für alle Untugenden, Dummheiten und Schwächen eines Individuums anfällig – Stimmungen, Gefühlsausbrüche, enthusiastische 10 Höhenflüge, Parteilichkeit und Vorurteile – was zu voreiligen und absurden Beschlüssen führen kann. All' diese Fehler sollten durch eine Kontrollgewalt korrigiert werden.

2. Eine einzelne Versammlung droht habgierig zu sein und 15 wird langfristig sich nicht scheuen, sich von den Lasten auszunehmen, die sie ohne Gewissensbisse ihrer Wählerschaft auferlegt.

3. Eine einzelne Versammlung droht machthungrig zu werden und wird nach einiger Zeit nicht zögern, sich selbst 20 für immerwährend zu erklären. Dies war ein Fehler des Langen Parlaments [in England von 1640 bis 1660] und noch mehr Hollands, dessen Versammlung selbst ihre Amtszeit von einem auf sieben Jahre verlängerte, schließlich Mitgliedschaft auf Lebenszeit und nach einer 25 Reihe von Jahren beschloss, alle durch Tod oder anderswie entstehenden Vakanzen selbst wieder zu besetzen, ohne jegliches Anrufen der Wählerschaft.

4. Obzwar außerordentlich gut geeignet und völlig unabdingbar als Zweig der Legislative, ist eine Repräsentativ- 30 versammlung nicht in der Lage, die exekutive Gewalt auszuüben, da ihr zwei wesentliche Eigenschaften abgehen: Verschwiegenheit und Schnelligkeit.

5. Noch weniger geeignet ist eine Repräsentativversammlung für die Ausübung der rechtsprechenden Gewalt, da 35 sie zu zahlreich, zu langsam und zu wenig erfahren in der Rechtsprechung ist.

6. Eine einzelne Versammlung, die alle Regierungsgewalten innehat, würde willkürliche Gesetze im eigenen Interesse machen, alle Gesetze willkürlich im eigenen Interesse 40 ausüben und alle Streitigkeiten zu ihren eigenen Gunsten entscheiden.

Angela und Willi Paul Adams (Hrsg.), a.a.O, S. 246 f.

1. Geben Sie mit eigenen Worten die wichtigsten Argumente des Textes wieder.

2. Ordnen Sie das Menschenbild, das in dieser Quelle erkennbar wird, in den zeitgenössischen Kontext ein. | H

3. Setzen Sie sich mit den Konsequenzen auseinander, die sich aus der Argumentation von Adams ergeben.

M3 Die Furcht vor Tyrannei

Der Jurist und Journalist Thomas Darnstädt (*1949) schreibt in einem 2008 veröffentlichten Aufsatz:

25 von 56 Unterzeichnern der Unabhängigkeitserklärung waren Rechtsanwälte, und als die Verfassung ein paar Jahre später die Unabhängigkeit von der Krone staatsrechtlich besiegelte, schwärmte der damals auch in der Alten

Welt geschätzte politische Kolumnist Thomas Paine[1]: „Das Recht ist jetzt König."

Ein Weltreich, auf Recht gebaut. Das Volk, der neue Souverän, spielte für die amerikanischen Verfassungsväter eine ambivalente Rolle: Es sollte zwar an allen Hebeln der Macht sitzen – aber möglichst keinen davon bedienen. Das unveräußerliche Recht, nach Glückseligkeit zu streben, könnte zu schwersten Störungen der grandiosen Republik-Maschine führen. Ungezügelter „Ehrgeiz" und „Leidenschaft" im Volke, warnte Hamilton[2], könnten schnell zu einer „Tyrannei" der Mehrheit werden.

Die Furcht vor Tyrannei war der Grund für die Lossagung von der britischen Krone, die Furcht vor Tyrannei war der alles bestimmende Gedanke der amerikanischen Verfassung. Damit die Freiheit von fremder Autorität nicht in Zügellosigkeit tyrannische Formen annehme, konstruierten die Verfassungsjuristen eine „repräsentative" Demokratie, um die „Wirkungen der Freiheit" zu kontrollieren. Nicht einfach die Mehrheit sollte sagen, wo es langgeht, sondern der Mehrheitswille werde abgepuffert von Repräsentanten im alten, staatstragenden Sinne: Es sollte nicht so sehr darauf ankommen, ob die Abgeordneten die Mehrheitsverhältnisse und sozialen Schichten im Volk repräsentieren, sondern ob es kompetente Leute sind, Honoratioren mit Common Sense[3]. [...]

Gewaltenteilung war das Patentrezept, Tyrannei in Zaum zu halten, ein raffiniertes System der checks and balances, in dem „Ehrgeiz dem Ehrgeiz entgegenwirkt" (Madison[4]).

Thomas Darnstädt, Revolution der Juristen, in: Spiegel Special Geschichte Nr. 4/2008, S. 82

---

1. Geben Sie die Kernaussagen des Textes wieder. Klären Sie vorab unbekannte Begriffe.
2. Erläutern Sie, welche Position Darnstädt gegenüber dem Werk der Verfassungsväter einnimmt.
3. Überprüfen Sie anhand des Schaubildes auf Seite 81 Darnstädts Behauptung, das Volk „sollte zwar an allen Hebeln der Macht sitzen – aber möglichst keinen davon bedienen" (Zeile 9 f.).

---

[1] **Thomas Paine:** Siehe Seite 52 und M3 auf Seite 54 f.
[2] **Alexander Hamilton** (1755–1804) zählte wie **James Madison** (1751–1836) und **John Jay** (1749–1829) zu den Autoren der „Federalist Papers", die sich für einen starken Bundesstaat und die Annahme der Verfassung von 1787 einsetzten.
[3] **Common Sense:** Siehe hierzu Seite 52.
[4] **James Madison:** siehe Anmerkung 2

M4 Virginia Bill of Rights

Am 15. Mai 1776 fordert der Zweite Kontinentalkongress die zur Trennung von Großbritannien bereiten Kolonien auf, sich eigene Verfassungen zu geben. Die Verfassunggebende Versammlung von Virginia stellt am 12. Juni 1776 ihrer „Constitution" eine Rechteerklärung voran, die für alle späteren Grundrechtserklärungen vorbildlich ist:

Abschnitt 1: Alle Menschen sind von Natur aus in gleicher Weise frei und unabhängig und besitzen bestimmte angeborene Rechte, welche sie ihrer Nachkommenschaft durch keinen Vertrag rauben oder entziehen können, wenn sie eine staatliche Verbindung eingehen, und zwar den Genuss des Lebens und der Freiheit, die Mittel zum Erwerb und Besitz von Eigentum und das Erstreben und Erlangen von Glück und Sicherheit.

Abschnitt 2: Alle Macht ruht im Volke und leitet sich folglich von ihm her; die Beamten sind nur seine Bevollmächtigten und Diener und ihm jederzeit verantwortlich.

Abschnitt 3: Eine Regierung ist oder sollte zum allgemeinen Wohle, zum Schutze und zur Sicherheit des Volkes, der Nation oder Allgemeinheit eingesetzt sein; von all den verschiedenen Arten und Formen der Regierung ist diejenige die beste, die imstande ist, den höchsten Grad von Glück und Sicherheit hervorzubringen [...]; die Mehrheit eines Gemeinwesens hat ein unzweifelhaftes, unveräußerliches und unverletzliches Recht, eine Regierung zu verändern oder abzuschaffen, wenn sie diesen Zwecken unangemessen oder entgegengesetzt befunden wird, und zwar so, wie es dem Allgemeinwohl am dienlichsten erscheint. [...]

Abschnitt 5: Die gesetzgebende und ausführende Gewalt des Staates sollen von der richterlichen getrennt und unterschieden sein [...].

Abschnitt 6: Die Wahlen der Abgeordneten, die als Volksvertreter in der Versammlung dienen, sollen frei sein; alle Männer, die ihr dauerndes Interesse und ihre Anhänglichkeit an die Allgemeinheit erwiesen haben, besitzen das Stimmrecht. Ihnen kann ihr Eigentum nicht zu öffentlichen Zwecken besteuert oder genommen werden ohne ihre eigene Einwilligung oder die ihrer so gewählten Abgeordneten, noch können sie durch irgendein Gesetz gebunden werden, dem sie nicht in gleicher Weise um des öffentlichen Wohles willen zugestimmt haben. [...]

Abschnitt 8: Bei allen schweren oder kriminellen Anklagen hat jedermann ein Recht, Grund und Art seiner Anklage zu erfahren, den Anklägern und Zeugen gegenübergestellt zu werden, Entlastungszeugen herbeizurufen und eine rasche Untersuchung durch einen unparteiischen Gerichtshof von zwölf Männern seiner Nachbarschaft zu verlangen, ohne deren einmütige Zustimmung er nicht als schuldig befunden werden kann; auch kann er nicht gezwungen werden, gegen sich selbst auszusagen; niemand kann seiner Freiheit beraubt werden außer durch Landesgesetz oder das Urteil von seinesgleichen. [...]

Abschnitt 12: Die Freiheit der Presse ist eines der starken Bollwerke der Freiheit und kann nur durch despotische Regierungen beschränkt werden. [...]

Abschnitt 16: Die Religion oder die Ehrfurcht, die wir unserem Schöpfer schulden, und die Art, wie wir sie erfüllen, können nur durch Vernunft und Überzeugung bestimmt sein und nicht durch Zwang oder Gewalt; daher sind alle Menschen gleicherweise zur freien Religionsausübung berechtigt, entsprechend der Stimme ihres Gewissens; es ist die gemeinsame Pflicht aller, christliche Nachsicht, Liebe und Barmherzigkeit aneinander zu üben.

Günther Franz (Hrsg.), Staatsverfassungen, München ³1975, S. 7, 9 und 11

1. Arbeiten Sie die Grundprinzipien der Erklärung heraus. Welche sind für eine Demokratie unverzichtbar? | H
2. Nehmen Sie Stellung zu der Aussage, dass diejenige Regierung „die beste" sei, „die imstande ist, den höchsten Grad von Glück und Sicherheit hervorzubringen" (Zeile 16f.).

M5 „Bill of Rights"

Am 25. September 1789 verabschiedet der Kongress zehn Ergänzungsartikel (amendments) der Verfassung: die „Bill of Rights". Folgende Grundrechtsartikel treten am 15. Dezember 1791 in Kraft:

Artikel I: Der Kongress darf kein Gesetz erlassen, das die Einführung einer Staatsreligion zum Gegenstand hat, die freie Religionsausübung verbietet, die Rede- oder Pressefreiheit oder das Recht des Volkes einschränkt, sich friedlich zu versammeln und die Regierung durch Petition um Abstellung von Missständen zu ersuchen.

Artikel II: Da eine gut ausgebildete Miliz für die Sicherheit eines freien Staates erforderlich ist, darf das Recht des Volkes, Waffen zu besitzen und zu tragen, nicht beeinträchtigt werden.

Artikel III: Kein Soldat darf in Friedenszeiten ohne Zustimmung des Eigentümers in einem Hause einquartiert werden und in Kriegszeiten nur in der gesetzlich vorgeschriebenen Weise.

Artikel IV: Das Recht des Volkes auf Sicherheit der Person und der Wohnung, der Urkunden und des Eigentums, vor willkürlicher Durchsuchung, Verhaftung und Beschlagnahme darf nicht verletzt werden, und Haussuchungs- und Haftbefehle dürfen nur bei Vorliegen eines eidlich oder eidesstattlich erhärteten Rechtsgrundes ausgestellt werden und müssen die zu durchsuchende Örtlichkeit und die in Gewahrsam zu nehmenden Personen oder Gegenstände genau bezeichnen.

Artikel V: Niemand darf wegen eines Kapitalverbrechens oder eines sonstigen schimpflichen Verhaltens zur Verantwortung gezogen werden, es sei denn aufgrund eines Antrages oder einer Anklage durch ein Großes Geschworenengericht. [...] Niemand darf wegen derselben Straftat zweimal durch ein Verfahren in Gefahr des Leibes und des Lebens gebracht werden. Niemand darf in einem Strafverfahren zur Aussage gegen sich selbst gezwungen noch des Lebens, der Freiheit oder des Eigentums ohne vorheriges ordentliches Gerichtsverfahren nach Recht und Gesetz beraubt werden. Privateigentum darf nicht ohne angemessene Entschädigung für öffentliche Zwecke eingezogen werden.

Artikel VI: In allen Strafverfahren hat der Angeklagte Anspruch auf einen unverzüglichen und öffentlichen Prozess vor einem unparteiischen Geschworenengericht desjenigen Staates und Bezirks, in welchem die Straftat begangen wurde, wobei der zuständige Bezirk vorher auf gesetzlichem Wege zu ermitteln ist. Er hat weiterhin Anspruch darauf, über die Art und Gründe der Anklage unterrichtet und den Belastungszeugen gegenübergestellt zu werden, sowie auf Zwangsvorladung von Entlastungszeugen und einen Rechtsbeistand zu seiner Verteidigung.

Artikel VII: In Zivilprozessen, in denen der Streitwert zwanzig Dollar übersteigt, besteht ein Anrecht auf ein Verfahren vor einem Geschworenengericht, und keine Tatsache, über die von einem derartigen Gericht befunden wurde, darf von einem Gerichtshof der Vereinigten Staaten nach anderen Regeln als denen des gemeinen Rechts erneut einer Prüfung unterzogen werden.

Artikel VIII: Übermäßige Bürgschaften dürfen nicht gefordert, übermäßige Geldstrafen nicht auferlegt und grausame oder ungewöhnliche Strafen nicht verhängt werden.

Artikel IX: Die Aufzählung bestimmter Rechte in der Verfassung darf nicht dahingehend ausgelegt werden, dass durch sie andere dem Volke vorbehaltene Rechte versagt oder eingeschränkt werden.

Artikel X: Die Machtbefugnisse, die von der Verfassung weder den Vereinigten Staaten übertragen noch den Einzelstaaten entzogen werden, bleiben den Einzelstaaten oder dem Volke vorbehalten.

Udo Sautter, Die Vereinigten Staaten. Daten, Fakten, Dokumente, Tübingen/Basel 2000, S. 195–197

1. Fassen Sie Gemeinsamkeiten und Unterschiede der „Virginia Bill of Rights" von 1776 (M4) und der „Bill of Rights" von 1789 zusammen. | F
2. Präsentation: Nehmen Sie in einem Plädoyer Stellung zu der Aufnahme der „Bill of Rights" in die Verfassung der Vereinigten Staaten.

M6 „Eigene Unfehlbarkeit ein wenig bezweifeln"

In einer viel zitierten Rede fordert der 81-jährige Benjamin Franklin (siehe Seite 74) am 17. September 1787 Kompromissbereitschaft:

Herr Präsident! Ich bekenne, dass diese Verfassung verschiedene Teile enthält, die ich im Augenblick nicht billige, aber ich bin nicht sicher, dass ich sie niemals billigen werde. Ich habe lange gelebt und habe oft erfahren, dass
5 ich nach besserer Information und eingehender Prüfung gezwungen war, meine Meinung auch in wesentlichen Fragen zu ändern. Daher neige ich dazu, je älter ich werde, desto stärker mein eigenes Urteilsvermögen in Zweifel zu ziehen und dem Urteil anderer größere Achtung zu zollen.
10 Die meisten Menschen, wie auch die meisten religiösen Gruppen, glauben sich allein im Besitz aller Wahrheit. Sie glauben, dass die anderen in dem Grad irren, in dem sie sich von ihnen unterscheiden. Stele, ein Protestant, sagte dem Papst in einer Widmung, der einzige Unterschied zwi-
15 schen den Lehrmeinungen der Kirchen über die Gewissheit ihrer Lehren bestehe darin, dass die katholische Kirche unfehlbar und die anglikanische Kirche niemals im Unrecht sei. Viele Privatpersonen haben eine nicht weniger hohe Meinung von ihrer eigenen Unfehlbarkeit und der ihrer
20 Gruppe. Wenige aber haben es so natürlich ausgedrückt wie eine gewisse Französin, die bei einem Streit mit ihrer Schwester ausrief: „Ich weiß nicht, wie es kommt, Schwester, aber ich kenne niemanden außer mir selbst, der immer recht hat." [...]
25 In diesem Sinne, Sir, stimme ich dieser Verfassung mit allen etwaigen Fehlern zu. [...] Ich kann nicht umhin, Sir, den Wunsch auszudrücken, jedes Konventsmitglied, das noch Einwände gegen die Verfassung hat, möge in diesem Fall, wie ich, seine eigene Unfehlbarkeit ein wenig bezweifeln
30 und zur Dokumentation unserer Einmütigkeit diese Verfassung unterzeichnen.

Angela und Willi Paul Adams (Hrsg.), a. a. O., S. 333 f.

1. Geben Sie Franklins Argumente mit eigenen Worten wieder.
2. Charakterisieren Sie die rhetorischen Mittel, mit denen Franklin arbeitet.
3. Setzen Sie die Rede Franklins in Beziehung zu den Ihnen bekannten Debatten um die Verfassung. Lesen Sie dazu nochmal den Verfassertext auf Seite 70 f.

M7 „Offenheit des politischen Zentrums"

Der israelische Soziologe Shmuel N. Eisenstadt (siehe Seite 25) schreibt über die neuartigen Elemente des amerikanischen politischen Systems:

Einer der wichtigsten Aspekte dieser amerikanischen Zivilisation war die – zumindest prinzipielle – Offenheit des politischen Zentrums für alle Mitglieder der Gemeinschaft. Der politische Zugang war nicht wie in Europa der Kernpunkt ständiger ideologischer Kämpfe. Dies hatte weitrei- 5 chende Folgen und führte dazu, dass es [...] schon aus strukturellen Gründen kaum zur Entwicklung eines Protests und eines Bewusstseins kam, deren Ziel die Abschaffung oder Transformation der Hierarchie und der Umbau des politischen Zentrums gewesen wäre. Stattdessen ent- 10 stand eine einmalige Kombination aus einer Politik, die einerseits hoch moralistisch, andererseits aber darauf angewiesen war, sich durch Wahlgeschenke die politische Unterstützung der Kommunen zu sichern, und zwischen diesen beiden Polen ständig hin und her schwankte [...]. 15 Diese Merkmale der amerikanischen Zivilisation führten zur Transformation vieler der aus Europa mitgebrachten Institutionen, markierten aber auch [...] ihren Unterschied zur kanadischen Szenerie. So gingen, um nur einige Beispiele zu nennen, die Prinzipien der Gewaltenteilung, ei- 20 nes zwischen Exekutive, Legislative und Judikative ausgewogenen Regierungssystems, die Trennung von Kirche und Staat und vor allem die Annahme der Volkssouveränität weit über das hinaus, was in England oder Kanada praktiziert wurde. 25 Zugleich erlangten die Repräsentationsinstitutionen und die juristischen wie auch die religiösen und die Bildungsinstitutionen eine weitaus größere Autonomie als im Mutterland. Sie wurden zu den wichtigsten Bereichen für die Entfaltung der institutionellen Implikationen[1], die mit den 30 Werten der neuen Ordnung verbunden waren, und nahmen im allgemeinen Bezugsrahmen der Gesellschaft relativ früh eine in keinem europäischen Land erreichte zentrale Stellung ein.

Shmuel N. Eisenstadt, Theorie und Moderne. Soziologische Essays, Wiesbaden 2006, S. 484 f.

1. Fassen Sie die Argumente Eisenstadts stichpunktartig zusammen.
2. Erklären Sie, was mit dem Begriff der „Offenheit des politischen Zentrums" (Zeile 2 f.) gemeint ist.
3. Erläutern Sie ausgehend vom Text die Transformation der aus Europa mitgebrachten Institutionen (siehe ab Zeile 19). | H

_____
[1] **Implikation:** Einbeziehung, Verflechtung

Federal Hall National Memorial mit der Statue von George Washington an der Wall Street.
Foto vom September 2015,
New York City.
Obwohl die Federal Hall nur für kurze Zeit als erstes Kapitolgebäude funktionierte, fanden hier wichtige Ereignisse statt, so u. a. der Amtsantritt George Washingtons. Auch die "Bill of Rights" wurde dem ersten Kongress der Vereinigten Staaten in diesem Gebäude erstmals vorgestellt.

M8 Washingtons „Abschiedsbotschaft"

George Washington wendet sich am Ende seiner zweiten Amtsperiode 1796 mit einer „Abschiedsbotschaft" an das Volk. Sie wird zu einer Art Programm und Maßstab für alle späteren Präsidenten. Er geht in ihr u. a. auf außenpolitische Belange der jungen Nation ein:

Das große Gesetz für unser Verhalten fremden Nationen gegenüber ist: während wir unsere Handelsbeziehungen ausdehnen, mit ihnen so wenig politische Verbindung wie möglich zu haben. So weit wir bereits Verbindungen einge-
5 gangen sind, müssen wir ihnen mit unverbrüchlicher Treue nachkommen. – Da aber lasst uns Halt machen. –
Europa hat eine Reihe wesentlicher Interessen, die für uns gar keine oder eine sehr geringe Bedeutung haben. – Daher muss es häufig in Verwicklungen geraten, deren Ursachen
10 unseren Interessen wesentlich fremd sind. – Es kann für uns deshalb nicht klug sein, uns durch künstliche Bande in die üblichen Wechselfälle seiner Politik oder in die üblichen Verbindungen und Zusammenstöße seiner Freundschaften und Feindschaften zu verwickeln. –
15 Unsere gesonderte und abgetrennte Lage fordert von uns und macht uns auch fähig, einen eigenen Weg zu gehen. – Wenn wir ein Volk bleiben, unter einer tatkräftigen Regierung, ist die Zeit nicht fern, da wir in der Lage sind, eine Haltung einzunehmen, durch die dafür Sorge
20 getragen wird, dass die Neutralität, zu der wir uns jederzeit entscheiden können, peinlich genau geachtet wird; – eine Zeit, da kriegführende Staaten in der Erkenntnis der Unmöglichkeit, bei uns Eroberungen zu machen, uns nicht leichtherzig herausfordern werden; da wir zwischen Frieden
25 und Krieg wählen können, wie unsere Interessen, von unserem Gerechtigkeitssinn geleitet, es uns gebieten. – [...]
Harmonie und freier Verkehr mit allen Nationen sind durch Politik, Humanität und Interesse angeraten. – Aber auch unsere Handelspolitik sollte einen entsprechenden und unparteiischen Standpunkt einnehmen: – besondere Be- 30 günstigungen oder Bevorzugungen weder suchen noch gewähren, – den natürlichen Lauf der Dinge beachten, die Handelswege durch friedliche Mittel, aber nie durch Zwang, vermehren und vervielfältigen – mit gleichgesinnten Mächten Verkehrsregeln verabreden und festsetzen, so 35 gut als die gegenwärtigen Umstände und die beiderseitigen Ansichten gestatten, damit der Handel einen regelmäßigen Gang nimmt, die Rechte unserer Kaufleute bestimmt werden und die Regierung in die Lage versetzt wird, sie zu unterstützen; – diese müssen natürlich zeitlich begrenzt 40 und so gefasst sein, dass sie von Zeit zu Zeit widerrufen oder verändert werden können, wie die Erfahrung und die Verhältnisse es vorschreiben; dabei ist dauernd im Auge zu behalten, dass es töricht ist, von einer Nation für eine andere uneigennützige Begünstigungen zu erwarten; – denn 45 sie muss mit einem Teil ihrer Unabhängigkeit das bezahlen, was sie auf diese Weise empfängt; – bei solchen Fällen wird sie sich in die Lage bringen, Gegenwerte für nicht wirkliche Vorteile getauscht zu haben und dennoch der Undankbarkeit geziehen zu werden, weil sie nicht mehr gegeben hat. 50

Herbert Schambeck u. a. (Hrsg.), Dokumente zur Geschichte der Vereinigten Staaten von Amerika, Berlin ²2007, S. 238 ff.

1. Fassen Sie mit eigenen Worten die Abschiedsbotschaft von George Washington zusammen. Beachten Sie dabei besonders das Verhältnis von Außenpolitik und Handel (Wirtschaft).

2. Setzen Sie sich mit den Konsequenzen für die Außenpolitik der USA auseinander, die sich bei der Umsetzung von Washingtons Vorstellungen ergeben. **| F**

Verfassungsschemata auswerten

Der Aufbau eines Staates ist oft kompliziert und Verfassungen umfassen viele eng beschriebene Seiten. **Verfassungsschemata** können dabei helfen, Zusammenhänge, Strukturen und Beziehungen anschaulich zu machen. Sie stellen **konstruierte Hilfsmittel** dar und ersetzen keine historischen Quellen und Darstellungen. Grafiken vereinfachen, lassen manche Aspekte weg und berücksichtigen Entwicklungen und Veränderungen nur bedingt. Ihre **Vorteile** sind, dass sie Wesentliches deutlich und Vergleiche leichter möglich machen, als es ein reiner Text könnte. Jedes Schaubild muss aber zunächst einmal richtig gelesen und dann geprüft werden. Die folgenden Leitfragen sollen helfen, Verfassungsschemata korrekt zu analysieren und auszuwerten.

Arbeitsschritt	Leitfragen
1. beschreiben	• Welches politische System zeigt das Verfassungsschema? • Wie ist das Schema aufgebaut (hierarchisch, von unten nach oben, von links nach rechts, konzentrisch)? • Gibt es einen schlüssigen Ansatz zur Beschreibung des Schemas? Verändert sich die Art der Beschreibung, wenn an einer anderen Stelle begonnen wird? • Welche Ämter, Institutionen und Einrichtungen werden erwähnt? Wer hat Zugang zu ihnen, wer nicht? • Welche Teile der Bevölkerung werden genannt, welche nicht? • Welche Elemente sind zu erschließen (Bezugspfeile, Farben, Symbole, Größenverhältnisse der Elemente)?
2. erklären	• In welcher Beziehung stehen die einzelnen Elemente der Verfassung zueinander? Welche Institutionen stehen „oben", welche „unten"? • Wer hat welche Aufgaben, Rechte und Pflichten? • Welche Institutionen der Verfassung sind am bedeutsamsten? • Welche Grundprinzipien der Verfassung lassen sich aus dem Schaubild herausarbeiten? • Welche „Stärken" und „Schwächen" der Verfassung sind zu erkennen? • Gibt es eventuell wichtige Aspekte, die das Schaubild nicht oder nur unzureichend darstellt?
3. beurteilen	• Inwieweit stimmt die Darstellung mit der historischen Wirklichkeit überein? (Welche Aspekte werden vereinfacht oder weggelassen? Inwieweit berücksichtigt das Schema historische Veränderungen im Staatsaufbau?) • In welcher Weise könnte das Schaubild verändert werden, um den Aufbau des Staates angemessener als bisher zu erfassen?

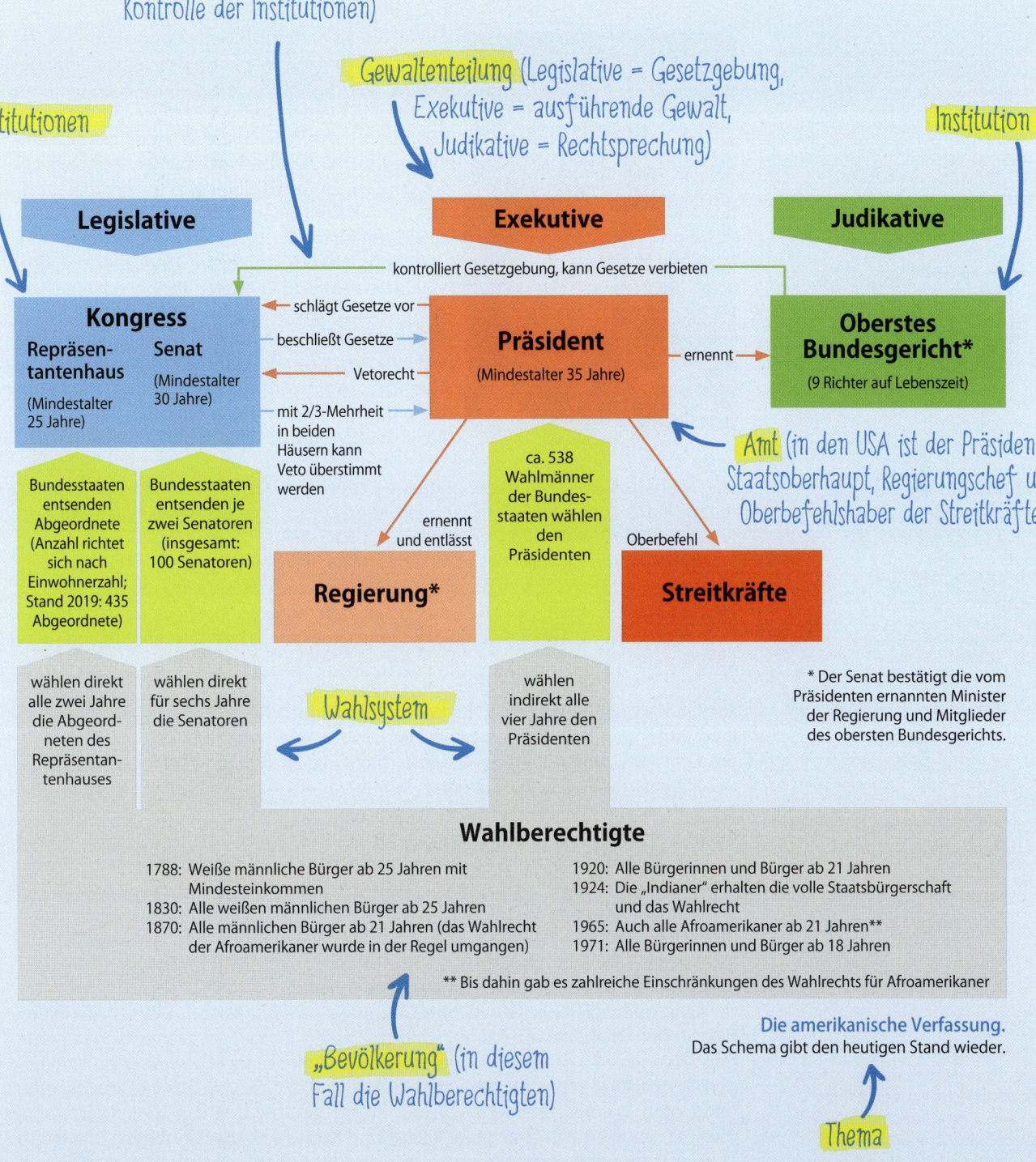

„check and balances" (gegenseitige Kontrolle der Institutionen)

Gewaltenteilung (Legislative = Gesetzgebung, Exekutive = ausführende Gewalt, Judikative = Rechtsprechung)

Institutionen

Institution

Legislative

Exekutive

Judikative

kontrolliert Gesetzgebung, kann Gesetze verbieten

Kongress

schlägt Gesetze vor

beschließt Gesetze

Vetorecht

mit 2/3-Mehrheit in beiden Häusern kann Veto überstimmt werden

| Repräsen-tantenhaus (Mindestalter 25 Jahre) | Senat (Mindestalter 30 Jahre) |

Präsident (Mindestalter 35 Jahre)

ernennt

Oberstes Bundesgericht* (9 Richter auf Lebenszeit)

Amt (in den USA ist der Präsident Staatsoberhaupt, Regierungschef und Oberbefehlshaber der Streitkräfte)

Bundesstaaten entsenden Abgeordnete (Anzahl richtet sich nach Einwohnerzahl; Stand 2019: 435 Abgeordnete)

Bundesstaaten entsenden je zwei Senatoren (insgesamt: 100 Senatoren)

ernennt und entlässt

ca. 538 Wahlmänner der Bundes-staaten wählen den Präsidenten

Oberbefehl

Regierung*

Streitkräfte

wählen direkt alle zwei Jahre die Abgeord-neten des Repräsentan-tenhauses

wählen direkt für sechs Jahre die Senatoren

Wahlsystem

wählen indirekt alle vier Jahre den Präsidenten

* Der Senat bestätigt die vom Präsidenten ernannten Minister der Regierung und Mitglieder des obersten Bundesgerichts.

Wahlberechtigte

1788: Weiße männliche Bürger ab 25 Jahren mit Mindesteinkommen
1830: Alle weißen männlichen Bürger ab 25 Jahren
1870: Alle männlichen Bürger ab 21 Jahren (das Wahlrecht der Afroamerikaner wurde in der Regel umgangen)

1920: Alle Bürgerinnen und Bürger ab 21 Jahren
1924: Die „Indianer" erhalten die volle Staatsbürgerschaft und das Wahlrecht
1965: Auch alle Afroamerikaner ab 21 Jahren**
1971: Alle Bürgerinnen und Bürger ab 18 Jahren

** Bis dahin gab es zahlreiche Einschränkungen des Wahlrechts für Afroamerikaner

„Bevölkerung" (in diesem Fall die Wahlberechtigten)

Die amerikanische Verfassung. Das Schema gibt den heutigen Stand wieder.

Thema

▶ Analysieren Sie das Schaubild zur amerikanischen Verfassung mithilfe der Arbeitsschritte auf Seite 80. Ihre Ergebnisse können Sie mit der Lösungs-skizze auf Seite 165 vergleichen.

Rezeption der Gründungsphase

Uncle Sam.
Foto vom 4. Juli 2010 aus Amherst (New Hampshire).
„Uncle Sam" gilt als die nationale Personifikation der USA. Pate für diese volkstümliche Figur soll ein Armeelieferant aus dem Krieg von 1812 bis 1814 gegen Briten und „Indianer" gewesen sein.

Internettipp
Informationen über amerikanische Feiertage finden Sie unter dem Code **32201-11**.

Der 4. Juli als nationaler Gedenktag ❙ Manche Gedenktage werden von „oben", also vom Staat, angeordnet, manche entstehen von „unten", werden vom Volk gefeiert und setzen sich erst langsam auf nationaler Ebene durch. Beim *4. Juli* handelt es sich eindeutig um den zweiten Typ. Schon ein Jahr nach der Unabhängigkeitserklärung, noch während des Krieges, fanden in Philadelphia und in anderen amerikanischen Städten spontane Feiern und Umzüge statt. Allerdings dauerte es mehrere Jahre, bis die Veranstaltungen einheitlich in allen Bundesstaaten übernommen worden waren. Sehr häufig begannen die Feiern mit einer militärischen Parade, die Straßen waren bunt geschmückt und etwas später wurde die Fahne mit dem Sternenbanner gezeigt. Die Unabhängigkeitserklärung wurde öffentlich verlesen, Politiker hielten Reden und feierliche Gedichte und Texte wurden vorgetragen. Bis heute ist der 4. Juli der wichtigste amerikanische staatliche Feiertag. Auch wenn das patriotische Gedenken eindeutig im Vordergrund steht, nutzen heute aber viele Amerikaner den freien Tag im Sommer gerne einfach für Ausflüge, Picknicks, Grillfeste oder die Erholung (→M1–M3).

Im 19. Jahrhundert, als eine europäische Masseneinwanderung in die USA stattfand, diente die Erinnerung an den Unabhängigkeitskrieg auch dazu, die neu angekommenen Migranten in die amerikanische Gesellschaft zu integrieren. Die Revolution diente als Gründungsmythos, auf den sich die gesamte Gesellschaft beziehen konnte und sollte (→M4).

Denkmäler und Gedenkorte ❙ Bis heute ist die Erinnerung an die Amerikanische Revolution und an den Unabhängigkeitskrieg in der amerikanischen Öffentlichkeit sehr präsent (→M5). Von Anfang an wurde versucht, die Spaltungen in der amerikanischen Gesellschaft zu überbrücken. Deshalb wurde ungefähr an der Grenze zwischen dem Norden und dem sklavenhaltenden Süden die neue Hauptstadt Washington errichtet. Kennzeichnend für die amerikanische Erinnerungskultur war auch hier, dass sie – anders als oft in Europa – meistens von „unten" und nicht von der Regierung ausging, obwohl diese oder die Bundesstaaten einmal begonnene Projekte oft finanziell unterstützten. Vor allem seit der zweiten Hälfte des 19. Jahrhunderts ergriffen Privatleute, Medien oder Parteien die Initiative. Erwähnt werden sollte aber auch, dass während des Unabhängigkeitskrieges zahlreiche Denkmäler zerstört wurden, die an den englischen König oder andere Personen der britischen Geschichte erinnerten.

Es ist unmöglich, alle Gedenkorte, Denkmäler oder Museen aufzuzählen, die in den USA an den Unabhängigkeitskrieg erinnern (→M6). Einige Europäer empfinden viele Darstellungen als zu pathetisch, aber die meisten Amerikaner lieben die Rekonstruktionen historischer Stätten, die häufig fantasievoll und mit großer Liebe für Details gestaltet werden. Da diese Erinnerungskultur häufig spontan und von „unten" entstand, zeichnet sie sich durch eine große Vielfalt und Fantasie bei der Gestaltung und durch eine farbenfreudige Symbolik aus. Ein Beispiel hierfür ist der große Nationalpark um *Valley Forge*. Er ging auf eine private Initiative zurück. Das weitläufige Gelände kann mit dem Auto befahren werden, zu sehen sind neben einem Museum, Kanonen und Denkmälern typische Unterkünfte der Soldaten und das Haus, in dem General George Washington im Winter 1777/78 gewohnt hat. Valley Forge steht als Symbol für die amerikanische Durchhaltekraft, die 2009 von US-Präsident *Barack Obama* (*1961) in seiner Inaugurationsrede beschworen wurde.

Internettipp
Um weitere Informationen zum „Valley Forge National Historical Park" in Pennsylvania und dem „Boston Tea Party Ships & Museum" in Massachusetts zu erhalten, siehe den Code **32201-12**.
Eine Abbildung zum Museum in Boston finden Sie auf Seite 26.

Familie Washington.
Foto vom Juni 2007, Mount Vernon (Virginia).
Im 2006 eröffneten Ford Orientation Center steht in der Eingangshalle eine lebensgroße Bronzegruppe, die George Washington gemeinsam mit seiner Frau Martha sowie seinen Enkeln, der sechsjährigen Nelly und dem vierjährigen Washy, zeigt.
Das Center befindet sich in Mount Vernon, dem ehemaligen Landsitz von Washington.

Internettipp
Über George Washington und Mount Vernon informiert ausführlich die Internetseite des Museums unter dem Code 32201-13.

Kennzeichnend für viele Museen ist, dass sie einerseits versuchen, eine realistische Atmosphäre abzubilden, dass sie andererseits aber den Gründungsmythos der USA auch nicht infrage stellen. Dies lässt sich etwa zeigen mit dem Museum, das in Boston der *Tea Party* gewidmet ist. Hier wird dem Besucher für einen hohen Eintrittspreis eine regelrechte Show geboten, bei der engagiertes Personal in zeitgenössischen Kostümen die Besucher in die Inszenierung mit einbezieht.

Einflüsse der Amerikanischen Revolution auf Film und Literatur | Die Zahl der Filme, die sich mit der amerikanischen Unabhängigkeit beschäftigen, ist im Vergleich zu anderen historischen Themen relativ gering. Natürlich gibt es immer wieder Spiel- und Dokumentarfilme auf unterschiedlichem Niveau zu diesem Thema, aber in der amerikanischen Kinokultur dominierten und dominieren andere historische Themen: Dies sind vor allem der amerikanische Bürgerkrieg (1861–1865), die Sklaverei, der Zweite Weltkrieg oder der Vietnamkrieg. Die Gründe hierfür sind nicht ganz klar. Der im Jahr 2000 veröffentlichte Kriegsfilm „The Patriot" war zwar kommerziell erfolgreich, aber viele Kritiker warfen ihm vor, sich viel zu weit von der Realität des Unabhängigkeitskrieges entfernt zu haben. Möglicherweise ist der Stoff der „founding fathers" (dt.: „Gründungsväter") auch zu komplex für das Medium Film á la Hollywood. Wie soll man etwa Thomas Jefferson darstellen? Er war ein extrem talentierter Politiker, vielseitiger Autor und der dritte Präsident der USA. Er sprach sich gegen die Sklaverei aus, hatte aber mindestens ein Kind mit einer seiner Sklavinnen. Viele weitere Beispiele für derartige Widersprüche lassen sich leicht finden.

Sehr starke Spuren hat der Unabhängigkeitskrieg aber in der Literatur hinterlassen. Bis 1815 wurden in den USA bereits etwa 60 Geschichten des Unabhängigkeitskrieges veröffentlicht, die alle – mehr oder weniger nationalistisch – die neue Nation feierten. Hinzu kamen Erinnerungsschriften und Memoiren von einigen der wichtigsten Beteiligten. Nahezu vollständig ausgeblendet wurde in diesen Darstellungen, dass auch königstreue Milizen gegen die Revolution gekämpft hatten, und dass dieser Krieg von beiden Seiten mit extremer Grausamkeit geführt worden war. Auch in Romanen war der Unabhängigkeitskrieg schon sehr früh präsent. Ursprünglich ging es dabei einigen Autoren darum, eine eigenständige Literaturgattung zu schaffen, die unabhängig von englischen Einflüssen amerikanische Themen bearbeiten sollte. Seitdem ist eine so hohe Zahl von

Romanen erschienen, in denen die Revolution eine Rolle spielt, dass es unmöglich ist, präzise Angaben zu Themenfeldern und Inhalten zu machen. Das Thema war und ist auf dem Buchmarkt nach wie vor populär. So entstand Ende der 1990er-Jahre eine breite und erregte öffentliche Debatte, als durch Gentests Jeffersons Affäre mit seiner Sklavin nachgewiesen wurde. Bücher zu den „founding fathers" haben weiterhin Konjunktur und verkaufen sich in hohen Auflagen.

„Richtige" Erinnerung und Politik | Sehr häufig wurden und werden bei den Gedenkfeiern die Gründungsväter als Vorbild gepriesen und an die Zuhörer wird appelliert, die amerikanischen Werte, die mit der Unabhängigkeitserklärung verbunden sind, in Ehren zu halten. Was aber sind diese amerikanischen Werte genau? Sehr häufig haben politische Gruppierungen und Parteien versucht, die Erinnerung an die Unabhängigkeitserklärung, die Revolution und die Verfassung für ihre Ziele zu instrumentalisieren (→ M7). Beispielsweise wird festgestellt, dass alle Menschen gleich seien. Dieser Satz lieferte im 19. Jahrhundert der Anti-Sklavereibewegung wertvolles argumentatives Material. Während des amerikanischen Bürgerkrieges beriefen sich aber auch die Konföderierten, die die Sklaverei beibehalten wollten, auf den Geist der Freiheit von 1776 und behaupteten, sie würden durch den Norden unterdrückt. Der Satz wurde ebenso propagiert, um Werbung für das Frauenwahlrecht zu machen, das erst nach dem Ende des Ersten Weltkrieges eingeführt wurde. Nach dem Zweiten Weltkrieg bezog sich die Bürgerrechtsbewegung, die sich gegen die Diskriminierung von Afroamerikanern und gegen den Einsatz amerikanischer Truppen im Vietnamkrieg einsetzte, auf diesen Gedenktag. Bis heute fordern Politiker, Einzelpersonen und einflussreiche Lobbygruppen mit Berufung auf den 4. Juli und auf die amerikanische Verfassung aber auch den ungehinderten Zugang zu Schusswaffen für alle Amerikaner. 2009 entstand die populistische Protestbewegung der „Tea-Party" am rechten Rand der Republikanischen Partei. Sie verlangte vehement, die Macht der Regierung einzuschränken, und bezog sich direkt auf die rebellische Bostoner Tea Party.

Diese Beispiele zeigen, dass ganz unterschiedliche politische Interessengruppen und Personen ihre Vorstellungen in die Vergangenheit zurückprojizieren und versuchen, die bedeutenden populären Gedenktage und Ereignisse für aktuelle politische Debatten zu nutzen.

Der Einfluss der amerikanischen Unabhängigkeit auf Europa | In Europa wurde der Unabhängigkeitskrieg der Amerikaner entweder mit Faszination oder mit offener Ablehnung beobachtet. Royalisten (Königstreue) waren entsetzt über den Erfolg der „Rebellen". Aufgeklärte Europäer, die die feudalen Staatsstrukturen ablehnten, waren hingegen von dem Experiment begeistert: Hier schien eine ganz neue Utopie von Freiheit und Gleichheit Wirklichkeit zu werden. Zwar ist es unmöglich, den Einfluss des Unabhängigkeitskrieges auf die Vorgeschichte der Französischen Revolution von 1789 präzise zu bestimmen, aber gerade in Frankreich und in anderen westeuropäischen Ländern beobachteten Intellektuelle die Ereignisse auf der anderen Seite des Atlantiks sehr genau. Sie versuchten, diese fremden Erfahrungen auf die Situation in ihren eigenen Staaten zu übertragen.

Im absolutistischen Königreich Frankreich trafen sich Aufklärer in Kaffeehäusern oder in Salons und diskutierten, ob die Entwicklungen in der Neuen Welt ein Vorbild für Europa sein könnten. Irische Rebellen, die sich von England unterdrückt fühlten, gründeten Geheimgesellschaften, um eine eigene Revolution vorzubereiten. Selbst in Groß-

„The Patriot."
Filmplakat von 2000.
Der US-amerikanische Film von 2000 spielt zur Zeit des Amerikanischen Unabhängigkeitskrieges mit Mel Gibson in der Hauptrolle.

▶ Beschreiben Sie die Elemente auf dem Filmplakat.

▶ Arbeiten Sie heraus, inwiefern die Elemente auf dem Plakat dem Filmtitel „The Patriot" gerecht werden.

britannien diskutierten Oppositionelle darüber, ob und wie die neue Idee der „Freiheit" für das eigene Land geeignet sein könnte. Soldaten, Offiziere, Intellektuelle oder auch einfache Menschen, die nach dem Ende des Krieges nach Europa zurückkehrten, berichteten in Schriften, Pamphleten und in mündlichen Auseinandersetzungen von dem fernen Land, in dem eine völlig neue Staatsform entstand. Sie schilderten einen Staat, in dem es keinen Adel gab und in dem jeder Mensch nach seinen Fähigkeiten beurteilt wurde. Zwar konnte das Leben in oder am Rande der Wildnis entbehrungsreich sein, aber viele Rückkehrer berichteten von den Chancen, die sich dort auch ergeben konnten. Die Sympathien in Europa lagen eindeutig auf der Seite der Vereinigen Staaten. Während in Frankreich in den 1780er-Jahren bitterste Armut herrschte, war es in den USA infolge der Revolution offenbar gelungen, einen sehr viel höheren Wohlstand auch für die untersten Schichten der Bevölkerung zu sichern.

Auch wenn die Revolution, die seit 1789 Frankreich und in der Folge Europa erschütterte, andere Ursachen gehabt hat, war doch die Erfahrung der USA im Hintergrund präsent. Hinzu kam, dass der teure Krieg die französischen Staatsfinanzen an den Rande des Bankrotts gebracht hatte. Ein Grund für den Beginn der Französischen Revolution bestand darin, dass kein Geld mehr für notwendige Ausgaben da war, dass aber gleichzeitig die Hofgesellschaft in Versailles weiterhin einen prunkvollen und aufwändigen Lebensstil pflegte. Während der Französischen Revolution stellten die „Bills of Rights" ein Vorbild für die Erklärung der Menschen- und Bürgerrechte dar.[1]

Freiheitsstatue.
Foto vom Juni 2015, New York. Die Idee zu dieser Statue geht zurück auf eine Bemerkung des französischen Juristen und Politikers Édouard René Lefebvre de Laboulaye (1811–1883). Er hatte gesagt, dass ein Monument der amerikanischen Unabhängigkeit ein gemeinsames französisch-amerikanisches Projekt sein müsse. Die Statue wurde nach einigen Verzögerungen 1886 eingeweiht als ein Geschenk des französischen Volkes an die USA. In der linken Hand hält sie eine Tafel mit dem Datum der amerikanischen Unabhängigkeitserklärung, zu ihren Füßen liegen zerbrochene Ketten. Sie steht auf Liberty Island, wo sich zeitweise die erste Anlaufstelle für die Migranten befand, die aus Europa in die USA auswanderten.

[1] Zur Französischen Revolution lesen Sie das Kapitel ab Seite 122. Zur Erklärung der Menschen- und Bürgerrechte siehe M3 auf Seite 140 f.

M1 „Declaration of Independence, July 4th, 1776"

Das um 1820 fertiggestellte Ölgemälde (53,7 x 79,1 cm) stammt von dem amerikanischen Maler John Trumbull. Im Vordergrund des Bildes überreicht Thomas Jefferson (siehe Seite 74) dem Präsidenten des Zweiten Kontinentalkongresses die Unabhängigkeitserklärung. Links von ihm (im braunen Anzug) ist John Adams (siehe Seite 46) zu erkennen, rechts Benjamin Franklin (siehe Seite 74). Im Hintergrund sind die Kongressmitglieder dargestellt.

US-amerikanische Zwei-Dollar-Note.
Rückseite, Serie 1995.

---

1. Informieren Sie sich über das Historiengemälde im Internet und/oder in Fachbüchern. Beschreiben Sie anschließend das Kunstwerk hinsichtlich der formalen Kennzeichen und des Bildinhaltes. Ziehen Sie dazu auch die Leitfragen von Seite 92 heran. | H

2. Ordnen Sie das Gemälde in den historischen Kontext ein.

3. Beurteilen Sie, inwieweit Historiengemälde dazu geeignet sind, ein eigenes Geschichtsverständnis zu entwickeln.

M2 Stolz auf die Nation

John F. Kennedy (1917–1963) von der Demokratischen Partei wird 1961 US-Präsident. Er ist der erste katholische und jüngste gewählte Präsident der USA. Aus Anlass der Unabhängigkeitsfeier spricht er am 4. Juli 1962 in der Independence Hall in Philadelphia, dort, wo die Unabhängigkeitserklärung formuliert worden ist:

Was jedoch dieses große Dokument [die Unabhängigkeitserklärung] von allen anderen unterschied, war die endgültige, unwiderrufliche Entscheidung, die mit ihm getroffen wurde: die Geltendmachung der Unabhängigkeit, freie
5 Staaten anstelle von Kolonien und die Verpflichtung, für dieses Ziel Leben, Gut und die heilige Ehre einzusetzen.
[Diese] Erklärung hat nicht nur eine Revolution gegen die Engländer, sondern überhaupt eine Revolution im Leben der Menschen ausgelöst. Ihre Verfasser waren sich dieser
10 weltweiten Auswirkungen voll bewusst; und George Washington erklärte, „dass es bei dem Experiment, das den Händen des amerikanischen Volkes anvertraut wurde, letztlich um Freiheit und Selbstregierung überall auf der Welt geht". Diese Prophezeiung hat sich bewahrheitet. 186
15 Jahre lang hat diese Idee der nationalen Unabhängigkeit den Erdball erschüttert – und sie ist auch heute weiterhin die gewaltigste Kraft überall auf der Welt. [...]
Wenn es ein Problem gibt, das die Welt heute teilt, dann ist es die Unabhängigkeit – die Unabhängigkeit Berlins oder
20 Laos' oder Vietnams, das Sehnen nach Unabhängigkeit hinter dem Eisernen Vorhang, der friedliche Übergang zur Unabhängigkeit in jenen neu entstehenden Gebieten, deren Schwierigkeiten einige gern ausbeuten möchten.

*Der von 2001 bis 2009 regierende US-Präsident George Walker Bush (*1946) von der Republikanischen Partei hält am 3. Juli 2006 folgende Ansprache:*

Am 230. Jahrestag der Unterzeichnung der Unabhängig-
25 keitserklärung würdigen wir den Mut und den Einsatz jener, die dieses Land gegründet haben, und wir zelebrieren die Werte der Freiheit und Gleichheit, die unser Land stark gemacht haben.
Die Patrioten des Unabhängigkeitskrieges handelten auf-
30 grund der Überzeugung, dass „alle Menschen gleich geschaffen worden sind" und „dass sie von ihrem Schöpfer mit bestimmten unveräußerlichen Rechten ausgestattet sind". Durch die Verbreitung dieser Ideale haben Generationen von Amerikanern bei vielen Menschen in jedem Teil
35 der Erde die Hoffnung auf Freiheit geweckt.
Wenn sie ihre Unabhängigkeit feiern, können die Amerikaner stolz auf ihre Geschichte sein und mit Zuversicht in die Zukunft blicken. Wir erbieten unsere Dankbarkeit allen amerikanischen Patrioten der Gegenwart und der Vergan-
40 genheit, die bestrebt waren, die Freiheit zu verbreiten und

Independence Hall in Philadelphia.
Undatiertes Foto.

die Grundlagen für Frieden zu legen. Aufgrund ihrer Opfer bleibt dieses Land auch weiterhin ein Leuchtfeuer der Hoffnung für all jene, die von Freiheit träumen – und für die Welt ein leuchtendes Beispiel dafür, was freie Menschen erreichen können. Möge Gott die Vereinigten Staaten von 45 Amerika weiterhin segnen.

Erster Text: Europa-Archiv 17. Jg. (1962), S. D 373 f. (etwas vereinfacht); zweiter Text: https://de.usembassy.gov/de/unabhangigkeitstag-4/ (Übersetzung: Amerika Dienst; Zugriff: 5. April 2019)

▶ Ordnen Sie die beiden Reden in ihren historischen Kontext ein und vergleichen Sie anschließend die politischen Einstellungen der Präsidenten. | **F**

M3 Eine Erklärung besorgter schwarzer Bürger

Am 4. Juli 1970 veröffentlicht ein „Nationalkomitee Schwarzer Geistlicher" folgende „Unabhängigkeitserklärung":

Wir halten es für selbstverständliche Wahrheiten, dass alle Menschen nicht nur gleich geschaffen und von ihrem Schöpfer mit bestimmten unveräußerlichen Rechten ausgestattet sind, zu denen das Leben, die Freiheit und das
5 Streben nach Glück gehören, sondern dass die Menschen, wenn diese Gleichheit und diese Rechte vorsätzlich und konsequent verweigert, vorenthalten und versagt werden, bei ihrer Selbstachtung und ihrer Ehre verpflichtet sind, sich in gerechtem Zorn zu ihrem Schutz zu erheben. [...]
10 Wir, das schwarze Volk der Vereinigten Staaten von Amerika, in allen Teilen dieses Staatenbundes, rufen daher den höchsten Richter dieser Welt zum Zeugen für die Redlichkeit unserer Absichten an und erklären [...], dass wir rechtens frei und unabhängig sein werden von der Ungerech-
15 tigkeit, Ausbeutungsherrschaft, institutionalisierten Gewalt und dem Rassismus des weißen Amerika und dass wir, wenn wir nicht die volle Abschaffung dieser Unmenschlichkeiten und Befreiung von ihnen erlangen, dazu aufrufen werden, diesem Staat den Gehorsam aufzukündigen, und
20 uns in jeder Weise weigern werden, an dem Übel mitzuwirken, das uns und unseren Gemeinden zugefügt wird.

Eberhard Brüning (Hrsg.), Anspruch und Wirklichkeit. Zweihundert Jahre Kampf um Demokratie in den USA: Dokumente und Aussagen, Berlin (Ost) 1976, S. 664–668; Zitat S. 664 und 667 f.

> ▶ Beurteilen Sie die Ankündigung, dem „Staat den Gehorsam aufzukündigen" (Zeile 19). Berücksichtigen Sie dabei die Aussagen der Unabhängigkeitserklärung (siehe M1, Seite 63 f.). Recherchieren Sie dazu im Internet die Hintergründe der Bürgerrechtsbewegung.

M4 Öffentliche Wahrnehmung und historische Analyse

Der amerikanische Historiker Michael A. McDonnell schreibt:

Wir alle lieben eine gute Geschichte. Und in den besten Geschichten messen sich normalerweise Gut und Böse, Helden und Schurken. Solche Geschichten werden noch fesselnder, wenn sie eine höhere Bedeutung haben [...].
5 Wenn ein Kampf zwischen guten und bösen Menschen zu einem Kampf zwischen den Kräften der Freiheit und der Tyrannei wird. Wenn das Schicksal der Menschheit auf dem Spiel steht. Wenn David es mit Goliath aufnimmt und, gegen alle Wetten, konfrontiert mit dem Unglück in einem
10 ruhmreichen Fall triumphiert.
Solche Geschichten sind unwiderstehlich, besonders wenn sie Gründungsgeschichten sind. Die Geschichte des ameri-

Briefmarke mit offiziellem Bicentennial Logo von 1976.
Die Regierung nutzte die Zweihundertjahrfeier (Bicentennial), „um mit Stolz auf das von uns Erreichte zu zeigen und ein erregendes Bild unserer Entwicklung zu entwerfen". Diese Vorstellung wurde von denen kritisiert, die die Bedeutung des 4. Juli in dem stets neuen Vergleich zwischen Ideal und Wirklichkeit sehen.

kanischen Unabhängigkeitskrieges ist eine dieser Fabeln. [...] Es gibt einen klaren Anfang bei Lexington und Concord und eine Serie von Fortschritten in der Mitte. [...] Epische 15 Schlachten bei Bunker Hill, Trenton, Saratoga und Cowpens. Gerichtsverfahren und Leiden in New York, Valley Forge, Morristown und Charlston. Klare Linien werden gezogen zwischen den Patrioten und den britischen Kräften der Monarchie und ihren loyalistischen Speichelleckern. Und 20 der Einsatz ist hoch und offensichtlich: Unabhängigkeit oder Abhängigkeit, Demokratie oder Monarchie, Freiheit oder Tyrannei. Die Wahl ist einfach, und der Ausgang ist fast unvermeidbar: Sieg bei Yorktown und die Schaffung einer neuen Nation. 25
Das Problem ist, dass viel zu viele Menschen – und viel zu viele verwirrende Details – in dieser simplen Fabel ausgelassen werden. Wenn die Geschichte der Revolution zu einem Wettlauf zwischen freiheitsliebenden Patrioten und den despotischen Briten wird, was machen wir dann mit 30 den Native Americans, die in dieser Zeit ihre eigene Unabhängigkeit zu bewahren versuchten? Wie erklären wir die vielen unterschiedlichen Reaktionen der afroamerikanischen Sklaven? [...] Was machen wir mit den Frauen, die ihre Ehemänner und Söhne zu Hause behalten wollten? 35 Und was machen wir mit den zehntausenden von Menschen, die mit beiden Seiten unzufrieden [...] waren oder versuchten, zwischen ihnen zu lavieren und das Beste aus einer schlechten Situation zu machen? [...] Diese „anderen"

40 passen einfach nicht – können nicht passen – in die wichtigere Erzählung, obwohl sie weit mehr als die Mehrheit der damaligen Bevölkerung ausmachten.

Michael A. McDonnell, War Stories. Remembering and Forgetting the American Revolution, in: Patrick Spero und Michael Zuckermann (Hrsg.), The American Revolution Reborn, Philadelphia 2016, S. 9-28, hier: S. 9f. (übersetzt von Boris Barth)

1. Erklären Sie den Unterschied zwischen der historischen Analyse, wie sie hier von McDonnell vorgenommen wird, und den öffentlichen Feiern zur amerikanischen Unabhängigkeit.

2. Arbeiten Sie anhand Ihrer Kenntnisse die mögliche Wahrnehmung der Amerikanischen Revolution durch Frauen oder Sklaven in der Erinnerungskultur heraus.

3. Setzen Sie sich mit den Gründen auseinander, die dafür verantwortlich sind, dass große Gruppen von Menschen in den offiziellen Erzählungen keine Rolle spielen.

M5 Erinnerung an die Amerikanische Revolution: die „Gründungsväter"

Der amerikanische Historiker Andrew M. Schocket beschäftigt sich mit der gegenwärtigen Präsenz der Amerikanischen Revolution in den USA:

Wenn Sie im 21. Jahrhundert in den Vereinigten Staaten leben, können Sie der Amerikanischen Revolution nicht entkommen. Fahren Sie ein Stück. Die Chancen sind groß, dass Sie in Ihrer Nachbarschaft auf Straßen stoßen, die den
5 Namen „Washington", oder „Jefferson", oder „Franklin", oder „Adams", oder „Madison", oder „Hamilton" tragen [...]. Gehen Sie in einen Buchladen oder in eine lokale Bibliothek. Sie werden eine Darstellung finden, die die letzten am besten verkauften Gründerbiografien zeigt. Schauen Sie in
10 Ihre Tasche und sehen sie, welche Gesichter von den Geldscheinen oder Münzen in Ihrer Brieftasche zurückschauen. Schreiben Sie einen Brief. Vielleicht werden sie eine „forever" Briefmarke aufkleben, geschmückt mit der Freiheitsglocke. Haben Sie ein dreitägiges Wochenende? Das könnte
15 der Presidents' Day oder der 4. Juli sein. Wenn Sie den Fernseher anstellen, werden Sie begrüßt von werbenden Schauspielern in Kostümen der Washington-Zeit, die Ihnen irgendetwas verkaufen möchten. Wechseln Sie den Sender. Früher oder später werden Sie auf eine politische Kam-
20 pagne stoßen, die uns daran erinnert, was die Gründer für unser Land wollten und wie sehr die jetzigen Kandidaten ihre Absichten verehren. [...]
Viele Amerikaner und ausländische Beobachter haben festgestellt, dass wir das einzige Land zu sein scheinen,
25 dessen Bürger in einer ständigen Konversation mit unseren Gründern sein wollen, als ob Männer, die seit zwei Jahrhunderten tot sind, uns noch viel zu sagen hätten. [...] Weder die Vereinigten Staaten noch ihre Gründer halten ein Monopol auf Weisheit, weder auf politische

noch auf andere, und ein schneller Blick auf den Globus 30 zeigt, dass es viele andere Demokratien gibt [...]. Weiterhin haben alle Länder ihre Heroen, ihre Beispiele, die auf Briefmarken oder auf Geld erscheinen, sind Gegenstand von Biografien und Filmen, werden in politischen Reden erwähnt und werden in Bronze gegossen. [...] Allerdings 35 war die Amerikanische Revolution ungewöhnlich, und so ist auch ihr Verhältnis zur amerikanischen Gegenwart. Anders als viele andere Länder können sich die Vereinigten Staaten auf zwei Jahrhunderte als ihr bahnbrechendes Gründungsmoment beziehen. Die meisten anderen 40 Nationen haben entweder mehrere Gründungsmomente oder haben verschiedene Evolutionen erlebt. Anders als die Vereinigten Staaten beziehen die meisten Länder ihre Ursprünge auf Herkunft und Sprache, und nicht auf die Etablierung einer bestimmten politischen Struktur. Die 45 Vereinigten Staaten erhielten ihre Regierungsform durch die föderale Verfassung, die als die krönende Errungenschaft der Revolution diente, und deshalb schauen die Menschen auf diejenigen Leute, die diese Form der Autoritäten für sie geschaffen haben. [...] Wenige andere Na- 50 tionen haben eine einzige Generation von Führern, die eine derart wortreiche Erbschaft hinterlassen haben, die immer verfügbar ist für offensichtliche Autorität und – vielleicht – Ausbeutung.

Andrew M. Schocket, Fighting over the Founders. How We Remember the American Revolution, New York 2015, S. 1 und 6 (übersetzt von Boris Barth)

1. Fassen Sie die wesentlichen Aspekte des Textes zusammen.

2. Analysieren Sie die Argumente, die der Autor für die Unterschiede zwischen dem Gründungsmythos der USA und denjenigen anderer Nationen anführt. | F

3. Erörtern Sie, ob und inwieweit diese Argumente stichhaltig sind. Recherchieren Sie dazu typische Gründungsmythen anderer Staaten.

M6 Gedenkstätten und Museen

Der amerikanische Historiker Andrew M. Schocket setzt sich mit Gedenkstätten und Museen zur Amerikanischen Revolution auseinander:

Die verschiedenen historischen Gedenkstätten, Museen und Attraktionen, die ich besucht habe, beschäftigen sich mit den gleichen ideologischen Diskussionen zum Thema der Amerikanischen Revolution, wie Politiker und Schriftsteller, aber in einer unterschiedlichen und subtileren 5 Weise. Politiker sind frei, an kleine, aufgeladene und ideologische Teile ihrer Wählerschaft zu appellieren, im Bewusstsein, dass ihre Worte kurzlebig sind. Sie beziehen sich auf die Revolution, weil sie Begriffe benutzen können, die bekannt sind, und sie stellen sich auf Zuhörer 10 ein, die ihre Aufrichtigkeit nicht infrage stellen. Autoren von Büchern können darauf zählen, genug Platz zu haben, um ein ausgedehntes Argument mit mehr Nuancen zu entwickeln, aber ihnen fehlt die Schlagkraft einer politischen Rede. [...] Die meisten Gedenkstätten und Museen verfeinern besondere Ausstellungen über Jahre der Entwicklung, oft in Konsultationen mit eigenen und externen Ratgebern. Sie achten auf die potenzielle Öffentlichkeit, wollen so viele Besucher wie möglich aus dem gesamten nationalen Spektrum anziehen und wollen niemanden beleidigen. Aber sie haben eine unbeständige Öffentlichkeit mit einer kurzen Aufnahmebereitschaft. Auch arbeiten die meisten als non-profit-Organisationen und müssen Rücksicht auf ihre Geldgeber nehmen, ob öffentlich oder privat, in vielen Fällen beides. Gedenkstätten, Museen und Attraktionen zur Amerikanischen Revolution stellen eine zugängliche und nuancierte, aber den-

noch ideologische Präsentation der Amerikanischen Revolution bereit, und kritische Themen stehen auf dem Spiel: Es geht nicht nur darum, wie wir über die Revolution selbst denken, sondern auch darum, wie sich die Implikationen für die zeitgenössische amerikanische Gesellschaft darstellen.

Andrew M. Schocket, a.a.O., S. 86 (übersetzt von Boris Barth)

---

1. Geben Sie den Text mit eigenen Worten wieder.

2. Vergleichen Sie die jeweiligen Möglichkeiten, die Politiker, Buchautoren und Museen haben, um die Amerikanische Revolution darzustellen.

3. Arbeiten Sie die Probleme heraus, die Museen und Gedenkstätten berücksichtigen müssen, wenn sie sich mit der Revolution beschäftigen.

„The spirit of '76 (Yankee Doodle)."
Ölgemälde (61 x 45 cm) von Archibald Willard, um 1875.
1876 wurde die Jahrhundertfeier der amerikanischen Unabhängigkeit auf einer großen Ausstellung (Centennial Exposition) in Philadelphia begangen. Der amerikanische Maler Archibald Willard stellte dort dieses Bild aus, das in der Folge sehr populär wurde.

▶ Charakterisieren Sie die Szene (Bildaufbau, Perspektive, Lichtführung, Farbgebung) und die dargestellten Personen (Mimik, Gestik, Attribute). | **H**

▶ Diskutieren Sie mögliche Gründe, warum das Bild damals so populär war. Berücksichtigen Sie dabei auch die Entstehungszeit des Gemäldes.

M7 „Wer ist ein amerikanischer Patriot?"

Der deutsche Historiker Michael Hochgeschwender befasst sich mit den Problemen der amerikanischen Erinnerungskultur:

Die Frage, wie man in den USA eine klassen-, individuen- und rassenübergreifende Solidarität erzeugen könnte, wurde stets mit dem Hinweis auf einen an den Gründervätern ausgerichteten Patriotismus beantwortet, dessen In-
5 halte sich indes der Definition entzogen. Wer ist ein amerikanischer Patriot? Der *conservative*, der am idealisierten und mythischen Erbe der Revolution uneingeschränkt und unkritisch festhalten will? Der kritische *liberal*, der mit vielen revolutionären Diskursen nichts mehr anzufangen
10 vermag, sich aber dennoch auf ihren Geist und ihr Erbe beruft, um es dann dem jeweils aktuellen Zeitgeist anzupassen? Der *radical*, der am liebsten die gesamte Revolution als rassistisch, kapitalistisch und frauenfeindlich über Bord werfen möchte, oder der vorsichtig reformistische *progres-*
15 *sive*? Der *populist*, der sich wie in einem Warenladen aller Traditionen bedient, sie radikalisiert und beständig das Loblied des kleinen Mannes singt, der von den herrschenden Eliten bedrängt, unterdrückt und ausgebeutet wird? Sie alle können sich durchaus mit Recht auf die Ideen und
20 Ideale der Amerikanischen Revolution berufen, denn im Grunde waren all diese Varianten des amerikanischen Patriotismus – in ihrer zeitgebundenen Form – damals bereits vorhanden. Nicht minder unbestimmt blieb das Verhältnis zwischen der fortschrittsoptimistischen, als genuin ameri-
25 kanisch ausgegebenen Suche nach dem schlechthin Neuen und dem Fortleben europäischer Traditionen, was insgesamt zu einer unausgeglichenen, dafür aber umso dynamischeren Ideenmischung in den USA führte, die beständig Hoffnung predigte, aber ihren eigenen Ansprüchen gegenüber den sozial und kulturell Marginalisierten nie ganz
30 gerecht werden konnte.

Michael Hochgeschwender, Die amerikanische Revolution. Geburt einer Nation 1763–1815, München 2016, S. 444 f.

1. Stellen Sie die in der Quelle genannten Positionen gegenüber, mit denen sich sehr unterschiedliche politische Gruppen auf die Amerikanische Revolution beziehen. | **F**

2. Präsentation: Vergleichen Sie mithilfe einer Tabelle die amerikanischen und die europäischen Traditionen.

3. Überprüfen Sie die Frage, ob und in welcher Weise diese unterschiedlichen Kombinationen „zu einer unausgeglichenen, dafür aber umso dynamischeren Ideenmischung" führte, wie im Text angegeben wird (siehe Zeile 27 f.).

US-Propagandaplakat.
Plakat von 1943.

▶ Gliedern Sie das Bild in sinnvolle Bereiche und beschreiben Sie die dargestellten Personengruppen.

▶ Ordnen Sie das Plakat in den historischen Kontext ein. Beziehen Sie dabei einzelne Bildelemente und den Text auf dem Plakat mit ein. | **F**

Historiengemälde analysieren

Historiengemälde gibt es seit der Antike. Die Gattung beschränkt sich nicht auf die Malerei, sondern umfasst auch Mosaike, Kupferstiche oder Reliefs. Besonders beliebt waren Historienbilder im 19. Jahrhundert, als sie auf bedeutende Ereignisse, Personen, Leistungen und Traditionen der Geschichte aufmerksam machten. Sie trugen so zur **Identifikation** der Öffentlichkeit mit dem eigenen Volk und der eigenen Nation bei.

Historienbilder sind Kunstwerke. Die Künstler bemühen sich, **historische Sachverhalte** darzustellen und zu deuten – die „historische Realität" bilden sie nicht ab. Das gilt unabhängig vom zeitlichen Abstand zum dargestellten Geschehen. Sie verherrlichen, rechtfertigen oder kritisieren vergangene Ereignisse. Oft sind Historienbilder öffentliche oder private Auftragsarbeiten. Sie sagen dann immer auch etwas über die Sichtweisen der **Auftraggeber** aus. Die Analyse und Interpretation erfordert daher nicht nur Kenntnisse über die dargestellte Zeit, sondern auch über die **Entstehungszeit** des Bildes, den **Künstler** und seinen Auftraggeber.

Weitere Anwendungsbeispiele finden Sie u.a. auf den Seiten 33, 59, 86 und 110.

Arbeitsschritt	Leitfragen
1. beschreiben	• Wer ist der Künstler/die Künstlerin? • Wann und wo ist das Kunstwerk entstanden? • Stammt der „Bildtitel" vom Künstler oder wurde er von anderer Seite zugefügt? • Wen oder was zeigt das Kunstwerk? • Welche Komposition (Bildaufbau, Figuren etc.) liegt dem Bild zugrunde? • Welche Perspektive (Vogel-, Zentralperspektive etc.) hat der Künstler gewählt? • Wie ist die Farbgebung (hell, dunkel, kontrastreich etc.) und die Lichtführung (konzentriert oder gleichmäßig)? • Welche Symbole und Sinnbilder (Allegorien) werden verwendet?
2. erklären	• Aus welchem Anlass ist das Bild entstanden? • An welches Ereignis, an welchen Sachverhalt oder an welche Person wird erinnert? • Handelt es sich um eine realistische oder allegorische (sinnbildliche) Darstellung? • Inwiefern haben die politischen, religiösen oder sozialen Verhältnisse der Entstehungszeit das Kunstwerk beeinflusst? • Was ist über die Haltung des Künstlers und der Auftraggeber bekannt? • Welche Absichten verfolgten Künstler bzw. Auftraggeber? • An wen richtet sich das Kunstwerk?
3. beurteilen	• Welche Wirkungen erzielte das Bild bei zeitgenössischen Betrachtern? • Wie lassen sich Aussage und Wirkung des Gemäldes bewerten?

Sonnenaufgang: Zeichen für den Beginn einer neuen Zeit oder Symbol für die Aufklärung

Flagge der Vereinigten Staaten (existiert 1776 noch nicht)

Westufer des Delaware (Pennsylvania)

Drei stehende Männer im Mittelpunkt des Bildes

Weitere Boote der Armee Washingtons symbolisieren die Streitmacht

„Washington Crossing the Delaware."
Ölgemälde (378,5 x 647,7 cm)
von Emanuel Gottlieb Leutze (siehe Seite 61), Düsseldorf 1851.

Titel des Gemäldes

Hinweis auf die Jahreszeit; Eisschollen verstärken die Dramatik

George Washington: heroische Haltung und Ruhepol im Bild verweisen auf die Position des Oberbefehlshabers

Zwölf Personen im Boot symbolisieren „Vollkommenheit" oder die ersten Unterzeichner der Unabhängigkeitserklärung

Bootsform und Größe sind bewusst vereinfacht bzw. verkleinert

▶ Analysieren Sie das Gemälde mithilfe der Arbeitsschritte auf Seite 92. Ihre Ergebnisse können Sie mit der Lösungsskizze auf Seite 166 vergleichen.

Die Amerikanische Revolution

Ursachen

- **1754–1763:** Krieg gegen Frankreich („French and Indian War")
- > Folgen: Großbritannien wird zur allein bestimmenden Kolonialmacht in Nordamerika; Krieg führt zu hoher Staatsverschuldung Großbritanniens

- Proteste der amerikanischen Siedler und der Kolonialparlamente
- Importboykotte (Gründung der „Sons of liberty")

- **1764/65:** neue Zölle und Steuern für die Kolonien (u.a. Sugar Act, Stamp Act)
- **1766:** Aufhebung des Stempelsteuergesetzes, aber: Declaratory Act (Kolonien sind der Krone und dem britischen Parlament untergeordnet)
- **1767:** Townshend Acts
- **1770:** Rücknahme der Townshendgesetze (außer Teezoll)

- **1773:** „Boston Tea Party" = Wendepunkt im Konflikt

- **1773:** Tea Act (Teemonopol der East Indian Company)
- **1774:** Coercive Acts („Intolerable Acts") als Strafmaßnahmen infolge der „Boston Tea Party"

Kolonien	1775 – 1783	Großbritannien
unterstützt durch: Frankreich (ab 1778), Spanien (ab 1779) und die Niederlande (ab 1780/81) sowie Sklaven und Native Americans	= Unabhängigkeitskrieg der 13 Kolonien vom Mutterland	unterstützt durch: „Hessians" (etwa 30 000) sowie Sklaven und Native Americans

- **4. Juli 1776:** Unabhängigkeitserklärung wird vom Zweiten Kontinentalkongress verabschiedet
- > Gründungsurkunde der USA

Folgen

1783: Frieden von Versailles = Ende des Unabhängigkeitskrieges zugunsten der Kolonien

- **1787:** Bundesverfassung („checks and balances")
- **1789:** George Washington – einer der „Gründungsväter" – wird erster Präsident der USA; Bill of Rights (Katalog von Grundrechten)

M1 Ein Ereignis mit Folgen

Der deutsche Historiker Willi Paul Adams (1914–2002)
über die Voraussetzungen für die Amerikanische Revolution:

Die Gründung des amerikanischen Nationalstaates war neben der Französischen Revolution das folgenträchtigste
Ereignis der politischen Entwicklung des europäisch-ame-
rikanischen Raumes im 18. Jahrhundert. Die staatliche
5 Verselbstständigung der Amerikaner beruhte auf wirtschaftlichen, sozialen und im engeren Sinne des Wortes
politischen Vorgängen in Europa. Von den ersten Siedlun-
gen der Europäer bis hin zur Unabhängigkeit und darüber
hinaus ist die Gesellschaft der Weißen in Nordamerika [...]
10 zunächst einmal ein „Fragment Europas" gewesen. [...]
In Amerika kämpften übergesiedelte Europäer mit militärischer Unterstützung mehrerer europäischer Mächte um
ihre Selbstbestimmung. Ihr Widerstandswille war zudem
Teil der Entschlossenheit einer bereits prosperierenden
15 einheimischen Mittelklasse, die ungehinderte weitere Entwicklung ihres Wohlstandes zu verteidigen. Das Besondere
an der zur Revolution führenden „relativen Deprivation"[1]
der breiten kolonialen Mittelklasse nach 1763 war, dass sie
noch nicht erlitten, sondern als Folge der nun einsetzenden
20 strikteren britischen Kolonialpolitik lediglich befürchtet
wurde. Der Widerstand gegen das Zucker- und Steuermar-
kengesetz von 1764/65, der einem steuerzahlenden Engländer unverhältnismäßig heftig erscheinen musste, zeigte
an, dass ein großer Teil der Kaufmannsschicht, der Politi-
25 ker und der breiten Bevölkerung nicht länger bereit war,
wirtschaftliche Interessen der Kolonien denen des Mutter-
landes unterzuordnen. Eine echte Adelsklasse, die ihr Ge-
schick etwa mit dem der englischen identifizierte, gab es in
den Kolonien nicht. Die Amerikanische Revolution war voll
30 und ganz eine bürgerliche: Große Teile der Ober- und Mittelklasse bürgerlicher Kolonialeuropäer beteiligten sich an
der gewaltsamen Übernahme der Macht. Zu einem Zusam-
menbruch der Gesellschaftsordnung und einer sozialen
Umwälzung führte der Kampf um die Unabhängigkeit des-
35 halb nicht.

Willi Paul Adams, Revolution und Nationalstaatsgründung 1763–1815, in: Ders.
(Hrsg.), Die Vereinigten Staaten von Amerika, Frankfurt am Main 1977, S. 22f.

1. Analysieren Sie ausgehend vom Text den Zusammenhang zwischen Europa und Amerika bei der Amerikanischen Revolution.
2. Arbeiten Sie die Rolle wirtschaftlicher Faktoren bei der
   Eskalation heraus, die zur Amerikanischen Revolution
   führten.
3. Erläutern Sie die Gründe, warum – nach Willi Paul
   Adams – eine soziale Umwälzung ausblieb. **| H**

M2 Eine revolutionäre Bewegung

Der US-amerikanische Historiker Robert Roswell Palmer
(1909–2002) schreibt:

Die Bewegung, die sich um 1760 zu entwickeln begann,
war in einem tiefer gehenden Sinne revolutionär.
Damit ist eine Situation gemeint, in der das Vertrauen in
die Gerechtigkeit oder Tragbarkeit der herrschenden Regierung schwindet, in der alte Treuepflichten verblassen, 5
Verpflichtungen als Bürde empfunden werden, Recht für
Willkür gehalten und Respekt vor der Obrigkeit als eine Art
Demütigung empfunden wird. Ansehen scheint unverdient,
althergebrachte Formen von Einkommen und Besitz scheinen zu Unrecht erworben zu sein, und die Regierungen 10
scheinen den Regierten so fernzustehen, dass diese meinen, die Regierung vertrete in Wahrheit gar nicht ihre Interessen. In einer solchen Situation geht der Gemein-
schaftssinn verloren, und was die sozialen Klassen
verbinden sollte, verwandelt sich in Eifersucht und Enttäu- 15
schung. Leute, die früher ein integrierender Teil der Gemeinschaft waren, betrachten sich plötzlich als Außensei-
ter, und andere, die ihr nie recht angehörten, fühlen sich
plötzlich übergangen. [...]
Keine menschliche Gesellschaft kann gedeihen, wenn eine 20
so negative Einstellung sich ausbreitet oder lange Zeit an-
dauert. Die Krise trifft die Gesellschaft selbst politisch,
ökonomisch, soziologisch, psychologisch, persönlich und
auch moralisch. Die Folge muss nicht unbedingt eine Revolution sein, aber aus derartigen Situationen können Revo- 25
lutionen entstehen. Will man eine fortschreitende Zerset-
zung verhindern, so muss etwas geschehen, eine neue
Grundlage der Gemeinschaft muss gefunden werden.

Robert R. Palmer, Das Zeitalter der demokratischen Revolution. Eine vergleichende Geschichte Europas und Amerikas von 1760 bis zur Französischen
Revolution, Frankfurt am Main 1970, S. 33f.

1. Palmer vertritt die Meinung, eine revolutionäre Situation
   könne entstehen, wenn eine Regierung ihre Legitimität
   verliert. Analysieren Sie am Beispiel der Amerikanischen
   Revolution, welche Faktoren für diesen Verlust von
   Glaubwürdigkeit verantwortlich waren.
2. Interpretieren Sie, was Robert R. Palmer meint, wenn er
   die Amerikanische Revolution als „tiefer gehend revoluti-
   onär" (vgl. Zeile 2) bezeichnet. **| F**

---

[1] **Deprivation:** Mangel, Verlust

Orientierung

1.5 Wahlmodul: Die Krise der spätmittelalterlichen Kirche und die Reformation

Im Mittelalter baute die christliche Kirche auf zwei Prinzipien: Einheit im Glauben und Einheit der geistlichen Führung durch den Papst. Mit der Spaltung des Papsttums wurde dieses Gefüge schwer erschüttert. Abhilfe sollten die großen Kirchenversammlungen (Konzilien) des 15. Jahrhunderts schaffen, die das Papsttum wieder vereinten und die Kirchenorganisation zu verbessern suchten. Die angestrebte Reform der Kirche blieb jedoch unvollendet. Unterdessen wurde der Wunsch nach religiöser Erneuerung immer populärer.

Im 16. Jahrhundert gingen Kritiker so weit, mit der päpstlich beherrschten Kirche offen zu brechen. Sie forderten eine Rückbesinnung auf die Wurzeln des Christentums. Diese Bewegung, die später sogenannte Reformation, hatte ihre Zentren in Wittenberg, Zürich und Genf, von wo sich die neuen Lehren in Europa ausbreiteten. Auch die katholische Kirche unternahm damals eine Reform, doch die Spaltung in verschiedene, sich gegenseitig ausschließende Glaubensrichtungen war nicht mehr aufzuhalten. Reformation und katholische Reform verwandelten die vormalige Einheit der Kirche in einen Plural an christlichen Bekenntnissen, wie er für die Neuzeit prägend wurde.

Das Kapitel beschäftigt sich inhaltlich mit ...

religiösen Krisen und Bewältigungsstrategien im 14. und 15. Jahrhundert

Martin Luther und der Reformation

der Entwicklung der Reformation

Lösungsversuchen religiöser Krisen

Europa im 16. Jahrhundert.

1378 —	Spaltung der Kirche in ein Papsttum in Rom und in Avignon, Beginn des **Großen Abendländischen Schismas**.	**Großes Schisma und Reformkonzilien**
1409 —	Konzil zu Pisa: Die Kardinäle wählen einen dritten Papst.	
1414 - 1418 —	**Konzil zu Konstanz**: Das Schisma wird überwunden, Reformen für die Kirche werden angestoßen.	
1419 - 1436 —	In den Hussitenkriegen erheben sich die Anhänger des hingerichteten **Jan Hus** in Böhmen gegen die alte Kirche.	
1431 - 1449 —	**Konzil zu Basel**: Papst und Kirchenversammlung streiten um die Führung des Christentums.	

1517 —	**Martin Luther** in Wittenberg kritisiert öffentlich den Ablasshandel.	**Anfänge der Reformation**
Januar 1521 —	Luther wird vom Papst wegen Ketzerei mit dem Kirchenbann belegt.	
Mai 1521 —	Nach dem **Reichstag zu Worms** fallen Luther und seine Anhänger in die Reichsacht (**Wormser Edikt**).	
um 1520/25 —	„Reformation von unten": Einige Städte und Gemeinden im Reich führen selbstständig evangelische Kirchenordnungen ein.	
seit 1523 —	Zürich und andere Schweizer Orte schaffen ihre eigene Kirche, angeleitet durch die Lehren des Reformators **Ulrich Zwingli**.	
1524 - 1526 —	**Bauernkrieg**: Die Erhebung des „Gemeinen Mannes" im Reich wird blutig niedergeschlagen.	

um 1527/30 —	Beginn der **Fürstenreformation**: Fürsten führen in ihren Territorien Luthers evangelische Lehre und eigene Kirchenordnungen ein.	**Glaubensspaltung in Europa**
1530 —	In der **Confessio Augustana** legen die evangelischen Reichsstände ihr Bekenntnis fest.	
um 1530/40 —	England, Skandinavien und weite Teile des Reiches trennen sich von der katholischen Kirche und führen neue Kirchenordnungen ein.	
1534/40 —	Gründung der Gesellschaft Jesu (**Jesuitenorden**), die zu einem Vorreiter der katholischen Erneuerung wird.	
1545 —	Beginn des **Konzils von Trient**, das bis 1563 tagt.	
ab etwa 1550 —	Das Reformiertentum, maßgeblich beeinflusst von **Johannes Calvin** in Genf, breitet sich in Teilen Europas aus.	
1555 —	Der **Augsburger Religionsfrieden** bestätigt die Glaubensspaltung im Reich und schafft Regeln für das Zusammenleben von Katholiken und Protestanten.	

seit 1563 —	Mithilfe der Reformen des Trienter Konzils nimmt das Papsttum eine Erneuerung der katholischen Kirche vor.	**Konfessionsbildung und Konfessionalisierung**
1577 —	Die **Konkordienformel** grenzt das evangelisch-lutherische Bekenntnis von katholischem und reformiertem Glauben ab.	
1598 —	**Edikt von Nantes**: Ausgleich in Frankreich zwischen Katholiken und Protestanten nach Jahrzehnten des Bürgerkrieges.	
1609 —	Spanien gesteht den nördlichen Niederlanden ihre (vorläufige) Unabhängigkeit zu. In den Niederlanden gilt das reformierte Bekenntnis.	
1618 - 1648 —	**Dreißigjähriger Krieg**: Mitteleuropa versinkt in einem politischen und konfessionellen Dauerkonflikt.	
Oktober 1648 —	Friede von Münster und Osnabrück (**Westfälischer Friede**): neue Friedensordnung in Mitteleuropa, verbesserter Religionsfrieden im Reich.	

Schisma (altgriech.: Spaltung, Trennung): Spaltung einer Religionsgemeinschaft, aus der keine abweichende Glaubensrichtung hervorgeht. Als Schisma wird etwa auch die Trennung zwischen römischer und griechisch-orthodoxer Kirche im 11. Jahrhundert bezeichnet.

Kurie (von lat. *curia*: Rat, Hof): Gesamtheit der dem Papst unterstehenden Zentralbehörden zur Leitung der katholischen Kirche

Klerus (von lat. *clericus*: Geistlicher): Sammelbegriff für alle Geistlichen

Sigmund, auch Sigismund (1368–1437): Herrscher aus dem Haus Luxemburg, das nach ihm ausstarb. 1378–1388 und 1411–1415 Kurfürst von Brandenburg, seit 1387 König von Ungarn und Kroatien, seit 1411 römisch-deutscher König, seit 1419 auch König von Böhmen, 1433 zum Kaiser gekrönt

Dekret (von lat. *decernere*: beschließen, entscheiden): rechtlich bindende Verfügung

Internettipp
Die Stadt Konstanz bietet ein multimediales Informationsforum zur Geschichte des dort abgehaltenen Konzils. Siehe dazu den Code **32201-14**.

Gespaltenes Papsttum |

Seit Anfang des 14. Jahrhunderts residierten die Päpste in Avignon, wo sie unter dem Einfluss des französischen Königs standen. Erst 1376 gelang Papst *Gregor XI.* die Rückkehr nach Rom. Sein Nachfolger *Urban VI.* wollte die Macht der mehrheitlich französischen Kardinäle brechen und ging entschieden gegen sie vor. Diese erklärten ihn 1378 für amtsunfähig und wählten einen neuen Papst, der sich jedoch gegen Urban in Rom nicht durchsetzen konnte. Er zog daher nach Avignon. Damit war die Kirche gespalten – in ein römisches und ein avignonesisches Papsttum. Das Schisma betraf weite Teile Europas.

Autoritätsverlust |

Die Spaltung beschädigte das Ansehen der Kirche erheblich. Die Päpste sprachen sich gegenseitig die Berechtigung ab. Weltliche Herrscher ergriffen nach eigenem Ermessen für eines der beiden Kirchenoberhäupter Partei.

Schon vor dem Schisma hatte sich die päpstliche Kurie zu einem mächtigen Verwaltungsapparat entwickelt. Für rechtliche Entscheidungen, Gnadenerweise und die Vergabe kirchlicher Ämter erhob sie hohe Gebühren und Steuern. Durch die Kirchenspaltung wuchs noch einmal der Geldbedarf, da nun gleich zwei Päpste ihre Hofhaltung finanzieren mussten. In vielen Ländern klagten die Menschen über die steigenden Abgaben an den Klerus, der dafür immer prunkvoller auftrat (→M1).

Lösungsansatz: Konzil |

Der Verfall der Kirche durch das Schisma, den Ämterhandel und die Verweltlichung der Würdenträger verlangte nach Abhilfe. Die damals oft beschworene Reform wäre eigentlich Sache der Päpste gewesen, die jedoch heillos zerstritten blieben. Als Lösung wurde schließlich eine allgemeine Kirchenversammlung angeregt, ein *Konzil.* Hier sollten Kardinäle, Bischöfe und Äbte sowie Vertreter der Universitäten über Fragen der kirchlichen Ordnung und des Glaubens beraten und entscheiden. Vordringlich war dabei die Wiedervereinigung unter einem einzigen Oberhaupt.

Der erste Anlauf eines *Konzils in Pisa* 1409 misslang. Dem dort neu gewählten Papst wollten sich die beiden bisherigen nicht beugen. Danach beanspruchten gleich drei Päpste die Führung der Kirche.

Die Versammlung von Konstanz |

Das in Pisa begonnene Konzil trat von 1414 bis 1418 erneut zusammen, diesmal in Konstanz am Bodensee, unter dem Schutz des römisch-deutschen Königs Sigmund. Die über 2 300 Konzilsväter, wie die stimmberechtigten Teilnehmer genannt wurden, stammten aus ganz Europa und waren, ähnlich den Studierenden an den damaligen Universitäten, in „Nationen" organisiert. Es war die größte kirchliche Versammlung des Mittelalters.

Das Konzil stand vor drei Aufgaben: Beseitigung des Schismas (*causa unionis*), Erneuerung der kirchlichen Ordnung (*causa reformationis*), Erörterung von Glaubensfragen (*causa fidei*). In der Frage der Kirchenspaltung beanspruchte das Konzil selbst die oberste Gewalt (Dekret „*Haec sancta*"). Es trat somit, wenn auch nur vorübergehend, an die Stelle des Papstes (→M2). Die amtierenden Päpste wurden per Konzilsbeschluss abgesetzt oder traten freiwillig zurück. Erst 1417 wählte das Konzil einen neuen, allgemein anerkannten Papst, *Martin V.* Das Schisma war damit beendet. Für die weitere Kirchenreform wurde vereinbart, künftig regelmäßige Konzilien abzuhalten (Dekret „*Frequens*").

Das Konzil zu Basel |

Das Folgekonzil fand 1423 in Pavia statt, wegen der Pest wurde es nach Siena verlegt. Der Papst blieb ihm fern und löste es angesichts der geringen Teilnahme kurzerhand auf. Martin V. versuchte eine eigene Kirchenreform und sah das Konzil nur als Hilfsorgan, nicht als übergeordnete Instanz. Hier bahnte sich ein Gegensatz zwischen Anhängern des Konzils und des Papstes an.

Als das nächste Konzil 1431 in Basel zusammentrat, brach der Konflikt offen aus. Der neue Papst *Eugen IV.* wollte das Konzil verlegen, doch die Versammlung widersetzte sich. Sie wählte 1439 einen eigenen Papst (*Felix V.*). Auf einmal gab es ein neues Schisma.

Das Basler Konzil tagte bis 1449 und beschloss weitere Reformen. Seine lange Dauer erklärt sich auch aus dem Ringen um die oberste Gewalt in der Kirche. Hier behauptete sich der römische Papst. Dieser veranlasste den in Basel gewählten Felix V. zum Rücktritt und bewog die Versammlung schließlich zur Aufgabe. Damit war der Versuch gescheitert, das Papsttum grundsätzlich an die Mitbestimmung des Konzils zu binden.

Der Prozess gegen Hus | Die Konzilien befassten sich auch mit Abweichlern im Glauben. In Konstanz wurde der Prager Theologe und Reformprediger Jan Hus vorgeladen. Man warf ihm vor, er vertrete die radikalen Lehren des Engländers *John Wyclif* (ca. 1320–1384), der Sinn und Zweck der Amtskirche angezweifelt hatte. Das Konzil hat Wyclifs Kirchenkritik rückwirkend verdammt und Hus als Ketzer verurteilt. Im Juli 1415 wurde Hus verbrannt, ein Jahr später auch sein Mitstreiter, *Hieronymus von Prag*.

Die Hussitenfrage | In Böhmen wurde der hingerichtete Hus als Märtyrer gefeiert. Seine Anhänger sagten sich von der katholischen Kirche los, ebenso von König Sigmund, der dem Urteil in Konstanz zugestimmt hatte. Die bald sogenannten *Hussiten* bildeten eigene Gemeinden. Die Predigt durfte auch von Laien und in der Volkssprache (statt auf Latein) gehalten werden, die Kommunion wurde allen Gläubigen in Gestalt von Brot und Wein (*Laienkelch*) gereicht.

Vergeblich versuchten Papst, Kaiser und Fürsten, die Bewegung gewaltsam zu unterdrücken. Die Hussiten behaupteten sich gegen die sie geführten Kreuzzüge. Erst das Konzil von Basel ging den Weg der Verständigung. 1433 vereinbarten das Konzil und der gemäßigte Teil der Hussiten (Utraquisten) ein Friedensabkommen. Die Duldung einer hussitischen Kirche in Böhmen neben der katholischen wurde zwar vom Papst nicht anerkannt, galt aber als Landesgesetz.

Kirche in der Kritik | Ungeachtet der Reformen verlor die Kirche seit dem 15. Jahrhundert weiter an Ansehen. Die Päpste wollten durch die Förderung der Künste und durch prächtige Bauten beweisen, dass sie kulturell auf der Höhe der Zeit standen. Das Renaissancepapsttum erschien vielen jedoch als Inbegriff für Verschwendung und Maßlosigkeit, zumal es sich weiterhin über Abgaben aus ganz Europa finanzierte. Bischöfe und Kardinäle, die es den Päpsten an Repräsentation gleichtun wollten, gerieten darüber ebenfalls in Verruf.

Demgegenüber war der niedere Klerus (einfache Pfarrer und Prediger) oft schlecht ausgebildet und auf seinen Stellen mangelhaft versorgt. Auch litt die geistliche Disziplin: Viele Kleriker lebten im Konkubinat und hatten uneheliche Kinder.

Der Humanismus, die damals sich ausbreitende Bildungsbewegung, legte kritische Maßstäbe an das überlieferte Wissen. Das betraf zumal die Lehrinhalte an Schulen und Universitäten, für die die Kirche verantwortlich war.

Die Gesellschaft auf Sinnsuche | Zugleich war das 15. und beginnende 16. Jahrhundert eine Zeit intensiver Frömmigkeit. Pilgerfahrten, fromme Stiftungen sowie der Kult um Reliquien hatten Hochkonjunktur. Viele Menschen traten in Klöster ein oder gründeten Laiengemeinschaften für ein Leben in strikter Hinwendung zu Gott. Darin zeigte sich ein tiefes Verlangen nach religiöser Erfüllung, dem die Kirche mit herkömmlichen Mitteln kaum noch entsprechen konnte (→M3). Als Kehrseiten des damaligen religiösen Eifers kam es zu Ausschreitungen gegen Juden sowie zu einer Welle von Hexenverfolgungen.

Jan Hus (um 1370–1415): tschechischer Theologe, Prediger und Kirchenkritiker, Rektor der Universität Prag, wird bis heute als tschechischer Nationalheld verehrt

Laien (von lat. *laicus*: weltlich): Bezeichnung für Christen ohne geistliches Amt

Utraquisten (von lat. *sub utraque specie*: unter beiderlei Gestalt): christliche Glaubensgemeinschaft in Böhmen, die das Abendmahl unter Einschluss des Laienkelchs praktizierte

Renaissancepapsttum: spätere Bezeichnung für die Regierung der Päpste von Mitte des 15. bis zur Mitte des 16. Jahrhunderts, die wie weltliche Fürsten auftraten und ihren Herrschaftssitz Rom zu einem Zentrum der Renaissance (Wiederbelebung der klassischen Antike) machen wollten

Konkubinat (von lat. *concubinus*: Geliebter): (heute veraltet für) ehe-ähnliches Verhältnis. Im Mittelalter wurde es als Lebensgemeinschaft für Personen geduldet, die keine Ehe eingehen konnten.

Humanismus (von lat. *humanitas*: Menschenwürde): spätere Bezeichnung für eine geistige Bewegung im Europa des 14. bis 16. Jahrhunderts. Sie nahm das Wissen und die Ideen der griechisch-römischen Antike zum Vorbild, um die eigene Gesellschaft sittlich zu verbessern.

Reliquie (von lat. *reliquiae*: Zurückgelassenes): (angeblicher) Überrest einer heiligen Person, etwa ein Körperteil, getragene Kleidung, ein Gegenstand aus deren Besitz

Martin Luther (1483–1546): Theologe und Reformator aus Eisleben in Thüringen. Seit 1505 Mitglied des Ordens der Augustiner-Eremiten, seit 1512 Professor für Bibelauslegung an der Universität Wittenberg. Im Streit um seine Ansichten über Glaube und Kirche wurde er 1521 vom Papst zum Ketzer erklärt. Seit 1525 lebte er als Ehemann, Hausvater und Priester in Wittenberg. Auf seine Lehren geht die evangelisch-lutherische Kirche zurück.

Internettipp

Aus Anlass des Reformationsjubiläums 2017 entstand eine virtuelle Wissensplattform mit multimedialen Inhalten zu Geschichte und Wirkung der Reformation. Siehe hierzu den Code 32201-15.

„Über die Sage, dass Sankt Peters Schifflein zu unserer Zeit an einem Fels zerstoßen wird."
Holzschnitt von Hans von Kulmbach, 1508.
Das Bild illustriert ein astrologisches Werk des Priesters und Gelehrten Joseph Grünpeck, das 1508 zuerst lateinisch, im selben Jahr dann auch in deutscher Übersetzung erschien und bis 1522 in Nachdrucken verbreitet wurde.

▶ Beschreiben Sie den Holzschnitt.

▶ Charakterisieren Sie die dargestellten Personen.

▶ Interpretieren Sie, was das Bild offensichtlich anmahnt.

Stein des Anstoßes | Zu den Formen damaliger Frömmigkeit zählte auch der **Ablass**. Die Neigung, den Ablass als einfachen Loskauf von Sündenstrafen zu verstehen und daraus ein Geschäft zu machen, war weit verbreitet, fand aber auch ihre Kritiker. Seit 1506 wurde ein neuer Petersdom in Rom errichtet, Ablasskampagnen in ganz Europa sollten den Bau mitfinanzieren (sogenannter Petersablass). Im Streit um diese Praktiken meldete sich der junge Mönch **Martin Luther** zu Wort, ein Hochschullehrer im sächsischen Wittenberg. Im Herbst 1517 veröffentlichte er 95 Thesen gegen den Ablass. Darin kritisierte er nicht nur den Ablasshandel, sondern bestritt auch die von der Kirche behauptete Wirksamkeit des Ablasses (➔M4).

Eine theologische Initiative | Luthers Thesen standen im Zusammenhang mit seiner Suche nach religiöser Orientierung. Die Frage „Wie finde ich einen gnädigen Gott?" stand im Zentrum seines theologischen Ansatzes. Um 1518 gelangte Luther zu einer Antwort. Der Mensch findet demnach Rechtfertigung vor Gott allein gemäß der Heiligen Schrift (*sola scriptura*). Ihr zufolge befreie ausschließlich Gottes Gnade (*sola gratia*) den Menschen von den Sündenstrafen. Diese Gnade wiederum sei ein Geschenk, das sich nicht verdienen lasse, sondern nur durch den Glauben (*sola fide*) erfahren werden könne. Seine Anschauung stützte Luther auf die Bibel, besonders auf die **Psalmen** und die Schriften des Apostels Paulus.

Eine neue Lehre | Die *Rechtfertigungslehre* Luthers definierte die Beziehung zwischen Gott und den Menschen grundlegend neu. Sie widersprach den bisherigen Ansichten von einer *Werkgerechtigkeit*, wonach der Mensch seine Sündenstrafen durch gute Taten ausgleichen könne. Damit entfiel jedoch auch die Funktion der Kirche zur Vermittlung des Seelenheils. Die Kirche sollte stattdessen der Schulung des Glaubens dienen, indem sie für das rechte Verständnis der Bibel sorgte.

Diese Lehren konnte Luther durch seine Vorlesungen, Predigten und Briefe verbreiten, vor allem aber mithilfe des Buchdrucks. Luther gewann zahlreiche Anhänger und fand in der Bevölkerung teils begeisterten Zuspruch. Seine Schriften erreichten Massenauflagen und verschafften ihm nationale Berühmtheit. Luther erschien vielen als Hoffnungsträger, der eine Alternative zu den kirchlichen Missständen bot. Er trat damit eine Bewegung los, die er als *evangelisch* bezeichnete, da sie Christi Botschaft (das Evangelium) als alleinigen Maßstab in Glaubensfragen ansah (→M5).

Der Fall Luther | Luther ging es um die Erneuerung der Kirche streng nach den Grundsätzen der Bibel. Als Mönch unterstand er allerdings der kirchlichen Obrigkeit. Schon seine Thesen gegen den Ablass hatte er an Erzbischof *Albrecht von Mainz* gesendet, um Beschwerde zu führen. Albrecht meldete dies nach Rom, wo man Luthers Kritik als Auflehnung gegen die kirchliche Ordnung deutete. 1518 wurde er der Ketzerei angeklagt.

Luthers wachsende Popularität und seine theologische Kompetenz forderten die Kirche heraus. Papst *Leo X.* erließ 1520 einen Aufruf, wonach Luthers Schriften verbrannt und nicht weiter gedruckt werden sollten. Luther selbst wurde eine Frist eingeräumt, seine Aussagen zurückzunehmen, andernfalls würde er als Ketzer verurteilt. Luther kam der Androhung nicht nach. Vielmehr erklärte er den Papst seinerseits für verdammenswert, solange dieser an seiner Machtfülle festhalte und den Christen falsche Lehren verordne.

Wormser Edikt | Anfang 1521 wurde Luther vom Papst zum Ketzer erklärt. Doch ein Ausgleich schien immer noch möglich. Auf dem Reichstag zu Worms im Frühjahr 1521 sollte Luther angehört werden, bevor auf das Ketzerurteil die **Reichsacht** folgte. Erneut erhielt er die Chance, seine Lehren zu widerrufen. Doch Luther lehnte ab, da er sich keines Irrtums überführt sah: Solange er nicht durch die Bibel widerlegt werde, könne er seinen Standpunkt nicht aufgeben, das verbiete ihm sein Gewissen. Hierauf erklärte Kaiser **Karl V.** die Lehren Luthers für inakzeptabel, da sie mit allem brächen, wofür die Kirche bislang stehe. Der Kaiser erließ gegen Ende des Reichstages eine gesonderte Verfügung, das *Wormser Edikt*. Darin wurde die Reichsacht über Luther und seine Anhänger ausgesprochen und die Verbreitung von Luthers Schriften untersagt. Im Kurfürstentum Sachsen wurde das Edikt allerdings nicht publiziert und blieb dort unwirksam. Auch in anderen Territorien wurde das Edikt nicht konsequent vollzogen.

Auf neuen Wegen | Luther selbst durfte Worms unbehelligt verlassen. Auf Geheiß seines Landesherrn, Kurfürst *Friedrichs von Sachsen*, wurde er heimlich auf die Wartburg bei Eisenach gebracht, wo er über ein Jahr lang versteckt blieb. Die Zeit nutzte Luther für die Übersetzung des Neuen Testaments ins Deutsche, die schon 1522 veröffentlicht wurde. Seit 1534 erschien die gesamte Bibel in Luthers Übersetzung und mit seinen Kommentaren. Es wurde der größte Erfolg einer deutschsprachigen Druckschrift im 16. Jahrhundert.

Psalmen (von altgriech. *psalmós*: Lied, Saitenspiel): Sammlung von Gedichten, Liedtexten und Gebeten im Alten Testament

Reichsacht: Ausschluss aus der Gesellschaft wegen schwerer Verbrechen. Der Geächtete war rechtlos und durfte straflos beraubt oder getötet werden. Die Reichsacht wurde vom Kaiser verhängt, jedoch erst nach einem ordentlichen Verfahren.

Karl V. (1500–1558): Herrscher aus dem Haus Habsburg, seit 1515 Herr über die Niederlande, seit 1516 König von Spanien, Herr über Neapel und Sizilien, seit 1519 römisch-deutscher König, seit 1520 „erwählter römischer Kaiser", 1530 vom Papst zum Kaiser gekrönt

Katharina von Bora (1499–1552): stammte aus dem sächsischen Landadel, seit 1515 Nonne, Mitglied der Zisterzienserinnen, verließ 1523 die Klostergemeinschaft und heiratete 1525 Martin Luther, mit dem sie sechs Kinder hatte und ein bürgerliches Leben führte

Sakramente (von lat. *sacrare*: weihen, heiligen): Weihehandlungen, die nur von Priestern durchgeführt werden können. Im Mittelalter wurden sieben Sakramente festgelegt: Taufe, Firmung, Abendmahl (Kommunion), Buße (Beichte), Krankensalbung ("letzte Ölung"), Priesterweihe und Ehe.

Leibeigenschaft: Rechtszustand einer dauernden persönlichen und wirtschaftlichen Abhängigkeit von einem Herrn

Thomas Müntzer (1486/90–1525): Theologe, Priester und Revolutionär. Er forderte neben einer Enteignung der Kirchen und Klöster auch die Abschaffung der Vorrechte des Adels. Als Teilnehmer am Bauernkrieg in Thüringen wurde er 1525 hingerichtet.

Luther brach nun endgültig mit der alten Kirche. Er gab sein Mönchsdasein auf und heiratete Katharina von Bora. In der evangelischen Glaubensgemeinschaft sollte es keine Mönche oder Nonnen geben, ebenso sollten Priester heiraten dürfen. Von den sieben Sakramenten ließ Luther nur Taufe und Abendmahl gelten, da alle anderen nicht aus der Bibel ableitbar seien.

Frühe Reformation | Die evangelische Bewegung war zwar von Luther inspiriert, aber keineswegs zentral von ihm gesteuert. Vielmehr gingen zunächst einzelne deutsche Städte daran, die kirchlichen Verhältnisse in Eigenregie umzugestalten. Bürgermeister und Räte folgten dem Drängen der mittleren und oberen Schichten, beriefen evangelische Prediger und schufen neue Kirchenordnungen (*Stadtreformation*). Ähnlich verfuhren in manchen Teilen des Reiches auch ländliche Gemeinden, die dabei auf ihre Selbstverwaltung pochten (*Gemeindereformation*). In dieser Phase, zu Anfang der 1520er-Jahre, entwickelte sich die Reformation somit auf lokaler und volkstümlicher Ebene, als "*Reformation von unten*".

Bauernkrieg | Seit 1524 kam es zu Aufständen von Bauern und Handwerkern, die sich gegen ihre Grundherren zur Wehr setzten. Schon länger hatten Adlige und Fürsten die Rechte der abhängigen Bauern eingeschränkt, sie zu immer höheren Abgaben gezwungen und zur Leibeigenschaft herabgestuft. In ihrem Widerstand beriefen sich die Bauern auf das "alte Recht" (die frühere Ordnung), bald auch auf ein angebliches "göttliches Recht" (das Recht der Unterdrückten auf Befreiung). Sie bezogen sich dabei auf Luthers Freiheitsbegriff – der jedoch nur Gewissensfreiheit meinte – und seine Kritik bestehender Verhältnisse mithilfe der Bibel (→M6).

Der "Aufstand des Gemeinen Mannes", wie der *Bauernkrieg* auch genannt wurde, breitete sich bis 1526 über weite Teile des Reiches aus. Doch gegen die Söldnertruppen der Fürsten und Reichsstädte konnten die schlecht organisierten Bauern nichts ausrichten. Die Rebellion wurde blutig niedergeschlagen.

Gegen eine radikale Reformation | Luther distanzierte sich von den Aufständischen. Er appellierte, zumal in der Auseinandersetzung mit Thomas Müntzer, an die Gehorsamspflicht der Christen gegenüber ihren weltlichen Herren: Aufruhr sei unchristlich. In seiner Schrift "Wider die mörderischen und räuberischen Rotten der Bauern" von 1525 verurteilte er einseitig die Gewaltakte mancher Bauern, billigte dagegen das grausame Vorgehen der Obrigkeit. Mit seiner Parteinahme wollte er die Reformation vor der Radikalisierung schützen. Die evangelische Lehre durfte die Ordnung der Gesellschaft nicht infrage stellen. Luther schlug sich nun ganz auf die Seite der Mächtigen. Die Fürsten sollten die neue Lehre in ihren Territorien durchsetzen.

Fürstenreformation | In der zweiten Hälfte der 1520er-Jahre begannen Fürsten im Reich mit der Einführung eigener Kirchenverfassungen. Im Kurfürstentum Sachsen entstand seit 1527 eine neue geistliche Ordnung, an der Luther und sein Weggefährte Philipp Melanchthon maßgeblich beteiligt waren. Der Fürst trat an die Stelle der bisherigen Kirchenobrigkeit, er fungierte als "Notbischof" in seinem Territorium. Eine von ihm bestellte Behörde aus Räten und Theologen, das *Konsistorium*, wachte über die Ausbildung, Versorgung und dienstliche Aufsicht der Pfarrer und übernahm die Verwaltung der kirchlich geführten Schulen und Fürsorgeeinrichtungen. In Glaubensfragen galt künftig ein einheitlicher *Katechismus* (Lehrbuch und Anleitung zum Leben in Frömmigkeit). Für Gottesdienste, Taufen und Trauungen wurden zentrale Vorschriften eingeführt.

Finanziert wurde das neuartige *landesherrliche Kirchenregiment*, indem die Regierung die Klöster auflöste und deren Vermögen einzog. Dem Vorbild Kursachsens folgten viele andere Fürsten. Der Aufbau evangelischer Landeskirchen dauerte oft mehrere Jahrzehnte (→M7).

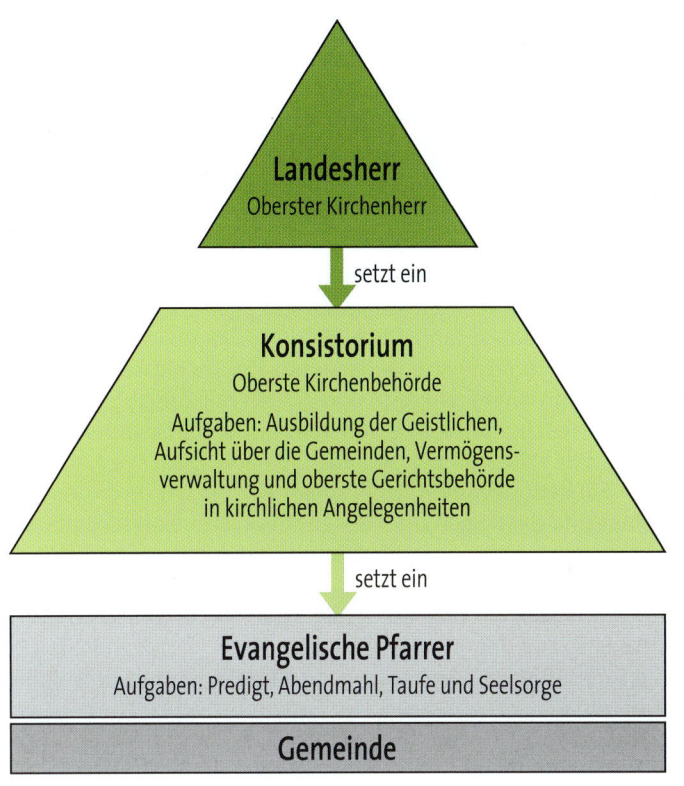

Aufbau einer evangelisch-lutherischen Landeskirche.

Philipp Melanchthon (1497–1560): Humanist, Theologe, Dichter und Reformator. Ab 1518 Professor für Altgriechisch in Wittenberg, seither Luthers Anhänger und Mitarbeiter, nach Luthers Tod Wortführer der Reformation. Er widmete sich zumal der Reform des Unterrichtswesens.

Reichsrecht und fürstliche Selbstbestimmung | Die Reformation war jedoch durch das Reichsrecht nicht gedeckt. Der Kaiser war geradezu verpflichtet, die alte Kirche im Reich zu schützen und Andersgläubige, gleich welchen Standes, als Ketzer zu verfolgen. Wie Karl V. auf die Reformation reagierte, hing freilich auch von den Machtverhältnissen zwischen Reichsoberhaupt und Reichsständen ab. Hinzu kam, dass Karl V. nicht nur Kaiser des römisch-deutschen Reiches war, sondern auch in anderen Teilen Europas regierte. Während seiner Abwesenheit vom Reich in den Jahren 1521 bis 1530 verschärfte sich die Religionsfrage. Seit 1526 war das Wormser Edikt, das Verbot der lutherischen Lehre, faktisch außer Kraft gesetzt. Als es der Reichstag 1529 per Mehrheitsbeschluss wieder einführen wollte, verwahrten sich etliche evangelische Fürsten und Reichsstädte dagegen. In Glaubensdingen, so die damalige Protestation, seien Mehrheitsentscheidungen auf Reichsebene ungültig. Als *protestantisch* bezeichnete man später alle Glaubensrichtungen, die aus der Reformation hervorgingen.

Reichsstände: Inhaber von Sitz und Stimme auf Reichstagen (geistliche und weltliche Kurfürsten und Fürsten sowie Reichsstädte)

Protestation (von lat. *protestari*: bezeugen): Rechtshandlung eines Reichsstandes, sich gegen einen Mehrheitsbeschluss zu erklären. Dabei blieb es fraglich, ob der Protestierende von der Entscheidung ausgenommen war oder ihr dennoch folgen musste.

Dialog und Dissens | Die Spaltung des Reiches in Anhänger alten und neuen Glaubens schritt weiter voran. Karl V., der 1530 den Reichstag zu Augsburg leitete, versuchte einen Ausgleich über Gespräche. Dazu legten die evangelischen Reichsstände ihre Position dar. In einer von Melanchthon verfassten Bekenntnisschrift, dem „Augsburger Bekenntnis" (*Confessio Augustana*), waren wesentliche Inhalte der evangelischen Lehre fixiert. Das Dokument machte die Unterschiede zum katholischen Glauben deutlich. Eine Einigung in der Religionsfrage kam 1530 aber nicht zustande. Sie sollte künftig entweder durch einen Reichstag, ein Religionskolloquium oder ein Konzil herbeigeführt werden.

Religionskolloquium: Religionsgespräch, Verhandlungen über theologische Lehrauffassungen. Die Kolloquien von 1540/41, 1546 und 1557 brachten keine Einigung.

Schutzbund für den neuen Glauben | Um ihre prekäre Lage zu verbessern, gründeten evangelische Reichsstände 1531 ein Schutzbündnis, den nach dem Versammlungsort in Thüringen benannten *Schmalkaldischen Bund*. Angeführt wurde er vom Kurfürsten von Sachsen und vom Landgrafen von Hessen. Dem Bund schlossen sich weitere

Ferdinand I. (1503–1564): Herrscher aus dem Haus Habsburg, Erzherzog von Österreich, seit 1526/27 König von Böhmen, Ungarn und Kroatien. 1531 zum römisch-deutschen König gewählt, blieb er Stellvertreter Karls V. und wurde nach dessen Tod 1558 Kaiser.

Säkularisation (von lat. *saecularis*: weltlich, zeitlich): Enteignung von Kirchengut durch dessen Umwandlung in weltlichen Besitz

Hochstift: weltlicher Herrschaftsbereich eines geistlichen Reichsfürsten (Fürsterzbischof, -bischof, Reichsabt, -äbtissin usw.)

Ulrich (Huldrych) Zwingli (1484–1531): Schweizer Theologe, Priester und Reformator, seit 1523 verantwortlich für die Einführung der Reformation in Zürich und anderen Schweizer Orten. Zürich unterlag 1531 im Krieg gegen katholische Kantone. Zwingli fiel in der Schlacht.

Fürsten und Reichsstädte an. Aus der Glaubensspaltung entstand somit eine politische Opposition gegen den Kaiser und die mehrheitlich katholischen Reichsstände.

Lange Zeit drängte Karl V. auf ein Konzil, das der Papst jedoch erst 1545 nach Trient einberief. Die evangelischen Reichsstände verweigerten ihre Teilnahme. Karl V. versuchte schließlich, den Widerstand mit Waffengewalt zu brechen. 1546 wurde die Reichsacht über die beiden Anführer des Schmalkaldischen Bundes verhängt. Im Jahr darauf wurden sie von Truppen des Kaisers und seiner Verbündeten besiegt.

Erfolgreicher Widerstand | 1548 verfügte Karl V. eine neue Glaubensordnung für die protestantischen Reichsstände. Sie sollte als Zwischenlösung (*Interim*) gelten, bis das Konzil eine Einigung in der Religionsfrage fand. Doch gegen das kaiserliche Diktat wie auch gegen die Übermacht Karls V. regte sich Widerstand. 1552 schlossen mehrere Reichsfürsten ein geheimes Bündnis mit Frankreich und gingen militärisch gegen den Kaiser vor. Die meisten übrigen Reichsstände erklärten sich neutral. Karl V. musste nach Österreich fliehen, in die Erblande seines Bruders, König Ferdinand. Dieser verhandelte anstelle des Kaisers mit der Fürstenopposition. Im *Passauer Vertrag* wurde die Aufhebung des Interims vereinbart und das Augsburger Bekenntnis bis zu einem künftigen Reichstag anerkannt.

Augsburger Religionsfrieden | Der nächste Reichstag fand 1555 statt, wiederum in Augsburg. Karl V. hatte sich aus der Reichspolitik zurückgezogen, daher führte Ferdinand die Verhandlungen. Unter seiner Leitung gelang ein umfassendes Friedensabkommen zwischen den Glaubensparteien. Der *Religionsfrieden* sah vor:
- Anerkennung des Augsburger Bekenntnisses auf Dauer: Schutz der protestantischen Reichsstände vor Strafe und Verfolgung.
- Gewaltverzicht zwischen den Reichsständen in Fragen der Religion.
- Anerkennung des landesherrlichen Reformationsrechts (*ius reformandi*): Weltliche Fürsten sowie Reichsstädte durften den evangelischen Glauben in ihrem Herrschaftsbereich einführen (nach einer späteren Formel: *cuius regio, eius religio* – „wessen Herrschaft, dessen Glaube").
- Bedingter Schutz der Untertanen: Diese mussten den Glauben des Landesherrn oder der Reichsstadt übernehmen, erhielten aber das Recht zur Auswanderung aus Glaubensgründen (*ius emigrandi*).
- *Parität* (Gleichberechtigung) beider Glaubensrichtungen in Reichsstädten mit gemischtgläubiger Bevölkerung.
- Die Säkularisation von Hochstiften im Zuge der Reformation wurde bis zum Stichjahr 1552 anerkannt. Künftig galt jedoch der „Geistliche Vorbehalt" (*reservatum ecclesiasticum*): Geistliche Fürsten durften zwar für ihre Person zum Augsburger Bekenntnis übertreten, büßten aber ihre Herrschaft ein. Dadurch sollte der Bestand der alten Kirche im Reich geschützt werden. Nach einer Zusatzerklärung König Ferdinands (*Declaratio Ferdinandea*) war es Rittern, Städten und Gemeinden in den Hochstiften erlaubt, den evangelischen Glauben zu behalten (→M8).

Friede – aber keine Einheit | Der Religionsfrieden galt lediglich im Reich, nicht für das übrige Europa. Er hob die religiöse Spaltung nicht auf, sondern legte nur die Bedingungen für ein gewaltfreies, rechtlich geordnetes Zusammenleben fest. Unabhängig davon gab es Bemühungen, die bestehenden Differenzen zu überwinden und das Christentum wieder zu vereinen. Doch seit Mitte des 16. Jahrhunderts schwanden dafür die Chancen. Einmal, weil sich die Reformation selbst aufspaltete, während sie sich international auszubreiten begann. Zum anderen, weil die katholische Kirche ihre eigene Erneuerung vornahm.

Alternativen zu Luthers Reformation | Schon in den 1520er-Jahren war in den Städten Südwestdeutschlands und in der Schweiz eine eigene reformatorische Richtung entstanden. Ihre Führungsfigur, Ulrich Zwingli in Zürich, stimmte in Vielem mit den

Lehren Luthers überein; in manchen Fragen, wie etwa der Bedeutung der Kommunion, blieb es bei unvereinbaren Auffassungen. Zwingli starb 1531. Die süddeutschen protestantischen Reichsstädte schlossen sich danach dem Luthertum an. Die Zwinglische Bewegung blieb dagegen auf Gebiete in der Schweiz beschränkt. Sie verband sich mit der Reformation nach Genfer Vorbild, die in den 1540er-Jahren von Johannes Calvin eingeleitet wurde.

Calvinismus | Calvin knüpfte an die Lehre Luthers an, wich aber in wesentlichen Punkten von ihr ab. Wie Luther erachtete auch Calvin die Bibel als allein maßgebliche Quelle des Glaubens. Allerdings betonte er neben der Gnade Gottes auch die Bedeutung von Gottes Geboten. Diese dienten nicht nur der Verurteilung der Sünden, sondern auch als Richtschnur zu einem gottgefälligen Leben. Glaube und Sittenstrenge waren gleichermaßen entscheidend.

Wie im Luthertum gab es zwei Sakramente, neben der Taufe die Kommunion, die jedoch von keiner Realpräsenz Jesu Christi ausging, sondern nur eine Spiritualpräsenz annahm.

Auch die *Prädestinationslehre* (von lat. *praedestinare*: im Voraus bestimmen) bildete ein Merkmal von Calvins Theologie. Sie besagt, dass Gott jeden Menschen entweder zu Heil oder Verdammnis vorherbestimme. Diese Entscheidung bleibe Gottes Geheimnis, wenngleich die Menschen an ihrer Lebensführung erkennen könnten, ob sie erwählt oder verdammt seien.

Zweite Reformation | Von Calvins Lehren geprägt oder zumindest stark beeinflusst, wurde das *Reformiertentum* zu einer weiteren großen reformatorischen Bewegung. Während lutherische Kirchen in vielen deutschen Territorien, in Skandinavien, Schlesien, im Herzogtum Preußen und im Baltikum entstanden, breitete sich das Reformiertentum in Westeuropa sowie in Ungarn und Siebenbürgen aus.

Das Reformiertentum strahlte auch auf das Reich ab. Einige Fürsten und Städte in West- und Mitteldeutschland, die bereits evangelisch waren, übernahmen seit den 1560er-Jahren reformierte Glaubensinhalte. Dieser Schritt, auch als *Zweite Reformation* bezeichnet, erschien jedoch reichsrechtlich umstritten. Es blieb offen, ob das Reformiertentum in seinen tatsächlichen Ausformungen noch zum Augsburger Bekenntnis gehörte und somit durch den Religionsfrieden von 1555 gedeckt war.

Trienter Konzil | Das Papsttum hatte auf die Glaubensspaltung in Europa erst spät reagiert. Ein Konzil, das der Verständigung mit den Protestanten dienen sollte, kam erst 1545 auf kaiserlichen Druck zustande. Die Kirchenversammlung tagte in Trient, zeitweise in Bologna, und fand nach langen Unterbrechungen 1563 ihren Abschluss.

Das Konzil unterließ es jedoch, sich der Reformation zu öffnen – die Beschlüsse grenzten die katholische Kirche streng von Luthertum und Calvinismus ab. Als Glaubensgrundlage galten neben der Bibel ebenso die von der Kirche entwickelten Bräuche und Bestimmungen (Gleichrangigkeit von „Schrift" und „Tradition"). Das Konzil bekannte sich zu den sieben Sakramenten, zur Ehelosigkeit des Klerus sowie zu den bisherigen Formen der Frömmigkeit (Anrufung der Heiligen, Verehrung von Reliquien und Bildern, Ablass), die jedoch maßvoll praktiziert werden sollten. Die Befreiung des Menschen von seinen Sünden geschehe durch Gottes Gnade, die in den Sakramenten und damit durch die Kirche gespendet werde.

In Trient wurden ebenso Maßnahmen zur Kirchenreform beschlossen. Das geistliche Personal wurde auf neue Grundsätze der Ausbildung und Amtsführung verpflichtet, um die lange vernachlässigte Seelsorge zu verbessern.

Katholische Reform und Gegenreformation | Anders als die großen Konzilien des 15. Jahrhunderts blieb das Trienter Konzil stets unter der Regie des Papstes. Der Papst leitete auch die Umsetzung der Trienter Reformen. Er erließ neue Vorschriften für die katholische Kirche in allen Ländern (etwa den *römischen Katechismus* von 1566 oder

Johannes Calvin (1509–1564): französischer Jurist, Humanist und Reformator, entwickelte eine reformierte Kirchenordnung für Genf, die 1541 in Kraft trat. Von 1536 bis 1559 verfasste er sein großes Lehrwerk „Institutio christianae religionis" (dt.: „Unterricht in der christlichen Religion").

Realpräsenz: Lehrauffassung von der Gegenwart Christi in der Abendmahlsfeier. Christus ist demnach in Brot und Wein „leibhaftig" anwesend. Gemäß der Lehre von der **Spiritualpräsenz** (von lat. *spiritus*: Seele, Geist) ist Christus nicht körperlich, sondern durch den Heiligen Geist zugegen.

Münze aus Genf von 1796.
Die Genfer Silbermünze trägt die Umschrift „Post Tenebras Lux" (lat.: Licht nach der Dunkelheit). Die Reformierten machten das Wort zu ihrem Wahlspruch.

▶ Interpretieren Sie den Wahlspruch im Zusammenhang mit der Reformation.

Kapuziner (von ital. *cappuccio*: Haube, Kapuze): Zweig des Franziskanerordens, 1528 vom Papst bestätigt. Die Mönche leben in größter Armut und verdingen sich als Seelsorger sowie als Helfer für Kranke, Arme und Obdachlose.

Jesuiten (eigentlich: Gesellschaft Jesu): geistlicher Orden, von dem Spanier Ignatius von Loyola (1491–1556) 1534 gegründet und 1540 von Rom anerkannt. Die Jesuiten widmen sich dem Unterricht in Schule und Universität sowie der Missionierung. Sie tragen keine eigene Ordenskleidung und betonen den Gehorsam gegenüber dem Papst.

Konkordienformel (von lat. *concordia*: Eintracht): gemeinsame Bekenntnisformel evangelisch-lutherischer Reichsstände, 1577 unterzeichnet. Die Konkordienformel versuchte, einen Schlussstrich unter die Lehrstreitigkeiten innerhalb des Luthertums zu ziehen.

Konkordienbuch: Sammlung der für die evangelisch-lutherische Kirche maßgeblichen Bekenntnisschriften (u. a. Luthers Katechismen, Confessio Augustana von 1530, Konkordienformel), 1580 veröffentlicht

Kalenderreform: von Papst Gregor XIII. verfügte Korrektur des Kalendersystems. Der neue Gregorianische Kalender wich damals um zehn Tage vom bisherigen Julianischen Kalender ab, die Differenz nahm später noch zu. Protestantische Länder führten den neuen Kalender teils erst im 18. Jahrhundert ein. Auch das Reich war in dieser Frage lange gespalten.

das *römische Messbuch* von 1570). Seit 1559 legte die Kurie in einem *Index verbotener Bücher* fest, welche Schriften für den Glauben schädlich seien. Priesterseminare und Kollegien wurden gegründet, die dort geschulten Kleriker sollten den katholischen Glauben wiederbeleben. Dabei halfen auch neue Ordensgemeinschaften wie die Kapuziner und die Jesuiten.

Die römische Kirche schlug einen zweifachen Kurs ein: Einerseits sollten innere Missstände beseitigt werden, um die Kirche zu stabilisieren (*katholische Reform*) (➔M9). Andererseits wurde versucht, den Katholizismus dort wieder einzuführen, wo sich die Reformation durchgesetzt hatte. Die *Gegenreformation* war jedoch nur in vereinzelten Regionen in Mitteleuropa erfolgreich.

Trennschärfe im Glauben | Durch die Trienter Beschlüsse änderte sich das Selbstverständnis der katholischen Kirche. Sie vertrat nicht länger (dem Anspruch nach) die Gesamtheit aller Christen, sondern nur noch eine bestimmte Glaubensrichtung. Währenddessen kam es auch im Luthertum zu einer Festlegung der Lehrinhalte, zusammengefasst in der Konkordienformel und dem Konkordienbuch. Ähnlich verfuhren damals die reformierten Kirchen in den einzelnen Ländern.

Auf die Glaubensspaltung folgte daher in der zweiten Hälfte des 16. Jahrhunderts die Herausbildung klar definierter Glaubensgemeinschaften. Als Maßstab galt jeweils das religiöse Bekenntnis (lat. *confessio*), weshalb in der Rückschau von einem Prozess der *Konfessionsbildung* für Katholizismus, Luthertum und Reformiertentum gesprochen wird.

Konfessionalisierung | Die Konfessionsbildung zielte auf die Einheit im Glauben. Dieses Prinzip übernahmen die weltlichen Obrigkeiten, um das Bekenntnis in ihrem Herrschaftsbereich zu schützen und in der Gesellschaft zu verankern. Neben der Religion wurden nach und nach auch Politik, Recht, Wirtschaft, Kunst, Sitten und Brauchtum von der jeweils geltenden Konfession geprägt, sprich: *konfessionalisiert*. Die Anpassung erfolgte durch Vorschriften und ihre Überwachung (Vereidigung der Priester und Professoren auf das Bekenntnis, Aufsicht über die Gottesdienste und das öffentliche Leben, Bücherzensur), Bildung (Schulunterricht, Predigt, Publikationen), Repräsentation (Kirchenbau, Kirchenmusik, religiöse Feiern und Jubiläen) sowie durch den freiwilligen Gehorsam der Bevölkerung.

Konfessionelle Grenzen | Der Vorgang der Konfessionalisierung fand europaweit seit Mitte des 16. Jahrhunderts statt und betraf alle drei Bekenntnisse gleichermaßen. Er sorgte für Integration, da Herrscher und Beherrschte demselben Glauben anhingen. Zugleich konnte die Obrigkeit viel stärkere Kontrolle über die Gesellschaft ausüben als bisher.

Nach außen jedoch führte die Konfessionalisierung zu radikalen Gegensätzen. Andersgläubige blieben aus der Gemeinschaft ausgeschlossen, wurden vielfach unterdrückt oder zur Emigration gezwungen. Zwischen den Konfessionen entstanden neue mentale Grenzen, etwa durch Eheschranken, Vorurteile oder öffentliche Hetze. Seit der von Rom eingeführten Kalenderreform von 1582, die von den Protestanten abgelehnt wurde, zerfiel selbst die Zeitrechnung in konfessionelle Lager (➔M10).

Konfessionelle Konflikte | Während manche Länder wie Spanien und Portugal, die italienischen Staaten, Polen und die skandinavischen Reiche zu konfessioneller Geschlossenheit gelangten, führte die Glaubensfrage in anderen Fällen zu blutigen Konflikten. Oft vermischten sich dabei religiöse Gegensätze mit politischen Machtfragen:

- In England hatte sich das Königtum schon 1534 vom Papsttum losgesagt und eine *anglikanische Staatskirche* gegründet. Auf die Einführung der Reformation folgte der kurze, aber erfolglose Versuch, den Katholizismus gewaltsam wiederherzustellen. Seitdem blieben Anhänger verschiedener Glaubensrichtungen geduldet, solange sie der Staatsgewalt Gehorsam leisteten.

- In Frankreich wurden die Hugenotten von der katholischen Mehrheit und vom Königtum verfolgt. Erst nach jahrzehntelangen Bürgerkriegen kam es im Edikt von Nantes (1598) zu einem rechtlichen Ausgleich.
- In den Niederlanden überwog das Reformiertentum. Die Niederlande gehörten indes zur spanischen Krone, die die Reformation bekämpfte. Mitte der 1560er-Jahre kam es zum Aufstand gegen die spanische Oberhoheit. 1581 erklärten die nördlichen Niederlande ihre Unabhängigkeit, was 1609 von Spanien vorläufig anerkannt wurde.

Der Konsens im Reich zerbricht | Im römisch-deutschen Reich herrschte seit dem Augsburger Religionsfrieden von 1555 ein Gleichgewicht zwischen den Konfessionen. Doch die Konflikte in Frankreich und den Niederlanden (letztere gehörten formal zum Reichsverband), die Einführung des Reformiertentums in einigen Territorien und die katholische Gegenreformation bedrohten den Frieden je länger desto mehr. Der Reichstag und die Reichsgerichte, die den Religionsfrieden bewahren sollten, wurden um 1600 durch die konfessionellen Gegensätze lahmgelegt. Auch der Kaiser, selbst katholisch, war nicht länger zur Vermittlung fähig. Einige Reichsstände gründeten Konfessionsbündnisse: die protestantische *Union* (1608) und die katholische *Liga* (1609).

Dreißigjähriger Krieg | Den Krieg löste jedoch erst der böhmische Aufstand von 1618 aus. Protestantische Adlige in Böhmen hatten sich gegen ihren Landesherrn, den katholischen König *Ferdinand*, aufgelehnt. Ferdinand wurde 1619 auch zum Kaiser gewählt. Die Böhmen erhoben stattdessen *Friedrich V.*, Kurfürst von der Pfalz und Anführer der protestantischen Union, zum neuen König. Er unterlag den Streitkräften des Kaisers, Spaniens und der katholischen Liga. Böhmen und die Kurpfalz wurden besetzt, die protestantische Bevölkerung enteignet und verfolgt. Aufseiten der Protestanten intervenierten nacheinander Dänemark und Schweden als evangelische Mächte, schließlich auch das katholische Frankreich, um eine Übermacht des Kaisers im Reich zu verhindern. Wiederholt wechselten auch einige Reichsstände die Fronten zwischen dem Kaiser und Spanien einerseits, Schweden und Frankreich andererseits. Die endlosen Kämpfe sowie die Raubzüge der Armeen verwüsteten weite Teile Mitteleuropas.

Friede mit Perspektiven | Zum Frieden gelangten das Reich und seine Nachbarn auf einem Kongress, der parallel in Münster und Osnabrück tagte. Der *Westfälische Friede* von 1648 schuf einen dauernden Machtausgleich zwischen Kaiser und Reichsständen. Letztere erhielten die Landeshoheit zuerkannt und durften Bündnisse mit auswärtigen Mächten schließen, sofern sie nicht gegen Kaiser und Reich gerichtet waren. Frankreich und Schweden traten als Garantiemächte des Friedens auf, Schweden beteiligte sich als Reichsstand künftig an der Reichspolitik. Die Niederlande und die Schweiz wurden souverän und schieden aus dem Reich aus. Der Religionsfriede von 1555 wurde nachgebessert:
- Neben Katholizismus und Luthertum war nun auch das Reformiertentum reichsrechtlich anerkannt.
- Die Ausbreitung der drei Konfessionen, wie sie bis zum Stichjahr 1624 bestanden hatte, wurde wiederhergestellt, spätere Veränderungen waren zu revidieren (*Normaljahrsregelung*). Fürsten und Reichsstädte konnten zwar weiterhin das Bekenntnis wechseln, die Untertanen durften jedoch beim bisherigen Glauben bleiben (→M11).
- Der Reichstag sah in Glaubensfragen die getrennte Abstimmung (lat. *itio in partes*) der katholischen und protestantischen Reichsstände vor, die hierauf einen gütlichen Vergleich (*amicabilis compositio*) finden sollten. Konfessionelle Mehrheitsbeschlüsse waren damit ausgeschlossen.

Das Reich wurde endgültig zu einem multikonfessionellen Staatsverband. Auf Reichsebene galt die Gleichberechtigung der Konfessionen, in den Territorien und Reichsstädten wurde der private Glaube jedes Einzelnen geduldet. Aus diesem Nebeneinander konnten langfristig die Ideen der Toleranz und der Religionsfreiheit entstehen.

Hugenotten: seit Mitte des 16. Jahrhunderts Bezeichnung für die Protestanten in Frankreich, die stark vom Reformiertentum geprägt waren

Edikt von Nantes: von König Heinrich IV. gewährte Bestimmung, die den Protestanten in Frankreich freie Religionsübung und rechtliche Gleichstellung versprach, zugleich aber den katholischen Glauben als Staatsreligion festschrieb. Nach der Aufhebung des Edikts 1685 setzten neuen Verfolgungen der Protestanten ein, die massenhaft in andere Länder Europas, nach Amerika oder Südafrika flohen.

Landeshoheit: einheitliche Herrschaftsgewalt eines Fürsten oder einer reichsstädtischen Obrigkeit über die Einwohner. Sie blieb bis zum Ende des Reiches beschränkt durch Reichsgesetze, Gewohnheitsrechte und das Appellationsrecht der Untertanen an die Reichsgerichte.

Toleranz (von lat. *tolerare*: dulden, ertragen): fried- und respektvoller Umgang mit Andersdenkenden; Verhalten, das über eine rein rechtliche Duldung Andersdenkender noch hinausgeht

M1 Kirchenkritik im Spätmittelalter

Die Historiker Thomas Martin Buck (*1961) und Herbert Kraume (*1943) sprechen über die geistige und religiöse Entwicklung in Europa während des 14. Jahrhunderts:

Dem Hass auf den „simonistischen"[1] Klerus, der durch Geld in sein Amt gelangt war, dieses hauptsächlich zur Bereicherung nutzte und in seinem Lebenswandel selten den religiösen Ansprüchen genügte […], stand auf der anderen Seite
5 eine gesteigerte Volksfrömmigkeit gegenüber, die sich nicht nur in den frommen Stiftungen für Kirchen und Klöster, sondern auch in einer stetig wachsenden Produktion von volkssprachlichen Andachtsbüchern und Übersetzungen theologischer Schriften äußerte. Die *ars moriendi*, die
10 „Kunst des (guten) Sterbens" und der richtigen Vorbereitung auf den Tod, wurde angesichts der Allgegenwart des Todes zu einer beliebten literarischen Gattung.
Die Forderung nach Reform an Haupt und Gliedern (*reformatio in capite et in membris*) der Kirche war das Signum
15 der Zeit: Abschaffung des päpstlichen Finanzwesens, der Pfründenhäufung[2] und des Klientelwesens[3], bessere Bildung der Geistlichen, Rückführung der geistlichen Orden auf ihre ursprünglichen Ideale, insbesondere auf das Armutsgebot. Benediktiner und Mendikanten (= Bettelorden)
20 begannen, ihre Orden von innen zu reformieren und ihre Ordensregeln neu zu beachten. Reform wurde als eine Wiederbelebung der guten alten Ordnung verstanden, an der die Gegenwart gemessen und für unzulänglich befunden wurde.
25 Im Schisma sah man die schlimmste Folge der ausgebliebenen Reformen. Die Kirchenkritik ist nicht etwa Folge eines wachsenden Unglaubens, sondern im Gegenteil einer vertieften Frömmigkeit, die an die Kirche höhere Ansprüche stellte als jemals zuvor. […] Kritik und Reformgeist
30 wurden durch die gesteigerte Schriftlichkeit und Lesefähigkeit noch befördert. Die Masse der Handschriften in den Bibliotheken der Klöster und Domkapitel[4] wuchs gewaltig an.
Gerade in der zweiten Hälfte des 14. Jahrhunderts wurden
35 neue Universitäten gegründet, die sich bald zu Zentren der geistigen und theologischen Auseinandersetzung entwickelten. Zwar blieb das *studium* von Paris die unbestrittene geistige Autorität nördlich der Alpen, doch hatte Kaiser Karl IV. 1348 in Prag die erste mitteleuropäische Hoch-

schule gegründet, Kasimir der Große 1364 die von Krakau, 40
Herzog Rudolf IV. 1365 die von Wien, Kurfürst Ruprecht I. von der Pfalz 1386 die Heidelberger Universität und König Sigmund von Ungarn 1389 die von Buda. In Köln (1388) und Erfurt (1392) war die Initiative zur Gründung eines *studium generale*[5] von der Stadt ausgegangen. 45

Thomas Martin Buck und Herbert Kraume, Das Konstanzer Konzil (1414–1418). Kirchenpolitik – Weltgeschehen – Alltagsleben, Ostfildern 2013, S. 49 f.

1. Präsentation: Ordnen Sie die Kritikpunkte, die gegen die Kirche erhoben wurden, in einer Mindmap. Stellen Sie dabei das Schisma ins Zentrum.

2. Arbeiten Sie heraus, welche Rolle Frömmigkeit und Bildung für die damalige Kirchenkritik spielten.

3. Die Krise der spätmittelalterlichen Kirche – eine Folge zu hoher Ansprüche der Gläubigen? Setzen Sie sich mit der These auseinander. Berücksichtigen Sie dabei auch die „Allgegenwart des Todes" (Zeile 11 f.), also die hohe Sterblichkeit angesichts von Pest, Kriegen und Hungersnöten, die die damalige Gesellschaft bedrohten.

M2 Konzil und Papst

Das Konstanzer Konzil beschließt am 6. April 1415 folgendes Dekret:

Diese heilige Synode[6] zu Konstanz, die zum Lobe Gottes rechtmäßig im Heiligen Geist versammelt ist, erklärt, dass sie, ein allgemeines Konzil abhaltend und die irdische katholische Kirche repräsentierend, ihre Vollmacht unmittelbar von Christus hat. Ihr ist jeder, welchen Standes und 5
welcher Würde auch immer – sei es auch die päpstliche – in denjenigen Angelegenheiten zum Gehorsam verpflichtet, die sich auf den Glauben, die Ausrottung des Schismas und die allgemeine Reform der Kirche Gottes an Haupt und Gliedern beziehen. 10
Desgleichen erklärt sie, dass jeder, welcher Stellung, welchen Standes und welcher Würde auch immer – sei es auch die päpstliche – der den schon beschlossenen wie auch noch zu beschließenden Geboten, Satzungen oder Anordnungen oder Vorschriften dieser heiligen Synode und eines 15
jeden anderen rechtmäßig versammelten allgemeinen Konzils den Gehorsam verweigert, einer entsprechenden Buße unterworfen und gehörig bestraft wird, wobei nötigenfalls auch andere Rechtsmittel angewendet werden.

---

[1] **simonistisch:** die Käuflichkeit geistlicher Ämter und Gnaden betreffend
[2] **Pfründe** (von lat. *praebenda*: Unterhalt): Amt mit eigenem Einkommen oder gesicherter Versorgung
[3] **Klientelwesen** (von lat. *cliens*: Schutzbefohlener): Herausbildung und Versorgung eines Kreises abhängiger Gefolgsleute durch einen Schutzherrn (hier: einen kirchlichen Würdenträger)
[4] **Domkapitel** (von lat. *caput*: Kopf, Haupt): dem Bischof beigeordnetes Leitungsgremium zur Verwaltung eines Bistums

---

[5] **studium generale** (lat.: allgemeines Studium): im Mittelalter Bezeichnung für eine Hochschule mit umfassendem Fächerangebot
[6] **Synode** (von altgriech. *sýnodos*: Zusammenkunft): andere Bezeichnung für Konzil

45 Jahre später gibt Papst Pius II. am 18. Januar 1460 in einer Bulle (päpstliche Anordnung) bekannt:

20 Ein verwünschenswerter Missbrauch ist in unseren Tagen aufgekommen, dass nämlich vom römischen Papst, dem Stellvertreter Jesu Christi, [...] einige vom Geist des Aufruhrs [und] durch Sünde verleitete Kritiker des Papstes sich herausnehmen, ein künftiges Konzil zu verlangen. Wie sehr
25 ein solches Vorgehen den heiligen Canones[1] widerstreitet, wie sehr es dem christlichen Gemeinwesen schadet, kann jeder Rechtskundige erfassen. Um dieses üble Gift aus der Kirche Christi auszuscheiden, verdammen wir solchen Appell und weisen ihn als irrig und abscheulich zurück;
30 wir erklären ihn für null und nichtig, falls er sich noch hervorwagen sollte, und betrachten ihn als sinnlos und bedeutungslos.

Erster und zweiter Text nach: Adolf Martin Ritter, Bernhard Lohse und Volker Leppin (Hrsg.), Kirchen- und Theologiegeschichte in Quellen. Bd. 2: Mittelalter, Neukirchen-Vluyn ⁸2014, S. 235–237 (vereinfacht)

1. Erläutern Sie, inwieweit das Dekret des Konzils von Konstanz (erster Text) auf die damalige Krise der Kirche reagiert. Ziehen Sie zur Begründung auch den Verfassertext auf Seite 98 sowie M1 heran.

2. Stellen Sie beide Texte gegenüber und überlegen Sie, ob darin eine Verschärfung der kirchlichen Krise sichtbar wird. Vergleichen Sie dazu insbesondere die Sprache sowie die Anspruchsgrundlage von Konzilsdekret und päpstlicher Bulle (Zeile 1 bis 10 bzw. 21 f.). | **H**

M3 „Ein wahrer Theologe"

Der niederländische Humanist[2] Erasmus von Rotterdam (um 1466/69–1536) spricht in einer Schrift aus dem Jahr 1516 über seine Erwartungen an Theologen und Mönche:

Warum beschränken wir den allen gemeinsamen Stand auf einige wenige? Das steht nämlich nicht mit der Tatsache im Einklang, dass die Taufe, durch die die erste Angelobung auf die Philosophie Christi vollzogen wird, in gleicher
5 Weise allen Christen gemeinsam ist. Ebenso, dass alle übrigen Sakramente und schließlich auch der Lohn des ewigen Lebens in gleicher Weise allen zukommt; und nur die Lehre sollte auf diese wenigen verwiesen werden müssen, die das Volk heute Theologen und Mönche nennt. Von de-

nen möchte ich aber sagen – sie machen zwar nur einen 10 geringen Anteil an dem, was christliches Volk genannt wird, aus –, sie sollten doch in höherem Maße im Leben verwirklichen, was sie hören. Ich fürchte nämlich, man könnte unter den Theologen solche finden, die weit von ihrem Namen entfernt sind, das heißt, dass sie Irdisches, 15 nicht Himmlisches reden; und unter den Mönchen solche, die die Armut Christi und die Verachtung der Welt mehr mit den Lippen bekennen, als dass sie sich von der Welt wirklich lösten. Der ist mir ein wahrer Theologe, der nicht mit künstlich zusammengedrechselten Syllogismen[3], son- 20 dern mit Herzenswärme, durch sein Antlitz, durch seine Augen, durch sein persönliches Leben lehrt, dass man den Reichtum verachten müsse, dass der Christ nicht auf den Schutz dieser Welt vertrauen solle, sondern sich ganz vom Himmel abhängig fühlen müsse; dass man kein Unrecht 25 vergelten dürfe, dass man die Fluchenden segnen solle, dass man sich gute Verdienste um die erwerben müsse, die Schlimmes verdienen, dass man alle Guten wie die Glieder desselben Leibes lieben und in gleicher Weise hegen müsse; dass die Bösen ertragen werden müssten, wenn 30 man sie nicht bessern könne. Jene, die ihrer Habe beraubt, die von ihren Besitzungen vertrieben werden, die trauern, die seien selig und nicht zu bejammern; auch jetzt schon müssten die Frommen den Tod herbeisehnen, wo dieser doch nichts anderes ist als ein Übergang zum ewigen 35 Leben. – Wenn einer dieses und Ähnliches, vom Geiste Christi angetrieben, predigt, einschärft, dazu ermahnt, einlädt und ermuntert, der ist letzten Endes ein wahrer Theologe, und sei er auch ein Ackersmann oder Tuchweber.

Nach: Ulrich Köpf (Hrsg.), Deutsche Geschichte in Quellen und Darstellung, Bd. 3: Reformationszeit, 1495–1555, Stuttgart 2001, S. 70 f.

1. Fassen Sie Erasmus' Kritikpunkte an den Theologen und Mönchen seiner Zeit zusammen.

2. Arbeiten Sie Merkmale für eine Krise der damaligen Kirche heraus, die in den Beobachtungen von Erasmus anklingen. Ziehen Sie dazu auch die Aussagen des Historikers Rudolf Vierhaus im Kernmodul „Krisen" (M5, Seite 12) heran.

3. Der Reformator Martin Luther trat später für ein „Priestertum aller Gläubigen" ein, wonach jedermann berufen sei, zu predigen und die Sakramente zu spenden. Stellen Sie diese radikale Position den Überlegungen von Erasmus gegenüber. | **H**

---

[1] **Canones** (von lat. *canon*: Maßstab, Regel): kirchenrechtliche Gesetze, Kirchenrecht
[2] **Humanist**: Anhänger des Humanismus. Siehe dazu die Definition auf Seite 99.

[3] **Syllogismen** (von altgriech. *syllogismós*: logischer Schluss): theoretische Schlussfolgerungen

M4 Luthers Thesenanschlag: Wahr oder erfunden?

Martin Luther sendet seine Thesen über den Ablass am 31. Oktober 1517 an den Erzbischof von Mainz. Am selben Tag soll er sie auch an das Portal der Wittenberger Schlosskirche angeschlagen haben. Obwohl nicht sicher ist, ob diese Begebenheit tatsächlich stattfand, wird sie in zahlreichen Historienbildern festgehalten. Dazu gehört auch das Gemälde „Martin Luthers Thesenanschlag" des belgischen Malers Ferdinand Pauwels (1830–1904) aus dem Jahr 1872:

1. Interpretieren Sie die dargestellte Szene.
2. Recherchieren Sie den Stand der historischen Forschung zur Frage der „Echtheit" von Luthers Thesenanschlag. Verwenden Sie dazu Fachliteratur und Informationen aus dem Internet.
3. Erläutern Sie den Symbolgehalt des Thesenanschlags in Hinblick auf die Krise der damaligen Kirche. Gehen Sie dabei auf die Funktion der szenischen Elemente ein (Hammer, Kirchenportal, gelehrter Text, öffentlicher Aufruf, Initiative eines Einzelnen).
4. Präsentation: Der 31. Oktober gilt als Gedenktag der Reformation (in Niedersachsen gesetzlicher Feiertag). Führen Sie eine Pro- und Kontra-Diskussion in der Klasse über die Frage, ob es die historischen Hintergründe rechtfertigen, gerade mit diesem Datum an die Reformation zu erinnern. | H

M5 „Freiheit" im Sinne der Reformation

Im November 1520 erscheint Luthers Schrift „Von der Freiheit eines Christenmenschen" auf lateinisch und deutsch. Sie ist in 30 Abschnitte gegliedert und wird zu einem zentralen Baustein in Luthers reformatorischer Lehre. Über die Rolle jedes Einzelnen in der Gesellschaft heißt es:

Zum ersten: Damit wir gründlich erkennen mögen, was ein Christenmensch sei, und wie es getan sei um die Freiheit, die ihm Christus erworben und gegeben hat, davon Sankt Paulus viel schreibt, will ich diese zwei Beschlüsse setzen: Ein Christenmensch ist ein freier Herr über alle Dinge und 5 niemandem untertan. Ein Christenmensch ist ein dienstbarer Knecht aller Dinge und jedermann untertan.

Diese zwei Beschlüsse sind klar bei Sankt Paulus im 1. Kor[intherbrief] 9[,19]: „Ich bin frei in allen Dingen und habe mich zu eines jedermann Knecht gemacht." Ebenso im 10 Röm[erbrief] 13[,8]: „Ihr sollt niemandem etwas verpflichtet sein, außer dass ihr euch untereinander liebt." Genauso heißt es auch von Christus in Gal[aterbrief] 4[,4]: „Gott hat seinen Sohn ausgesandt, von einem Weib geboren und dem Gesetz untertan gemacht." 15

Zum zweiten: Um diese beiden gegensätzlichen Aussagen der Freiheit und Dienstbarkeit zu vernehmen, sollen wir bedenken, dass ein jeglicher Christenmensch zweierlei Naturen hat, eine geistliche und eine leibliche. [...] Und um dieses Unterschiedes willen werden in der Schrift von ihm 20 Aussagen gemacht, die völlig gegeneinander stehen, nämlich, wie ich gerade gesagt habe, von der Freiheit und Dienstbarkeit. [...]

Zum zehnten: Nun sind [...] alle Worte Gottes heilig, wahrhaftig, gerecht, friedsam, frei und aller Güte voll. Darum: 25 Wer ihm mit einem rechten Glauben anhängt, dessen Seele wird mit ihm vereinigt, so ganz und gar, dass alle Tugenden des Wortes auch der Seele eigen werden, und entsprechend durch den Glauben die Seele durch das Wort Gottes heilig, gerecht, wahrhaftig, friedsam, frei und aller Güte voll, ein 30 wahrhaftiges Kind Gottes wird [...]. Hieraus ist leicht zu merken, warum der Glaube so viel vermag und dass keine guten Werke ihm gleich sein können. [...] So sehen wir, dass ein Christenmensch an dem Glauben genug hat, er bedarf keines Werkes, um gut zu sein. Bedarf er aber keines Werkes 35 mehr, so ist er gewiss entbunden von allen Geboten und Gesetzen. Ist er entbunden, so ist er gewiss frei. Das ist die christliche Freiheit, der eine Glaube, der nicht macht, dass wir müßiggehen oder übeltun, sondern dass wir keines Werkes bedürfen, um Güte und Seligkeit zu erlangen [...]. [...] 40

Zum 25.: Aus all dem ist leicht zu verstehen, wie gute Werke zu verwerfen und nicht zu verwerfen sind [...]. Denn wo der falsche Anhang und die verkehrte Meinung drin ist, dass wir durch die Werke gut und selig werden sollen, sind sie schon nicht gut und ganz verdammungswürdig; denn sie sind nicht 45 frei und schmähen die Gnade Gottes, die allein durch den Glauben gut und selig macht, was die Werke nicht vermögen

[...]. Darum verwerfen wir die guten Werke nicht um ihret-
willen, sondern um dieses bösen Zusatzes und falscher ver-
50 kehrter Meinung willen [...].
Zum 28.: [...] Auf diese Weise gebietet auch Sankt Paulus
[...], dass sie [die Christen] weltlicher Gewalt untertan und
bereit sein sollen, nicht, dass sie dadurch gut werden können, sondern dass sie den anderen und der Obrigkeit damit
55 frei dienten und deren Willen täten aus Liebe und Freiheit.
Wer nun dieses Verständnis hätte, der könnte sich leicht
ausrichten auf die unzähligen Gebote und Gesetze des Papstes, der Bischöfe, der Klöster [...], der Fürsten und Herren,
die einige verrückte Prälaten[1] so treiben, als wären sie nötig
60 zur Seligkeit und nennen es Gebote der Kirche, wiewohl zu
Unrecht. Denn ein freier Christenmensch spricht so: „Ich will
fasten, beten, dies und das tun, was geboten ist, nicht, dass
ich es bedarf oder dadurch wollte gut oder selig werden,
sondern ich will es dem Papst, Bischof, der Gemeinde oder
65 meinem Mitbruder, meinem Herrn zu Willen, Beispiel und
Dienst tun und ertragen, genauso wie Christus um meinet-
willen viel größere Dinge getan und ertragen hat, die ihm
viel weniger nötig waren. Und mögen auch die Tyrannen[2]
Unrecht tun solches zu fordern, so schadet es mir doch nicht,
70 weil es nicht gegen Gott ist."

Nach: D. Martin Luthers Werke. Kritische Gesamtausgabe, IV. Abteilung, Bd. 7,
Weimar 1897 (unveränderter Nachdruck Weimar 2003), S. 20 f., 24 f., 33 f. und
37 (sprachlich normalisiert)

---

1. Präsentation: Ordnen Sie die Überlegungen Luthers in
einer Mindmap, im Mittelpunkt die beiden Aussagen
in Zeile 5 bis 7. | **F**

2. Präsentation: Verfassen Sie, ausgehend vom Text, eine
Kurzdefinition von „christlicher Freiheit" im Sinne
Luthers.

3. Vergleichen Sie das von Luther empfohlene Verhalten eines freien Christenmenschen mit dem, was Erasmus (M3)
als christliche Lebensführung ansieht.

4. Luther hat die Schrift in der lateinischen Version mit einem Sendschreiben an den Papst verbunden, als Versuch einer Verständigung mit Rom. Erörtern Sie die künftige Stellung der Kirche, wie sie Luther im vorliegenden
Text umreißt. Heben Sie dabei hervor, welche Gefahren
für die Autorität der Kirche von Luthers Schrift ausgehen
konnten.

M6 „Wir wöllen frei sein"

*Der Historiker Peter Blickle (1938–2017) untersucht die
im Bauernkrieg erhobenen Forderungen nach Freiheit und
gegen die Leibeigenschaft:*

Kein Herrschaftsrecht stand um 1500 unter einem dermaßen großen Legitimationsdruck wie das über den
Leib, Leibeigenschaft genannt. Ihre Umkehrung hieß
Freiheit. Auf allen gesellschaftlichen Ebenen, unter Bürgern und Bauern, Juristen und Theologen wurde sie dis- 5
kutiert, auf allen politischen Ebenen wurde sie verhandelt, von der Dorfgemeindeversammlung bis hinauf in
[...] den Reichstag.
Als geprägter und inhaltlich scharf konturierter Begriff tritt
Freiheit in den Zwölf Artikeln der oberschwäbischen Bau- 10
ern von 1525 in Erscheinung, deren dritter ausdrücklich
fordert, „das wir frei seien und wöllen sein", und darunter
die Aufhebung der Leibeigenschaft (Eigenschaft steht in der
Quelle) versteht. Die Drucke der Zwölf Artikel in Augsburg
und Breslau, Konstanz und Magdeburg, Nürnberg und Re- 15
gensburg, Erfurt und Straßburg belegen die Durchschlags-
kraft der Freiheitsforderung bei den deutschen Bauern.
Radikalität und Prägnanz gewann der bäuerliche Freiheitsbegriff durch seine Verknüpfung mit dem Evangelium.
„Zum dritten", heißt es in den Zwölf Artikeln, „ist der Brauch 20
bisher gewesen, das man uns für eigen Leüt gehalten hat,
wölchs zuo Erbarmen ist, angesehen das uns Christus all mit
seinem kostparlichen Bluotvergüssen erlöst und erkauft
hat". Die Begründung der Freiheit mit dem Erlösertod
Christi wird ergänzt durch die Hoffnung der Bauern, sie 25
„seien auch on Zweifel, ir [die Herren] werdend uns der Eigenschaft als war und recht Christen geren entlassen oder
uns im Evangeli des berichten, daz wirs seien". Aus dem
Evangelium ziehen die Bauern die dreifache Begründung
der Freiheit mit dem Erlösertod Christi, der christlichen 30
Nächstenliebe und der von Gott in die Welt gelegten Rechts-
ordnung des Naturrechts. Das war die Hermeneutik[3] der
Betroffenen, die sich auf diese Weise das Evangelium er-
schloss. Sie wäre ohne die Reformation und ihren Rückgriff
auf das Evangelium als alleiniger Norm für Theologie und 35
Glauben schwer möglich gewesen. Nicht ohne Grund baten
die Bauern die Reformatoren mittels eines gedruckten Auf-
rufs, der ausdrücklich Richterliste heißt, um Gutachten zu
ihren Artikeln, also auch dem Leibeigenschaftsartikel.
Dass gerade Bauern das Problem der Unfreiheit gewisser- 40
maßen auf einen prinzipiellen theologischen, juristischen
und ethischen Punkt brachten, war nicht selbstverständlich, denn neben ihnen gab es nicht wenige Bürger, na-
mentlich in den landesherrlichen Städten[4], die nicht minder

---

[1] **Prälat** (von lat. *praelatus*: Bevorzugter, Vorsteher): hoher kirchlicher
Würdenträger (z. B. Bischof oder Abt) oder kirchlicher Ehrentitel
[2] **Tyrann**: Gewaltherrscher, Willkürherrscher

[3] **Hermeneutik** (von altgriech. *hermēneuein*: ausdrücken, übersetzen):
systematische Auslegung, sachgerechte Interpretation
[4] **landesherrliche Städte**: Städte unter der Hoheit eines Fürsten,
nicht reichsunmittelbare Städte

45 leibeigen waren als sie selbst. Aus zahlreichen württembergischen Amtsstädten[1] liegen Urkunden vor, ausgestellt von Schultheiß[2], Richtern und Bürgern, in denen die Bürgerschaften versprechen, sich ihrem Grafen nicht zu „entfremden […], weder mit unsern Leiben, Weiben, Kinden noch

50 Guten". Den Leib darf man nicht entfremden, das ist Leibeigenschaft. Württemberg war kein Sonderfall. Von den meisten Reichsstädten abgesehen, gehört die Freiheit nicht zu den Statusrechten von Bürgern.

Peter Blickle, Der Bauernkrieg. Die Revolution des Gemeinen Mannes, München
⁴2012, S. 55 f.

1. Erklären Sie, warum die Leibeigenschaft um 1500 „unter einem dermaßen großen Legitimationsdruck" (Zeile 1 f.) stand.

2. Analysieren Sie die Hauptforderungen in den „Zwölf Artikeln". Siehe dazu den Internettipp weiter unten. | H

3. Erläutern Sie die in Zeile 20 bis 32 besprochene Passage aus den „Zwölf Artikeln". Stellen Sie das hier dargelegte Verständnis von Freiheit demjenigen Luthers in M5 gegenüber. | H

4. Blickle sagt an anderer Stelle über die „Richterliste" der Bauern (Zeile 38), die Aufständischen hätten in den Reformatoren gleichsam „Verfassungsrichter" gesehen. Erörtern Sie anhand dieser Bewertung das Verhältnis zwischen Bauernkrieg und Reformation. Ziehen Sie dazu auch den Abschnitt „Gegen eine radikale Reformation" im Darstellungsteil auf Seite 102 heran.

Internettipp
Die „Zwölf Artikel" der Bauern finden Sie unter dem Code **32201-16**.

Die „Zwölf Artikel" der Bauern.
Titelblatt eines Druckes aus Zwickau von 1525.
Der Titel lautet: „Beschwerung vnd freuntlich begeren mit angehefftem Christlichem erbieten der gantzen Bawerschafft So itzund versamlet yn zwelff hawbt Artickel auffs kurtzist gefuget".
In den „Zwölf Artikeln" fasste der Kürschner Sebastian Lotzer 1525 die Forderungen der aufständischen Bauern an die „weltlichen und geistlichen Obrigkeiten" zusammen. Sie waren das Resultat wochenlanger Beratungen oberschwäbischer Bauern.

---

[1] **Amtsstadt**: Stadt innerhalb eines Amtes (kleinräumige Verwaltungseinheit), häufig dessen Hauptort

[2] **Schultheiß**: Amtsperson zur Aufsicht über die Verwaltung und Rechtsprechung einer städtischen oder dörflichen Gemeinde

M7 Die Fürstenreformation und ihre Folgen für die Gesellschaft

Der Kirchenhistoriker Bernd Moeller (*1931) beschreibt die Einführung der ersten evangelischen Landeskirchen:

Das Verfahren, das man zur Neugründung der Kirche in den Territorien anwendete, war aufwändig und anspruchsvoll: Es wurden Visitationen[1] veranstaltet und damit jene alte Einrichtung des Kirchenrechts wiederbelebt, mit der

5 die Bischöfe ihre Diözesen regierten. Nun geschah das in der neuen Form, dass staatliche Kommissionen aus Beamten und Theologen das weite Land bereisten und die kirchlichen Gegebenheiten am Ort zu ermitteln hatten – die Besitzverhältnisse, die Eignung der Pfarrer in Bezug auf

10 Wissen, Meinungen und Sitten sowie den Zustand der Gemeinden. Im Weiteren verloren solche Kleriker, die an ihren katholischen Überzeugungen festhielten oder sonst für den evangelischen Kirchendienst ungeeignet erschienen, zumeist ihre Ämter […]. Die kirchlichen Vermögenswerte

15 wurden vielerorts in der neuen Form des „Gemeinen Kastens" vereinigt, aus dem in Zukunft die Besoldung der Pfarrer und Lehrer sowie die Armenfürsorge bestritten werden sollten – ein Verfahren, das sich in evangelischen Städten bewährt hatte –, und es wurden die Klöster geschlossen,

20 ihre verbliebenen Insassen versorgt, auch das nach Analogie der Städte.

Das Ganze war ein eingreifender, für Betroffene oft schmerzlicher und nicht immer seriös gehandhabter Umschichtungsprozess. Streit gab es vor allem um die Vermö-

25 gensfragen. […]

Die wichtigste und kirchlich wie gesellschaftlich wirkungsreichste Veränderung im Zusammenhang der evangelischen Kirchenbildung erlebten Beruf und soziale Stellung des Pfarrers. […] Im Grunde entstand in der Figur des

30 evangelischen Pastors ein neuer Beruf, der für die Ausfüllung einer Führungsrolle in Kirche und Gesellschaft prädestiniert war. […]

[Künftig] trat der evangelische Pastor im Unterschied zum Kleriker des Mittelalters nicht in der Masse, sondern als

35 Einzelner auf. Die Zahl der geistlichen Personen verringerte sich in der evangelischen Kirche drastisch – in Städten mit nunmehr aufgehobenen kirchlichen Institutionen kamen Rückgänge in der Größenordnung von 50 : 1 vor. Gleichwohl aber nahmen Autorität und Sozialprestige[2] der

40 Pastoren gegenüber den spätmittelalterlichen Klerikern oder Ordensleuten eher zu. Ihre Hauptaufgabe, das Predigen, war – in aller Öffentlichkeit verrichtet – doch eine

ganz individuelle Betätigung, hatte aber nach der theologischen Lehre, die nun galt, für Leben und Schicksal der zu-

45 hörenden Christen unüberbietbare Bedeutung. So war die öffentliche Resonanz zumal in den Städten in der Regel groß, und dem entsprach es, dass sich vielfach ein neues Amts- und Standesbewusstsein der Pastoren entwickelte […]. Die negativen Eigenschaften der alten Kleriker hinge-

50 gen fehlten ihnen zumeist: Der evangelische Pastor wurde zum akademischen Studium angehalten und in späteren Zeiten sogar verpflichtet, so dass er durch Bildung hervortrat, und ihm war die Heirat erlaubt, ja geradezu geboten, so dass die problematischen Begleiterscheinungen des

Zölibats[3] aufhörten. 55

Insbesondere diese letztgenannte Neuerung brachte, zusammen mit dem Verschwinden des Mönchtums, die möglicherweise einschneidendste soziale Veränderung mit sich, die im Zuge der Reformation eintrat. Die enorme Neuerung,

60 dass Luther und seine Anhänger die bis in frühe Zeiten des Christentums zurückreichende Maxime[4], Jungfräulichkeit und Ehelosigkeit besäßen einen sittlich-religiösen Vorrang gegenüber dem sexuellen Leben, grundlegend und nachhaltig bestritten, wurde durch die in der Ehe lebenden evangelischen Pastoren gewissermaßen vollzogen. 65

Bernd Moeller, Das Zeitalter des Ausbaus und der Konsolidierung der Reformation 1525 – 1555, in: Ökumenische Kirchengeschichte, Bd. 2, hrsg. von Thomas Kaufmann und Raymund Kottje, Darmstadt 2008, S. 288 – 308, hier S. 291 f. (gekürzt)

1. Fassen Sie zusammen, welche Änderungen durch die neue evangelische Kirchenordnung eintraten. Differenzieren Sie dabei zwischen Landesherr, Untertanen, Geistlichen und der Gesellschaft im Allgemeinen.

2. Erläutern Sie, mit welchen Mitteln die Fürstenreformation einer Radikalisierung der Reformation entgegenwirken konnte.

3. Präsentation: Entwickeln Sie, ausgehend von den Informationen im Text, ein Rollenspiel, das die Visitation einer (noch) katholischen Pfarrei nachstellt. Bringen Sie dabei die Ansprüche der landesherrlichen Kommission ebenso wie die Ängste und Bedenken der Kleriker zum Ausdruck.

4. Partnerarbeit: Vergleichen Sie die Fürstenreformation mit anderen politisch-weltanschaulichen Umwälzungen „von oben" (z. B. Entnazifizierung nach 1945, Aufarbeitung der SED-Vergangenheit in den neuen Bundesländern nach 1990). Stellen Sie Unterschiede und Ähnlichkeiten heraus.

---

[1] **Visitation** (von lat. *visitatio*: Besichtigung, Besuch): Inspektion, Besuch einer Aufsichtsperson zur Kontrolle von dienstlich Untergebenen
[2] **Sozialprestige**: Geltung innerhalb der Gesellschaft

[3] **Zölibat** (von lat. *caelebs*: unverheiratet): Gebot der Ehelosigkeit und Keuschheit für Geistliche
[4] **Maxime**: Leitvorstellung

M8 Reichsverfassung und Augsburger Religionsfrieden

Das Schaubild zeigt das Verfassungssystem des Heiligen Römischen Reiches Deutscher Nation und die Neuerungen durch den Augsburger Religionsfrieden von 1555:

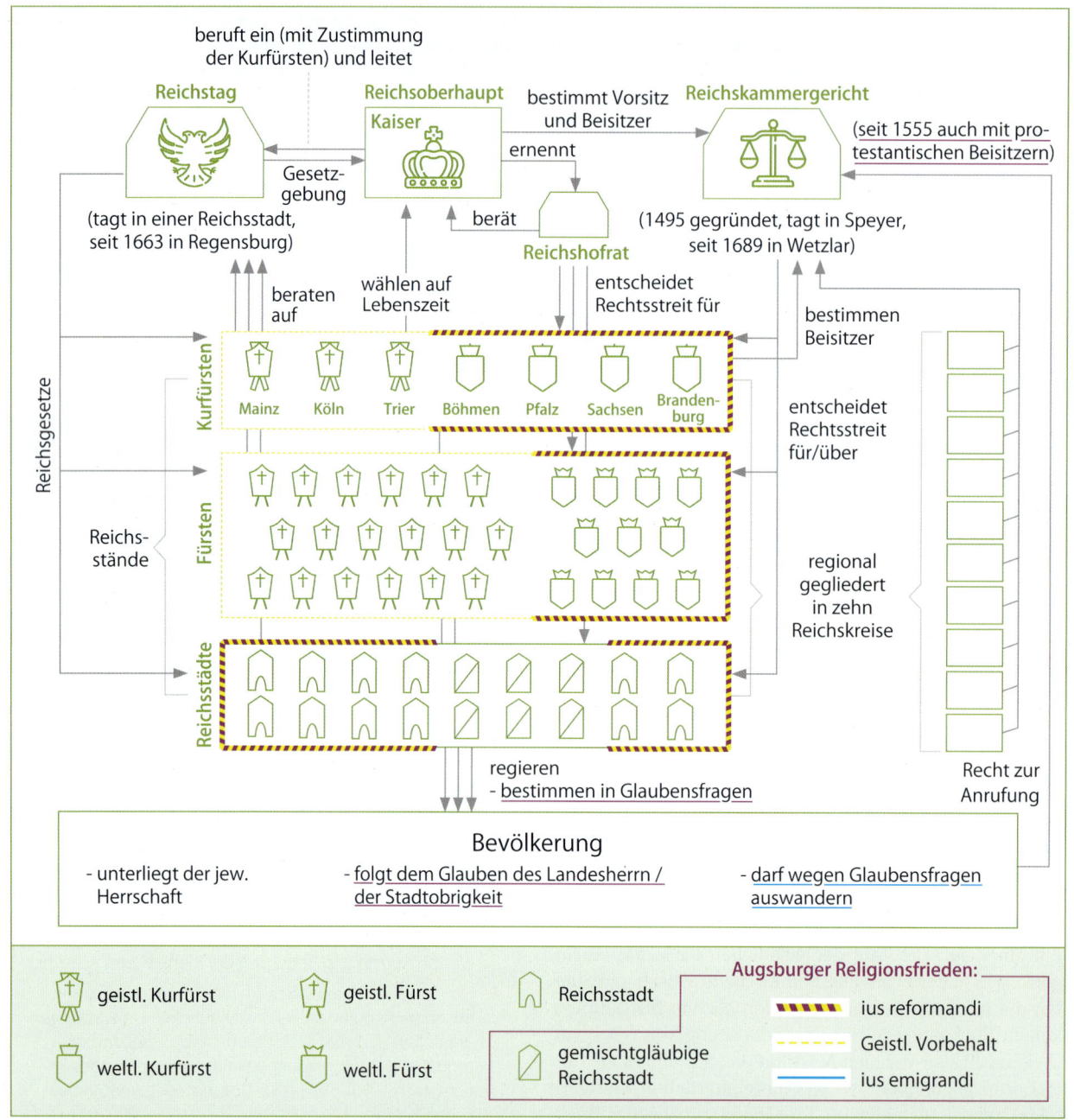

1. **Beschreiben Sie** die Elemente und Aussagen des Schaubildes. | H

2. **Arbeiten Sie heraus,** welche Bestimmungen des Religionsfriedens für eine Festschreibung der Zustände sorgen sollten, welche dagegen Veränderungen zuließen. | H

3. **Präsentation:** Verfassen Sie ein Schreiben, mit dem Sie als Untertan Ihrem Fürsten oder Ihrer Reichsstadt anzeigen, wegen Glaubensgründen auszuwandern. Führen Sie dabei das vom Religionsfrieden gewährte Recht an. Berücksichtigen Sie auch, dass die Emigration mit harten Auflagen verbunden war (Zurücklassen des eigenen Vermögens, Ablösezahlungen).

M9 Empfehlungen zur katholischen Reform

Der Jesuitenpater Petrus Canisius (1521–1597) verfasst 1576 ein Gutachten über die Bewahrung und Erneuerung des katholischen Glaubens im römisch-deutschen Reich. Adressiert ist das Schreiben an den päpstlichen Legaten (Botschafter), Kardinal Giovanni Morone (1509–1580):

Unter andern Missständen, die jetzt nach dem verderblichen „Evangelium" Luthers in Deutschland um sich greifen, stehen folgende nicht an letzter Stelle, durch welche die Zahl der Katholiken von Tag zu Tag kleiner wird, nämlich
5 eine völlige Unwissenheit im Glauben, die Unkenntnis der Kirche und deren Verachtung. Ferner ist nicht nur das Leben der Laien verderbt, sondern auch das des ganzen Klerus und vor allem der Prälaten[1] und der Ordensleute. Diese Missstände zerstören neben der Häresie[2] den Rest
10 der Kirche [...], sodass es ohne rechtzeitige Gegenmaßnahmen unmöglich wird, die Katholiken vor dem Abfall zurückzuhalten oder die Häretiker[3] wiederzugewinnen. [...]
1. Das erste und nächstliegende Mittel ist – damit hat unser Heiliger Vater [der Papst] ja schon den Anfang gemacht –,
15 dass er weiterhin für einen guten Unterricht der deutschen Jugend in verschiedenen Seminarien sorgt, die er auf seine Kosten bauen lassen möge. Zwar hilft das bereits errichtete Deutsche Kolleg in Rom[4] schon viel zu diesem Ziel. Weil aber die Kosten dort höher sind und viele das Klima nicht
20 ertragen und immer wieder krank werden, und wegen anderer Ungelegenheiten scheint es ratsamer zu sein, in Rom selbst nur eine kleine Zahl von Deutschen zu behalten und mehrere Seminarien in Deutschland selber zu errichten. [...] Aus derartigen Seminarien würden sicher nicht nur
25 gelehrte, sondern auch in jeder Hinsicht erprobte junge Leute hervorgehen. [...]
2. Das zweite Mittel ist, dass der Heilige Vater mit den deutschen Bischöfen über die Errichtung solcher Seminare verhandelt, bis sie endlich etwas in Angriff nehmen. [...]
30 5. Vor allem in Österreich und Böhmen gibt es sehr viele Äbte und Ordensobere, die nie Mönche waren noch rechtmäßig gewählt sind. Als Laien werden sie von einem weltlichen Fürsten eingesetzt [...]. [...] Ob es nicht ratsam wäre, dass der Heilige Vater mit den Fürsten verhandelte, damit
35 sie in Zukunft derartige Ernennungen bleiben lassen oder dass wenigstens das Präsentationsrecht[5] nur unter der Bedingung zugestanden werde, dass sie sich an die Forderungen des Trienter Konzils halten?

6. Selten visitieren die Bischöfe ihre Diözesen, noch seltener erreicht eine Visitation[6] einen Nutzen. Dies kommt vor 40 allem daher, dass sie nicht wissen, was zu verbessern und was anzuordnen ist [...]. Daher wäre es gut, wenn der Heilige Vater darüber wenigstens mit einigen Bischöfen verhandelte und gelehrte Männer auswählte, die der Aufgabe einer Visitation gewachsen und voll Eifer für Gott sind [...]. 45
7. Großer Schaden erwächst daraus, dass allenthalben ohne jede Auswahl ganz Unwürdige geweiht und als Pfarrer eingesetzt werden. Grund dafür ist der Mangel an Geistlichen und die Unwissenheit und Nachlässigkeit der Prälaten. Der ersten Wurzel des Übels wird leicht mit der Errich- 50 tung der Seminare begegnet, die zweite wird dadurch behoben, dass auf Geheiß seiner H[eiligkeit] eine Prüfungsordnung für Weihekandidaten und für solche, die als Pfarrer eingesetzt werden sollen, herausgegeben und den Bischöfen übersandt wird. 55
8. Da wir aus der Werkstätte Satans täglich viele Bücher erscheinen sehen, die mit ihrem Gift das arme Volk verführen, wird es von großem Nutzen sein, wenn vom Apostolischen Stuhl[7] einige ausgezeichnete Männer ausgewählt werden, die die Bücher der Häretiker, die größeren Scha- 60 den anrichten, vor allem die Institutionen Calvins[8] und die Verurteilung des Trienter Konzils durch Chemnitz[9] widerlegen und bekämpfen sollten. Zu diesem Zweck wird es auch ganz entsprechend sein, wenn vom Papst eine Druckerei errichtet oder mit der Herausgabe betraut würde. 65

Nach: Albrecht P. Luttenberger (Hrsg.), Katholische Reform und Konfessionalisierung, Darmstadt 2006, S. 313–316 (gekürzt)

---

1. Fassen Sie die Reformvorschläge zusammen.

2. Arbeiten Sie heraus, welche Missstände das Gutachten der eigenen Kirche und den katholischen Fürsten anlastet, welche dagegen der Reformation.

3. Vergleichen Sie die empfohlenen Reformmaßnahmen mit der Einführung evangelischer Kirchenordnungen in deutschen Territorien (siehe dazu den Verfassertext auf Seite 102 sowie M7 auf Seite 113).

4. Präsentation: Informieren Sie sich über Petrus Canisius und Giovanni Morone. Verfassen Sie Kurzbiografien über ihre Rolle im Rahmen der katholischen Reform.

---

[1] **Prälat**: Siehe Fußnote 1 in M5 auf Seite 111.
[2] **Häresie** (von altgriech. *haíresis*: Wahl, Anschauung): abweichende Glaubenslehre, Ketzerei
[3] **Häretiker**: Vordenker oder Anhänger einer Häresie, Ketzer
[4] **Deutsches Kolleg in Rom** (lat. *Collegium Germanicum*): 1552 gegründete päpstliche Hochschule für Priester, die die katholische Reform ins römisch-deutsche Reich tragen sollten
[5] **Präsentationsrecht**: Vorschlagsrecht zur Wahl eines Kandidaten

[6] **Visitation**: Siehe dazu Fußnote 1 für M7 auf Seite 113.
[7] **Apostolischer Stuhl**: Bezeichnung für das Papsttum
[8] **Institutionen Calvins**: Hier wird auf die Schrift „Institutio christianae religionis" (dt.: „Unterricht in der christlichen Religion") von Johannes Calvin (siehe Seite 105, Randspalte) angespielt.
[9] Der evangelische Theologe **Martin Chemnitz** (1522–1586) verfasste zwischen 1566 und 1573 eine Kritik der Trienter Konzilsbeschlüsse.

M10 „Geistlicher Rauffhandel"

Auf einem ca. 1619 veröffentlichten illustrierten Flugblatt steht zu lesen:

Ach Herr Gott / ein elends wesen /
Wir können wedr schreibn noch lesen /
Sein ungelehrt / einfältig Leut /
Verstehen nicht den grossen Streit /
5 So all Lehrer täglich treiben /
In dem predigen und schreiben /
[...]
Es ist etwann bey hundert Jahr /
Fiel Luther dem Bapst in die Haar /
10 Der Bapst wolt das nicht gut seyn lan /
Fiel den Luther auch wider an /
Das rauffen wärt ein kurtze Frist /
Da mengt sich drein der Calvinist /
Fiel Bapst und Luther in die Haar /
15 Drauff der Zanck noch viel ärger war /
[...]
Der Punct seynd ein grosser Hauffen /
Drumb sich die drey Männer rauffen /
Und wäret noch je länger je mehr /
20 Der gemein Läy beklagt das sehr /
Weil er davon wirdt irr und toll /
Weiß nicht wem Theil er glauben soll /
Und ist läyder zu vermuten /
Es möcht sich noch ein Lehr außbruten.
25 Beschluss:
Herr Jesu / schaw du selbst darein /
Wie uneins die drey Männer seyn /
Komm doch zu deiner Kirch behend /
Und bring solch zancken zu eim end.

Nach: Deutsche illustrierte Flugblätter des 16. und 17. Jahrhunderts, hrsg. von Wolfgang Harms, Bd. II/2, Tübingen ²1997, S. 262 f.

1. Arbeiten Sie heraus, welche Position das Gedicht im Streit zwischen den Konfessionen bezieht.
2. Der Text spricht vom „Rauffhandel" (Schlägerei) der Bekenntnisse. Finden Sie andere Begriffe für die damalige Auseinandersetzung.
3. Wie viel Uneinigkeit verträgt eine Religion? Diskutieren Sie allgemein in der Klasse.

M11 Wiederherstellung, Gleichstellung, Duldung

Am 24. Oktober 1648 werden in Münster der Friedensvertrag zwischen dem Kaiser und Frankreich sowie in Osnabrück die Vereinbarung zwischen Kaiser, Reichsständen und Schweden unterzeichnet. Im Osnabrücker Friedensvertrag (lat. Instrumentum Pacis Osnabrugensis, IPO) heißt es in Artikel V:

[§ 2] Der Stichtag für die Restitution in geistlichen Angelegenheiten sowie für das, was als deren Folge in den weltlichen Angelegenheiten verändert wurde, soll der 1. Januar 1624 sein. Es soll daher die Wiedereinsetzung aller Kurfürsten, Fürsten und Stände beider Konfessionen[1] unter Einschluss der freien Reichsritterschaft sowie der reichsunmittelbaren Städte und Dörfer vollständig und ohne jeden Vorbehalt geschehen, wobei [...] alles auf den Stand des vorerwähnten Jahres und Tages zurückzuführen ist.

[§ 30] Was ferner die [Landsassen[2], Vasallen[3] und Untertanen] der geistlichen und weltlichen Reichsstände betrifft, so ist, da diesen reichsunmittelbaren Ständen [...] das Reformationsrecht zusteht [...], [...] bestimmt worden, dass diese Vorschrift auch künftig von den Ständen beider Bekenntnisse beachtet und keinem Reichsstand das Recht, das ihm gemäß der Landeshoheit in Religionssachen zusteht, geschmälert werden soll.

[§ 31] Diesen Bestimmungen steht nicht entgegen, dass die Landsassen, Vasallen und Untertanen katholischer Stände, welcher Art sie auch seien, die zu irgendeinem Zeitpunkt des Jahres 1624 die öffentliche oder private Religionsausübung der Augsburgischen Konfession [...] vorgenommen haben, diese auch fernerhin einschließlich aller Nebenrechte, soweit sie diese im vorerwähnten Jahr in Anspruch genommen haben oder deren Ausübung unter Beweis stellen können, beibehalten sollen. Zu diesen Nebenrechten werden gerechnet: die Besetzung der Konsistorien, der Schule und der Kirchenämter, das Patronatsrecht[4] und ähnliche Rechte. Auch sollen sie im Besitz aller zur vorerwähnten Zeit in ihrer Gewalt befindlichen Kirchen, [...] Klöster und Spitäler einschließlich allen Zubehörs, aller Einkünfte und allen Zuwachses verbleiben. [...]

---

[1] Gemäß Artikel VII des IPO wurden die Reformierten den Anhängern des katholischen und evangelisch-lutherischen Bekenntnisses rechtlich gleichgestellt.

[2] **Landsasse:** Grundherr oder Adliger, der der Hoheit eines Fürsten untersteht

[3] **Vasall:** freie Person, die Lehen empfängt und verwaltet, als Lehnsnehmer dem Lehnsherrn zu Abgaben sowie militärischer oder politischer Gefolgschaft verpflichtet

[4] **Patronatsrecht** (von lat. *patronus*: Schutzherr): Schirmherrschaft über eine örtliche Kirche und ihr Personal

[§ 32] Wer [von ihnen] aber auf irgendeine Weise beeinträchtigt oder [seiner Besitztümer] entsetzt worden ist,
35 soll ausnahmslos und vollständig in den Rechtszustand, in
dem er sich im Jahre 1624 befunden hat, wiedereinge-
setzt werden.
Das gleiche gilt für die katholischen Untertanen von
Reichsständen der Augsburgischen Konfession, denen im
40 vorerwähnten Jahr 1624 die öffentliche oder private Ausübung des katholischen Bekenntnisses zustand. [...]

[§ 34] Ferner ist man übereingekommen, dass die der
Augsburgischen Konfession angehörenden Untertanen
katholischer Stände wie umgekehrt katholische Unterta-
45 nen von Ständen der Augsburgischen Konfession, denen
im Jahre 1624 zu keinem Zeitpunkt die öffentliche oder
private Religionsausübung zustand, wie auch die, die nach
der Verkündung des Friedens künftig ein anderes
Glaubensbekenntnis annehmen oder annehmen werden
50 als ihr Landesherr, mit Nachsicht geduldet und nicht daran gehindert werden sollen, sich in vollständiger Gewis-
sensfreiheit in ihren Häusern ihrer Andacht ohne jede
Nachforschung und ohne jede Beeinträchtigung privat zu
widmen [...], in der Nachbarschaft so oft und wo immer
55 sie wollen am öffentlichen Gottesdienst teilzunehmen und
ihre Kinder entweder in auswärtige Schulen ihres Bekenntnisses oder zu Hause von Privatlehrern unterweisen
zu lassen. Doch sollen Landsassen, Vasallen und Untertanen im Übrigen ihre Pflicht in schuldigem Gehorsam und
60 Unterordnung erfüllen [...] und zu keinerlei Unruhen Anlass geben.

[§ 35] Ob die Untertanen aber katholischen Glaubens oder
Augsburgischer Konfession sind, sollen sie doch nirgends
wegen ihres Bekenntnisses verachtet [...] und auch nicht
aus der Gemeinschaft der Kaufleute, Handwerker und 65
Zünfte, von Erbschaften, Vermächtnissen, Spitälern, Sie-
chenhäusern[1], Almosen und anderen Rechten oder Ge-
schäften, noch viel weniger von den öffentlichen Kirch-
höfen und einem ehrlichen Begräbnis ausgeschlossen
[werden] [...]; vielmehr sollen sie in diesen und ähnlichen 70
Fällen in gleicher Weise wie ihre Mitbürger Recht, Gerechtigkeit und Schutz genießen [...].

Nach: Arno Buschmann, Kaiser und Reich. Klassische Texte zur Verfassungsge-
schichte des Heiligen Römischen Reiches Deutscher Nation vom Beginn des
12. Jahrhunderts bis zum Jahre 1806, Tl. 2, Baden-Baden [2]1994, S. 35 und 48–51

1. Fassen Sie zusammen, in welchen Fällen das Normaljahr
1624 als Richtschnur für die konfessionellen Verhältnisse
dienen sollte.

2. Erklären Sie, weshalb die Festlegung eines Normaljahrs
zur allgemeinen Befriedung beigetragen hat.

3. Stellen Sie die Rechte der Bevölkerung (hier als „Landsassen, Vasallen und Untertanen" bezeichnet) den Rechten
gegenüber, die ihr der Augsburger Religionsfrieden gewährte.

4. Arbeiten Sie aus den Paragrafen 34 und 35 (Zeile 42 bis
72) heraus, welche Nachteile es bisher für Andersgläubige
in einer Reichsstadt oder einem Territorium geben konnte.

5. Präsentation: Tragen Sie die Bestimmungen des Westfäli-
schen Friedens, soweit sie die Reichsstände und die Bevölkerung betreffen, in das Schaubild in M8 ein. Ziehen
Sie dazu auch den Abschnitt „Friede mit Perspektiven"
im Darstellungsteil auf Seite 107 heran.

---

[1] **Siechenhäuser:** damalige Krankenhäuser für besonders an-
steckende Krankheiten wie Pest, Cholera oder Aussatz

Streitschriften untersuchen

Eine **Streitschrift** ist eine Textquelle. Mit ihr meldet sich der Verfasser in einer **öffentlichen Auseinandersetzung** über ein bestimmtes Thema zu Wort. Eine Streitschrift **„sucht Streit"**: Statt abzuwägen oder nüchtern zu beobachten, nimmt der Verfasser einseitig Partei und spitzt seine Meinung zu. Die Aussagen wirken daher leidenschaftlich, bis hin zur Übertreibung. In ihrer Argumentation setzen manche Verfasser vorsätzlich Unwahrheiten, Anfeindungen oder Spott ein. Steht die verbale Kampfansage an einen Gegner oder an eine andere Meinung im Vordergrund, spricht man auch von einer **Schmähschrift** oder einem **Pamphlet**. Streitschriften der Vergangenheit sind oft sehr aufschlussreich, allerdings ist bei ihrer Untersuchung Vorsicht geboten. Wortwahl und Gedankengang der Quelle können gegen den Verfasser einnehmen, ihn befremdlich oder widerwärtig erscheinen lassen. Es geht jedoch weniger um ein moralisches Urteil, auch wenn eine solche Wertung in die Analyse aufgenommen werden kann. Vielmehr sind die **Motive des Verfassers und seine Position** kenntlich zu machen. Eine Streitschrift enthält kaum etwas Zuverlässiges über den darin beschriebenen Gegner. Sie gibt dagegen viel Aufschluss über den Verfasser selbst, seine Anschauungen oder seine Voreingenommenheit. Ähnliches gilt für das **Publikum**, an das sich der Text wendet. In den Anklagen oder Gehässigkeiten einer Streitschrift werden typische Sorgen, Probleme und Konflikte einer Zeit sichtbar. Mitunter ist das „Nachleben" einer Streitschrift zu berücksichtigen. Ihre Aussagen können auch die Menschen späterer Zeiten noch beeinflusst haben. In der Analyse ist klar zu trennen zwischen der ursprünglichen **Aufnahme (Rezeption)** der Streitschrift und ihren **Folgen** für die Nachwelt.

Ein weiteres Anwendungsbeispiel finden Sie auf Seite 54.

Arbeitsschritt	Leitfragen
1. beschreiben	• Wer ist der Verfasser oder Auftraggeber, welche Funktion oder Stellung hat er/sie? • Wann, wo und aus welchem Anlass wurde die Streitschrift verfasst? • Was ist der Gegenstand der Streitschrift? Was wird thematisiert? • Wie ist der Text aufgebaut? Welche Merkmale kennzeichnen ihn (Sprache, Stil)? • Tauchen im Text Übertreibungen, Unwahrheiten, Spott oder verbale Angriffe auf?
2. erklären	• Zu welcher öffentlichen Auseinandersetzung nimmt die Streitschrift Stellung? • Welchen Bezug hat der Verfasser zum Thema (Betroffener, distanzierter Beobachter)? • An wen wendet sich die Streitschrift? • Gegen wen oder welche Position ist die Streitschrift gerichtet? • Welche Absichten verfolgt der Verfasser oder Auftraggeber mit dem Text? • Welche Wirkung geht von dem Text aus?
3. beurteilen	• Was kann die Streitschrift über die Denkweise des Verfassers und seines Publikums aussagen? • Gibt es weitere Äußerungen des Verfassers zum gleichen Thema? • Wie wurde die Streitschrift von den Zeitgenossen aufgenommen? • Von wem und wie wurde der Text in späteren Zeiten rezipiert?

M Luther und die Juden

Im Jahr 1523 veröffentlicht Martin Luther seine Schrift „Dass Jesus Christus ein geborener Jude sei". Er hofft darin, die Juden würden freiwillig die evangelische Lehre übernehmen. Im Winter 1542/43 verfasst er die Schrift „Von den Juden und ihren Lügen". Luthers frühere Haltung hat sich ins Gegenteil verkehrt:

Ich habe eine Schrift erhalten, in der ein Jude ein Gespräch mit einem Christen führt und sich daran macht, die Sprüche der [Heiligen] Schrift (wie sie für unseren Glauben gelten, über unseren Herrn Christus und Maria, seine Mutter) zu verdrehen und ganz anders zu deuten. Damit meint er, unseren Glaubensgrund umzustoßen. Darauf gebe ich Euch und
5 ihm diese Antwort […].

[…] Ja, hier liegt der Grund, der Hader, die Anmaßung, das macht die Juden toll und töricht und treibt sie zu solch verdammtem Ansinnen, alle Sprüche der Schrift so schändlich entstellen zu müssen: Sie wollen und können nicht ertragen, dass wir Heiden mit ihnen vor Gott gleich seien und der Messias Trost und Freude für uns sei ebenso wie für sie. Ehe sie
10 es ertrügen, dass wir Heiden, die wir von ihnen ohne Unterlass verspottet, verwünscht, verflucht, beleidigt und entehrt werden, mit ihnen am Messias teilhaben und Miterben und ihre Brüder heißen sollten, eher, so sage ich, kreuzigten sie noch zehnmal den Messias und schlügen Gott selbst tot, wenn dies möglich wäre, samt aller Engel und Geschöpfe, auch wenn sie dafür tausend Höllen statt nur einer einzigen verdienten. […]
15 Diesen giftigen Hass gegen die Gojim haben sie seit ihrer Jugend eingesogen, von ihren Eltern und Rabbinern[1], und saugen ihn weiter ein, ununterbrochen, sodass es ihnen, wie es in Psalm 109 heißt, in Fleisch und Blut, in Mark und Bein übergegangen und ganz und gar zu ihrer Natur, ihrem Dasein geworden ist. Und so wenig sie ihr Fleisch und Blut, ihr Mark und Bein ändern können, so wenig können sie solchen Stolz und Neid ändern. Sie müssen so
20 bleiben und verderben, sofern Gott nicht ausgesprochen große Wunder tut. […] Darum wisse, lieber Christ, und zweifle nicht daran, dass du außer dem Teufel keinen erbitterteren, giftigeren, heftigeren Feind hast als einen wahren Juden, der es ernst meint, Jude zu sein. Es mag unter ihnen einige geben, die wie die Kühe oder Gänse an gar nichts glauben. Doch ihre Abstammung und Beschneidung wird niemand von ihnen los. […]
25 Unseren Obrigkeiten, so sie Juden als Untertanen haben, wünsche ich und bitte sie, sie wollten […] scharfe Barmherzigkeit gegen diese elenden Leute üben, damit es doch noch etwas helfen sollte, wiewohl wenig Aussicht besteht. Wie die treuen Ärzte, wenn der Wundbrand[2] die Knochen befallen hat, mit Unbarmherzigkeit verfahren und schneiden, sägen und Fleisch, Adern, Mark und Bein abbrennen, so verfahre man auch hier. Man verbrenne
30 ihre Synagogen, verbiete alles, was ich oben schon nannte[3], zwinge sie zur Arbeit und behandle sie mit aller Unbarmherzigkeit, wie es Mose getan in der Wüste, als er dreitausend totschlug, damit nicht das ganze Volk verderben müsse. Sie [die Juden] wissen wahrlich nicht, was sie tun und wollen es, wie die Besessenen, nicht wissen, hören oder lernen. Darum kann man hier keine Barmherzigkeit üben, die sie in ihrem Wesen stärken würde.
35 Will das Gesagte nicht helfen, dann müssen wir sie verjagen wie tolle Hunde, damit wir nicht, ihrer grauenvollen Lästerungen und aller Laster teilhaftig, mit ihnen zusammen Gottes Zorn verdienen und verdammt werden. Ich habe das Meine getan, ein jeder sehe, wie er das Seine tue, ich bin ohne Schuld.

Nach: D. Martin Luthers Werke. Kritische Gesamtausgabe, IV. Abteilung, Bd. 53, Weimar 1920 (unveränderter Nachdruck Weimar 2007), S. 417–552, hier S. 417, 481 f. und 541 f. (sprachlich vereinfacht)

---

[1] **Rabbiner**: jüdische Geistliche
[2] **Wundbrand** (veraltet): sich ausbreitende Wundinfektion
[3] Luther forderte das Verbot jüdischer Religionslehre und die Beschlagnahme jüdischer religiöser Schriften. Juden sollten in keinen festen Behausungen wohnen und keinen erhöhten Zins für Darlehen nehmen dürfen (sogenanntes Wucherverbot).

Handschriftliche Randnotizen:

Vage Andeutung, der erwähnte Text ist bis heute unbekannt.

Schimpfwort, den Juden in den Mund gelegt

Anfeindungen

Übertreibung

hier: abfällige Bezeichnung für alle Nichtjuden

Verweis auf Altes Testament

suggestive (stark beeinflussende) Vorstellung: Hass der Juden als nicht veränderbare, „natürliche" Eigenschaft

Vorurteil: Stolz und Neid

Anfeindungen

suggestiver (stark beeinflussender) Vergleich: Unglaube der Juden als gefährlicher „Infektionsherd"

Verweis auf Altes Testament (Exodus 32,25–28)

Vorurteil: Verblendung, Unbelehrbarkeit

Drohung

▶ Analysieren Sie die Streitschrift mithilfe der Arbeitsschritte auf Seite 118. Ihre Ergebnisse können Sie mit der Beispiellösung auf Seite 167 vergleichen.

Die Krise der spätmittelalterlichen Kirche und die Reformation

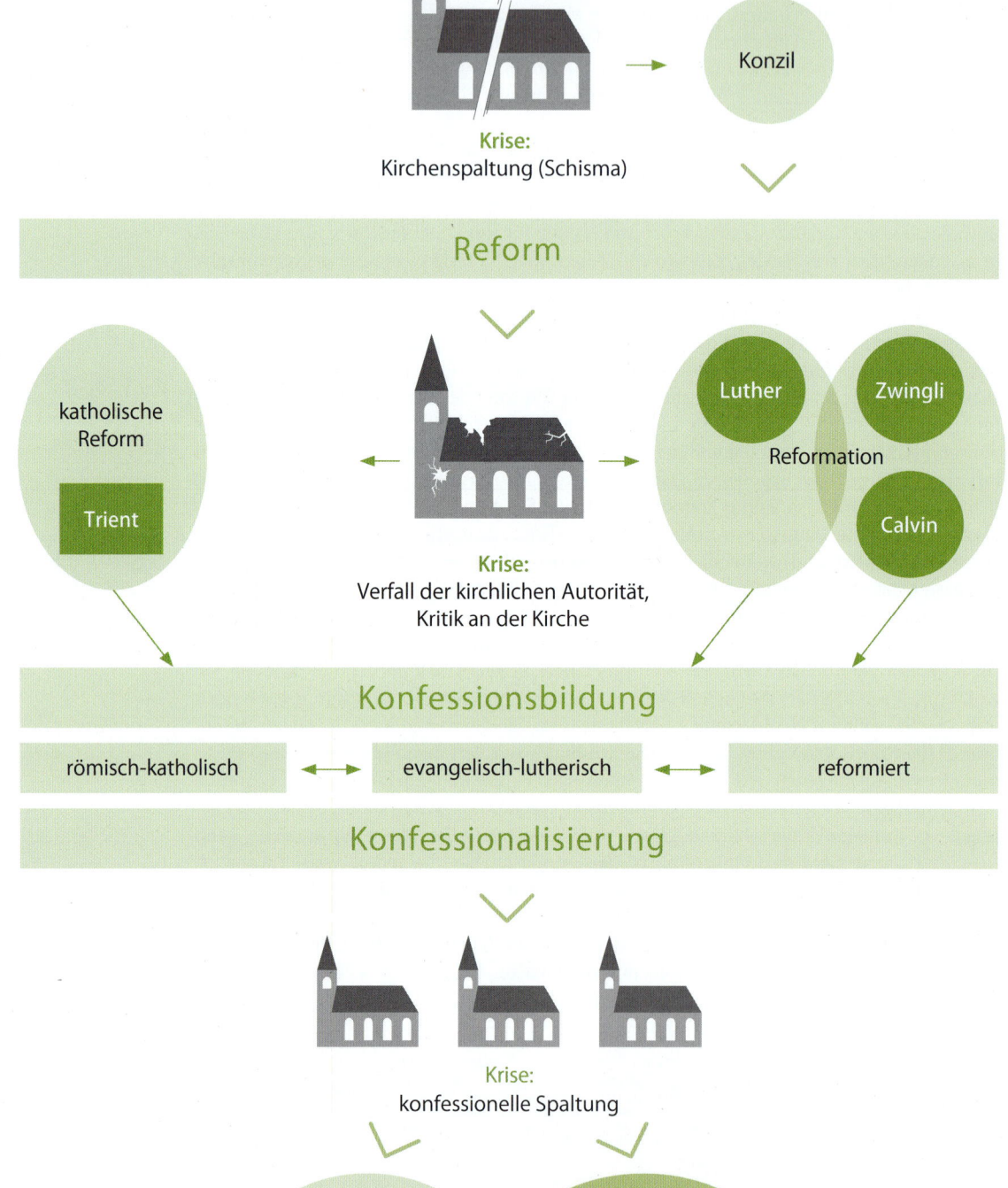

Krise:
Kirchenspaltung (Schisma)

Konzil

Reform

katholische Reform

Trient

Reformation

Luther   Zwingli

Calvin

Krise:
Verfall der kirchlichen Autorität,
Kritik an der Kirche

Konfessionsbildung

römisch-katholisch ←→ evangelisch-lutherisch ←→ reformiert

Konfessionalisierung

Krise:
konfessionelle Spaltung

konfessionelle Geschlossenheit

Multikonfessionalität, Toleranz

M „Es muss anders werden"

Der Kulturhistoriker Jacob Burckhardt (siehe Seite 11) bemerkt zur Dynamik von Krisen in der Geschichte:

Eine scheinbar wesentliche Vorbedingung für die Krisen ist das Dasein eines sehr ausgebildeten Verkehrs und die Verbreitung einer bereits ähnlichen Denkweise in anderen Dingen über große Strecken.

5 Allein, wenn die Stunde da ist und der wahre Stoff, so geht die Ansteckung mit elektrischer Schnelle über hunderte von Meilen und über Bevölkerungen der verschiedensten Art, die einander sonst kaum kennen. Die Botschaft geht durch die Luft, und in dem Einen, worauf es ankommt,

10 verstehen sie sich plötzlich Alle, und wäre es auch nur ein dumpfes: „Es muss anders werden."

Der Kirchenhistoriker Hubert Wolf (*1959) über gescheiterte Ansätze, die Krise der spätmittelalterlichen Kirche zu überwinden:

„Wir wissen, dass es an diesem Heiligen Stuhl schon seit einigen Jahren viele gräuliche Missbräuche in geistlichen Dingen und Exzesse gegen die göttlichen Gebote gegeben

15 hat, ja, dass eigentlich alles pervertiert worden ist. So ist es kein Wunder, wenn sich die Krankheit vom Haupt auf die Glieder, das heißt von den Päpsten auf die unteren Kirchenführer ausgebreitet hat. Wir alle […] sind abgewichen, ein jeder sah nur auf seinen eigenen Weg, und da ist schon

20 lange keiner mehr, der Gutes tut, auch nicht einer." Diese Worte stammen nicht von einem zeitgenössischen Kritiker der katholischen Kirche, sondern von Papst Hadrian VI. im Jahr 1523. Keine zwei Jahre zuvor hatte Martin Luther sich auf dem Wormser Reichstag geweigert, seine Thesen

25 zu widerrufen, woraufhin die Reichsacht über ihn verhängt wurde – ein entscheidender Schritt auf dem Weg zur Kirchenspaltung.
Hadrian VI. versuchte, der Kritik den Wind aus den Segeln zu nehmen, indem er die vielfältigen Missstände beim Na-

30 men nannte, seiner Kirche überfällige Reformen verordnete und versprach, „dass Wir jede Anstrengung unternehmen werden, dass als erstes diese Kurie, von der das ganze Übel ausgegangen ist, reformiert wird, damit sie in gleicher Weise, wie sie zum Verderben der Untergebenen Anlass

35 geboten hat, nun auch ihre Genesung und Reform bewirkt.

Dazu fühlen Wir Uns umso mehr verpflichtet, als Wir sehen, dass die ganze Welt eine solche Reform sehnlichst begehrt." Doch Hadrian VI. starb bereits im September 1523, und sein radikales Programm wurde nie umgesetzt.

Erster Text: Jacob Burckhardt, Werke. Kritische Gesamtausgabe, Bd. 10, München/Basel 2000, S. 470 f.; zweiter Text: Hubert Wolf, Die Reformierbare. Von den vielfältigen Optionen der katholischen Kirche, in: Aus Politik und Zeitgeschichte 66 (2016), Heft 52, S. 28–33, hier S. 28

1. Erläutern Sie, ob das von Burckhardt geschilderte Merkmal auf die Krise der spätmittelalterlichen Kirche zutraf.

2. Papst Hadrian VI. spricht von einer „Krankheit" der Kirche sowie von ihrer „Genesung" (Zeile 16 und 35). Weisen Sie in den Quellentexten M2, M3, M5 und M9 aus dem Wahlmodul nach, ob es gleichlautende oder sinngemäß ähnliche Befunde gibt. Argumentieren Sie, unter Bezug auf die Aussagen im Kernmodul „Krisen", dass darin ein zeitgenössisches Krisenbewusstsein zum Ausdruck kommt.

3. Setzen Sie sich mit der Frage auseinander, ob und inwieweit die kirchliche Krise von den Zeitgenossen als Chance und Bewährungsprobe verstanden wurde (vgl. dazu M2, M4 und M6 im Kernmodul „Krisen"). Verweisen Sie dabei auf die Geschehnisse um das Konstanzer Konzil, auf Jan Hus und seine Anhänger, auf die Lehre und das Verhalten von Martin Luther und auf die Reformen im Zuge des Konzils von Trient.

4. Beurteilen Sie die Bedeutung a) der Bildung (Gründung von Universitäten, Humanismus, Anstieg der Literaturproduktion usw.) und b) der damaligen Frömmigkeit für die kirchliche Krise und die Reformation.

5. Gruppenarbeit: Tragen Sie zusammen, welche Widerstände es gegen die geplanten Reformen der alten Kirche sowie gegen die reformatorische Bewegung gab (z. B. Konflikt Papst–Konzil, Wormser Edikt). Diskutieren Sie, ob diese Widerstände zu einer Verschärfung der Krise führten oder sie in eine andere Richtung lenkten.

6. Erörtern Sie, inwiefern die Krise der Kirche seit Ende des Mittelalters zu etwas wesentlich Neuem führte. Ziehen Sie dazu das Tafelbild auf der vorherigen Seite sowie M2 und M5 im Kernmodul „Krisen" heran.

7. Diskutieren Sie in der Klasse, welche Lehren sich aus der Krise der Kirche für die Gegenwart ziehen lassen.

1.6 Wahlmodul: Französische Revolution

Die Französische Revolution von 1789 gehört zu den wirkungsmächtigsten Ereignissen in der Geschichte der Neuzeit. Ende des 18. Jahrhunderts ist das absolutistische Königtum nicht mehr in der Lage, die zerrütteten Staatsfinanzen zu ordnen. Angeleitet von den Ideen der Aufklärung erzwingen die Bürger eine Teilhabe an der Regierung. Bleibend ist am Ende die Auflösung der althergebrachten ständischen Gliederung der Gesellschaft. Dem französischen Beispiel folgen bald andere europäische Staaten – mit weniger Blutvergießen.

Im Verlauf der Revolution wurde die absolute Monarchie in Frankreich zunächst in eine konstitutionelle, das heißt an eine Verfassung gebundene, Monarchie umgewandelt. In einem zweiten Schritt errichtete das Volk eine Republik – ohne Monarchen. Eine radikaldemokratische Revolutionsregierung herrschte zeitweise mit Mitteln des Terrors. Schließlich erklärte nach einem Staatsstreich der Erste Konsul Napoleon Bonaparte „die Revolution für beendet". Bleibendes Erbe der Revolution ist die Erklärung der Menschen- und Bürgerrechte vom 26. August 1789, deren Prinzipien bis heute Gültigkeit besitzen.

Das Kapitel beschäftigt sich inhaltlich mit ...

den Ursachen der Revolution

den Phasen der Revolution und ihren Trägern

der Ausstrahlung der Revolution auf Deutschland

Napoleon als Erbe der Revolution

Denkwürdige Szenen.
Kolorierter Holzschnitt aus dem Jahre 1793, verlegt von Jean-Baptiste Letourmi.
Ein anfangs der 1790er-Jahre populärer Bilderbogen gibt den Verlauf der Ereignisse zwischen 1789 und 1791 wieder. Zu Beginn (Abbildung links oben) wird der Dritte Stand fast erdrückt, weil er neben seinen eigenen Steuern auch noch die Lasten der ersten beiden Stände tragen muss. Das „Erwachen des Dritten Standes" in der zweiten Abbildung (rechts oben) zeigt im Hintergrund die Bastille und soll den 14. Juli 1789 beschwören. Die Abschaffung der Wappen (Abbildung unten links) verbildlicht die Beschlüsse der Nationalversammlung vom 19. Juni 1790: Abschaffung des Erbadels und adliger Titel. Auch kirchliche Insignien werden bei dieser Gelegenheit zerschlagen. In der vierten Abbildung (unten rechts) werden dank der Revolution die Lasten von den drei Ständen nun gemeinsam getragen. Doch nach wie vor erscheinen Adel und Klerus in engem Schulterschluss.

1787 / 88 —	Steuer- und Finanzreformen scheitern am Einspruch des Adels und des Klerus.	**Das Ancien Régime in der Krise**
1788 —	Der König beschließt, die Generalstände (Etats généraux) einzuberufen.	
5. 5. 1789 —	Ludwig XVI. eröffnet die Generalstände in Versailles.	**Die erste Revolution (Révolution de la liberté)**
17. 6. 1789 —	Der Dritte Stand erklärt sich zur Nationalversammlung (Assemblée nationale).	
14. 7. 1789 —	In Paris wird die Bastille gestürmt.	
4. 8. 1789 —	„Augustbeschlüsse" der Nationalversammlung; die feudalen Privilegien und Rechte sollen abgeschafft werden.	**Konstitutionelle Monarchie**
26. 8. 1789 —	Die Menschen- und Bürgerrechte werden verkündet.	
5. / 6. 10. 1789 —	Protestmarsch der Pariser Frauen nach Versailles; der königliche Hof und die Nationalversammlung werden nach Paris verlegt.	
3. 9. 1791 —	Frankreich wird konstitutionelle Monarchie.	
Juli / Aug. 1792 —	Das Königtum wird vorübergehend aufgehoben und Ludwig XVI. mit seiner Familie gefangengesetzt.	
2. - 6. 9. 1792 —	In Paris werden die Gefängnisse gestürmt und zahllose Häftlinge ermordet („Septembrisaden").	**Die zweite Revolution (Révolution de l' égalité)**
21. 9. 1792 —	Die Monarchie wird abgeschafft und die Republik errichtet.	
21. 10. 1792 —	Französische Truppen marschieren in Mainz ein.	
21. 1. 1793 —	Ludwig XVI. wird wegen Landesverrats verurteilt und hingerichtet.	
17. 9. 1793 —	„Gesetz über die Verdächtigen": Höhepunkt der „Schreckensherrschaft" („La Terreur").	
27. 7. 1794 —	Maximilien de Robespierre und seine Anhänger werden gestürzt und hingerichtet.	
20. - 23. 5. 1795 —	Die Sansculotten demonstrieren für „Brot und die Verfassung" von 1793; ihr Aufstand wird niedergeschlagen.	**Das „amtliche Ende" der Revolution**
22. 8. 1795 —	Die „Direktorialverfassung" wird verkündet.	
9. / 10. 11. 1799 —	Staatsstreich Napoleon Bonapartes; er erklärt die Revolution für beendet.	
21. 3. 1804 —	Der Code civil, ein neues bürgerliches Gesetzbuch, wird veröffentlicht.	
2. 12. 1804 —	Napoleon Bonaparte krönt sich in Paris zum Kaiser.	

Frankreich am Vorabend der Revolution | Mit 28 Millionen Menschen (davon über 700 000 in der Metropole Paris) war Frankreich am Ende des 18. Jahrhunderts das am dichtesten besiedelte Land Westeuropas. Landwirtschaft und Kolonialhandel sorgten für den Wohlstand des Königreiches. Kulturell gehörte Frankreich zu den führenden Nationen. Rund ein Drittel der Bevölkerung war alphabetisiert, wobei zwischen den ländlichen und städtischen Regionen starke Unterschiede bestanden. Die Gesellschaft war in drei Stände gegliedert: die Geistlichkeit (*la Clergé*), der Adel (*la Noblesse*) sowie die Bauern und Bürger (*Tiers Etat*).

	Erster Stand	Zweiter Stand	Dritter Stand
	Geistlichkeit	Adel	Bürger und Bauern
Anteil an der Bevölkerung	ca. 130 000 (0,5 %)	ca. 380 000 (1,4 %)	ca. 27,5 Millionen (98 %)
Anteil am Grundeigentum	10 %	20 %	70 %
Nutznießer	hohe Geistlichkeit		Großbürgertum (1 % der Bevölkerung): 30 % Sonstige (97 % der Bevölkerung): 40 %

Die drei Stände in Frankreich vor 1789.

Die alte Gesellschaftsordnung hatte bereits im Verlauf des 18. Jahrhunderts begonnen, sich aufzulösen. Schon allein die Unterschiede zwischen dem Hofadel sowie dem wohlhabenden und dem verarmten Provinzadel waren erheblich. Zudem musste der Adel seine einstmals kulturelle Führungsfunktion mit dem Großbürgertum teilen. Die Wortführer der neuen aristokratisch-bürgerlich gemischten Bildungselite setzten sich ganz im Sinne der **Aufklärung** (→ M1) ein gegen den Anspruch der Kirche, im alleinigen Besitz der Wahrheit zu sein, sowie für politische Freiheit. Damit untergruben sie die Fundamente der ständischen Ordnung.

Eine weitere Annäherung zwischen Angehörigen beider Stände brachte der ökonomische Aufschwung Frankreichs in den ersten zwei Dritteln des 18. Jahrhunderts. Dank der Aufwertung des durch Handel und Gewerbe erlangten Reichtums konnten es Adlige nun durchaus mit ihrer Standeswürde vereinbaren, sich kommerziell zu betätigen. Sie beteiligten sich an Industrieunternehmen und wurden als Fernhändler und Reeder aktiv.

Auch in der Landwirtschaft waren Adel und Großbürgertum zu Konkurrenten und Partnern geworden. Hohe Grundrenten ließen den Landbesitz zum vorrangigen Investitionsobjekt für reiche Stadtbürger werden. Die bürgerlichen und adligen Agrarunternehmer nutzten die alten **feudalen** Rechte der Grundherrschaft auf Kosten der Bauern voll aus: etwa Anspruch auf bäuerliche Fronarbeit und Feudalabgaben, das Jagd- und Fischereimonopol, die grundherrliche Gerichtsbarkeit.

Während sich die Lebensformen von Adel und Großbürgertum einander anglichen, waren die Gegensätze innerhalb des *Dritten Standes* besonders deutlich. In den Städten bestimmten das Großbürgertum (Bankiers, Unternehmer etc.) und die aufgeklärte Bildungselite (Künstler, Anwälte, Ärzte, Beamte etc.) die öffentliche Meinung. Die Sorgen der Arbeiter und Dienstboten, der Ladenbesitzer, Gastwirte und Handwerker fanden kaum Gehör; sie lebten oft am Rande des Existenzminimums. Und auf dem Land waren die Kleinbauern als stärkste Bevölkerungsgruppe häufig auf zusätzliche Erwerbsquellen angewiesen. Bei Missernten waren Kleinbauern, Gesinde und Tagelöhner von der Not unmittelbar betroffen.

Aufklärung: Die bis heute gültige Definition von „Aufklärung" lieferte der Königsberger Philosoph Immanuel Kant (1724–1804): „Aufklärung ist der Ausgang des Menschen aus seiner selbst verschuldeten Unmündigkeit." Die Vernunft sollte zum Maßstab allen Denkens werden. Auswirkungen hatte dies für den Kampf gegen (religiöse) Vorurteile, für Bildung und Rechte der Bürger sowie in einer Hinwendung zu den Naturwissenschaften.

feudal: abgeleitet von lat. *foedum*: Lehensgut

Machtkampf | Das Ancien Régime litt ständig unter finanziellen Problemen. Sie waren durch die massive Unterstützung der nordamerikanischen Kolonien in ihrem Unabhängigkeitskrieg gegen Großbritannien (1776–1783) noch vergrößert worden.[1] Alle Versuche der Krone, die Stände entsprechend ihren Einkünften gleichmäßig zur Deckung der öffentlichen Lasten heranzuziehen, scheiterten am Widerstand von Klerus und Adel.

Ludwig XVI., der seit 1774 regierte, war schließlich gezwungen, die Generalstände (*Etats généraux*) einzuberufen. Darauf hatte das absolutistische Königtum seit 1614 bewusst verzichtet, aber nur die Generalstände sollten das Recht haben, über eine Steuerreform zu beraten.

Doch wie sollte das Wahlrecht zur Ständeversammlung aussehen, vor allem, sollten die Stände getrennt, wie vor 175 Jahren, oder vereint abstimmen? Die Regierung stellte diese Probleme der Öffentlichkeit zur Diskussion. Alle „Gelehrte und andere gebildete Personen" Frankreichs wurden aufgefordert, zu den Fragen der „nationalen Erneuerung" Stellung zu nehmen. Eine Flut von Zeitungsartikeln, Flugschriften, Streit- und Schmähschriften sowie gelehrten Abhandlungen folgte. Der absolutistische Staat hatte sich selbst zur Diskussion gestellt, und die daraus entstehende Auseinandersetzung war geprägt von den Vorstellungen der aufgeklärten Bildungselite.

Im Januar 1789 wurde die Wahlordnung zu den Generalständen veröffentlicht. Die Zahl der zu wählenden Abgeordneten des Dritten Standes war zwar verdoppelt worden, doch der künftige Abstimmungsmodus blieb weiter ungeklärt. Die Wahlordnung bestimmte, dass die gesamte männliche Bevölkerung über 25 Jahre (beim Adel auch die Frauen!), die in den Steuerlisten eingetragen war, wählen durfte. Adel und Klerus konnten ihre Vertreter direkt wählen, die Angehörigen des Dritten Standes dagegen durften ihre Abgeordneten nur indirekt, über Wahlmänner, bestimmen.

Der einsetzende Wahlkampf politisierte die Bevölkerung in nie gekannter Weise. Begriffe wie Freiheit, Gleichheit, Glück, Souveränität und Repräsentation, die schon zuvor den amerikanischen Unabhängigkeitskampf geprägt hatten, wurden zu Schlagwörtern. Der neue Begriff der „Volkssouveränität" fand seinen Ausdruck in einer im Januar 1789 von dem dreißigjährigen Geistlichen Emmanuel Joseph Sieyès veröffentlichten Flugschrift mit dem Titel „Was ist der Dritte Stand?" (→M2). Im Zusammenhang mit der Wahl der Abgeordneten konnten die Wähler ihre Klagen, Beschwerden und Wünsche vorbringen. Sie wurden in „Beschwerdeheften" (*Cahiers de doléances*) zusammengefasst. Die Monarchie stand bei dieser ersten modernen „Meinungsumfrage" der Geschichte nicht zur Diskussion.

Die Revolution der Abgeordneten | Am 5. Mai 1789 eröffnete der König in Versailles die Sitzungsperiode der Generalstände. Doch die Erwartungen wurden enttäuscht. Die Stände tagten getrennt, und die Reformen sollten an die Aufrechterhaltung der Ständeordnung gebunden bleiben. Nachdem die Versammlung deshalb über einen Monat handlungsunfähig geblieben war, forderte Sieyès die Abgeordneten des Ersten und Zweiten Standes auf, gemeinsam mit dem Dritten Stand zu tagen. Dem Aufruf folgten reformwillige Männer aus Adel und Klerus. Am 17. Juni erklärten sich 491 gegen 90 Abgeordnete zur Nationalversammlung (*Assemblée nationale*), und Sieyès verkündete, „dass es der Versammlung – und nur ihr – zukommt, den Gesamtwillen der Nation auszudrücken und zu vertreten; zwischen dem Thron und dieser Versammlung kann kein Veto, keine Macht des Einspruchs stehen". Das war revolutionär! Die an Stand und Auftrag ihrer Wähler gebundenen Deputierten (*imperatives Mandat*) hatten sich eigenmächtig (*souverän*) zu Abgeordneten der gesamten Nation erklärt, die nur noch dem Allgemeinwillen (*Volonté générale*) dienen wollten. Damit hatte der Dritte Stand den ersten Schritt vom politisch unmündigen Untertanen zum mitbestimmenden Staatsbürger (*Citoyen*) vollzogen.

Ancien Régime (wörtlich: alte, ehemalige Regierung): Der Begriff steht für die vorrevolutionären Zustände.

Generalstände: Ständevertretung ganz Frankreichs mit je 300 Abgeordneten des Klerus, des Adels und des Dritten Standes (= Bürger, Bauern)

Emmanuel Joseph Sieyès (1748–1836): Angehöriger des Klerus und Politiker. Er war einer der einflussreichsten Wortführer des Dritten Standes, wurde Abgeordneter des Nationalkonvents und unterstützte 1799 als Mitglied der Regierung den Staatsstreich Napoleons.

---

[1] Zum Unabhängigkeitskrieg siehe das Kapitel auf Seite 56 f.

Der Ballhausschwur vom 20. Juni 1789.
Zeitgenössisches Gemälde nach einer kolorierten Zeichnung des Revolutionsmalers Jacques-Louis David von 1791.
Ursprünglich hatte David seine Arbeit als Vorlage für ein riesiges Wandgemälde im Sitzungssaal der Nationalversammlung erstellt. Der Auftrag wurde nie ausgeführt, nicht zuletzt weil die gefeierten Helden von 1789 schon bald in Misskredit fielen.
Das Historienbild gibt nicht den tatsächlichen Hergang der Ereignisse wieder. Beispielsweise sind alle scheinbar spontanen Gesten so aufeinander abgestimmt, dass sie in der Bildmitte in der zum Schwur erhobenen Hand des Präsidenten der Versammlung zusammentreffen. Auch die Verbrüderung von Vertretern verschiedener Konfessionen im Vordergrund hat nachweislich nicht stattgefunden. Letztlich ging es David darum, die Geburtsstunde einer lebendigen und – trotz der sichtbar werdenden unterschiedlichen Gemütsäußerungen – geeinten Nation darzustellen. Der Vorhang links oben will den wehenden Atem der Geschichte in diesem historischen Augenblick verkörpern.

Als die Krone daraufhin kurzfristig den Versammlungsraum der Deputierten des Dritten Standes schloss, zogen die reformbereiten Abgeordneten aller drei Stände in eine nahe gelegene Sporthalle und beteuerten am 20. Juni in einer improvisierten Erklärung, dem *Ballhausschwur*, „niemals auseinanderzugehen und sich überall zu versammeln, wo es die Umstände gebieten sollten, so lange, bis die Verfassung des Königreiches ausgearbeitet ist und auf festen Grundlagen ruht". Angesichts der Entschlossenheit der Deputierten gab der König sein alleiniges Recht, Ständeversammlungen einzuberufen, zu vertagen oder aufzulösen, preis. Feierlich erklärte sich daraufhin am 9. Juli 1789 die Mehrheit der Abgeordneten zur Verfassunggebenden Nationalversammlung (*Assemblée nationale constituante*). Der Monarch herrschte nicht mehr absolut.

Der 14. Juli 1789 und die städtische Volksrevolution | Ludwig XVI. berief Mitte Juli eine konservative Regierung und zog die Truppen um Paris und Versailles zusammen. Die Furcht vor einer politischen Wende traf in Paris mit sozialen Problemen zusammen, denn die Lebensmittelpreise hatten einen Schwindel erregenden Höhepunkt erreicht. Notleidende Bürger forderten Brot und Waffen, Demonstrationen sorgten für Unruhe. Daraufhin übernahmen die Wahlmänner der Pariser Stadtbezirke als „Kommune" die Stadtverwaltung. Ein *Ständiger Ausschuss*, der zukünftige Stadtrat, gründete eine Bürgerwehr: die Nationalgarde. Damit hatte die bürgerliche Selbstverwaltung begonnen. Sie konnte aber nicht verhindern, dass aufgrund von Gerüchten, königliche Truppen würden die Stadt angreifen, eine aufgebrachte Menge am 14. Juli die *Bastille* stürmte. Die alte Festung diente als Staatsgefängnis und Pulverlager – und galt als Symbol der Unfreiheit. Ihre Eroberung, bei der sieben Gefangene befreit werden konnten und 98 Angreifer im Kampf fielen, gab der Bevölkerung ein nicht mehr zu nehmendes Bewusstsein von Macht. Sie hatte die „Ketten der Knechtschaft" (*Jean-Jacques Rousseau*) gesprengt – und ganz Europa nahm das staunend zur Kenntnis.

Die Revolution der Bauern | Auch auf dem Lande hatte man von den Generalständen Reformen erwartet. Als diese ausblieben, protestierten die Bauern mit friedlichen und gewaltsamen Mitteln gegen ihre Grundherren. Sie verweigerten Abgaben, stürmten Herrensitze, Schlösser und Klöster und vernichteten die Urkunden, die ihre Abgaben und Pflichten belegten. Gleichzeitig verbreitete sich eine „Große Furcht" („*Grande Peur*") vor herumstreunenden Bettlergruppen, plündernden Räuberbanden und Rachefeldzügen der Aristokratie. Sie stellte sich im Nachhinein oft als unbegründet heraus.

Von der ständischen zur bürgerlichen Ordnung | Während die ersten Adligen ins Exil gingen, richteten sich die politischen Hoffnungen des Dritten Standes auf die Verfassunggebende Versammlung. Waren die fast 1 200 Abgeordneten in der Lage, die ständische Gesellschaftsordnung in eine auf Freiheit und Gleichheit beruhende bürgerliche Ordnung umzuwandeln? Diese Aufgabe verlangte zunächst die Umformung der ständischen in eine bürgerliche Rechtsordnung. Der erste Schritt dahin waren die „*Augustbeschlüsse*", welche die Sonderrechte (Privilegien) von Ständen, Provinzen und Städten abschafften. Die folgende Gesetzgebung regelte erstmals die politische Gleichberechtigung aller Stände und – daraus resultierend – die rechtliche und steuerliche Gleichheit der Bürger. Freie (ständisch ungebundene) Staatsbürger sollten von nun an selbst über ihr Eigentum (vor allem über Grund und Boden) verfügen können. Eine Grundlage der „modernen" bürgerlichen Gesellschaft war geschaffen.

In einem zweiten Schritt wurde am 26. August 1789 die Erklärung der Menschen- und Bürgerrechte im Rahmen der geplanten Verfassung verabschiedet (→M3). Die Erklärung verkündete die wirkungsmächtigsten Prinzipien der Französischen Revolution von 1789: die Freiheit des Individuums (*Liberté*), die Gleichheit der Bürger (*Egalité*) sowie, weniger deutlich, die Brüderlichkeit (*Fraternité*) aller Menschen. Diese „Charta der modernen Demokratie", so der Historiker *François Furet*, hatte auch Grenzen: Die noch schwache Forderung nach der Gleichberechtigung der Geschlechter wurde nicht eingelöst.

Von zentraler Bedeutung während der Verfassungsberatungen war die Frage, welche Kompetenzen dem Monarchen künftig zugestanden werden sollten. Seine Exekutivgewalt wurde nicht infrage gestellt, aber in der Gesetzgebung räumte die Mehrheit der Deputierten dem König nur noch ein aufschiebendes Einspruchsrecht (*suspensives Veto*) ein, mit dem er Gesetze zwar nicht generell verhindern, aber für vier Jahre blockieren konnte.

Noch während die Verhandlungen über die Verfassung auf der Stelle traten, zogen mit der Bemerkung „Die Männer trödeln, die Männer sind feige, jetzt nehmen wir die Sache in die Hand", am 5. Oktober 1789 etwa 5 000 Frauen nach Versailles, um gegen die Hungersnot in Paris zu demonstrieren; ihnen folgten rund 20 000 Nationalgardisten.

Nationalgarde: Am 11./12. Juli 1789 in Paris entstandene Bürgerwehr, die einerseits die Bürger vor der königlichen Armee schützen und andererseits das Eigentum der Bürger sichern sollte. Ihre Mitglieder kamen aus dem Bürgertum. Die Nationalgarde bestand mit Unterbrechungen bis 1871.

Kokarde.
Bandschleife in Form einer Rosette, die in der Regel am Hut getragen wurde.
Am 21. Oktober 1789 führte der Militärausschuss der Stadt Paris eine Kokarde ein, die aus einem weißen mit blauer und roter Borte eingefassten Band bestand. Damit verknüpfte man die Farben der Stadt (rot und blau) mit denen der Monarchie (weiß).

Menschenrechte: Wo immer Menschen heute Freiheit und Gerechtigkeit fordern, berufen sie sich direkt oder indirekt auf die „Erklärung der Menschen- und Bürgerrechte" von 1789. Das Vorbild lieferte die Virginia Bill of Rights von 1776, mit der sich die von der britischen Krone abtrünnige Kolonie Virginia eine eigene Verfassung gab. Im 19. Jahrhundert wurden die Menschenrechte zunächst Gegenstand nationaler Verfassungen und im 20. Jahrhundert schließlich sogar Bestandteil internationaler Abkommen. Die Vereinten Nationen oder der Europarat haben Menschenrechtsvereinbarungen getroffen, die von ihren Mitgliedstaaten anerkannt werden mussten – als Bedingung für die Aufnahme in diese internationalen Organisationen.
Die Verwirklichung und Sicherung der Menschenrechte bleibt auch in Zukunft eine ständige nationale und internationale politische Aufgabe. Sie steht und fällt mit dem Engagement der Bürger.

Charles Maurice Talleyrand
(1754–1838): Priester und Politiker. Seit 1789 war er als Bischof von Autun Vertreter des Ersten Standes in den Generalständen. Er wurde Mitglied der Nationalversammlung, leistete 1790 den Eid auf die Verfassung, woraufhin er vom Papst aus der Gemeinschaft der Gläubigen gebannt wurde. Von 1797 bis 1807 Außenminister Napoleons und nach dessen Niederlage ab 1814 erneut Außenminister.

Jakobinerklub: benannt nach dem Dominikanerkloster Saint-Jacques, in dessen Räumen sich die Mitglieder versammelten

Club des Cordeliers: so benannt nach seinem ersten Tagungsort, einer Kirche der Franziskaner, die im Volksmund „cordeliers" genannt wurden

Sansculotten (franz. sans culotte: ohne Kniebundhose): Anhänger der städtischen Volksbewegung, die nicht die Kniehose (culotte) der „guten Gesellschaft", sondern lange Hosen der einfachen Bürger trugen. Weitere Kennzeichen der Sansculotten waren die rote Mütze („Bonnet rouge"), die Pike (Spieß) und das brüderliche Du.

Nach gewalttätigen Auseinandersetzungen mit der königlichen Leibgarde musste Ludwig XVI. die von der Konstituante erarbeiteten Verfassungsartikel einschließlich der „Augustbeschlüsse" und der Menschenrechtserklärung anerkennen. Außerdem wurde er gezwungen, mit seiner Familie in die Hauptstadt zu ziehen.

Die Arbeit der Konstituante | Die Revolution lähmte Handel und Gewerbe. Der Staat nahm kaum noch Steuern ein. Zur Sanierung des Staatshaushalts beschlossen die Abgeordneten auf Vorschlag des 35-jährigen **Charles Maurice Talleyrand** die Verstaatlichung des Kirchenbesitzes. Orden und Klöster wurden aufgelöst und die kirchlichen Güter versteigert. Der Staat übernahm jetzt selbst die sozialen Aufgaben des Klerus, wie Schulen, Kranken- und Armenpflege, und machte aus Bischöfen und Geistlichen vom Volk wählbare Staatsdiener. Er bezahlte von nun an die Priester und forderte dafür von ihnen einen Eid auf die Verfassung. Dies führte zum Streit. Zahlreiche Priester lehnten den Eid ab – bestärkt vom Papst und vom König, der das Gesetz blockierte –, da sie sich nur der katholischen Kirche gegenüber verantwortlich fühlten.

Eine weitere spektakuläre Entscheidung der Abgeordneten war die Abschaffung des erblichen Adels am 19. Juni 1790. Bei den folgenden Bemühungen, Staat und Wirtschaft neu zu ordnen, konnten die Abgeordneten zum Teil auf die im Ancien Régime begonnenen Reformen zurückgreifen. Die nun durchgeführten Verwaltungs-, Justiz-, Finanz-, Steuer- und Gemeindereformen griffen ineinander und wurden parallel zu einer Neueinteilung des Landes in 83 etwa gleich große Verwaltungsbezirke (*Départements*) durchgeführt. Die Binnenzölle fielen und die Berufs- und Gewerbefreiheit wurde eingeführt. Gleichzeitig wurde den Handwerkern und Arbeitern das Recht auf Vereinigung und Streik genommen, um jeden Rückfall in die alte Wirtschaftsordnung zu unterbinden.

Eine neue politische Kultur | Die Revolution schuf eine neue politische Kultur. Sie zeigte sich in unzähligen öffentlichen Versammlungen, Reden, Demonstrationen, Zeitungen, Plakatanschlägen, Bildern und Grafiken. Einen besonderen Stellenwert erhielten die großartig inszenierten Revolutionsfeiern, die an den solidarischen Aufbruch und die gemeinsamen Ziele erinnerten. Theater, Dichtung, Musik, Malerei und Architektur wurden vom Revolutionsverlauf beeinflusst oder versuchten ihrerseits, die Massen zu manipulieren.

Die politischen Parteiungen begannen, sich zunehmend in Klubs und Volksgesellschaften zu organisieren. Ausgangspunkt der Entwicklung war die Vereinigung der bretonischen Deputierten zur Zeit der Generalstände. Seit dem Umzug der Nationalversammlung nach Paris wurde der **Jakobinerklub** zum Sammelpunkt politisch interessierter Bürger und Mandatsträger. Mitglieder waren zumeist Akademiker und Angehörige des Besitzbürgertums. 1791 hatte ihr Klub bereits rund 1 000 Tochtergesellschaften in der Provinz. Neben dem Jakobinerklub entstand im April 1790 in Paris der **Club des Cordeliers**. In ihm sammelte sich die kleinbürgerliche städtische Volksbewegung, die **Sansculotten**. In den verschiedenen Vereinigungen – darunter auch etwa 60 reine Frauenklubs – wurde einerseits die Arbeit von Deputierten und Stadtverordneten diskutiert und vorbereitet, andererseits wurden von hier aus Petitionen und Demonstrationen in Gang gebracht. Die Bewegung erfasste die Massen. Zwischen 1789 und 1795 wurden in 5 500 Orten ca. 6 000 politische Klubs gezählt, sie hatten um 1794 etwa 500 000 bis 600 000 Mitglieder.

Politische Zeitungen (Paris)	
sehr kurzlebig	89
kurzlebig	15
langlebig	31
Provinzzeitungen	25
Wissenschaftliche Zeitungen	2
Ausländische Zeitungen (in französischer Sprache)	13
Summe	175

Zeitungsgründungen im Jahre 1789.
Nach: Pierre Rétat, Die Zeitungen des Jahres 1789: einige zusammenfassende Perspektiven, in: Reinhart Koselleck und Rolf Reichardt (Hrsg.), Die Französische Revolution als Bruch des gesellschaftlichen Bewusstseins, München 1988, S. 155

Frankreich wird konstitutionelle Monarchie | Ludwig XVI. verlor nach einem gescheiterten Fluchtversuch ins Ausland (21. Juni 1791) seine Glaubwürdigkeit und sein Ansehen. Die Mehrheit der Abgeordneten wollte dennoch an der konstitutionellen Monarchie festhalten und die Revolution beenden, um endlich wieder zu stabilen Verhältnissen zurückzukehren. Diese Haltung führte zur ersten Spaltung des Jakobinerklubs. Die verfassungsorientierten, monarchisch eingestellten Mitglieder (rund 1 800 von 2 400) gründeten den **Club des Feuillants.** Ihre Gegner, die Jakobiner, nahmen für sich in Anspruch, über die „Reinhaltung" der revolutionären Prinzipien zu wachen. Sie behielten den alten Namen und das Netzwerk der Tochterklubs bei.

Club des Feuillants: benannt nach dem ehemaligen Feuillantinerkloster in Paris

Die Verfassung der konstitutionellen Monarchie von 1791.
Über die Verfassung informiert auch M4 auf Seite 142.

▶ Arbeiten Sie die Rolle der Nationalversammlung heraus.

Exekutive | **Legislative** | **Judikative**

König erblich — aufschiebendes Veto → **Nationalversammlung** 745 Abgeordnete beraten und beschließen Gesetze. (Steuerleistung von mindestens 45 Livres) — ruft an → **Oberstes Gericht**

ernennt und entlässt — kontrolliert

Minister

kontrollieren

Verwaltungsbeamte ← wählen — **Wahlmänner** (Steuerleistung von mindestens 5 Livres) — wählen → **Gerichte**

wählen alle zwei Jahre

↑ wählen | ↑ wählen | ↑ wählen

Aktivbürger (ca. 4,3 Mio.)
Männer über 25 Jahren mit einer Steuerleistung von mindestens 1,5 Livres

Passivbürger (22 Mio.)
Alle Staatsbürger mit geringerer Steuerleistung als 1,5 Livres und unabhängige Bedienstete genießen Rechte, haben aber kein Wahlrecht.

Internettipp
Zu den verschiedenen Verfassungen Frankreichs siehe den Code **32201-17.**

Am 14. September 1791 musste Ludwig XVI. einen Eid auf die von der Konstituante verabschiedete Verfassung ablegen. Aus Frankreich war eine konstitutionelle Monarchie geworden. Der König stand nicht mehr „über dem Gesetz", sondern regierte „nur durch dieses", wie es die Verfassung bestimmte.

Die Menschenrechte wurden dem Verfassungstext vorangestellt. Die Verfassung hatte weder den Juden die rechtliche Gleichheit eingeräumt (dies wurde am 28. September 1791 nachgeholt) noch die Sklaverei in den Kolonien abgeschafft. Auch die Gleichheit der Bürger fand im **Zensuswahlrecht** und Männerwahlrecht (ein Frauenwahlrecht gibt es in Frankreich erst seit 1944) ihre Grenzen. Die Bevölkerung wurde in politisch berechtigte (steuerzahlende) Aktivbürger (*Citoyens actifs*) und schutzbefohlene Passivbürger (*Citoyens passifs*) geteilt. Von den 4,3 Millionen Aktivbürgern erfüllten nur etwa 45 000 die Voraussetzungen, Abgeordnete wählen zu dürfen (Wahlmänner). Abgeordneter konnte hingegen jeder Aktivbürger werden.

Sturz der Monarchie | Die neue *Gesetzgebende Nationalversammlung* (*Assemblée nationale législative*) wurde von nicht mehr als zehn Prozent der Stimmberechtigten gewählt. Sie trat am 1. Oktober 1791 zusammen. Von den 745 Deputierten bildeten 345 die Mitte. Sie besaßen keine direkten Bindungen zu bestimmten Klubs. 264 Abgeordnete gehörten zur Rechten. Sie waren oder wurden Mitglieder im Club des Feuillants und wollten die Revolution beenden. Die zahlenmäßig kleinste Abgeordnetengruppe stellten die 136 Abgeordneten der Linken. Sie hatten sich in den Klubs der Jakobiner, Cordeliers und anderer Volksgesellschaften organisiert, forderten ein allgemeines Wahlrecht und waren gegen das Vetorecht des Königs. Diese Gruppe unterteilte sich noch in *Girondisten*, deren Führungspersonal zum Teil aus dem Département Gironde stammte und die ihren Rückhalt im mittleren und gehobenen Provinzbürgertum hatten, und *Montagnards* („Bergpartei"), die ihren Aufstieg den Sansculotten verdankten.

Zwei Jahre nach dem Sturm auf die Bastille hatten über 40 000 Franzosen ihr Land verlassen, nicht nur Adlige und Geistliche, sondern auch Bürger und Bauern.[1] Die Emigranten, unter ihnen die beiden Brüder des Königs, mobilisierten die europäischen Regierungen gegen die Revolution. Als Österreich und Preußen erklärten, Ludwig XVI. militärisch zu helfen, eröffneten französische Truppen im April 1792 einen Angriff auf die österreichischen Niederlande (Belgien). Zugleich erklärte das Parlament den „nationalen Notstand" und begann den Kampf gegen die „inneren und äußeren Feinde" unter dem Motto: „Das Vaterland ist in Gefahr". Erste militärische Niederlagen und die Befürchtung, dass der König mit den „Feinden des Vaterlandes" zusammenarbeiten könnte, führten in Paris zur Absetzung der königstreuen Stadtverwaltung und zur Bildung der *Kommune des Aufstands*. Am 10. August 1792 stürmten Sansculotten und Soldaten das königliche Schloss, die Tuilerien. Unter dem Druck der Aufständischen enthoben die Abgeordneten den König seines Amtes und inhaftierten ihn und seine Familie. Die konstitutionelle Monarchie war zerbrochen.

Zensuswahlrecht: Das Recht des Wählers oder das Gewicht der Stimme ist an den Nachweis eines bestimmten Besitzes, Einkommens oder einer bestimmten Steuerleistung (Zensus) gebunden.

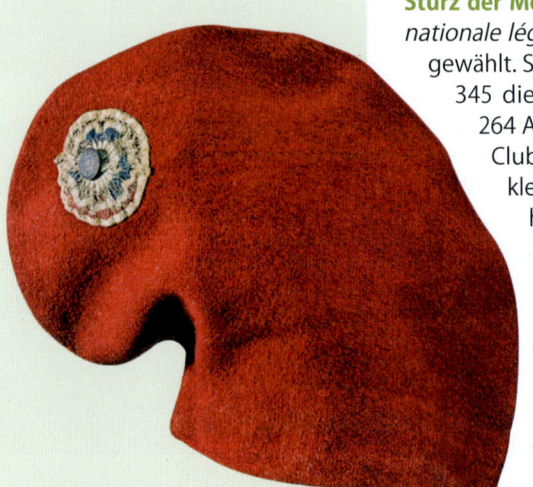

Jakobinermütze von 1792.
Im alten Rom trugen in Freiheit entlassene Sklaven solche Kopfbedeckungen. Während der Revolutionszeit bekannten sich die Träger dieser roten Mützen („Bonnet rouge") öffentlich zu den revolutionären Idealen „Freiheit und Gleichheit". Die Jakobinermütze gilt bis heute als Symbol republikanischer Gesinnung.

[1] Zwischen 1789 und 1794 verließen nach amtlichen Angaben mehr als 150 000 Franzosen ihr Land: Rund 25 Prozent waren Kleriker, 17 Prozent Adlige, 11 Prozent Großbürger, 6 Prozent Kleinbürger, 14 Prozent Arbeiter und 19 Prozent Bauern. Darunter waren drei Viertel aller Offiziere der Armee. Hauptziele der Flüchtlinge waren die deutschen Anliegerstaaten, in denen sie allerdings keine freundliche Aufnahme erlebten.

Die zweite Revolution beginnt | Von nun an wurden die königstreuen Politiker offen verfolgt. Willkürliche Verhaftungen und erste politisch motivierte Hinrichtungen waren an der Tagesordnung. Die Furcht vor gegenrevolutionären Aktionen trug dann dazu bei, dass zwischen dem 2. und 6. September 1792 Teile der städtischen Volksbewegung Gefängnisse stürmten und wahllos Gefangene töteten („*Septembrisaden*"). Der Terror blieb nicht auf Paris beschränkt, aber allein hier wurden um die 1500 Menschen (Aristokraten, Eid verweigernde Priester und Strafgefangene) ermordet. Weder der vom Parlament ernannte Provisorische Vollzugsrat, dem Georges Jacques Danton als Justizminister angehörte, noch die Führer der Pariser Kommune waren fähig oder willens, diese blutigen Aktionen zu unterbinden.

In dieser gewalttätigen Atmosphäre fanden die Wahlen zu einer neuen Nationalversammlung nach dem allgemeinen Wahlrecht statt. Die Unterscheidung zwischen Aktiv- und Passivbürgern war ebenso aufgehoben worden wie das Zensuswahlrecht. Alle Männer über 21 Jahre durften wählen. Trotzdem gingen nur etwa sechs Prozent der Berechtigten zur Wahl.

Am 21. September 1792 traten die 749 Abgeordneten des Nationalkonvents (*Convention nationale*) zusammen. Sie riefen die „eine und unteilbare Republik" aus und wollten eine neue Verfassung erarbeiten. In diesem Parlament bildeten die Girondisten die neue Rechte. Sie setzten sich ein für eine dezentrale Verwaltung des Landes, die Unverletzlichkeit des Eigentums, Wirtschaftsfreiheit, Rechtssicherheit und die Fortsetzung des begonnenen „Kreuzzuges für die Freiheit der Welt" (so der girondistische Abgeordnete *Jacques-Pierre Brissot* am 31. Dezember 1792).

Prozess gegen den König | Die republikanische Phase der Revolution begann mit militärischen Erfolgen. In der *Schlacht von Valmy* (20. September 1792) vertrieben die Revolutionstruppen das von Preußen und Österreich angeführte Emigrantenheer. Der Kampf gegen die „Feinde der Republik" stärkte das republikanische und nationale Bewusstsein der Franzosen. Unter dem von dem Abgeordneten *Pierre Joseph Cambon* im Dezember 1792 geprägten Motto „Krieg den Palästen, Friede den Hütten!" zogen jetzt die Revolutionstruppen in Speyer, Worms, Mainz und Frankfurt am Main ein.

In Paris hatte sich der Nationalkonvent zum Gericht erhoben. Nachdem im November 1792 geheime Unterlagen entdeckt worden waren, die eine Zusammenarbeit des einstigen Königs mit feindlichen Mächten belegten, wurde er wegen „Verschwörung gegen die Freiheit" und „Anschlägen gegen die nationale Sicherheit" angeklagt. Über 90 Prozent der Abgeordneten stimmten für schuldig. Uneinigkeit entstand erst über das Strafmaß und den Zeitpunkt der Strafvollstreckung. Am 21. Januar 1793 wurde „Bürger Capet", wie der abgesetzte König aus dem Geschlecht der *Capetinger* nun genannt wurde, vor den Augen des Volkes auf der Place de la Révolution, der heutigen Place de la Concorde, hingerichtet. In ganz Europa, nicht nur in den Fürstenhäusern, erschraken die Menschen über das gewaltsame Ende des französischen Monarchen.

Georges Jacques Danton
(1759–1794, hingerichtet): Er war Mitbegründer des Cordeliers-Clubs, wurde 1792 Abgeordneter des Nationalkonvents und war zeitweise Mitglied des Wohlfahrtsausschusses.

Das Haupt Ludwigs XVI. nach der Hinrichtung.
Ausschnitt aus einer Radierung des jakobinisch orientierten Stechers und Verlegers Villeneuve aus Paris, 1793. Der obere Schriftzug richtet sich warnend an die europäischen Monarchen und lautet übersetzt: „Gegenstand zum Nachdenken für gekrönte Jongleure." Die untere Zeile stammt aus dem im April 1792 verfassten revolutionären Kriegslied, der Marseillaise. Sie hat übersetzt folgenden Wortlaut: „Das unreine Blut tränke unserer Äcker Furchen."

MATIERE À REFLECTION POUR LES JONGLEURS COURONNEES.

qu un sang impur abreuve nos Sillons.

Die Revolution in der Krise | In den Wintermonaten 1792/93 weitete sich der Krieg gegen die europäischen Mächte aus. Zugleich brachen in den Städten Hungeraufstände und auf dem Land ein grausamer Bürgerkrieg gegen die Bauern der Vendée und der Bretagne aus. In dieser zugespitzten Situation wurden ein außerordentliches Gericht, das spätere *Revolutionstribunal*, und revolutionäre Überwachungsausschüsse gebildet, um das Gewaltmonopol des Staats zurückzugewinnen. Der *Wohlfahrtsausschuss (Comité de salut public)* erhielt weitgehende Ermächtigungen und stellte das Exekutivorgan des Konvents dar. Die neu geschaffenen Instanzen sollten erstmals seit 1789 wieder hin zu einer Stärkung der Zentralgewalt führen.

Für die katastrophale innen- und außenpolitische Lage wurden die Girondisten verantwortlich gemacht. Am 2. Juni 1793 zogen – von den Sansculotten initiiert – 80 000 Bürger und Nationalgardisten vor den Konvent und erzwangen die Auslieferung von 29 führenden girondistischen Abgeordneten und zwei Ministern. Das war das Ende der Girondisten, aber zugleich auch ein schwerer Schlag gegen das repräsentative System. Selbst den Montagnards ging die Macht der Straße nun zu weit, aber sie konnten die Führung im Konvent und in den, von Girondisten gesäuberten, Ausschüssen übernehmen. Die sogenannte *Jakobinerherrschaft* begann. Die Reaktion auf diesen Pariser Aufstand waren weitere Erhebungen im ganzen Lande.

Mit der Verabschiedung einer neuen Verfassung am 24. Juni 1793 wollte der Konvent neues Vertrauen stiften. Doch die Verfassung, die ein erweitertes Wahlrecht verankerte, die erstmals soziale Grundrechte (Recht auf Arbeit, öffentliche Unterstützung, Unterricht für alle) garantierte und alle Gesetze durch Volksabstimmungen beschließen lassen wollte, blieb Programm (→M4). Auf Druck des Wohlfahrtsausschusses beschlossen die Abgeordneten, sie erst nach Beendigung des Krieges in Kraft zu setzen.

Die belagerte Republik im Sommer 1793.
Während der Auseinandersetzungen zwischen den Revolutionstruppen und ausländischen Heeren oder gegenrevolutionären Gruppen fielen hunderttausende Menschen. Allein der Bürgerkrieg zwischen der königlich-katholisch gesinnten Landbevölkerung und den republikanischen Revolutionstruppen in der Vendée von 1793 bis 1796 kostete in einigen Gemeinden 25 bis 35 Prozent der Bevölkerung das Leben.

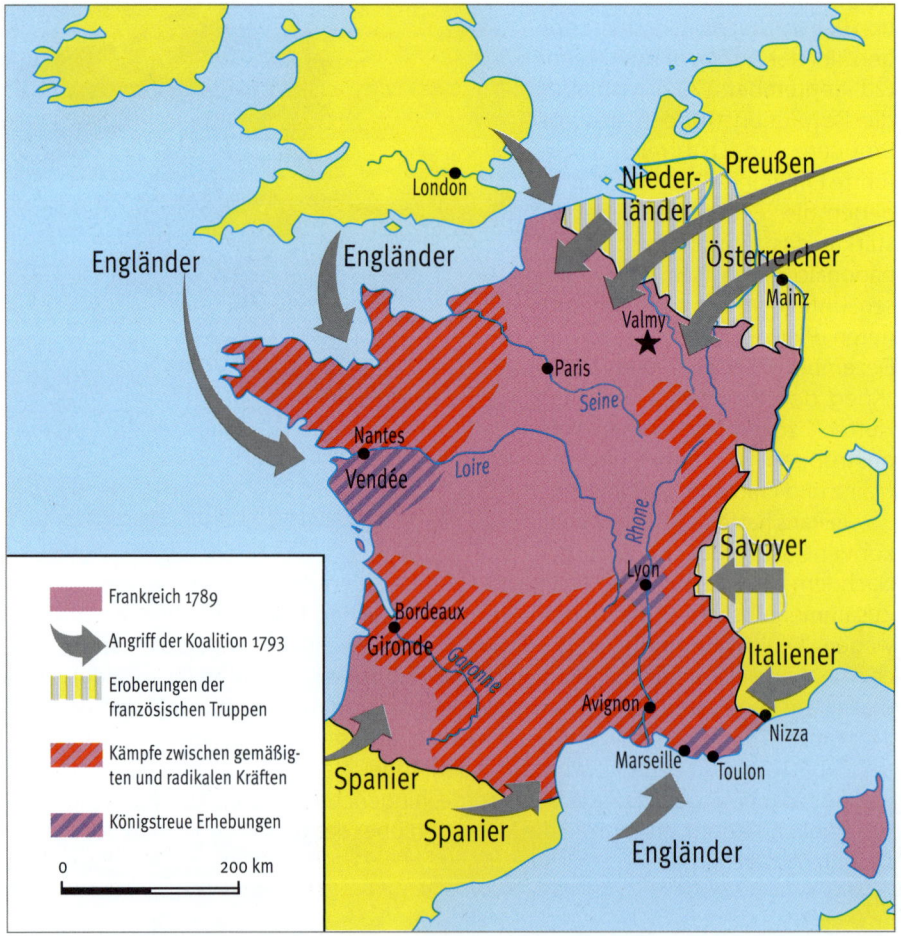

Die jakobinische Diktatur | In der Folgezeit bemühte sich der Konvent um weitere Zugeständnisse an die Bevölkerung: Kirchengüter wurden nationalisiert, und den Bauern wurde der Grundbesitz der Emigranten zum Kauf angeboten. Mittels Parzellierung und langer Zahlungsfristen konnten nun auch ärmere Bauern ihre Felder vergrößern. Rund ein Sechstel des Grundbesitzes wechselte seinen Eigentümer.

Schwieriger war es, gegen die Bedrohung von außen materielle und personelle Mittel zu finden. Die *allgemeine Wehrpflicht (Levée en masse)* wurde eingeführt, eine Neuerung gegenüber den üblichen Berufsheeren. Bis zum Sommer 1794 konnte so ein ca. 800 000 Mann starkes Heer aufgestellt werden. Die Hauptprobleme der Bevölkerung von Paris, Teuerung und Hunger, waren jedoch geblieben. Nach erneuten Unruhen umstellten Sansculotten am 5. September 1793 den Nationalkonvent und forderten: „Gesetzgeber! Setzt den Terror auf die Tagesordnung!" Dies galt allen Wucherern, Spekulanten und Kriegsgewinnlern. Die Abgeordneten mussten die Forderung ernst nehmen, da nur mit Unterstützung der Sansculotten die Aufstellung der Volksarmee durchzuführen, die notwendigen Waffen, Kleider und Lebensmittel für das Heer zu beschaffen sowie die aufständischen Gebiete unter Kontrolle zu bringen waren. Die einjährige Herrschaft des Schreckens *(Terreur)* begann, wobei die Montagnards aus Gründen des Machterhalts mit der Sansculotten-Bewegung paktierten.

Auf zwei Parlamentsausschüsse konzentrierte sich nun die Macht. Der zwölfköpfige Wohlfahrtsausschuss übernahm vollends die Leitung und Kontrolle über Kriegsführung, Ministerien, Polizei, Verwaltung und Wirtschaft; der ebenfalls zwölfköpfige *Sicherheitsausschuss (Comité de sûreté générale)* wurde zu einem Polizeiministerium, das die Überwachungsmaßnahmen im ganzen Land koordinierte. Maximilien de Robespierre war der führende Kopf der Montagnards und stand seit Juli 1793 mit diktatorischer Macht an der Spitze des Wohlfahrtsausschusses. Nicht mehr die rechtliche Gleichheit war Richtschnur seines Handelns, sondern im Einklang mit den Sansculotten vor allem die wirtschaftliche Gleichheit: „Alles, was zur Erhaltung des Lebens unerlässlich ist, ist gemeinsames Eigentum." In diesem Sinne regulierten eine Reihe zwangswirtschaftlicher Maßnahmen das Wirtschaftsleben. Meinungs-, Versammlungs- und Religionsfreiheit galten nicht mehr. Kirchen und Klöster wurden geschlossen und abgerissen, der christliche Glaube verfolgt und verhöhnt. Dagegen setzten Robespierre und seine Anhänger republikanische Vernunftkulte. Ein deutliches Zeichen für die „Zeitenwende" stellte die Einführung des republikanischen Kalenders im Oktober 1793 dar. Er ersetzte den siebentägigen christlichen Wochenrhythmus durch einen zehntägigen. Zum Jahr I der „einen und unteilbaren Republik" wurde rückwirkend der 22. September 1792 erklärt – am 21. September war die Monarchie abgeschafft worden; der Revolutionskalender galt bis zum 31. Dezember 1805.

Ganz entgegen den ursprünglichen Absichten hatte die revolutionäre Regierung mittlerweile wesentliche Charakterzüge eines absolutistischen Staatswesens angenommen: Rückkehr zur staatlichen Wirtschaftslenkung, Aufbau eines starken Militärapparats, Abhängigkeit der Justiz von der Exekutive, offizielle Staatsideologie statt freier Konkurrenz der politischen Ideen.

Der Terror verselbstständigt sich | Denunziantentum und Spitzelwesen stützten den Polizei- und Justizterror. Der Sicherheitsausschuss verbot alle überregionalen Klubs, die nicht zu den Jakobinergesellschaften gehörten. Zeugnisse der Staatsbürgertreue wurden obligatorisch und Hausdurchsuchungen alltäglich. Die Gefängnisse waren bald überfüllt und die Prozesse eine Farce. Die Guillotine, die „Sense der Gleichheit", wie der Volksmund sie nannte, wurde zum Inbegriff der „Schreckensherrschaft". „Die Revolution frisst, gleich Saturn, ihre eigenen Kinder," so der gironistische Konventsabgeordnete *Pierre-Victurnien Vergniaud*, der bald selbst ein Opfer des Terrorregimes wurde. Als sich auch in der Bergpartei rivalisierende Flügel bildeten, ließ Robespierre Anhänger beider Fraktionen auf die Guillotine schicken (→M5). Jetzt sollte der Terror auch die Macht der Sansculotten unterbinden. Am Ende verlor sogar die Diktatur Robespierres den Rückhalt der Bevölkerung. Am 27. Juli 1794 (9. Thermidor des Jahres II) stürzte ihn

Maximilien de Robespierre (1754–1794, hingerichtet): Rechtsanwalt; Mitglied des Jakobinerklubs und Abgeordneter des Nationalkonvents und seit Juli 1793 im Wohlfahrtsausschuss tätig

Guillotine: Hinrichtungsgerät, benannt nach dem Arzt Joseph Ignace Guillotin (1738–1834), der sich als Abgeordneter in der Konstituante für einen humaneren und für alle Stände gleichen Vollzug der Todesstrafe eingesetzt hatte

eine Mehrheit des Parlaments, um die „Schreckensherrschaft" zu beenden. Er und 105 seiner engsten Anhänger wurden ohne Prozess hingerichtet. Die Bilanz des Terrors: Landesweit waren von März 1793 bis Ende Juli 1794 etwa 500 000 Menschen verhaftet und circa 50 000 guillotiniert worden. Die meisten Opfer gehörten dem Dritten Stand an, davon viele aus dem Kleinbürgertum. Diese geschätzten Zahlen berücksichtigen die Toten der Aufstände nicht.

Die Revolution und die Frauen | Mit dem Sturz der Girondisten im Juni 1793 endete auch der von wenigen Frauen und Männern geführte politische Dialog zwischen den Geschlechtern. Dabei hatten Frauen im revolutionären Alltag – wie der Zug der Marktfrauen nach Versailles zu Beginn der Revolution gezeigt hatte – eine wichtige Rolle übernommen. Sie demonstrierten gegen Missstände, entsandten Deputationen und meldeten sich mit Petitionen und Streitschriften zu Wort. Frauen organisierten sich teils in Volksgesellschaften der Männer, teils in eigenen Klubs. Nach Kriegsbeginn stellten sie freiwillige Frauenregimenter für den Kampf gegen die Feinde der Revolution auf. Trotzdem waren, sieht man von dem im September 1792 erlassenen Scheidungsrecht ab, Forderungen nach Verbesserung ihrer Stellung in Ehe und Familie, in Ausbildung und Berufsleben weitgehend unberücksichtigt geblieben. Von der Mitarbeit in den Kommunen und im Parlament blieben Frauen weiterhin ausgeschlossen.

Nach gewalttätigen Ausschreitungen verbot der Nationalkonvent im Oktober 1793 alle Frauenklubs. Danach wurde den Frauen auch das Petitionsrecht genommen und der Besuch des Parlaments sowie der Volksgesellschaften untersagt. Die gelenkte Presse verunglimpfte politisch aktive Frauen als „unweiblich" und „blutrünstig" und forderte sie auf, ihre republikanischen Aufgaben im Haushalt, in der Familie und bei der Erziehung der Kinder zu erfüllen. Es blieb nicht bei verbalen Diskriminierungen: Frauen wurden in Gefängnisse geworfen und starben auf dem Schafott. *Olympe de Gouges*, die in einem Manifest die freie Wahl des Volkes zwischen Monarchie, föderativer oder zentralistischer Republik verlangt hatte, wurde am 3. November 1793 – noch während der „Schreckensherrschaft" – wegen „Gefährdung der Volkssouveränität" hingerichtet.

Wenige Tage später musste auch die 49-jährige bürgerliche Intellektuelle *Manon Roland*, die mit einem führenden Girondisten verheiratet war und einen einflussreichen Salon in Paris führte, aufs Schafott. Ihr konnten feministische Forderungen nicht vorgeworfen werden, denn sie plädierte trotz ihres großen politischen Einflusses für die traditionelle Rolle der Frau im „Schatten" der Männer. Verurteilt wurde sie wegen „Konspiration gegen die Republik und Entfachung des Bürgerkrieges". Sie war ein Opfer ihrer girondistischen Beziehung geworden.

Internettipp
Ein ausführliches Porträt von Olympe de Gouges finden Sie unter dem Code **32201-18**.

Olympe de Gouges.
Pastellminiatur von 1785. Die Miniatur gilt als das einzige zuverlässige Porträt der 1748 geborenen Schriftstellerin und Frauenrechtlerin, die 1791 die „Erklärung der Rechte der Frau und Bürgerin" (siehe M3 auf Seite 141) verfasste.

Nach der „Schreckensherrschaft" | Nach dem Ende der „Schreckensherrschaft" machte sich ein Gefühl der Befreiung breit. Ein neuer Anfang schien möglich. Der Nationalkonvent tagte weiter, nun dominierten die Abgeordneten der „Mitte", eine stabile Regierung konnten sie aber nicht bilden. Schrittweise wurden der Polizei- und Justizterror, Wirtschaftslenkung und Meinungsdruck beseitigt. Politische Gefangene wurden entlassen und die Jakobinerklubs geschlossen. Eine „Säuberung" des öffentlichen Dienstes von Jakobinern begann. Die Not der städtischen Kleinbürger hielt allerdings an, denn die Lebensmittelpreise wurden wieder freigegeben und stiegen zusätzlich noch wegen der anhaltenden Inflation. Als die

Sansculotten im Mai 1795 „Brot und die Verfassung von 1793" forderten und das Parlament bedrohten, beendeten regierungstreue Truppen diese letzte große Aktion der Sansculotten blutig.

Im August 1795 veröffentlichte der Nationalkonvent eine neue Verfassung; es war die dritte seit 1791 (→ M4). Mit ihr wurde das Zensuswahlrecht wieder eingeführt. Danach erfüllten nur noch etwa 30 000 Franzosen die Voraussetzungen, um Wahlmänner zu werden und Abgeordnete wählen zu können. Die Legislative wurde in zwei Kammern geteilt: Beim *Rat der Fünfhundert* lag die ausschließliche Gesetzesinitiative, während der *Rat der Alten* die Gesetze lediglich annehmen oder zurückweisen konnte. Die Exekutive übernahm ein fünfköpfiges *Direktorium (Directoire)*.

Noch stärker als die vorhergehenden Regierungen versuchte das Direktorium durch eine expansive Außenpolitik, die innenpolitische Misere auszugleichen. Es ließ sein Volksheer im Glauben an die Revolution und Nation gegen die stehenden Heere der traditionellen Mächte Europas marschieren. Mit Erfolg: Am Ende des *Ersten Koalitionskrieges* 1797 war das gesamte linksrheinische Gebiet erobert.

Sitzung des Mainzer Jakobinerklubs.
Federzeichnung von Johann Jakob Hoch.
Die Sitzung fand im Akademiesaal des Kurfürstlichen Schlosses im November 1792 statt. Der Mainzer Jakobinerklub hatte zeitweise 500 Mitglieder.

Wirkung auf Deutschland | Überall im territorial zersplitterten *Heiligen Römischen Reich Deutscher Nation* brachen mit den Nachrichten vom Sturm auf die Bastille alte sowie neue soziale, rechtliche und konfessionelle Konflikte aus. Regional begrenzte Bauern- und Handwerkerunruhen in Baden, in der Pfalz, im Rheinland, in Kursachsen und in Schlesien sowie lokale Aktionen in Trier, Köln, Göttingen, Hamburg, Nürnberg, Ulm und Reutlingen wurden alle mit Gewalt unterdrückt.

Der französische Versuch, die Gedanken der Aufklärung in praktische Politik umzusetzen, wurde zunächst von einem großen Teil des Bildungsbürgertums mit Sympathie verfolgt. Es entstanden ein ausgedehnter Revolutionstourismus nach Paris und eine breite Revolutionspublizistik. Zentren der intellektuellen Auseinandersetzung mit der Revolution waren die Universitäten, die höheren Schulen, Lesegesellschaften und Freimaurerlogen. In einigen deutschen Städten wurden sogar politische Vereinigungen nach dem Vorbild der französischen Jakobinerklubs gegründet.

Nirgendwo sonst im Reich fanden die Ideen der Französischen Revolution eine so intensive Verbreitung wie in Mainz. Angeregt von den Franzosen, die am 21. Oktober 1792 Mainz besetzt hatten, und gefördert von dem kurz darauf gegründeten

Jakobinerklub wurde Anfang 1793 ein *„Nationalkonvent der freien Deutschen diesseits des Rheins"* gewählt. Am 18. März riefen dessen Abgeordnete einen *„Rheinisch Deutschen Freistaat"* für das Gebiet zwischen Landau und Bingen aus. Doch der erste deutsche Versuch, eine auf Freiheit, Gleichheit und Eigentum beruhende demokratische Staats- und Gesellschaftsordnung einzuführen, scheiterte wenige Monate später – einerseits, weil die Franzosen begannen, das Land wirtschaftlich auszubeuten, andererseits, weil zur gleichen Zeit Rheinhessen und die Pfalz von österreichisch-preußischen Truppen zurückerobert wurden. Auch hatte das Schicksal der französischen Flüchtlinge und die Hinrichtung Ludwigs XVI. den Kreis der deutschen Revolutionsanhänger nach 1793 stark schrumpfen lassen (➔ M5).

Unabhängig davon wurden in den deutschen Staaten zwischen 1790 und 1798/99 mehrere Verfassungen entworfen. Sie machen die intensive juristische Auseinandersetzung mit den Entwicklungen in den USA und Frankreich deutlich und begründeten zugleich eine frühe demokratische Verfassungstradition in Deutschland.

Das „amtliche Ende" der Revolution ┃ In Paris brachen erneut Machtkämpfe aus, als sich militärische Rückschläge einstellten. In dieser Lage rief Sieyès, der Mann der ersten Stunde, den 30-jährigen, aus korsischem Kleinadel stammenden Napoleon Bonaparte zu Hilfe. Als siegreicher Oberbefehlshaber der Truppen in Italien war Bonaparte zur unentbehrlichen Stütze der Machthaber geworden. Das hinderte ihn nicht, die Regierung am 9. November 1799 (18. Brumaire des Jahres VIII) zu stürzen und den Widerstand des Parlaments mit Waffengewalt zu brechen. Ein Kollegium von drei Konsuln trat an die Stelle der alten Regierung. Bonaparte wurde *Erster Konsul* und ließ sich seine Stellung vom Volk bestätigen. Von über drei Millionen Stimmen wurden nur 1 562 gegen ihn abgegeben – bei allerdings vier Millionen Enthaltungen. Danach erklärte er die Revolution für „amtlich beendet".

Betrachtet man das Ergebnis des Jahrzehnts zwischen 1789 und 1799, so war das vermögende Bürgertum zum Gewinner der Revolution geworden. Es hatte von der Veräußerung der Nationalgüter am stärksten profitiert und den Adel endgültig aus wichtigen Positionen in Verwaltung und Militär verdrängt. Die soziale und politische Lage der städtischen Unterschichten und der kleinen Bauern hatte sich nicht wesentlich verbessert. Die ersten Anfänge einer politischen Kultur im Gesellschaftsleben und vor allem die Berufung auf vom Staat nicht mehr zurückholbare Menschenrechte der Bürger sind bleibendes Ergebnis der Epoche (➔ M6).

Napoleon – Erbe der Revolution?

Napoleon – Erbe der Revolution? | Napoleons Umgestaltung der Verwaltung vollendete, was der **Absolutismus** seit König *Ludwig XIV.* (1643–1715) vorbereitet hatte und was bis heute die französische Binnenstruktur kennzeichnet. Von der Zentrale Paris aus wurde das ganze Land durch staatlich besoldete, von Napoleon ernannte (also nicht mehr gewählte) Berufsbeamte verwaltet. Eine lückenlose Befehlskette führte von der Regierung über die Präfekten der ursprünglich 83 Departements und die Unterpräfekten der **Arrondissements** zu den Bürgermeistern der Gemeinden. Mit dieser straff organisierten Bürokratie verfügte Napoleon über ein Instrument zur raschen Durchsetzung seiner Pläne.

Pragmatisch bemühte sich der Erste Konsul um eine Einigung der Nation und einen Ausgleich zwischen den von der Revolution aufgerissenen Fronten. Der zuvor bekämpfte katholische Glauben wurde in einem **Konkordat** mit Papst *Pius VII.* wieder als Religion der großen Mehrheit der Franzosen anerkannt. Die Regierung behielt sich aber weiterhin die Einsetzung der Bischöfe vor und sicherte sich durch Treueid und Übernahme der Besoldung die Loyalität der Priester. Die Gefahr einer Gegenrevolution aus kirchlichen Kreisen war damit gebannt.

Diskriminierende Gesetze gegen den Adel wurden aufgehoben sowie die Rückkehr von Emigranten gestattet. Gleichzeitig entstand eine neue Führungsschicht: Zwischen 1808 und 1814 ließ Napoleon 3263 Personen adeln. Militär und zivile Funktionsträger seines Regimes profitierten am meisten davon, Kaufleute, Bankiers, Künstler und Wissenschaftler berücksichtigte er kaum. Abgesehen davon sollten über die Zugehörigkeit zu einem bestimmten Stand nicht mehr Geburt und ständische Privilegien entscheiden, sondern Leistung und Funktion. Ein zentral reglementiertes, in erster Linie auf Effizienz bedachtes Bildungswesen schuf die Grundlagen für eine anschließende Karriere in Staat und Gesellschaft. Voraussetzung dafür war jedoch, dass man die Mittel für eine teure Ausbildung aufbringen konnte.

Der Code civil

Der Code civil | Von zentraler Bedeutung war die Schaffung eines neuen bürgerlichen Gesetzbuches, des *Code civil* (auch *Code Napoléon*). Die 1804 veröffentlichte Gesetzessammlung regelte in knapp 2300 Artikeln das gesamte Zivilrecht und bildete damit die rechtliche Grundlage der bürgerlichen Gesellschaftsordnung. Gleichzeitig sicherte sie die Errungenschaften der Revolution: Freiheit der Person und des Gewissens, Gleichheit vor dem Gesetz, Freiheit der wirtschaftlichen Betätigung, Garantie des Privateigentums und Emanzipation der Juden. Dagegen nahm es im Ehe- und Familienrecht Reformen zurück. Das Scheidungsrecht wurde rückgängig gemacht und die Frau wieder ganz unter die Vormundschaft der Männer gestellt.

Der Code civil fand im Gefolge der französischen Truppen bald Eingang in das deutsche Rechtssystem, zunächst im Badischen Landrecht von 1809. Neu für die deutschen Staaten war insbesondere die Übernahme der französischen Gerichtsverfassung, die Verwaltung und Justiz weitgehend trennte und die Gerichte zur unabhängigen dritten Gewalt machte.

In Frankreich entsprachen Napoleons Gesetzgebung und Reformen der Grundhaltung des Bürgertums. Zusammen mit einer wachsenden Wirtschaft verhalfen sie dem Herrscher zu ungeheurer Popularität. Die Aufrechterhaltung der persönlichen Freiheit konnte allerdings nicht darüber hinwegtäuschen, dass eine Errungenschaft der Revolution wieder verloren gegangen war: Die politischen Freiheitsrechte setzte Napoleon außer Kraft. Ein wertloses Wahlrecht, strenge Pressezensur, eingeschränkte Versammlungsfreiheit, Bespitzelung und politische Morde zeigten das andere Antlitz seiner Herrschaft.

Der Mythos Napoleons

Der Mythos Napoleons | Schon als junger Heerführer in Italien hatte Napoleon Bonaparte gezielt für seine Reputation in der Heimat gesorgt (→M7). Dennoch empfand er nach seinem Staatsstreich seine bürgerliche Herkunft gegenüber den etablierten Fürstenhäusern als Makel. Sein Legitimationsbedürfnis wollte er durch Rückbesinnung auf antike und mittelalterliche Herrschaftssymbole stillen. Zunächst regierte er als Erster

---

Absolutismus: die (in der Theorie) ungeteilte Herrschaft des Monarchen. Sie wird hergeleitet aus dem Gottesgnadentum des Herrschers, der über dem Gesetz steht.

Arrondissements: den Departements untergeordnete Verwaltungseinheiten

Konkordat: völkerrechtlicher Vertrag zwischen Staat und katholischer Kirche zur Regelung kirchlich-staatlicher Angelegenheiten

Internettipp
Ausführliche Informationen über die Hintergründe, den Verlauf und die Wirkung der Französischen Revolution finden Sie unter dem Code **32201-19**.

Konsul, schließlich seit dem 2. Dezember 1804 als Kaiser. Nicht das französische Königtum wollte er neu errichten, sondern als mächtigster Herrscher in Europa stellte er eine direkte Verbindungslinie zu den Kaisern Roms und deren Nachfolgern im Mittelalter her. Napoleons zweite Ehe mit der Habsburgerin *Marie Louise*, der Tochter des österreichischen Kaisers (1810), sollte seinen Aufstieg in den Kreis der traditionellen Monarchien besiegeln. Überdies führten die bei Künstlern in Auftrag gegebenen heroischen Gemälde, seine Porträts auf Münzen und seine Bauprojekte den Zeitgenossen die Einzigartigkeit der Herrschaft Napoleons vor Augen. Eine strenge Pressezensur sorgte gleichzeitig dafür, dass sein Ansehen in der Öffentlichkeit nicht beschädigt wurde.

Nach dem verlorenen Krieg gegen die verbündeten Regierungen Europas (1815) lebte Napoleon noch bis 1821 im Exil auf der Atlantikinsel St. Helena. Sein Mythos in Frankreich überlebte ihn.

Kaiserkrönung Napoleons I. in der Pariser Kathedrale Notre-Dame.
Ölgemälde (610 × 930 cm) von Jacques-Louis David, 1805/07.
Um an das mittelalterliche Zeremoniell bei solchen Anlässen anzuknüpfen, lud Napoleon eigens Papst Pius VII. nach Paris ein. Der Papst segnete und salbte den neuen Kaiser, doch die Krönung des Kaiserehepaars vollzog Napoleon selbst.
Das Gemälde veranschaulicht zugleich die widersprüchliche Entwicklung des Künstlers David.
1789 hatte er den historischen Augenblick des Ballhausschwurs verherrlicht (siehe Seite 126), 15 Jahre später glorifizierte er die Einsetzung einer neuen Erbmonarchie.

▶ Gliedern Sie das Gemälde in sinnvolle Abschnitte und versehen Sie diese mit passenden Überschriften.

▶ Napoleon krönt seine Frau zur Kaiserin, der Papst sitzt im Hintergrund. Erklären Sie, was der Maler mit diesem Gemälde zum Ausdruck bringen will.

M1 „Aufklärung" – eine Begriffsdefinition

Die Historikerin Susanne Lachenicht (*1971) beschreibt die Wesenszüge der Aufklärung, auf die sich manche Revolutionäre berufen haben:

Als Aufklärung (franz. *Lumières*, engl. *Enlightenment*) wird in Europa die Epoche zwischen dem Ende des 17. Jahrhunderts und ca. 1789 verstanden, die unterschiedliche Geistesströmungen hervorbrachte. Den meisten Ver-
5 tretern der Aufklärung (franz. *Philosophes*) gemein ist die Überzeugung, dass der Mensch durch Vernunft Wahres und Falsches unterscheiden und durch die Erkenntnis des einzig Wahren in ein Goldenes Zeitalter gelangen könne. Der Mensch sei seiner Natur nach gut und nur durch die
10 Entfernung vom Naturzustand verderbt worden. Durch die Rückkehr zur Natur, angeleitet von Vernunft könne der Mensch vervollkommnet und in ein freiheitliches und glückliches Dasein überführt werden. Ziel der Aufklärung war es, den Mensch von Aberglauben und Irrationalem zu
15 befreien, Naturwissenschaften und Technik zu fördern, damit diese dem Menschen in seinem Emanzipationsprozess dienen konnten. Häufig findet sich auch ein Plädoyer für religiöse Toleranz; die Moral- und Rechtsphilosophie berief sich zunehmend auf das Naturrecht, d. h. Gesetze,
20 die bereits vor der Gründung der Staaten vorhanden gewesen seien, wie sie dann in den Menschen- und Bürgerrechten von 1789 formuliert werden sollten. Forderungen der Aufklärung schlossen Pressefreiheit, Freiheitsrechte des Einzelnen (Schutz vor willkürlicher Ver-
25 haftung, Schutz des Eigentums, Redefreiheit) und eine neue Pädagogik zur Herausbildung des vernünftigen Menschen mit ein. Fortschrittsglaube und Optimismus, dass die Menschheit durch Aufklärung und Vernunft im Diesseits (und nicht mehr im Sinne christlicher Traditio-
30 nen im Jenseits) in ein neues Arkadien, ein Goldenes Zeitalter geführt werden könne (Perfektibilitätsglaube), ist fast allen Aufklärungsphilosophen eigen. Zu den wichtigsten Aufklärern zählen in Frankreich Voltaire (eigentlich François Marie Arouet, 1694–1778), Charles de Secon-
35 dat, Baron de Montesquieu (get. 1689–1755), Jean-Jacques Rousseau (1712–1778) und Denis Diderot (1713–1784), in England John Locke (1632–1704) und David Hume (1711–1776), in Deutschland Christian Wolff (1679–1754), Gotthold Ephraim Lessing
40 (1729–1781) und Immanuel Kant (1724–1804). [...] Viele Aufklärer verwarfen mit dieser säkularen Heilsgeschichte die religiöse Offenbarung, waren nicht nur antiklerikal, sondern bekämpften Religion generell als Aberglauben und Vorurteil; beide müssten für immer beseitigt
45 werden. An die Stelle des Dogmatismus der katholischen Kirche trat der Dogmatismus der Aufklärung, der radikale Glaube an Vernunft, Wissenschaft, Technik und den ewigen Fortschritt der Menschheit. Wichtigstes Werk der Aufklärung war die zwischen 1751 und 1785 von Diderot
50 und Jean-Baptiste de Rond d'Alembert (1717–1783) he-

rausgegebene *Encyclopédie*, die sämtliche *philosophes* und ihre wichtigsten Thesen umfassen sollte.

Susanne Lachenicht, Die Französische Revolution, Darmstadt ²2016, S. 38

1. Fassen Sie in wenigen Stichpunkten zusammen, was laut Susanne Lachenicht unter „Aufklärung" zu verstehen ist. | F
2. Das Naturrecht definiert den Menschen als ein von Natur aus mit Rechten ausgestattetes Wesen. Erklären Sie die Folgen dieser These für die von der Aufklärung angestoßene Entwicklung.
3. Arbeiten Sie heraus, inwieweit die Ideen der Aufklärung in Gegensatz zu den überkommenen Regierungs- und Gesellschaftsvorstellungen geraten mussten.

M2 „Was ist der Dritte Stand?"

Der katholische Geistliche Emmanuel Joseph Sieyès, genannt Abbé Sieyès, verfasst Ende 1788 die Schrift „Qu'est-ce que le tiers état?". Sie wird im Januar 1789 anonym veröffentlicht, erreicht eine Auflage von über 30 000 Exemplaren und wird damit zur maßgeblichen „Kampfschrift" des Dritten Standes:

Der Plan dieser Schrift ist ganz einfach. Wir haben uns drei Fragen vorzulegen.
1. Was ist der Dritte Stand? ALLES.
2. Was ist er bis jetzt in der politischen Ordnung gewesen? NICHTS.
3. Was verlangt er? ETWAS ZU SEIN. [...]
5

Also, was ist der Dritte Stand? Alles, aber ein gefesseltes und unterdrücktes Alles. Was wäre er ohne den privilegierten Stand? Alles, aber ein freies und blühendes Alles. Nichts kann ohne ihn gehen; alles ginge unendlich besser ohne die 10 anderen. [...]
Was ist eine Nation? Eine Körperschaft von Gesellschaftern, die unter einem gemeinschaftlichen Gesetz leben und durch dieselbe gesetzgebende Versammlung repräsentiert werden usw. [...]
15
Der Dritte Stand umfasst also alles, was zur Nation gehört; und alles, was nicht der Dritte Stand ist, kann sich nicht als Bestandteil der Nation ansehen. Was also ist der Dritte Stand? ALLES. [...]
Unter dem Dritten Stand muss man die Gesamtheit der Bürger 20 verstehen, die dem Stand der gewöhnlichen Leute (l'ordre commun) angehören. Alles, was durch das Gesetz privilegiert ist, einerlei auf welche Weise, tritt aus der gemeinschaftlichen Ordnung heraus, macht eine Ausnahme für das gemeinschaftliche Gesetz und gehört folglich nicht zum Dritten Stand. [...] 25
Der Dritte Stand hat bis zur Stunde keine wahren Vertreter auf den Generalständen gehabt. Er hat also keinerlei politische Rechte. [...]

Was verlangt der Dritte Stand? Etwas zu werden. [...] Man
30 kann die wirklichen Forderungen des Dritten Standes nur
nach den authentischen Beschwerden beurteilen, welche
die großen Stadtgemeinden (municipalités) des König-
reichs an die Regierung gerichtet haben. Was sieht man
da? Dass das Volk etwas sein will, und zwar nur das We-
35 nigste, was es sein kann. [...] Es will haben 1. echte Vertreter auf den Generalständen, das heißt Abgeordnete, die aus
seinem Stand kommen und die fähig sind, die Interpreten
seines Willens und die Verteidiger seiner Interessen zu
sein. Was nützt es ihm, an den Generalständen teilzuneh-
40 men, wenn das dem seinen entgegengesetzte Interesse dort
dominiert? [...] Es verlangt weiter 2. eine Zahl von Vertretern, die derjenigen ebenbürtig ist, welche die beiden anderen Stände zusammen besitzen. Diese Gleichheit der
Vertretung wäre indessen völlig illusorisch, wenn jede
45 Kammer eine eigene Stimme besäße. Der Dritte Stand verlangt deshalb 3., dass die Stimmen nach Köpfen und nicht
nach Ständen gezählt werden. [...]
Ich bitte zu beachten, welch gewaltiger Unterschied zwischen der Versammlung des Dritten Standes und den Ver-
50 sammlungen der beiden anderen Stände besteht. Ersterer
vertritt fünfundzwanzig Millionen Menschen und berät
über die Interessen der Nation. Die beiden letzteren haben,
sollten sie zusammentreten, nur die Vollmacht von ungefähr zweihunderttausend Einzelpersonen und denken nur
55 an ihre Vorrechte. Man wird sagen, der Dritte Stand allein
könne keine „Generalstände" bilden. Nun, umso besser,
dann wird er eben eine „Nationalversammlung" bilden!

Eberhard Schmitt und Rolf Reichardt (Hrsg.), Emmanuel Joseph Sieyès. Politische Schriften 1788–1790, München/Wien ²1981, S. 119, 123–125, 127, 130f.
und 180

1. Erklären Sie, was die Ausführungen von Sieyès zu einer
revolutionären „Kampfschrift" macht.
2. Arbeiten Sie Sieyès' Argumente dafür heraus, dass nur
ein Stand die Nation vertreten könne.
3. Entwickeln Sie aus dem Beitrag eine Definition des Begriffes „Nation".

M3 Menschenrechte für alle?

*Die „Erklärung der Menschen- und Bürgerrechte" wird am
26. August 1789 von der Verfassunggebenden Versammlung (Konstituante) verkündet und der Verfassung von
1791 vorangestellt (erster Text). In Anlehnung an dieses
Dokument veröffentlicht 1791 die 43-jährige Schriftstellerin Olympe de Gouges eine „Erklärung der Rechte der Frau
und Bürgerin" (zweiter Text):*

Erklärung von 1789
Da die Vertreter des französischen Volkes, als Nationalversammlung eingesetzt, erwogen haben, dass die Un-

kenntnis, das Vergessen oder die Verachtung der Menschenrechte die einzigen Ursachen des öffentlichen 5
Unglücks und der Verderbtheit der Regierungen sind,
haben sie beschlossen, die natürlichen und unveräußerlichen und heiligen Rechte der Menschen in einer
feierlichen Erklärung darzulegen, damit diese Erklärung allen Mitgliedern der Gesellschaft beständig vor 10
Augen ist und sie unablässig an ihre Rechte und Pflichten erinnert; damit die Handlungen der Gesetzgebenden wie der Ausübenden Gewalt in jedem Augenblick
mit dem Endzweck jeder politischen Einrichtung verglichen werden können und dadurch mehr geachtet 15
werden; damit die Ansprüche der Bürger, fortan auf
einfache und unbestreitbare Grundsätze begründet,
sich immer auf die Erhaltung der Verfassung und das
Allgemeinwohl richten mögen. Infolgedessen erkennt
und erklärt die Nationalversammlung in Gegenwart 20
und unter dem Schutze des Allerhöchsten folgende
Menschen- und Bürgerrechte:

Artikel 1
Die Menschen sind und bleiben von Geburt frei und gleich
an Rechten. Soziale Unterschiede dürfen nur im gemeinen 25
Nutzen begründet sein.

Artikel 2
Das Ziel jeder politischen Vereinigung ist die Erhaltung der
natürlichen und unveräußerlichen Menschenrechte. Diese
Rechte sind Freiheit, Eigentum, Sicherheit und Widerstand 30
gegen Unterdrückung. [...]

Artikel 4
Die Freiheit besteht darin, alles tun zu können, was einem
anderen nicht schadet. So hat die Ausübung der natürlichen Rechte eines jeden Menschen nur die Grenzen, die 35
den anderen Gliedern der Gesellschaft den Genuss der gleichen Rechte sichern. Diese Grenzen können allein durch
Gesetz festgelegt werden. [...]

Artikel 6
Das Gesetz ist der Ausdruck des allgemeinen Willens. Alle 40
Bürger haben das Recht, persönlich oder durch ihre Vertreter an seiner Formung mitzuwirken. Es soll für alle gleich
sein, mag es beschützen, mag es bestrafen. Da alle Bürger
in seinen Augen gleich sind, sind sie gleicherweise zu allen
Würden, Stellungen und Beamtungen nach ihrer Fähigkeit 45
zugelassen ohne einen anderen Unterschied als den ihrer
Tugenden und ihrer Talente.

Artikel 7
Jeder Mensch kann nur in den durch das Gesetz bestimmten Fällen und in den Formen, die es vorschreibt, angeklagt, 50
verhaftet und gefangen gehalten werden. [...]

Artikel 10
Niemand soll wegen seiner Meinung, selbst religiöser Art,
beunruhigt werden, solange ihre Äußerungen nicht die
durch das Gesetz festgelegte öffentliche Ordnung stören. 55

Artikel 11
Die freie Mitteilung der Gedanken und Meinungen ist eines der kostbarsten Menschenrechte. Jeder Bürger kann also frei schreiben, reden, drucken unter Vorbehalt
60 der Verantwortlichkeit für den Missbrauch dieser Freiheit in den durch Gesetz bestimmten Fällen. [...]

Artikel 17
Da das Eigentum ein unverletzliches und heiliges Recht ist, kann es niemandem genommen werden, wenn es
65 nicht die gesetzlich festgelegte, öffentliche Notwendigkeit augenscheinlich erfordert und unter der Bedingung einer gerechten und vorherigen Entschädigung.

Olympe de Gouges von 1791
Wir, die Mütter, Töchter, Schwestern, Vertreterinnen der Nation, verlangen in die Nationalversammlung aufge-
70 nommen zu werden. In Anbetracht dessen, dass Unkenntnis, Vergessen oder Missachtung der Rechte der Frauen die alleinigen Ursachen öffentlichen Elends und der Korruptheit der Regierungen sind, haben wir uns entschlossen, in einer feierlichen Erklärung die natürli-
75 chen, unveräußerlichen und heiligen Rechte der Frau darzulegen, damit diese Erklärung allen Mitgliedern der Gesellschaft ständig vor Augen ist und sie unablässig an ihre Rechte und Pflichten erinnert; damit die Machtausübung von Frauen ebenso wie jene von Männern jeder-
80 zeit und somit auch mehr geachtet werden kann; damit die Beschwerden von Bürgerinnen, nunmehr gestützt auf einfache und unangreifbare Grundsätze, sich immer zur Erhaltung der Verfassung, der guten Sitten und zum Wohl aller auswirken mögen. Das an Schönheit wie Mut
85 im Ertragen der Mutterschaft überlegene Geschlecht anerkennt und erklärt somit, in Gegenwart und mit dem Beistand des Allmächtigen, die folgenden Rechte der Frau und Bürgerin:

Artikel I
90 Die Frau ist frei geboren und bleibt dem Manne gleich in allen Rechten. Die sozialen Unterschiede können nur im allgemeinen Nutzen begründet sein.

Artikel II
Ziel und Zweck jedes politischen Zusammenschlusses ist
95 der Schutz der natürlichen und unveräußerlichen Rechte sowohl der Frau als auch des Mannes. Diese Rechte sind: Freiheit, Sicherheit, das Recht auf Eigentum und besonders das Recht auf Widerstand gegen Unterdrückung. [...]

100 *Artikel IV*
Freiheit und Gerechtigkeit besteht darin, den anderen zurückzugeben, was ihnen zusteht. So wird die Frau an der Ausübung ihrer natürlichen Rechte nur durch die fortdauernde Tyrannei, die der Mann ihr entgegensetzt,
105 gehindert. Diese Schranken müssen durch Gesetz der Natur und Vernunft revidiert werden. [...]

Artikel VI
Das Gesetz sollte Ausdruck des allgemeinen Willens sein. Alle Bürgerinnen und Bürger sollen persönlich oder durch ihre Vertreter an seiner Gestaltung mitwirken. Es muss für 110 alle das Gleiche sein. Alle Bürgerinnen und Bürger, die gleich sind vor den Augen des Gesetzes, müssen gleichermaßen nach ihren Fähigkeiten, ohne andere Unterschiede als die ihrer Tugenden und Talente, zu allen Würden, Ämtern und Stellungen im öffentlichen Leben zugelassen 115 werden.

Artikel VII
Für Frauen gibt es keine Sonderrechte; sie werden verklagt, in Haft genommen und gefangen gehalten in den durch das Gesetz bestimmten Fällen. Frauen unterstehen wie Männer 120 den gleichen Strafgesetzen. [...]

Artikel X
Niemand darf wegen seiner Meinung, auch wenn sie grundsätzlicher Art ist, verfolgt werden. Die Frau hat das Recht, das Schafott zu besteigen. Sie muss gleichermaßen das 125 Recht haben, die Tribüne zu besteigen, vorausgesetzt, dass ihre Handlungen und Äußerungen die vom Gesetz gewahrte öffentliche Ordnung nicht stören.

Artikel XI
Die freie Gedanken- und Meinungsäußerung ist eines der 130 kostbarsten Rechte der Frau, denn diese Freiheit garantiert die Vaterschaft der Väter an ihren Kindern. Jede Mutter kann folglich in aller Freiheit sagen: „Ich bin die Mutter eines Kindes, das du gezeugt hast", ohne dass ein barbarisches Vorurteil sie zwingt, die Wahrheit zu verschleiern. 135 [...]

Artikel XVII
Das Eigentum gehört beiden Geschlechtern vereint oder einzeln. Jede Person hat darauf ein unverletzliches und heiliges Anrecht. Niemandem darf es als wahres Erbteil der 140 Nation vorenthalten werden, es sei denn, eine öffentliche Notwendigkeit, die gesetzlich festgelegt ist, mache es augenscheinlich erforderlich, jedoch unter der Voraussetzung einer gerechten und vorher festgesetzten Entschädigung.

Ute Gerhard, Menschenrechte – Frauenrechte 1789, in: Viktoria Schmidt-Linsenhoff (Hrsg.), Sklavin oder Bürgerin? Französische Revolution und Neue Weiblichkeit 1760–1830, Frankfurt am Main 1989, S. 68–72

1. Erläutern Sie die Funktion der Präambeln beider Erklärungen.
2. Geben Sie die wesentlichen Rechte wieder, die den Bürgern nach den jeweiligen Texten eingeräumt werden.
3. Leiten Sie aus diesen Rechten bzw. Forderungen möglicherweise bestehende Missstände ab.
4. Die Forderungen von Olympe de Gouges sind unseren heutigen Vorstellungen näher. Überprüfen Sie diese These.

M4 Staatsform und Wahlrecht von 1789 bis 1795

Zwischen 1789 und 1799 werden in Frankreich vier Verfassungen verabschiedet. Sie alle dokumentieren unterschiedliche Stadien der Revolution und sind Ausdruck eines intensiven Erfahrungs- und Lernprozesses.

	Ancien Régime (Wahlordnung von 1789)	Verfassung von 1791	Verfassung von 1793 (trat nicht in Kraft)	Verfassung von 1795
Regierungsform	absolutistische Monarchie	konstitutionelle Monarchie	Republik	Republik
Staatsoberhaupt	König	König	—	5 Direktoren
Vertretungssystem	Generalstände (beratende Funktion) 1. Stand: ca. 300 Vertreter 2. Stand: ca. 300 Vertreter 3. Stand: ca. 600 Vertreter	Nationalversammlung für 2 Jahre (etwa 745 Vertreter aus 83 Départements)	Nationalrepräsentation für 1 Jahr (je 1 Abgeordneter auf 40 000 Einwohner, 749 Abgeordnete, zuzüglich 28 aus den Kolonien)	• Rat der Alten (250 Mitglieder) • Rat der Fünfhundert (beide Räte wurden alljährlich zu einem Drittel erneuert)
Wahlverfahren	nach Ständen	indirekt	direkt	indirekt
Wahlberechtigung (in den Urversammlungen)	• Männer (beim Adel auch Frauen) • 25 Jahre • Eintragung in die Steuerliste	• Männer • 25 Jahre • fester Wohnsitz seit einem Jahr • weder Tagelöhner noch Dienstleute • Steuerleistung im Wert von 3 Arbeitstagen • Mitglied der Nationalgarde • Bürgereid	• Männer • 21 Jahre • ein Jahr in Frankreich	• Männer • 21 Jahre • ein Jahr in Frankreich und/oder (ehemaliger) Soldat • Jungwähler sollten lesen und schreiben können und einer qualifizierten Arbeit nachgehen
Voraussetzungen, um als Wahlmann bestellt zu werden Eigentum/Einkommen im Wert von • in Städten über 6 000 Einwohner • in Städten unter 6 000 Einwohner • auf dem Land	—	• aktives Bürgerrecht • 25 Jahre • 200 Arbeitstagen • 100–150 Arbeitstagen • ca. 150 Arbeitstagen	—	• aktives Bürgerrecht • 25 Jahre • 100 Arbeitstagen • 150 Arbeitstagen • 150–200 Arbeitstagen
Zahl der Wahlmänner	—	etwa 45 000	—	etwa 30 000
Voraussetzungen, um als Abgeordneter gewählt zu werden	—	aktives Bürgerrecht	aktives Bürgerrecht	Rat der Fünfhundert: • 30 Jahre • fester Wohnsitz seit 10 Jahren Rat der Alten: • 40 Jahre • fester Wohnsitz seit 15 Jahren

M5 Die „Schreckensherrschaft" – Rechtfertigung und Kritik

Maximilien de Robespierre rechtfertigt am 5. Februar 1794 vor dem Nationalkonvent das Ziel der Revolution und den Terror:

Welches Ziel streben wir an? Wir wollen den friedlichen Genuss der Freiheit und der Gleichheit [...]. Wir wollen die Dinge so ordnen, dass alle niedrigen und grausamen Leidenschaften im Zaum gehalten und alle wohltätigen und
5 edlen Leidenschaften durch die Gesetze geweckt werden; wir wollen eine Ordnung schaffen, in der sich der Ehrgeiz auf den Wunsch beschränkt, Ruhm zu erwerben und dem Vaterland zu dienen; in der Vornehmheit nur aus der Gleichheit entsteht; wo der Bürger dem Magistrat, der Ma-
10 gistrat dem Volke und das Volk der Gerechtigkeit unterworfen ist; eine Ordnung, in der das Vaterland das Wohlergehen eines jeden Einzelnen sichert und jeder Einzelne stolz das Gedeihen und den Ruhm des Vaterlandes genießt [...].
15 Wir wollen in unserem Lande die Moral gegen den Egoismus, die Rechtschaffenheit gegen die Ehre, [...] ein großherziges, mächtiges und glückliches Volk gegen ein bloß liebenswürdiges, leichtfertiges und beklagenswertes Volk eintauschen, das heißt, alle Tugenden und alle Wunder der
20 Republik gegen alle Laster und alle Lächerlichkeiten der Monarchie.
Mit einem Wort: Wir wollen den Willen der Natur erfüllen, das Schicksal der Menschheit vollenden, das Versprechen der Philosophie halten und die Vorsehung von der langen
25 Herrschaft des Verbrechens und der Tyrannei befreien [...]. Welche Regierungsform kann diese Wunder vollbringen? Nur die demokratische oder republikanische Regierung! Denn diese beiden Wörter sind synonym, trotz aller Missbräuche der volkstümlichen Sprache. Die Aristokratie ist
30 ebenso wenig republikanisch wie die Monarchie. Die Demokratie ist kein Staat, in dem sich das Volk ständig versammelt und alle seine öffentlichen Angelegenheiten selbst regelt; sie ist noch weniger ein Staat, in dem hunderttausend Volksparteien durch isolierte, übereilte und wider-
35 sprüchliche Maßnahmen über das Schicksal der gesamten Gesellschaft entscheiden. Eine solche Regierung hat niemals bestanden und sie könnte auch nur bestehen, um das Volk zum Despotismus zurückzuführen.

Die Demokratie ist ein Staat, in dem das souveräne Volk sich nach Gesetzen richtet, die sein eigenes Werk sind, indem es von selbst alles tut, was es tun kann, und indem es
40 durch seine Abgeordneten tun lässt, was es nicht selbst tun kann. [...]
Von außen werden wir von allen Tyrannen umzingelt; im Innern konspirieren alle Freunde der Tyrannen gegen uns: Sie werden solange konspirieren, bis dem Verbrechen jede
45 Hoffnung genommen ist. Man muss die inneren und äußeren Feinde der Republik beseitigen oder mit ihr untergehen. Deshalb sei in der gegenwärtigen Lage der erste Grundsatz eurer Politik, das Volk durch Vernunft und die Volksfeinde durch Terror zu lenken.
50 Wenn in friedlichen Zeiten der Kraftquell der Volksregierung die Tugend ist, so sind es in Zeiten der Revolution Tugend und Terror zusammen. Ohne die Tugend ist der Terror verhängnisvoll, ohne den Terror ist die Tugend machtlos. Der Terror ist nichts anderes als die unmittel-
55 bare, strenge und unbeugsame Gerechtigkeit: Er ist also eine Emanation[1] der Tugend; er ist nicht so sehr ein besonderer Grundsatz als vielmehr die Folge des allgemeinen Grundsatzes der Demokratie: angewandt auf die dringenden Bedürfnisse des Vaterlandes.
60

Der am 21. Oktober 1793 geschriebene Brief des Pfarrers und Schriftstellers Johann Caspar Lavater (1741–1801) aus Zürich an den Konventsabgeordneten Marie-Jean Héraut de Séchelles (1760–1794, hingerichtet) zeigt exemplarisch die Abwendung des größten Teils der europäischen Revolutionssympathisanten:

Seitdem Ihr Euren guten König umgebracht und ermordet habt auf eine unerhörte Weise und auf die despotischste Art; seitdem Ihr die Unverletzbarkeit verletzt habt, die Ihr ihm versichert hattet; seitdem Ihr auf seine Verteidigung keine Achtung mehr schluget; seitdem Ihr im Geschmack der lissabonischen Inquisition handeltet; seitdem Ihr, den
65 Dolch in der Hand, zur Freiheit zwangt; seitdem Ihr die bewegliche Köpfmaschine an die Stelle der zerstörten Bastille setztet; seitdem man nichts mehr sagen oder schreiben darf, was man unter den despotischsten Königen sagen und schreiben durfte, seitdem zittre ich, wenn ich Euch von
70 Freiheit reden höre. Monarchie oder Republik, das ist mir gleichgültig; aber Freiheit! Nicht das Wort jedoch, nicht die Ausrufungen, nicht die Marktschreierei gehaltener Reden werden Frankreich diese Freiheit geben. Erlaubet mir, über diesen Gegenstand Eurer (unbeschadet der Beredsamkeit)
75 armseliger Reden frei zu sein: Wo ist die Freiheit, wo ist die Sicherheit der Ehre, des Eigentums, des Lebens? [...]
Glauben Sie mich nicht schwach genug, die Partie der Prinzen und der Royalisten von Frankreich zu nehmen; keineswegs. Ich habe nichts zu sagen als eine klare, einfache und
80

---

[1] **Emanation**, von lat. „emanare": hervorgehen, herausfließen

niederschlagende Sache. Alle Eure Könige und alle Könige der Erde zusammen gaben nie so viele Beispiele des abscheulichen Despotismus, wie Ihr seit drei Jahren gebt. In Wahrheit, Ihr treibet Spott mit uns andern, mit dem Uni-
85 versum und mit den künftigen Jahrhunderten. Ich erwähne nicht einmal der groben Unmenschlichkeiten eines verwilderten Pöbels. Ich bemerke die öffentlichen Akte, die Dekrete des Nationalkonvents, die unterstützten und privilegierten Grausamkeiten der größten sogenannten
90 Antidespoten.
Im Namen der Menschlichkeit beschwöre ich Sie auf den Knien, spottet nicht mehr dem Universum und den künftigen Jahrhunderten! Sprecht nie mehr das Wort Freiheit aus, indem ihr den allerunerträglichsten Despotismus
95 ausübt.

Erster Text: Maximilien Robespierre, Ausgewählte Texte, Hamburg 1971, S. 582 ff.; zweiter Text: Gustav Landauer, Briefe aus der Französischen Revolution, Band 2, Berlin (Ost), ³1985, S. 104 ff.

1. Geben Sie die Ziele Robespierres aus dem ersten Text mit eigenen Worten wieder. | **H**

2. Beurteilen Sie die Ziele Robespierres. | **H**

3. Erklären Sie, welche Gefahr bei der Verfolgung dieser Ziele deutlich wird.

4. Setzen Sie sich mit der Frage auseinander, ob es auch andere Wege als den Terror gegeben hätte, die Absichten Robespierres in die Tat umzusetzen. | **F**

5. Arbeiten Sie die Prinzipien aus dem zweiten Text heraus, die der Briefeschreiber der Politik des Konvents entgegensetzt.

6. Nehmen Sie abschließend Stellung: An welche Grenzen stoßen Regierungen bei der Durchsetzung ihrer Maßnahmen?

M6 „Die Geburtsstunde von Freiheit und Demokratie"

Die Historikerin Susanne Lachenicht (*1971) schreibt über die Bedeutung der Französischen Revolution:

Die Französische Revolution wird bis heute als das Ereignis betrachtet, das die Vormoderne von der Moderne oder die Frühe Neuzeit von der Neuzeit trennt. Sie steht für einen Epochenumbruch, der Politik, Gesellschaft, Wirtschaft und
5 Kultur inklusive der kollektiven Mentalitäten (Michel Vovelle) tief greifend verändert haben soll. Aus politischer Perspektive ist die Französische Revolution immer wieder als Geburtsstunde von Freiheit und Demokratie beschrieben worden. Aus dem Untertanen (*sujet*) sei der (Staats-)
10 Bürger (*citoyen*) geworden. Gesellschaftlich und wirtschaftlich bedeutete sie – so viele Autoren – das Ende der Ständegesellschaft und damit Rechtsgleichheit und den Aufstieg des Bürgertums in Frankreich. Wirtschaftlich wird

mit der Französischen Revolution durch die Abschaffung von ständischen Privilegien, von Zünften und Gilden Unter- 15 nehmensfreiheit und die allmähliche Durchsetzung des Leistungsprinzips auf dem europäischen Kontinent verbunden. Kulturell bedeutete die Revolution das Ende des alten Europas, in dem Staat und Kirche bis dato ein enges Bündnis eingegangen waren. Neben die christliche Religion bzw. 20 die christlichen Konfessionen trat 1789 eine säkulare Ideologie, die sich in England und auch in Frankreich seit dem 16. Jahrhundert entwickelt hatte: Der Nationalismus, der in Frankreich während der Revolution zum „demokratischen Nationalismus" werden sollte, verdrängte die Staats- 25 religion – den Katholizismus – zwar nicht, setzte jedoch an dessen Stelle eine klare Alternative, die bis zum heutigen Tag von vielen Franzosen gelebt wird: Republikanismus und Laizismus.
Schon die Revolutionäre selbst sahen in den Ereignissen 30 zwischen 1789 und 1799 etwas Irreversibles; eine Umkehr, eine Rückkehr in alte Zeiten schien ihnen nicht mehr möglich. Nach der Hinrichtung des Königs, Ludwigs XVI. (geb. 1754), am 21. Januar 1793 soll der Abgeordnete des Nationalkonvents Pierre Joseph Cambon (1756–1820) ge- 35 sagt haben: „Wir sind endlich auf der Insel der Freiheit gelandet und haben das Schiff verbrannt, das uns hinfuhr" [...]. Spätestens mit der radikalen Revolution von 1792 wurde nicht mehr das Alte, das bisher Dagewesene als Legitimation für Reformen, für Veränderung bemüht. Bis da- 40 hin waren Revolten wie der Bauernkrieg von 1525, die Englische Revolution der 1640er-Jahre sowie die Glorreiche Revolution von 1688/89 von den Revolutionären immer als Rückkehr zum „alten Recht", zu einem Zustand gesehen worden, der von den Herrschenden gewaltsam 45 verändert worden sei und den die Revolutionäre nun wiederherstellen mussten. Vor dem Amerikanischen Unabhängigkeitskrieg[1] und den Ereignissen in Frankreich von 1789 bis 1799 bezeichnete der Begriff „Revolution" den immer wiederkehrenden Kreislauf der Gestirne oder politisch die 50 Rückkehr zu altem Recht und alter Ordnung.
Dies änderte sich mit der Französischen Revolution. Das Neue, die Realisierung einer Utopie, der Fortschritt der Menschheit hin zu neuen Ufern waren nun Legitimation für politisches und gesellschaftliches Handeln. Die Revolution 55 katalysierte die Entwicklung weg vom Alten, zu Bewahrenden, hin zum Neuen, zum Unbekannten; ein Wandel der Mentalitäten, der sich bereits mit der Aufklärung angekündigt hatte. Mit den Ereignissen in Nordamerika, aber vor allem durch die Umwälzungen, die in Frankreich zwischen 60 1789 und 1799 stattfanden, veränderte sich auch die Bedeutung des Begriffs „Revolution". Seitdem steht der Begriff „Revolution" für die mit Aufständen und Gewalt einhergehende Veränderung von staatlichen Institutionen, von Eigentumsverhältnissen, von Zugangsbedingungen zu 65

---

[1] Zum Unabhängigkeitskrieg siehe das Kapitel auf den Seiten 56 ff.

staatlichen, wirtschaftlichen und gesellschaftlichen Eliten, für die Durchsetzung neuer, manchmal staatlich verordneter Ideologien, im Grunde also für die totale, wenn nicht gar totalitäre Umwälzung von Staat, Kultur und Gesellschaft.

Susanne Lachenicht, Die Französische Revolution, a.a.O., S. 9f.

1. Gliedern Sie den Text in sinnvolle Abschnitte und versehen Sie diese mit passenden Überschriften.

2. Arbeiten Sie aus dem Text die Veränderungen heraus, die von der Französischen Revolution ausgingen. **| F**

3. Informieren Sie sich im Internet und/oder in der Fachliteratur über die von der Autorin genannten früheren Revolutionen (siehe ab Zeile 39 ff.). Erläutern Sie anschließend, welchen Unterschied Lachenicht beschreibt.

M7 „Der Wahrheit stets eine Nasenlänge voraus"

*Der Journalist Andreas Kilb (*1961) rezensiert 2018 in der Frankfurter Allgemeinen Zeitung eine neue Napoleon-Biografie des britischen Historikers Adam Zamoyski (*1949):*

Die Schlüsselszene dieses Buches spielt in Italien. Die französische Revolutionsarmee unter ihrem General Napoleon Bonaparte hat ein österreichisches Korps in Mantua eingeschlossen. [...] Die entscheidende Brücke liegt bei dem
5 Dorf Arcole.
Die Franzosen versuchen sie am 15. November [1796] im Sturm zu nehmen, aber die Verteidiger sind gut verschanzt. Als die erste Attacke scheitert, steigt der General vom Pferd und ergreift eine Fahne. Der Trupp, den er anführt, wird
10 von einer gut gezielten Salve empfangen, die seinen Adjutanten tötet. Seine überlebenden Begleiter stoßen Bonaparte in einen Entwässerungsgraben. Triefnass, aber unverletzt wird er aus dem Wasser gezogen. Die Brücke bleibt in österreichischer Hand. Soweit die Fakten.
15 In Bonapartes Bulletin[1] an das fünfköpfige Direktorium in Paris, das nach dem Sturz Robespierres die Revolutionsgeschäfte führt, klingt alles ganz anders. Hier verschmilzt die Schlappe bei Arcole mit den Gefechten der folgenden Tage, die die Österreicher schließlich doch zum Rückzug zwin-
20 gen, zu einem einzigen, durch Bonapartes Fahnenmarsch ausgelösten Triumph. Noch im selben Monat beginnt Antoine-Jean Gros, der die französische Armee begleitet, mit seinem Ölbild „Bonaparte an der Brücke von Arcole".
Es zeigt den General in Galauniform mit gezücktem Schwert
25 und wehendem Haar. Das Gemälde, durch zahlreiche Drucke verbreitet, wird zur Ikone der siegreichen Revolution.

„Der Wahrheit stets eine Nasenlänge voraus" von Andreas Kilb, in: F.A.Z. Literaturbeilage vom 6. Oktober 2018, © Alle Rechte vorbehalten. Frankfurter Allgemeine Zeitung GmbH, Frankfurt. Zur Verfügung gestellt vom Frankfurter Allgemeine Archiv

„Bonaparte an der Brücke von Arcole."
Ölgemälde (94 x 130 cm) von Antoine-Jean Gros, 1796.

1. Ein Ergebnis der Französischen Revolution war das Entstehen von Zeitungen, die sich im politischen Meinungsstreit behaupten mussten. Erklären Sie, wie Napoleon seinen Bericht vom Krieg in Italien zur Beeinflussung der Massen nutzt.

2. Setzen Sie die in der Quelle beschriebenen Ereignisse (Zeile 1–14) in Beziehung zur Aussage des Ölgemäldes von Antoine-Jean Gros auf dieser Seite. **| H**

3. Überlegen Sie, welche damaligen Möglichkeiten es gab, Berichte von einem fernen Kriegsschauplatz zu überprüfen. Vergleichen Sie mit heutigen „fake news".

---

[1] **Bulletin:** amtlicher Bericht, offizielle Bekanntmachung

Umgang mit historischer Fachliteratur üben

Historische Fachliteratur ist ein Sammelbegriff für wissenschaftliche Veröffentlichungen. Dazu gehören **Textsorten** wie wissenschaftliche Bücher eines Autors (Monografien), Aufsätze in Sammelbänden oder in (Fach-)Zeitschriften, gedruckte Vorträge, Lexikonartikel und Rezensionen (Buchbesprechungen). Die Literatur über die Französische Revolution beispielsweise ist unüberschaubar. Die Zahl der Veröffentlichungen geht in die Zigtausende und ständig kommen neue hinzu.

Eine für alle Mal gültige oder richtige und verbindliche **Geschichtsschreibung** gibt es nicht. Wichtig ist die Einsicht, dass sie immer **abhängig** ist von der Person, die Forschung betreibt, von der Zeit, in der geforscht wird, von den Fragen, die Untersuchende an die Vergangenheit stellen, von den ausgewerteten Quellen und von der benutzten Literatur. Für das Verständnis eines Textes, seine Einordnung und Bewertung ist es daher notwendig, ihn mit anderen Darstellungen zu vergleichen und ihn nach bestimmten **Kriterien** zu untersuchen.

Im Materialienteil des Buches gibt es zahlreiche Beispiele, um historische Fachliteratur zu analysieren.

Arbeitsschritt	Leitfragen
1. beschreiben	• Wer ist der Autor / die Autorin? • Welche Funktion, welchen Beruf oder welche Stellung hat er / sie? • Welche Textsorte liegt vor (z. B. Lexikonartikel, Fachbuch, Essay oder Rezension)? • Wann, wo und aus welchem besonderen Anlass (Jubiläum, Jahrestag etc.) ist der Text veröffentlicht worden? • Was wird thematisiert? • Wie ist der Text aufgebaut? Welche besonderen Merkmale gibt es (Sprache, Stil)? • Mit welchen Argumenten bzw. Belegen (Quellen, Sekundärliteratur) begründet der Autor / die Autorin seine / ihre Aussagen? • Welche Behauptungen oder Thesen werden aufgestellt?
2. erklären	• Welchen Zeitraum, welches Ereignis oder welche Person behandelt der Text? • Auf welche wissenschaftliche / politische Diskussion geht der Autor / die Autorin ein? • In welchem Bezug steht der Autor / die Autorin zum behandelten Thema? • An welche Adressaten wendet sich der Text? • Welche Aussageabsicht hat er? • Welchen Standpunkt nimmt der Autor / die Autorin ein?
3. beurteilen	• Wurde das Thema schlüssig und überzeugend bearbeitet oder ist die Argumentation lückenhaft? Wurden mehrere Perspektiven berücksichtigt? • Nimmt der Autor / die Autorin Wertungen vor oder stellt er / sie Vermutungen auf? • Wie lässt sich der Text bzw. die Publikation insgesamt einordnen und bewerten?

M1 „Im Zentrum der modernen Weltgeschichte"

Albert Soboul (1914–1982) fasst das Ergebnis der Revolution wie folgt zusammen: ← Verfasser
(Soboul: französischer Historiker und Kommunist)

Zehn Jahre revolutionäre Ereignisse hatten allerdings die Lage in Frankreich im Wesentlichen in Übereinstimmung mit den Wünschen der Bourgeoisie und Besitzenden grundlegend verändert. Die alte Aristokratie war samt ihren Privilegien und ihrer früheren gesellschaftlichen Bedeutung zerschlagen, und die letzten Spuren der Feudalität waren beseitigt.
5 Mit der radikalen Zerstörung der gesamten feudalen Hinterlassenschaft, der Befreiung der Bauern von den Herrenrechten, den kirchlichen Zehnten und – eingeschränkt – auch von den kollektiven Zwängen (contraintes communautaires), mit der Aufhebung der Zunftmonopole und der Herstellung des nationalen Marktes beschleunigte die Französische Revolution die Entwicklung des Übergangs vom „Feudalismus" zum Kapitalismus und
10 bildete zugleich eine ihrer entscheidenden Etappen. Indem sie andererseits die provinziellen Besonderheiten und die lokalen Vorrechte aufhob und die Staatsgewalt des Ancien Régime zerbrach, schuf sie vom Direktorium bis zum Empire die Voraussetzungen eines modernen Staates, der den wirtschaftlichen und sozialen Interessen der Bourgeoisie entsprach. [...]

*Fokus auf „Signalwörter"
(Hinweis auf sozialistische Geschichtsschreibung)*

15 Die Französische Revolution steht damit im Zentrum der modernen Weltgeschichte, am Kreuzweg verschiedener gesellschaftlicher und politischer Strömungen, welche die Nationen entzweit haben und noch weiterhin entzweien werden. Ihr Enthusiasmus begeistert die einen, die an die Kämpfe für Freiheit und Unabhängigkeit und an ihren Traum von der brüderlichen Gleichheit denken – bei anderen löst er Hassgefühle aus. Den einen bedeutet
20 ihr aufgeklärter Geist einen Angriff auf Privileg und Tradition – andere sehen darin maßlose Vernunft, die mit ihrer gewaltigen Kraft die ganze Gesellschaft neu ordnen wollte. Die Revolution, ob bewundert oder gefürchtet, lebt weiter im Bewusstsein der Menschen.

*Fokus auf: Erscheinungsjahr
(zeitliche Einordnung)*

Albert Soboul, Die große Französische Revolution. Ein Abriss ihrer Geschichte (1789-1799), Frankfurt am Main ⁵1988, S. 571 ff.

Literaturangabe (Monografie)

M2 Einfluss auf die politische Kultur Europas

*Rolf E. Reichardt (*1940) schreibt über die Französischen Revolution:* ← Verfasser
(Reichardt: deutscher Historiker)

Überall wirkte die Revolution bei unzufriedenen Gruppen als Anstoß, überfällige Reformen und Veränderungen im jeweils eigenen Land energischer zu betreiben. Überall löste sie eine Welle politischer Publizistik von neuer Radikalität und sozialer Reichweite aus, welche die revolutionären Grundvorstellungen und Schlagworte verbreitete. Überall verband
5 sich damit sowohl eine neuartige Klubkultur als auch eine internationale Freiheits- und Gleichheitssymbolik – beides nach französischem Vorbild. Überall wurden durch die so bewirkten Akkulturationsprozesse[1] neue soziale Gruppen und Schichten an die Politik herangeführt beziehungsweise zusätzlich politisiert, überall erkämpften sich diese Gruppen unter Rekurs[2] auf die Revolution Zugang zum Politischen: die Intellektuellen auf der
10 Apenninenhalbinsel, das mittlere Bürgertum im Alten Reich, die kleinen Leute auf den Britischen Inseln. Überall bildeten sich in Auseinandersetzung mit der Revolution deutlicher als zuvor gegensätzliche politische Lager heraus. So hat die Französische Revolution, wie unterschiedlich sie auch vordergründig auf einzelne Länder einwirkte, letztlich wichtige Impulse zur Herausbildung einer gemeinsamen, tendenziell demokratischen politi-
15 schen Kultur Europas gegeben.

*Fokus auf „Signalwörter"
(Hinweis auf den Schwerpunkt des Textauszuges: Kulturgeschichte)*

Rolf E. Reichardt, Das Blut der Freiheit. Französische Revolution und demokratische Kultur, Frankfurt am Main ³2002, S. 331

*Fokus auf: Erscheinungsjahr
(zeitliche Einordnung)*

Literaturangabe (Monografie)

---

[1] **Akkulturation:** Übernahme fremder geistiger und materieller Kulturgüter durch Einzelpersonen oder ganze Gruppen
[2] **Rekurs:** Rückgriff auf etwas

▶ Analysieren Sie die beiden Texte mithilfe der Arbeitsschritte auf Seite 146. Ihre Ergebnisse können Sie mit der Beispiellösung auf Seite 168 vergleichen.

Die Französische Revolution (1789 – 1799)

Ursachen

- Finanzkrise des Staates (u.a. Kriege, Schulden)
- soziale und wirtschaftliche Probleme (Abgaben/Steuern, Hungersnöte)
- gescheiterte Reformen
- reformunfähige Monarchie
- politischer Gestaltungswille (Dritter Stand)
- Ideen der Aufklärung (u.a. Montesquieu, Rousseau)

Phasen

Beginn der Revolution (1789)

- Ziele: Ende der Not, Reformen, politische Mitbestimmung
- Träger: Bauern, Bürger (Dritter Stand)

→

Konstitutionelle Monarchie (1789–1792)

- Ziele: Abschaffung feudaler Privilegien, neue Menschen- und Bürgerrechte, Verfassung
- Träger: gehobenes Bürgertum, liberaler Adel, Frauen

→

Republik und „Schreckensherrschaft" (1792–1794)

- Ziele: Abschaffung der Monarchie, Verfassung, „Überwachungsstaat"/ Terror
- Träger: Kleinbürgertum (Sansculotten), Besitzbürgertum (Jakobiner)

→

Direktorium (1795–1799)

- Ziele: Verfassung, Beendigung von Unruhen
- Träger: gehobenes Bürgertum

Fazit

Gewinner der Revolution

- gehobenes Bürgertum

Verlierer der Revolution

- Adel und Klerus

Das Erbe

- Menschen- und Bürgerrechte
- Aufhebung der Ständegesellschaft
- Trennung von Kirche und Staat
- Abschaffung der Monarchie, Entwicklung der Republik
- Bewusstsein für eine politische Demokratie
- Entstehung von Parteien und einer Debattenkultur
- Beginn einer politischen Frauenbewegung
- Veränderung der Presselandschaft (neue „Öffentlichkeit")
- Code Napoléon bzw. Code civil (neues Zivilrecht)

M Der „moderne Mensch" und das Störfeuer revolutionärer Politik

Der britische Historiker Simon Schama (*1945) schreibt über die Ergebnisse der Französischen Revolution:

Ihre beiden großen gesellschaftlichen Veränderungen – das Ende der Feudalherrschaft und die Abschaffung der Zünfte – hatten mehr versprochen als gehalten. So erleichtert sich fraglos viele Handwerker über die Beseitigung der
5 Zunfthierarchie mit ihren strengen Arbeits- und Verdienstvorschriften fühlten, den wirtschaftlichen Ungerechtigkeiten, die Meister und Gesellen nach wie vor voneinander schieden, waren sie nun noch schutzloser ausgesetzt. Und ebenso war die Abschaffung des Feudalismus mehr eine
10 Sache der Gesetze als der gesellschaftlichen Umschichtung und besiegelte lediglich die bereits unter dem Ancien régime angebahnte Umwandlung des Feudalherrn in einen Gutsherrn. [...]

Den größten Gewinn vom Verkauf der Kirchengüter und
15 des Emigrantenbesitzes hatten genau dieselben Bevölkerungsgruppen, die schon unter dem Ancien régime wirtschaftlich ihren Schnitt gemacht hatten. Gewiss bedeuteten diese unwiderruflichen Verkäufe eine beträchtliche Verschiebung des Reichtums. Aber ein guter Teil dieses Trans-
20 fers wickelte sich *innerhalb* der Klasse der Grundbesitzer ab. Das heißt, die fetten Katzen wurden nur noch fetter. [...]

Hat die Revolution dann wenigstens die Probleme, über die die Monarchie gestürzt war, gelöst und entsprechende staatliche Einrichtungen geschaffen? Auch hier ist es [...]
25 einfacher, die Kontinuität zu verfolgen, vornehmlich in den Zentralisierungsbestrebungen, als einen umwerfenden Wandel auszumachen. Was die öffentlichen Finanzen angeht, so entpuppte sich die Einführung einer Papierwährung als eine Katastrophe, neben der die Insolvenzen des
30 Ancien régime nahezu zur Bedeutungslosigkeit herabsanken. So kehrte das bonapartistische Konsulat [...] zu guter Letzt reumütig zur Metallwährung zurück. [...]

Hatte sich die Revolution dann wenigstens in dem Punkt besser bewährt, an dem die Monarchie gescheitert war,
35 nämlich an ihrer Unfähigkeit, repräsentative Einrichtungen zur Verwirklichung ihrer Reformprogramme zu schaffen? In einer Hinsicht ja. Die verschiedenen, vom Volke gewählten gesetzgebenden Körperschaften von den Generalständen bis zum Nationalkonvent gehören in der Tat zu den
40 eindrucksvollsten Neuerungen, die die Revolution hervorgebracht hat. [...]

Nach dem Jahr III[1] aber ging die Gewalt nicht mehr von der Straße und den Sektionen, sondern von der uniformierten Armee aus. Und hier endlich stoßen wir auf eine Umwand-
45 lung, die niemand der Französischen Revolution streitig machen kann: die Schöpfung eines neuen Rechtsträgers, des Citoyen. Doch kaum war diese hypothetisch freie Person erfunden, wurden ihre Freiheiten auch schon von der Polizeigewalt des Staates eingeschränkt. Und wenn dies
50 auch stets im Namen des republikanischen Patriotismus geschah, waren die Zwänge darum doch nicht weniger drückend. [...]

Ein wesentliches Element, vielleicht sogar *das* wesentliche Element des Anspruchs der Revolutionäre von 1789
55 war die Überzeugung, *la patrie* selber besser regenerieren zu können als die königlichen Beamten. So war der Kampfgeist, der sich wie ein dicker roter Faden durch die Revolution zog, von allem Anfang an patriotisch eingefärbt und mithin der militarisierte Nationalismus keine
60 zufällige, unbeabsichtigte Folge, sondern Herz und Seele der Französischen Revolution. Logisch folglich auch, dass all die Millionen Erben der revolutionären Macht, die wahre „neue Klasse" dieses Abschnitts der französischen Geschichte, nicht irgendeine *bourgeoisie conquérante*,
65 sondern die *wirklichen* Eroberer waren: die napoleonischen Marschälle, deren Vermögen selbst die überlebenden Adelsdynastien vergleichsweise armselig erscheinen ließen.

Der „moderne Mensch" – der Ingenieur, der adlige Indus-
70 trielle, der Wissenschaftler, der Bürokrat und General –, allem Anschein nach schon unter Ludwig XVI. drauf und dran, die Verwaltung mit Beschlag zu belegen, setzte, kaum war das Störfeuer der revolutionären Politik ausgeschaltet, seinen Marsch zur Macht auf Gedeih und Ver-
75 derb fort.

Simon Schama, Der zaudernde Citoyen. Rückschritt und Fortschritt in der Französischen Revolution, München 1989, S. 834 ff.

---

1. Fassen Sie stichpunktartig die Ergebnisse der Französischen Revolution nach Schama zusammen.

2. Der Historiker Thomas Nipperdey hat einmal geschrieben: „Die Revolution hat die Modernisierung unterbrochen." Überprüfen Sie diese Aussage anhand der Quelle.

3. Vergleichen Sie den Text mit M6 auf Seite 144 f. Stellen Sie übereinstimmende Wertungen und Unterschiede fest.

4. Bilden Sie Arbeitsgruppen. Nennen und begründen Sie Ihre eigene Einschätzung der Französischen Revolution. Vergleichen Sie anschließend in der Klasse Ihre Ergebnisse miteinander. | H

---

[1] **Jahr III:** 22. September 1794 bis 22. September 1795

2.1 Hilfen zum richtigen Umgang mit den Operatoren

Anforderungsbereich I (Reproduktion)

Operator	Was ist zu beachten?	Wie ist vorzugehen?
beschreiben	Der Operator wird häufig sowohl bei Bildquellen wie Gemälden, Karikaturen oder Fotografien als auch bei Statistiken verwendet. Als Vorbereitung für eine anschließende Analyse soll das Material in **nachvollziehbarer** und **strukturierter Form** in seinen **Einzelheiten** (in der Regel Bildelemente und deren Beziehungen zueinander) vorgestellt werden. Eine Analyse oder Erklärung ist hier noch nicht vorzunehmen, also was z. B. die einzelnen Elemente einer Bildquelle oder einer Statistik im historischen Kontext für eine Bedeutung haben oder wie die Darstellung zu beurteilen ist. Klar identifizierbare Personen dürfen aber bereits als solche benannt werden.	Kreisen Sie das Ihnen wesentlich erscheinende Element des Materials ein und verfassen Sie ausgehend davon eine Beschreibung. Das zentrale Element ist z. B. bei einer **Bildquelle** daran zu erkennen, dass es oft in klarer Beziehung zu den anderen Bildelementen steht. Davon ausgehend können Sie dann die übrigen Bestandteile des Materials und die Bildebenen (Vordergrund, Hintergrund) in ihrem Inhalt beschreiben. Bei **Statistiken** empfiehlt es sich, auf die dort oft dargestellte Entwicklung einzugehen. Das gilt auch für dynamische **Karten** (z. B. eine Karte, die die Expansion Roms oder die „Entdeckungsfahrten" der Frühen Neuzeit zeigt). **Beispiel:** Im Zentrum des um 1877 entstandenen Historiengemäldes des Künstlers Anton von Werner steht Martin Luther in aufrechter Haltung und legt seine rechte Hand aufs Herz. Sein Blick ist Kaiser Karl V., der auf seinem Thron im Schatten sitzt, zugewandt. Im Bildhintergrund befinden sich ... usw.
gliedern	Der Operator ist dafür gedacht, einen **Sachverhalt vorzustrukturieren** und zu **ordnen**, um ihn leichter greifbar zu machen. Das kann zum Beispiel die Einteilung eines zeitlichen Verlaufes in bestimmte Phasen sein. In Bezug auf einen vorgegebenen Text wird durch die Gliederung die Vorarbeit für eine Zusammenfassung bzw. eine Textwiedergabe geleistet. Oft wird der Operator daher bei Texten verwendet, in denen die zugrunde liegende inhaltliche Struktur zunächst nicht so einfach zu erkennen ist oder sich verschiedene Aspekte überlagern.	Falls keine Gliederungskategorien durch die Aufgabenstellung vorgegeben sind, wählen Sie **prägnante Begriffe** aus, die aus dem Text heraus deutlich werden. Geben Sie dann die **Zeilen** an, in denen Informationen, die zu diesen Begriffen gehören, benannt werden. Die Begriffe können dann jeweils den Ausgangspunkt für eine Textwiedergabe oder Zusammenfassung bilden. Zusätzlich werden auch Wertungen und Einstellungen der Autorin/des Autors wiedergegeben bzw. zusammengefasst. **Beispiel:** In einem Brief an seine Ordensbrüder in Europa berichtet der Franziskaner Pedro de Gante aus Mexiko-Stadt 1529 über die Missionierung der indigenen Bevölkerung. Der Autor schreibt zunächst über den alten Glauben der Einheimischen (Belegstelle: Zeilenangabe). Anschließend thematisiert er die verschiedenen Strategien der Missionierung der indigenen Bevölkerung. Dabei nennt er die Massentaufen (Belegstelle: Zeilenangabe), den Unterricht und die Ausbildung der Einheimischen zu Missionaren (Belegstelle: Zeilenangabe) und deren Vorgehen bei der Missionierung (Belegstelle: Zeilenangabe).
wiedergeben	Ähnlich wie beim Operator „zusammenfassen" (siehe Seite 151) geht es hier darum, zu zeigen, dass Sie den **Inhalt** eines vorgegebenen Textes **verstanden** haben. Allerdings sollen die Inhalte dabei nicht reduziert, sondern **strukturiert** in ihrer Gänze wiedergegeben werden. Meist wird dieser Operator bei Texten verwendet, die einen hohen Informationsgehalt und wenige Wiederholungen aufweisen, oft auch sprachlich anspruchsvoller sind und quasi „**übersetzt**" werden müssen. Dies kann z. B. für Quellen gelten, die aus einer weiter zurückliegenden Epoche stammen. Auch hier soll der Inhalt des vorliegenden Textes weder von Ihnen erläutert noch bewertet werden. Sie verfassen Ihre Textwiedergabe also wie ein **distanzierter Beobachter**.	Teilen Sie den Text, der wiedergegeben werden soll, in **Sinnabschnitte** ein. Notieren Sie an den Rand des jeweiligen Sinnabschnitts einen Satz, der die Inhalte des Abschnitts in die **moderne Fachsprache** „übersetzt". Um die sprachliche Distanz zum Ausdruck zu bringen, verwenden Sie bei der anschließenden Formulierung der Wiedergabe den **Konjunktiv**. **Beispiel:** Der portugiesische Seefahrer Vasco da Gama berichtet, dass bei der Ankunft seiner Flotte an der Küste von Kalikut im Jahre 1498 zunächst Abgesandte in vier Booten zu ihm gekommen seien, die ihn und sein Gefolge nach ihrer Herkunft gefragt hätten.

Operator	Was ist zu beachten?	Wie ist vorzugehen?
zusammenfassen	Der Operator ist oft in der ersten Aufgabe bei schriftlichen Arbeiten anzutreffen. Hier sollen Sie zeigen, dass Sie den **Inhalt** eines Textes **verstanden** haben und damit in der Lage sind, diesen **gekürzt** und **in eigenen Worten** wiederzugeben. Zu beachten ist dabei, dass Sie den Text auf die **wichtigsten Aussagen** reduzieren und diese dann anführen. Die Inhalte des zu untersuchenden Textes sollen weder von Ihnen erläutert noch bewertet werden. Sie schreiben Ihre Zusammenfassung wie ein **distanzierter Beobachter**.	Teilen Sie den Text, der zusammengefasst werden soll, im Vorfeld in **Sinnabschnitte** ein. Schreiben Sie an den Rand des jeweiligen Sinnabschnitts eine **Überschrift** oder einen **Satz**, der den Inhalt des Abschnitts auf den Punkt bringt. Um die sprachliche Distanz zu unterstreichen, verwenden Sie bei der anschließenden Formulierung der Zusammenfassung den **Konjunktiv**. **Beispiel:** Der Historiker Manfred Hettling erläutert in einer Fachpublikation, dass der Begriff „Wende" passender als der Begriff „Revolution" für die Zeit von 1989/90 sei.

Anforderungsbereich II (Reorganisation und Transfer)

Operator	Was ist zu beachten?	Wie ist vorzugehen?
analysieren	Mithilfe dieses Operators soll ein Material auf bestimmte Aspekte hin untersucht werden, um seine **inhaltliche Aussagekraft** thematisch **zielgerichtet zu erfassen**. Die Aspekte sind in der Regel direkt aus dem Material zu ersehen. Bei manchen Materialien bietet es sich auch an, diese in Hinblick auf mehrere Aspekte zu analysieren und dann zu einem Gesamtbild zusammenzufügen. Wichtig ist es, die Untersuchungsergebnisse anschließend zu **ordnen** und **strukturiert darzustellen**. Außerdem muss – zum Beispiel durch ein Zitat mit Zeilenangabe bzw. ein Bildelement oder einen Zahlenwert – das entsprechend erfasste Ergebnis der Untersuchung am Material **belegt** werden. Genau wie bei „charakterisieren" und „herausarbeiten" (siehe Seite 152 und 153) wird der Operator „analysieren" zur **inhaltlichen Erschließung** eines Materials genutzt. Damit werden diese Operatoren seltener in normalen schriftlichen Arbeiten eingesetzt. Allerdings können sie in umfangreicheren schriftlichen Arbeiten (z. B. im Abitur) als **Vorbereitung**, **Nachbereitung** oder **Verbindung** zu einer anderen weiteren Aufgabe aus dem Anforderungsbereich II (wie „erläutern"; siehe Seite 152 f.) genutzt werden. So kann z. B. eine inhaltliche Erläuterung der jeweils erschlossenen Aspekte gefordert sein oder eine Untersuchung eines Materials in Bezug auf zuvor in einer anderen Aufgabe erläuterte Inhalte.	Gehen Sie das Material durch, indem Sie Ihre „Analysebrille" aufsetzen und die Elemente (Textpassagen, Bildelement oder Zahlenwerte) **markieren**, in denen Aussagen zu ihrem Untersuchungsaspekt auftauchen. Fügen Sie diese Elemente zusammen und wählen Sie eine **geeignete Struktur**, mit der Sie Ihre Ergebnisse geordnet darstellen wollen. **Beispiel:** Analysieren Sie die Motive (Kriterium) der handelnden Gruppen, die in der spätmittelalterlichen Chronik in Bezug auf den Umgang mit der jüdischen Bevölkerung genannt werden. Eine denkbare Antwort: In der Chronik wird ein entscheidendes Motiv für die Ermordung der jüdischen Bevölkerung durch die Stadtbevölkerung genannt: „Was man den Juden schuldete, galt als bezahlt" (Belegstelle: Seiten- und/oder Zeilenangabe). Die Pest bot den Stadtbürgern einen Anlass, die Juden als Sündenböcke darzustellen und sich so ihrer Schulden zu entledigen. Dies gilt auch für die „Landesherren", die als „Schuldner" (Belegstelle: Seiten- und/oder Zeilenangabe) erwähnt werden. Die ablehnende Haltung der Stadträte gegenüber den Mordaktionen gegen die jüdische Bevölkerung, die in ... (Belegstelle: Seiten- und/oder Zeilenangabe) nachzulesen ist, erklärt sich daraus, dass die jüdische Gemeinde in den Städten regelmäßig Schutzgeldzahlungen an den jeweiligen Stadtrat leistete.
charakterisieren	Ähnlich wie beim Operator „analysieren" soll auch hier **ein Aspekt** in einem Material **zielgerichtet untersucht** werden. Während bei einer Analyse eher sachorientiert vorzugehen ist, stehen bei einer Charakterisierung **Eigenarten und Merkmale** im Vordergrund, die sich häufig auf einer Werteebene bewegen. Die untersuchten Eigenschaften lassen sich oft mit **Adjektiven** belegen, die die Eigenarten beschreiben und sich im Endergebnis zu einem „Gesamtbild" bzw. einer Gesamtwirkung zusammenfügen. Dazu ist es wichtig, die Untersuchungsergebnisse zu **ordnen** und **strukturiert darzustellen** und auch ein **Fazit** zu ziehen. ► nächste Seite	Betrachten Sie das Material durch Ihre „Analysebrille" und **markieren** Sie die Elemente (Textpassagen), in denen Aussagen zu Ihrem Untersuchungsaspekt auftauchen. **Belegen** Sie die Aussagen auch mit passenden Adjektiven, die sich z. B. aus der Bewertung des Autors oder Ihrem eigenen Eindruck ergeben. Fügen Sie anschließend die Elemente zusammen und suchen Sie eine **Struktur**, mit der Sie Ihre Ergebnisse geordnet darstellen wollen. Wichtig ist dabei, auch die **Gesamtwirkung** zu erfassen, die der Sachverhalt nach der Untersuchung entfaltet. **Beispiel:** Charakterisieren Sie die Vorgehensweise (Kriterium) der Franziskaner bei der Missionierung der indigenen Bevölkerung in Spanischamerika. Eine mögliche Antwort: Die Vorgehensweise lässt sich als oberflächlich (Adjektiv) charakterisieren, da in ... ► nächste Seite

► nächste Seite

Operator	Was ist zu beachten?	Wie ist vorzugehen?
charakterisieren	Dabei kann eine erste Bewertung der Ergebnisse erfolgen. Außerdem ist – zum Beispiel durch ein Zitat mit Zeilenangabe – das **Ergebnis** der Untersuchung auf Basis des Materials zu **belegen**.	(Belegstelle: Seiten- und/oder Zeilenangabe) deutlich wird, das Teile der indigenen Bevölkerung, die zuvor mit dem christlichen Glauben noch nicht in Berührung gekommen sind, sehr schnell zu Missionaren ausgebildet werden. Sie gehen wiederum auch gewalttätig (*Adjektiv*) vor, da sie „Götzenbilder" und „Tempel" des alten Glaubens ohne Zögern zerstören (Belegstelle: Seiten- und/oder Zeilenangabe). Insgesamt erscheint die Missionierung eher darauf abzuzielen, möglichst viele Menschen zu erfassen. Die Akzeptanz des christlichen Glaubens durch die einheimische Bevölkerung aus Überzeugung und dessen Durchdringung scheinen eher zweitrangig zu sein.
einordnen	Dieser Operator ist verwandt mit dem Operator „erläutern" (siehe weiter unten) aber von der Aufgabenstellung her enger gefasst. Es geht darum, **Einzelaspekte** in einen größeren **historischen Zusammenhang** zu stellen. Durch eine Erläuterung dieser Zusammenhänge, in den der Aspekt eingeordnet wird, zeigen Sie dann, dass Sie **wissen** und **begründen** können, warum der Aspekt in diesen Zusammenhang passt. Daher wird dieser Operator auch gern für schriftliche Arbeiten gewählt.	Es bietet sich zunächst an, eine **Mindmap** zu erstellen. Gehen Sie dabei von einem Einzelaspekt aus, der sich z. B. in einem vorgegebenen Material findet, und suchen Sie weitere Aspekte, die mit ihm in Beziehung stehen. Oft geht es dabei um historische Ereignisse und Prozesse, die als Ursache des Sachverhalts zeitlich vorher abliefen oder als Wirkungen und Folgen zeitlich danach stattfanden. So ergibt sich der **Gesamtzusammenhang**, den Sie dann umfassend in Ursachen und Folgen erläutern. **Beispiel:** In seiner Schrift „An den christlichen Adel deutscher Nation von des christlichen Standes Besserung" aus dem Jahre 1520 erklärt Martin Luther, dass alle Christen geistlichen Standes seien. Er erkennt damit die Überordnung des geistlichen Standes über den weltlichen Stand nicht mehr an. Für ihn sind alle Getauften Priester (*Ausgangspunkt*). Diese Feststellung ist eine Reaktion auf die Missstände innerhalb der Kirche z. B. in Bezug auf Simonie (Ämterkauf) und kanonische Gerichtsbarkeit, die die folgenden Auswirkungen hatten … (*Ursachen*). Mit seiner Lehre vom allgemeinen Priestertum erhöht Luther den Status des Laien und verhilft dem weltlichen Stand, sich aus seiner Unmündigkeit zu befreien. Diese Erkenntnis aus Luthers Adelsschrift ermöglicht z. B. den Fürsten des Heiligen Römischen Reiches sich als „Notbischöfe" zu verstehen, die somit die Struktur der Kirche in ihren Territorien ganz neu ordnen konnten … (*Folgen*).
erklären	Der Operator ist eine **Vorstufe des Erläuterns**, daher sind im Prinzip dieselben Aspekte zu beachten (siehe unten). Allerdings steht der Materialbezug hier weniger im Vordergrund. Gleichwohl geht es aber auch darum, **Wissen gezielt anzuwenden**. Ein Sachverhalt ist so darzustellen, dass seine Voraussetzungen, Ursachen und Folgen verständlich werden. Sie sollen also die **Gründe** oder die **Zusammenhänge** von etwas **aufzeigen**.	Grundsätzlich gelten hier dieselben Anregungen wie beim Operator „erläutern" (siehe unten). Allerdings können die Sachverhalte abgekoppelt von konkreten Materialbezügen dargestellt werden. So kann z. B. die **Gesamtaussage eines Materials** Ausgangspunkt einer Erklärung sein. **Beispiel:** Erklären Sie, was das vom spanischen Kronjuristen Palacios Rubios 1513 entworfene Requerimiento für die Gebietsansprüche anderer europäischer Mächte bedeutet. Eine denkbare Antwort: Der Text des Requerimiento gaukelt vor, die indigene Bevölkerung hätte eine Möglichkeit, sich mit den Spaniern friedlich zu einigen. Dadurch erhielt die spanische Eroberung den Anschein der Rechtmäßigkeit. Das Requerimiento etablierte also ein Verfahren, welches der spanischen Krone gegenüber anderen europäischen Mächten die Behauptung ermöglichte, die Eroberung sei rechtmäßig, weil sie erst nach Unterweisung der Einheimischen vollzogen worden sei.
erläutern	Der Operator taucht häufig in schriftlichen Arbeiten auf. Dabei sollen Sachverhalte, die in Textquellen, aber auch in Materialien wie Statistiken oder Bildern angesprochen werden, in ihren **Hintergründen erklärt** werden. ▶ nächste Seite	Bei diesem Operator ist es wichtig, *nicht* nur einfach **Wissen** unstrukturiert und aneinandergereiht wiederzugeben. Sie sollen zeigen, dass Sie Ihr Wissen, das zur Bearbeitung der Aufgabe benötigt wird, abrufen können, um dann zielgerichtet die Sachverhalte zu erläutern. ▶ nächste Seite

Operator	Was ist zu beachten?	Wie ist vorzugehen?
erläutern	Das eigene Sachwissen ist zu nutzen, um zielgerichtet z. B. einzelne relevante Textpassagen, Bildelemente oder Daten in ihrer **tieferen Bedeutung** umfassend darzustellen. Hier zeigen Sie also, dass Sie Ihre **Kenntnisse kompetent anwenden** können. Der Operator beinhaltet zwar auch den Operator „erklären" (siehe Seite 152), geht jedoch über ihn hinaus. So sollen nicht nur **Theorien** (wie z. B. Theorien zu Krisen oder Transformationsprozessen), sondern auch **historische Beispiele** herangezogen werden, um die entsprechenden Sachverhalte zu veranschaulichen.	In einem ersten Schritt ist das vorgegebene Material daraufhin zu untersuchen, zu welchen Textpassagen, Bildelementen oder Daten Sie **Hintergründe** erläutern könnten. Zur Vorstrukturierung bietet es sich an, z. B. eine **Mindmap** zu erstellen und den gewählten Passagen schlagwortartig Sachinhalte zuzuordnen. Diesen Sachinhalten können noch weitere Inhalte zugeordnet werden, sodass sich ein umfassendes Beziehungsgeflecht ergibt. Nach einer von Ihnen gewählten Reihenfolge kann dann ausgehend vom Material die Erläuterung mit **Beispielen und Belegen** formuliert werden. **Beispiel:** Den Ausgangspunkt der Erläuterung bildet eine Textpassage aus dem 1513 verfassten Requerimiento. Dort wird von der indigenen Bevölkerung verlangt, die Kirche als obersten Herrn der gesamten Welt anzuerkennen. Eine mögliche Erläuterung dazu könnte folgendermaßen aussehen: Die spanische Krone will damit eine Rechtsgrundlage für ihre Herrschaft in Amerika schaffen. Sie hatte durch die päpstliche Bulle „Inter caetera divinae" (1493) und den Vertrag von Tordesillas (1494) die Herrschaft in den „neu entdeckten" Territorien, die sich in dem ihnen zugewiesenen Bereich befanden, zugesprochen bekommen – also letztlich auch vonseiten der Kirche. Daher ist es wichtig, dass die indigene Bevölkerung missioniert wird und sich zum „heiligen katholischen Glauben" bekennt (Belegstelle: Seiten- und/oder Zeilenangabe), um damit – in der Vorstellung der spanischen Krone – auch die neue Herrschaftsordnung verbindlich anzuerkennen. Deswegen wird sogar mit Vergünstigungen und Rechten im Fall eines Übertritts zum Christentum geworben (Belegstelle: Seiten- und/oder Zeilenangabe).
gegenüberstellen	Dieser Operator ist eine **Vorstufe zum Operator** „vergleichen" (siehe Seite 154 f.). Hier geht es aber ausschließlich darum, die **Unterschiede und Gegensätze** von Sachverhalten oder Materialien anhand **bestimmter Kriterien** herauszustellen.	Es empfiehlt sich, zunächst eine **Tabelle** anzulegen. Eine Spalte sollte sich auf den ersten Sachverhalt bzw. das erste Material und die andere auf den zweiten Sachverhalt bzw. das zweite Material beziehen. Anhand des in der Aufgabe formulierten Kriteriums werden nun beide Sachverhalte bzw. Materialien auf die gegensätzlichen Aspekte hin untersucht und diese jeweils in den entsprechenden Sichtweisen – am besten mit **Belegstellen** aus dem Material – stichpunktartig in die Tabelle eingetragen. Mithilfe dieser Vorstrukturierung können Sie dann die Gegenüberstellung ausformulieren. **Beispiel:** Während der sowjetische Staatspräsident Michail Gorbatschow Reformen (*Kriterium*) in der Sowjetunion anmahnt, schließt Erich Honecker auf einer Politbürositzung im Februar 1989 diese für die DDR mit den Worten „wir sind doch nicht daran interessiert, dass wir Rückstände wieder [...] als Ziel angehen [...]" aus (Belegstelle: Seiten- und/oder Zeilenangabe).
herausarbeiten	Während beim Operator „analysieren" (siehe Seite 151) die Aspekte, die aus einem Material erschlossen werden sollen, direkt zu erkennen sind, muss beim Operator „herausarbeiten" erst „**zwischen den Zeilen**" gelesen werden, um die Aussage eines Materials zu erfassen. Genauso wie beim Operator „analysieren" werden einem dabei **bestimmte Kriterien** an die Hand gegeben, anhand derer die Untersuchung erfolgen soll.	Wie bei den Operatoren „analysieren" und „charakterisieren" ist es auch beim Operator „herausarbeiten" hilfreich, sich das **Untersuchungskriterium**, das in der Aufgabenstellung genannt wird, klar zu machen. Achten Sie bei der Bearbeitung des Textes auf **Andeutungen** oder **subtile Bewertungen**, die der Autor/die Autorin vornimmt, und ziehen Sie daraus Ihre Erkenntnisse. **Beispiel:** Arbeiten Sie aus dem Bericht des Sekretärs des Herzogs von Aragón im Jahre 1517 heraus, wie er Leonardos Arbeiten beurteilt (*Kriterium*). Die relevante Textstelle in dem Bericht lautet: „Dieser Herr hat eine besondere (*Wertung*) Abhandlung über den Körperbau zusammengestellt [...], so wie noch kein anderer Mensch es jemals getan hat (*Wertung*)" (Belegstelle: Seiten- und/oder Zeilenangabe). ▶ nächste Seite

Operator	Was ist zu beachten?	Wie ist vorzugehen?
	◄ vorherige Seite	**Fazit:** Der Sekretär stellt das einzigartige Talent Leonardos heraus. Er hat etwas geschaffen, was noch niemand vor ihm geschafft hat, seine Arbeit ist also besser als die Anderer.
in Beziehung setzen	Wenn dieser Operator in einer Aufgabe verwendet wird, sind **Zusammenhänge** zwischen Sachverhalten, die in **verschiedenen Materialien** zu finden sind, herzustellen. Häufig soll dabei untersucht werden, in welcher Art der Sachverhalt in dem jeweils anderen Material erscheint und ob sich ggf. in der inhaltlichen Aussage Veränderungen zeigen. Es kann aber auch sein, dass in einem Material der Sachverhalt selbst analysiert wird und dann in Beziehung zu einem Material gesetzt werden soll, welches bereits die Folgen und Ursachen dieses Sachverhaltes thematisiert. In jedem Fall ist es notwendig, die jeweils herausgestellten Zusammenhänge nachvollziehbar zu **erläutern**.	Analysieren Sie zunächst das Ausgangsmaterial nach den gesuchten Aspekten und listen Sie diese **stichpunktartig** auf (ähnlich wie beim Operator „nachweisen", siehe unten). Untersuchen Sie dann das andere Material daraufhin, inwiefern ein **Zusammenhang** zu den herausgestellten Aspekten erkennbar ist. Fassen Sie anschließend den jeweiligen Zusammenhang in Worte und erläutern Sie ihn. **Beispiel:** In dem Ende des 16. Jahrhunderts veröffentlichten Kupferstich von Theodor de Bry „Kolumbus betritt amerikanischen Boden" (*Ausgangsmaterial*) sind gleich mehrere Ereignisse zu erkennen, die sich in dem durch Bartolomé de Las Casas überlieferten „Bordbuch des Kolumbus" (*Bezugsmaterial*) an verschiedenen Tagen wiederfinden. So wird die Flucht der indigenen Bevölkerung vor der ankommenden Flotte des Kolumbus, die im Hintergrund des Kupferstiches zu sehen ist, im Bordbuch am … erwähnt. Der Stich soll also in der Rückschau einen visuellen Überblick über verschiedene Ereignisse geben (*Erläuterung*).
nachweisen	Hier wird verlangt, ein Material auf **bekannte historische Inhalte** hin zu untersuchen (z. B.: Finden sich Aspekte von Martin Luthers Lehre in dem vorliegenden Text?). Außerdem ist genau aufzuzeigen, an welcher Stelle im Material die gesuchten Aspekte stehen. In schriftlichen Arbeiten ist dieser **Beleg** dann auch durch eine **Erläuterung** zu begründen.	Vergewissern Sie sich zunächst, welche **Aspekte** den historischen Inhalt, der nachgewiesen werden soll, ausmachen. Notieren Sie sich diese Aspekte und untersuchen Sie das Material daraufhin, ob der Inhalt direkt oder indirekt angesprochen wird. Formulieren Sie dann den Nachweis und nennen Sie die **Belegstelle**. Erläutern Sie anschließend, warum Sie diese Stelle gewählt haben. **Beispiel:** Das Motto der Humanisten „ad fontes", was übersetzt so viel wie „zu den Quellen" bedeutet (*Aspekt des gesuchten historischen Inhaltes*), lässt sich in Luthers Adelsschrift von 1520 nachweisen. Der Reformator bezieht sich bei seiner Aussage, dass alle Christen geistlichen Standes sind, auf eine Textpassage aus der Bibel (Belegstelle: Seiten- und/oder Zeilenangabe). Seine Überlegungen gehen also – wie es die Humanisten forderten – auf ein Studium der Quellen zurück, um der Wahrheit näher zu kommen. Dies steht auch in Verbindung zu dem auf Luther zurückgehenden Begriff „sola scriptura" (dt.: „allein durch die Schrift"), wonach die Bibel als einzige Quelle des christlichen Glaubens gilt (*Erläuterung*).
vergleichen	Bei einem Vergleich ist es wichtig, **Unterschiede**, **Ähnlichkeiten** und **Gemeinsamkeiten** zwischen Sachverhalten bzw. Materialien anhand **bestimmter Kriterien** darzustellen. Oft bleibt die Bearbeitung unvollständig, da z. B. nur auf die Unterschiede Bezug genommen wird.	Erstellen Sie eine **Tabelle** mit den Spalten „Gemeinsamkeiten", „Ähnlichkeiten" und „Unterschiede". Untersuchen Sie nun die Sachverhalte bzw. Materialien anhand des **Vergleichskriteriums** und tragen Sie Ihre Ergebnisse stichpunktartig – am besten mit den **Belegstellen** aus dem Material – in die Tabelle ein. Im Anschluss können Sie anhand dieser Vorstrukturierung den Vergleich ausformulieren. **Beispiel:** Der um 1450 erfundene Buchdruck mit beweglichen Lettern weist in seiner Wirkung (*Kriterium*) insofern *Gemeinsamkeiten* mit dem heutigen Internet auf, dass er eine Eigendynamik in der Verbreitung von Medien und Informationen auslöste. Was heute E-Mails oder Tweets leisten, erfüllten damals Flugschriften und -blätter als Massenmedien. Beiden Entwicklungen gemein ist zudem eine stärkere Vernetzung der Welt (*Ähnlichkeit*), auch wenn das Internet in viel größerem Ausmaß dazu beigetragen hat. Deutliche *Unterschiede* ergeben sich hinsichtlich der Autorenschaft und des Konsums: Die Kosten des Drucks von Schriften und Flugblättern waren immer noch so hoch, ► nächste Seite

Operator	Was ist zu beachten?	Wie ist vorzugehen?
vergleichen	◄ vorherige Seite	dass nicht jeder Mensch sich diese leisten konnte. Hinzu kam auch noch die geringe Alphabetisierungsrate zu Beginn der Entwicklung. Informationen und Nachrichten wurden also nur von einem Teil der Bevölkerung veröffentlicht und je nach Adressaten von einem größeren oder kleineren Kreis rezipiert. Das Internet ermöglicht jedoch, dass jeder Mensch zum Autor werden kann, ungeachtet der finanziellen oder literarischen Fähigkeiten.

Anforderungsbereich III (Reflexion und Problemlösung)

Operator	Was ist zu beachten?	Wie ist vorzugehen?
beurteilen	Es soll zu einem historischen Sachverhalt oder Prozess ein **begründetes Sachurteil** formuliert werden. Ein persönlicher Wertebezug wird nicht verlangt. Der Fokus ist in der Regel auf die Vergangenheit gerichtet. Es wird geprüft, ob der Sachverhalt/Prozess in der betrachteten Zeit in der Gesellschaft gerechtfertigt (legitim) bzw. stimmig oder nützlich (effizient) z. B. in Bezug auf wirtschaftliche oder politische Vorgänge war. Wichtig ist aus der **Perspektive der Zeit** zu urteilen, in der der Gegenstand, der beurteilt werden soll, in Erscheinung tritt. Entscheidend sind vor allem die **Argumente** bei der Beurteilung. Anhand **bestimmter Kriterien** wie beispielsweise Effizienz, Stimmigkeit oder Legitimität sollen historische Fakten und Beispiele angeführt werden und als Begründungen für das Urteil dienen. Je deutlicher erläutert wird, warum das Beispiel oder der Sachverhalt das eigene Urteil unterstützt, umso besser. Es können übrigens sowohl Argumente für als auch gegen die eigene Position in die Bearbeitung einfließen. Anders als bei „erörtern" (siehe Seite 156) muss dies aber nicht zwingend sein.	Wählen Sie – falls es nicht schon durch die Aufgabenstellung vorgegeben ist – ein für die Beurteilung sinnvoll erscheinendes **Sachkriterium** (z. B.: Effizienz, Stimmigkeit oder Legitimität) aus. Es sollte dann bei der späteren Formulierung der Beurteilung auch explizit genannt werden. Überprüfen Sie, in welcher Ausprägung die Kriterien bei dem zu untersuchenden Gegenstand vorliegen, und überlegen Sie anschließend, welche **Position** Sie vertreten wollen. Sammeln Sie im Anschluss daran Ihre Argumente stichpunktartig und achten Sie darauf, **historische Sachverhalte *und* Beispiele** anzuführen. Generell müssen Sie (insbesondere in schriftlichen Arbeiten) auch das Material, zu dem die Aufgabe gestellt ist, zur Unterstützung Ihrer Argumentation oder als Ausgangspunkt für die Beurteilung einbeziehen. Beim Verfassen der Beurteilung sollten Sie daher mit **Zitaten** aus oder **Bezügen** zum Material (Zeilenangaben) arbeiten. Am Ende der Bearbeitung sollte ein **Fazit** stehen, das die zentralen Argumente noch einmal prägnant zusammenfasst und die eigene Position auf den Punkt bringt. Als **Faustregel** gilt: Nicht das Urteil an sich entscheidet darüber, ob die Bearbeitung gelungen ist, sondern die Qualität und Nachvollziehbarkeit der Argumente, anhand derer das eigene Urteil begründet wird.
		Beispiel: Die Umsiedlung der indigenen Bevölkerung in Dörfern und Gemeinden, wie es auch der Vizekönig von Peru im 16. Jahrhundert dem spanischen König berichtete (Belegstelle: Seiten- und/oder Zeilenangabe), war in Bezug auf die Ziele der Spanier durchaus effizient (*Kriterium*). Auf diese Weise konnte die indigene Bevölkerung besser durch die Spanier kontrolliert und missioniert werden. Mit der Annahme des christlichen Glaubens wurde so auch die gottgegebene Herrschaft der Spanier von der indigenen Bevölkerung akzeptiert (*Argument*).
entwickeln	Anders als bei den anderen Operatoren im Anforderungsbereich III verbleibt der Operator „entwickeln" nicht nur bei einer **Beurteilung** eines Sachverhalts oder einer Problemstellung. Darüber hinaus sind Sie hier aufgefordert, eine **eigene Einschätzung** des Sachverhalts darzulegen und ggf. sogar ein **Lösungsmodell** für die vorliegende Problemstellung zu konstruieren. Oft ist hier das Einnehmen einer **Gegenposition** hilfreich, um aus dieser eine Alternative zu dem vorgelegten Problem oder dem Sachverhalt zu gewinnen. Formate wie die Gegenrede oder der Leserbrief bieten sich hier als Rahmen zur Ausformulierung der Ergebnisse an.	Machen Sie sich zunächst die **Sachverhalte**, die **Problemstellungen** und **Wertungen** klar, die sich aus dem Material, das Sie bearbeiten, ergeben (z. B. durch die Analyse eines Textes oder einer Karikatur). Überlegen Sie nun jeweils Möglichkeiten, die Aspekte anders zu sehen bzw. anders mit ihnen umzugehen. Finden Sie **Argumente** dafür, dass diese Alternative eine tragfähigere Strategie darstellen, das vorliegende Problem zu lösen. Gehen Sie dabei auf prägnante Punkte im vorliegenden Material ein, und stellen Sie daraufhin Ihre **Alternative** begründet vor. Im abschließenden **Fazit** bringen Sie ihr Lösungsmodell dann noch einmal auf den Punkt.
		Beispiel: In seiner Rede am 10. Oktober 1991 zum bevorstehenden Kolumbus-Tag verweist US-Präsident George Bush darauf, dass die „Entdeckung" Amerikas ► nächste Seite

Operator	Was ist zu beachten?	Wie ist vorzugehen?
entwickeln	◄ vorherige Seite	durch Christoph Kolumbus zu einem „Austausch von Wissen, Ressourcen und Ideen zwischen der Alten und der Neuen Welt" geführt habe (Belegstelle: Seiten- und/oder Zeilenangabe). Seine Aussage erweckt den Eindruck, hier habe ein gleichberechtigter Austausch bzw. Handel stattgefunden (*Bezug zum Text*). Das war aber nicht der Fall (*Gegenposition*). Wissen aus der „Alten Welt" wie z. B. der Bergbau wurden von Spaniern vorrangig in die „Neue Welt" gebracht, um Ressourcen der indigenen Bevölkerung einseitig und unter menschenunwürdigen Arbeitsbedingungen auszubeuten (*Argument*). In einer Rede zum Kolumbus-Tag muss auf dieses ungerechte Missverhältnis aus Gründen der Wahrhaftigkeit hingewiesen werden, auch wenn langfristig die „Neue Welt" auch von neuen Techniken profitieren konnte. Zudem wäre hier eine Entschuldigung für die Ausbeutung der einheimischen Bevölkerung angebracht (*alternatives Lösungsmodell*).
erörtern	Eine Erörterung erfolgt zu einer vorgegebenen Problemstellung, die meist als eine **These/Position** vorgegeben ist. Wie beim Operator „sich auseinandersetzen" (siehe unten) steht es einem offen, ob man ein **Sach- oder Werturteil** verfassen möchte, es sei denn, die Aufgabenstellung gibt dies bereits vor. Anders als bei den Operatoren „beurteilen", „Stellung nehmen" oder „sich auseinandersetzen" ist es hier zwingend erforderlich, eine **abwägende Auseinandersetzung/Beurteilung** zu gestalten. Bevor die eigene Position im abschließenden **Fazit** auf den Punkt gebracht wird, müssen also sowohl Argumente für als auch gegen die vorgegebene These/Position gesammelt, gewichtet und begründet werden.	Wählen Sie – falls es nicht schon durch die Aufgabenstellung vorgegeben ist – ein Ihnen für die Aufgabe sinnvoll erscheinendes **Sach- oder Wertekriterium** für die Beurteilung aus (z. B. Effizienz, Stimmigkeit oder Legitimität bzw. Freiheit, Sicherheit etc.). Es sollte später bei der Formulierung der Erörterung auch genannt werden. Überprüfen Sie anhand des ausgewählten Kriteriums, welche Argumente für und welche gegen die formulierte These oder die problemorientierte Fragestellung sprechen. Listen Sie die **Pro- und Kontra-Argumente** stichpunktartig mithilfe einer Tabelle auf. Achten Sie auch darauf, historische Sachverhalte *und* Beispiele anzuführen sowie das zur Erörterung vorgegebene Material – wie bei den Operatoren „beurteilen", „Stellung nehmen" und „sich auseinandersetzen" – einzubeziehen. Überlegen Sie anschließend, welche **Position** Sie vertreten wollen. Gewichten Sie die gesammelten Pro- und Kontra-Argumente – beginnend mit dem schwächsten Argument (für die eigene Position) bzw. stärksten Argument (gegen die eigene Position). In dieser Reihenfolge formulieren Sie dann Ihre Erörterung nach dem sogenannten **Sanduhrprinzip**. Am Ende der Bearbeitung sollte ein **Fazit** stehen, das die zentralen Argumente noch einmal prägnant zusammenfasst und die eigene Position auf den Punkt bringt. Generell gilt als **Faustregel** auch hier: Nicht das Urteil an sich entscheidet darüber, ob die Bearbeitung gelungen ist, sondern die schlüssige Argumentation, anhand derer das eigene Urteil begründet wird. **Beispiel:** Erörtern Sie, ob es sich bei dem „Thesenanschlag" Martin Luthers um einen Wendepunkt in der Geschichte handelt (*problemorientierte Fragestellung*). Mögliche Antwort: Im Sinne der Stimmigkeit (*Sachkriterium*) der These vom „Wendepunkt in der Geschichte" ist festzuhalten, dass bereits vor dem Thesenanschlag von 1517 Reformer wie John Wyclif und Jan Hus ähnliche Ansichten wie Martin Luther gegenüber der Kirche vertraten, z. B. … Luthers Thesenanschlag hatte aber deutlich gravierendere Auswirkungen auf das Heilige Römische Reich und Europa als das Wirken seiner Vorgänger, wie z. B. …
sich auseinandersetzen	Bei diesem Operator steht es Ihnen frei, ob Sie ein **Sach- oder Werturteil** bilden. Anders als beim Operator „Stellung nehmen" (siehe Seite 157) ist es für das Verfassen eines Werturteils also nicht erforderlich, zuvor noch ein Sachurteil zu formulieren. Oft lässt sich bereits schon aus der Aufgabenstellung ablesen, welche Art von Urteil verlangt wird.	Es sind die gleichen Anregungen und Hilfen, wie bei den Operatoren „beurteilen" und „Stellung nehmen" zu beachten. Bei einem **Sachurteil** würden dann jeweils Sachkriterien wie z. B. Legitimität, Stimmigkeit oder Effizienz gelten, während bei einem **Werturteil** Maßstäbe wie Freiheit, Gerechtigkeit etc. herangezogen werden könnten. Wie bereits weiter oben erwähnt, ist auch hier nicht das Urteil entscheidend darüber, ob es sich um eine gelungene Bearbeitung handelt, sondern die **schlüssige Argumentation**, anhand derer das **eigene Urteil** begründet wird.

Operator	Was ist zu beachten?	Wie ist vorzugehen?
Stellung nehmen	Der Operator geht über ein **begründetes Sachurteil** hinaus, da hier zusätzlich ein **Werturteil** gefordert wird. Eine Stellungnahme besteht also im Grunde genommen aus zwei Teilen: Im ersten Teil geht es um Aspekte, die schon unter dem Operator „beurteilen" erklärt worden sind (siehe Seite 155). Im zweiten Teil ist ein Werturteil zu formulieren, bei dem eine Beurteilung aus **heutiger Perspektive** und anhand von **heutigen Wertmaßstäben** (z.B.: Freiheit, Sicherheit, Recht und Gerechtigkeit, Gleichberechtigung, politische Teilhabe, Solidarität) verlangt wird. Entscheidend beim Werturteil sind auch hier die **Argumente**. Je überzeugender diese sind, umso besser.	Zu beachten ist, dass dem Werturteil ein Sachurteil vorgeschaltet ist. Daher gelten hier die gleichen Hinweise wie beim Operator „beurteilen". Im Prinzip kann für das Werturteil das Vorgehen genauso erfolgen, nur dass **heutige Wertmaßstäbe** als Kriterien dienen, die in der Stellungnahme auch benannt werden sollten. Außerdem gilt wieder die **Faustregel**: Nicht das Sach- und anschließende Werturteil an sich entscheiden darüber, ob die Bearbeitung gelungen ist, sondern die Qualität und Nachvollziehbarkeit der Argumente, anhand derer die eigenen Urteile begründet werden. **Beispiel:** Die Umsiedlung der indigenen Bevölkerung in Dörfern und Gemeinden im 16. Jahrhundert war in Bezug auf die Ziele der Spanier durchaus effizient (*Kriterium*). Auf diese Weise konnte die indigene Bevölkerung besser kontrolliert und missioniert werden. Mit der Annahme des christlichen Glaubens wurde so auch die gottgegebene Herrschaft der Spanier von der indigenen Bevölkerung akzeptiert (*Argument für das Sachurteil*). Im Hinblick auf das Kriterium „Freiheit" ist das Vorgehen aus heutiger Sicht abzulehnen. Die Freizügigkeit (freie Wahl des Wohnortes) und die Glaubensfreiheit (*Wertmaßstäbe*) der indigenen Bevölkerung wurden stark eingeschränkt. Es wurde ein willkürlicher Zwang ausgeübt (*Argument für das Werturteil*).
überprüfen	Hier soll ein Sachverhalt daraufhin untersucht werden, ob er die Voraussetzungen für die **Gültigkeit einer Hypothese** erfüllt. Oft wird anhand von Materialien überprüft, ob historische Theorien und Modelle einen Prozess passend beschreiben – z.B. ob ein Sachverhalt als Krise oder Revolution einzuschätzen ist. Anders als beim Operator „nachweisen" (siehe Seite 154) ist nicht sicher, dass sich die Hypothese am Ende wirklich bestätigen lässt bzw. der Prozess nachweisbar ist. Die Überprüfung ist also **offen** und muss auch nicht zu einem eindeutigen Ergebnis führen. Umso wichtiger ist es hier, die Erkenntnisse, die Sie bei der Überprüfung gewonnen haben, durch eine **Erläuterung** zu begründen. Je präziser erläutert wird, warum das Beispiel oder der Sachverhalt die zu überprüfende Hypothese unterstützt oder entkräftet, umso besser.	Formulieren Sie **zentrale Kriterien**, die erfüllt sein müssen, damit die zu überprüfende These Gültigkeit besitzt. Bearbeiten Sie den Sachverhalt/das Material daraufhin, inwieweit diese Kriterien nachweisbar sind. Erfolgt die Überprüfung anhand eines Materials, sollten Sie **relevante Textstellen** oder **Zahlenwerte** vermerken, die Sie später zitieren können. Verfassen Sie strukturiert ihr „**Prüfgutachten**", indem Sie ausgehend vom Sachverhalt/dem Material darlegen, inwieweit die Hypothese erfüllt ist. Begründen Sie Ihre Einschätzung durch Beispiele/Sachwissen. **Beispiel:** Die Entwicklungen in der DDR 1989 brachten einen fundamentalen Systemwechsel (*Kriterium einer Revolution*) für die Bevölkerung. Aus einer faktischen Einparteienherrschaft wurde eine parlamentarische Demokratie, aus einer zentralistischen Planwirtschaft schließlich eine freie Marktwirtschaft (*Argumente*). In diesem Aspekt ist das Kriterium einer Revolution also erfüllt.

Operator, der Leistungen in allen drei Anforderungsbereichen verlangt:

Operator	Was ist zu beachten?	Wie ist vorzugehen?
interpretieren	Der Operator erfordert **Leistungen aus allen drei Anforderungsbereichen**. Zuerst ist nachzuweisen, dass das Material verstanden worden ist. Das bedeutet, dass zunächst eine Beschreibung, Zusammenfassung oder Wiedergabe der Inhalte des Materials in eigenen Worten erfolgt. Danach soll anhand von bestimmten Kriterien das Material auf seine Inhalte hin analysiert und diese mithilfe des eigenen Fachwissens erläutert werden. Die Kriterien können in der Aufgabenstellung vorgegeben sein oder müssen selbst festgelegt werden. Zum Schluss sind die Aussagen, die sich aus dem Material ergeben, zu beurteilen. Dabei soll immer ein Sachurteil erfolgen, das noch um ein Werturteil ergänzt werden kann, aber nicht muss.	Es empfiehlt sich, **schrittweise vorzugehen** und die jeweiligen **Teile der Bearbeitung auszuformulieren**. Beginnen Sie mit der Beschreibung, Zusammenfassung oder Textwiedergabe, anschließend folgen die Analyse und Erläuterung bezogen auf ein Untersuchungskriterium. Zuletzt ist die Beurteilung oder Stellungnahme in Hinblick auf das zuvor Untersuchte vorzunehmen. **Hilfen** zur jeweiligen Vorstrukturierung befinden sich bei den entsprechenden Operatoren. **Beispiel** *(für eine Aufgabenstellung):* Interpretieren Sie die Wandmalerei „Landung der Spanier in Veracruz" von Diego Rivera aus dem Jahre 1951 im Hinblick auf ihre Aussagekraft bezüglich der Folgen der spanischen Kolonisation (*Untersuchungskriterium*).

2.2 Hinweise zur Bearbeitung von Klausuren

Ziel

Klausuren

In Klausuren sollen Sie zeigen, dass Sie fachspezifisches Material anhand von Aufgaben angemessen bearbeiten können. Dabei sollen Sie ihr Wissen mit neuen Sachverhalten **problembewusst verknüpfen** und begründet **Stellung nehmen**.

Anforderung

Reproduktion

Im **Anforderungsbereich I** beschreiben Sie geordnet und gerafft historische Zustände oder Entwicklungen.

Reorganisation und Transfer

Im **Anforderungsbereich II** bearbeiten Sie Materialien problem- und methodenbewusst zu einem aus dem Unterricht bekannten Thema.

Reflexion und Problemlösung

Der **Anforderungsbereich III** verlangt gründliches Nachdenken und eine Lösung. Sie müssen auf Grundlage Ihrer Materialienanalyse ein Problem untersuchen und bewerten. Ihre Stellungnahme kann eine abwägende Diskussion gegensätzlicher Standpunkte erfordern. Abschließend müssen Sie dazu selbst Position beziehen.

Tipp

Die Operatoren der Anforderungsbereiche I bis III finden Sie vorne im Buch erklärt (siehe: Anforderungsbereiche und Operatoren). **Hilfen zum richtigen Umgang mit den Operatoren** bietet die Übersicht ab Seite 150.

Vorgehen

Aufgaben erfassen

☑ Lesen Sie die **Aufgaben** sorgfältig durch; unterstreichen Sie den **Operator**. Versuchen Sie, den Auftrag genau zu erfassen. Machen Sie sich ihn bei Bedarf in eigenen Worten klar. Finden Sie **Schlüsselbegriffe** und klären Sie kurz ihre Bedeutung.

Operatoren beachten

☑ Erledigen Sie die Aufgaben streng anhand der Operatoren. Sie zeigen Ihnen, zu welchen **Anforderungsbereichen** Sie jeweils arbeiten sollen.

Kernaussagen ermitteln

☑ Lesen Sie den Text zunächst als Ganzes, um Thema und Hauptaussagen im **Zusammenhang** zu begreifen. Im zweiten Durchgang ermitteln Sie aufgabenbezogen die **wesentlichen Aussagen**. Unterstreichen Sie dabei Wörter statt Sätze; so fällt es Ihnen leichter, **eigene Formulierungen** zu finden und sich von der Vorlage zu lösen.

Aussagen strukturieren

☑ Stellen Sie zunächst den **Autor** und die **Quelle** (Entstehungszeit, historischer Kontext, Adressaten) vor, wiederholen Sie aber nicht die wissenschaftliche Fundstelle des Textes.

Text gliedern

☑ Gliedern Sie Ihren Text folgerichtig. Setzen Sie **Schwerpunkte in Inhalt und Umfang** Ihres Textes. Achten Sie bei Ihrem Zeit- und Arbeitsaufwand auf die Gewichtung der Aufgaben.

☑ Geben Sie die Hauptgedanken eigenständig in **indirekter Rede** im **Konjunktiv** wieder.

Aussagen belegen

☑ Direkte **Zitate** empfehlen sich, wenn der Operator intensive Textarbeit verlangt und sie einen Kernaspekt in auffälligen Worten ausdrücken. Eine **Erläuterung in eigenen Worten** muss folgen.

☑ Halten Sie die **Reihenfolge der Aufgaben** ein. Vermeiden Sie Überschneidungen.

Stil

☑ Schreiben Sie **kurze, verständliche Hauptsätze** oder **Satzgefüge**. Drücken Sie sich sachlich aus und benutzen Sie **Fachbegriffe**.

Letzte Kontrolle

☑ Planen Sie Zeit für die **Durchsicht** ein. Lesen Sie Ihre Klausur zunächst nur unter **inhaltlichen Gesichtspunkten**; erst in einem zweiten Durchgang achten Sie auf **Rechtschreibung, Grammatik** und **Satzbau**. Achten Sie auf die **Zeitenfolge** (Präsens mit Perfekt; Präteritum mit Plusquamperfekt). Nutzen Sie zulässige **Wörterbücher**.

2.3 Formulierungshilfen für die Textanalyse

Der Verfasser / die Verfasserin (kurze Vorstellung) beschäftigt sich (Zeit / Kontext) mit … / untersucht / setzt sich mit der Frage auseinander / behandelt das Problem … / thematisiert / äußert sich zu / führt aus … **Beispiel**: Der Historiker Klaus J. Bade setzt sich in seiner 2002 erschienenen Publikation „Europa in Bewegung" mit der historischen und aktuellen Bedeutung von Migration auseinander.	Einleitung
Der Autor / die Autorin (Name) hat den Brief / Aufsatz / etc. verfasst / die Rede gehalten, als … Die Quelle lässt sich vor dem Hintergrund von … einordnen / ist im Zusammenhang mit … zu sehen. **Beispiel**: Die Bürgerbewegung „Demokratie Jetzt" startet am 12. September 1989 einen Aufruf, der sich an alle Initiativgruppen und reformfreudigen Kräfte in der DDR richtet und auf aktuelle Probleme im Staat eingeht. Der Aufruf lässt sich vor dem Hintergrund der sich wirtschaftlich und politisch zuspitzenden Krise der DDR im Jahre 1989 einordnen.	Einordnung in den historischen Kontext
Er / sie behauptet / ist der Meinung, dass … / vertritt die These / die Position, dass … **Beispiel**: Der amerikanische Politikwissenschaftler Samuel Phillips Huntington behauptet, dass die Konflikte in der Welt in der Zukunft zwischen verschiedenen Großkulturen verlaufen werden.	Textwiedergabe „Kernthese"
Der Verfasser / die Verfasserin begründet dies, indem er / sie … / belegt dies mit … / erklärt dies mit / hebt hervor / betont / kritisiert / bemängelt / argumentiert **Beispiel**: Der Politikwissenschaftler Samuel Phillips Huntington betont, dass ein „weltweiter Kampf der Kulturen" (Zeilenangabe / Belegstelle) nur zu vermeiden sei, wenn der Westen seine Kultur verteidigt und dieser nicht darauf hoffe, dass die anderen Kulturen sich ihm annähern werden.	Textwiedergabe „Argumentation"
Der Autor / die Autorin fasst seine / ihre Haltung / Sichtweise zusammen, indem er / sie … / sagt abschließend … / kommt zu dem Schluss, dass … **Beispiel**: Eberhard Kolb, Professor für Geschichte, kommt zu dem Schluss, dass jeder Historiker durch die Gewichtung der verschiedenen Faktoren darüber entscheidet, wie er das Scheitern der Weimarer Republik interpretiert.	Zusammenfassung
Ebenso wie (ein anderer Autor / eine andere Autorin) / anders als (die Meinung / Argumentation / Position von) … **Beispiel**: Die Historiker František Graus und Peter Schuster nehmen unterschiedliche Standpunkte in Bezug auf die Krise des Spätmittelalters ein. Während Graus … betont, hebt Schuster … hervor.	Vergleich
Er / sie will darauf hinweisen / erreichen / verdeutlichen / appelliert / zielt auf / verfolgt die Absicht … **Beispiel**: Der britische Mathematiker, Philosoph und Friedensforscher Bertrand Russell will mit seinem in der „Times" am 23. Oktober 1945 erscheinenden Leserbrief auf die Geschehnisse im Kontext der Vertreibung der deutschen Bevölkerung aufmerksam machen.	Absicht
Beurteilung: Die Argumentation überzeugt (nicht) / ist widersprüchlich / schlüssig / (nicht) einleuchtend / nachvollziehbar / zutreffend, weil … *Bewertung*: Ich stimme dem Autor / der Autorin zu / teile (nicht) die Haltung des Verfassers / der Verfasserin / schließe mich (nicht) der Argumentation an, weil … / Aus heutiger Sicht / Perspektive lässt sich sagen / festhalten, dass … **Beispiel**: Die Thesen des amerikanischen Politologen Jack A. Goldstone über die Ursachen von Revolutionen überzeugen (nicht) aus folgenden Gründen: …	Stellungnahme (Sach- und Werturteil)

2.4 Übungsklausur:
Krisen, Umbrüche und Revolutionen

Die Aufgabenstellung bezieht sich auf das **Pflichtmodul** „Amerikanische Revolution"
aus dem ersten Rahmenthema des niedersächsischen Kerncurriculums mit dem dazu-
gehörigen **Kernmodul** „Revolutionen". Ebenso wird eine Verbindung zum **Wahlmodul**
„Französische Revolution" hergestellt. Darüber hinaus wird durch die Quellenauswahl
ein Bogen zum vierten Rahmenthema „Geschichts- und Erinnerungskultur" – konkret
zu nationalen Feiertagen – geschlagen.

Pflichtmodul

1. Geben Sie wieder, wer von der Amerikanischen Revolution nicht profitiert hat (M1).
2. Erläutern Sie die möglichen Gründe hierfür (M1).

Pflicht- und Kernmodul

3. Der Historiker Theodor Schieder stellt fest: „Die großen modernen Revolutionen sind insofern Totalrevolutionen, als von ihnen alle Bereiche erfasst und in verschiedenem Grad dauerhaft umgeformt wurden." Überprüfen Sie seine Behauptung am Beispiel der Amerikanischen Revolution.

**Pflichtmodul und
Semesterübergriff**

4. Arbeiten Sie den politischen Standpunkt von Joanna Storm heraus. Gehen Sie dabei auch
auf den Quellentyp ein (M2).
5. Erklären Sie, was die Leserin unter einer falschen Interpretation der Verfassung versteht und
was sie mit dem Begriff der „Freiheit" meint.

Pflicht- und Wahlmodul

6. Analysieren Sie die Gründe für den unterschiedlichen Verlauf der Amerikanischen und der
Französischen Revolution (M3).
7. Arbeiten Sie den Nutzen des Begriffes „konservativ" für die Amerikanische Revolution
heraus (M3).
8. Beurteilen Sie die Rolle der Emigranten in der Amerikanischen und in der Französischen
Revolution (M3).

Hinweis: Ihre Arbeitsergebnisse zu
den Aufgaben 1 bis 8 können Sie mit
den Lösungsvorschlägen unter
dem Code **32201-20** vergleichen.

Tipps für die Bearbeitung

• **Aufgabe 3**: Das Zitat von Theodor Schieder finden Sie in M2 auf Seite 17
(vgl. Zeile 26 ff.).
• **Aufgabe 8**: Hier geht es vor allem um die Bedeutung der loyalistischen
(königstreuen) Emigranten. Über die Rolle der Emigranten können Sie nochmals im
Wahlmodul „Französische Revolution" auf Seite 130 f. nachlesen. Im Zusammenhang mit der „Amerikanischen Revolution" finden Sie zu den Loyalisten Informationen auf den Seiten 50 und 60.

M1 Grenzen der Amerikanischen Revolution

Die Historiker Philipp Gassert (*1965), Mark Häberlein (*1966) und Michael Wala (*1954) schreiben in einem Band über die Geschichte der USA:

Die Grenzen der [Amerikanischen] Revolution zeigen sich vor allem darin, dass im Wesentlichen nur weiße Männer von ihren Errungenschaften profitierten. Die meisten Indianer blieben während des Unabhängigkeitskrieges neutral
5 oder kämpften auf britischer Seite und gaben dadurch deutlich zu erkennen, dass sie sich von der amerikanischen Unabhängigkeit nichts Gutes erwarteten. Der Friede von Paris 1783 erwähnte die Indianer mit keinem Wort, und die amerikanischen Politiker argumentierten und handel-
10 ten in der Folgezeit, als hätten sie im Unabhängigkeitskrieg auch alles indianische Territorium bis zum Mississippi erobert. [...] Unter den weißen Siedlern an der Indianergrenze dominierten ohnehin der Hass auf die „Wilden" und die Verachtung der indianischen Lebensform.
15 Wie die Indianer blieben auch die meisten schwarzen Sklaven von den Freiheits- und Gleichheitspostulaten der Amerikanischen Revolution ausgeschlossen. Immerhin verbot der revolutionäre Staat Vermont 1777 die Sklaverei, und sämtliche nördlichen Staaten verabschiedeten bis 1804
20 Emanzipationsgesetze oder beendeten die Sklaverei durch Gerichtsurteile. [...] Dennoch trug die Revolution insgesamt eher zu einer Zementierung der Sklaverei im Süden bei, da sie mit dem Schutz der Eigentumsrechte auch den Schutz menschlichen Eigentums garantierte. [...]
25 Vom Gleichheitspostulat der Revolution und den politischen Rechten amerikanischer Staatsbürger blieben auch weiße Frauen zunächst ausgeschlossen. Während der Revolution beteiligten sich Frauen an den Importboykotten, sammelten Geld für die Kontinentalarmee und führten in
30 Vertretung ihrer abwesenden Männer Farmen, Geschäfte und Handwerksbetriebe weiter. Einige führende Vertreter der revolutionären Generation waren zwar bereit, den Frauen als „mothers of the Republic" eine wichtige Rollte bei der Erziehung ihrer Söhne zu guten republikanischen
35 Staatsbürgern einzuräumen; den Frauen selbst politische Freiheitsrechte zuzugestehen schien ihnen jedoch zu weit zu gehen. Allerdings bot die Rhetorik der Revolution Frauen wie Indianern und Schwarzen später immer wieder Anknüpfungspunkte für die Einforderung ihrer eigenen
40 Rechte. Das Postulat der Unabhängigkeitserklärung, dass alle Menschen gleich geschaffen seien, entfaltete somit langfristig auch für diese benachteiligten Gruppen eine befreiende Wirkung.

Philipp Gassert, Mark Häberlein und Michael Wala, Kleine Geschichte der USA, Stuttgart 2008, S. 167 ff.

M2 Remember

Im Jahre 2010 bittet die „Journal Times" ihre Leser, Briefe zum Unabhängigkeitstag zu schreiben. Joanna Storm ist eine der Schreiberinnen; ihr Leserbrief erscheint am 4. Juli 2010:

Diese Nation wurde von bedeutenden Männern gegründet, die die Verfassung der Vereinigten Staaten geschrieben haben! Wie die 10 Gebote ... sind sie Vorschriften! Allerdings haben die Macht des Geldes und Großunternehmen unsere Regierungsbeamten so beeinflusst, dass sie die Ver-
5 fassung aus einem anderen Blickwinkel betrachten. [...] Wir müssen uns [...] bei Feiern zum 4. Juli an seine wahrhaftige Bedeutung erinnern. Es geht um mehr als um Feuerwerk und Grillpartys, es geht um jene, die sich geopfert haben, damit wir in den Vereinigten Staaten in Freiheit le-
10 ben können, jene Menschen, die dafür Sorge getragen haben, die Verfassung auf den Weg zu bringen.
Menschen, die wir ins Amt wählen, müssen sich daran halten und dürfen die Verfassung nicht abändern oder falsch auslegen. Es steht uns nicht zu, neue Gesetze zu
15 verabschieden, um dadurch Wählerstimmen oder die öffentliche Meinung zu gewinnen. Wir müssen zurück zum Wesentlichen, uns auf den Gründungsgedanken dieses Landes besinnen und darüber nachdenken, weshalb wir Männer und Frauen in den Krieg schicken ... (nämlich) für un-
20 sere Freiheit! GOD Bless America!

www.journaltimes.com/news/local/article (Zugriff: 31. Januar 2011; übertragen von Gerlind Kramer)

M3 Revolutionen im Vergleich

Der US-amerikanische Historiker Robert Roswell Palmer (1909–2002) schreibt:

Ich bin [...] überzeugt, dass die Amerikanische und die Französische Revolution „von den gleichen Prinzipien ausgingen" [...]. Der Unterschied besteht darin, dass diese Prinzipien in Amerika viel tiefer eingewurzelt waren und
5 dass entgegengesetzte oder konkurrierende Überzeugungen, ob monarchistisch oder aristokratisch, feudal oder kirchlich, in Amerika zwar nicht ganz fehlten, aber, verglichen mit Europa, sehr schwach waren. Die Verfechtung an sich gleicher Prinzipien rief daher in Amerika weniger
10 große Konflikte hervor als in Frankreich. [...] Die Amerikanische Revolution war wirklich eine Bewegung, die das „konservieren" wollte, was bereits existierte. Sie war jedoch kaum eine „konservative" Bewegung und kann den Theoretikern des Konservatismus nicht viel Genugtuung berei-
15 ten, denn es war der Schwäche, nicht der Stärke der konservativen Mächte im Amerika des 18. Jahrhunderts zuzuschreiben, dass die Amerikanische Revolution so gemäßigt verlief. [...] Amerika war anders als Europa, aber es war nicht einzig in seiner Art. Der Unterschied bestand
20 darin, dass gewisse Ideen des Zeitalters der Aufklärung, die man diesseits wie jenseits des Atlantischen Ozeans fand –

Gedanken über eine verfassungsmäßige Regierungsform, individuelle Freiheit oder Gleichheit vor dem Gesetz –, in Amerika tiefer Wurzeln gefasst hatten und weniger umstritten waren als in Europa. [...] Wir wissen, dass noch 25 während eines Jahrhunderts nach der Amerikanischen Revolution Anhänger revolutionärer oder liberaler Bewegungen in Europa im Allgemeinen mit Bewunderung auf die Vereinigten Staaten blickten – während die europäischen Konservativen eine feindliche oder ausgesprochen gering- 30 schätzige Haltung ihnen gegenüber einnahmen.
Man darf nie vergessen, dass den Vereinigten Staaten ein wesentlicher Kern des Konservatismus für immer verlorenging: Die französischen *émigrés* kehrten nach Frankreich zurück. Die *émigrés* der Amerikanischen Revolution kehr- 35 ten nicht zurück; sie siedelten sich in der kanadischen Wildnis an; nur einzelne, die ohne politischen Einfluss waren, trieb es zurück in die Vereinigten Staaten. Jeder, der weiß, was die Rückkehr der Emigranten für Frankreich bedeutete, wird sich Gedanken darüber machen, welche 40 Bedeutung das Fernbleiben der *émigrés* für die Vereinigten Staaten hatte: ein Vorgang, der so leicht übersehen wird, weil er unsichtbar ist, wenn er nicht durch den Vergleich mit Frankreich ans Licht gebracht wird.

Robert R. Palmer, Das Zeitalter der demokratischen Revolution. Eine vergleichende Geschichte Europas und Amerikas von 1760 bis zur Französischen Revolution, Frankfurt am Main 1970, S. 205 ff.

Präsentationsformen

Mit (mediengestützten) Präsentationen können die Ergebnisse von Gruppen-, Partner- oder Einzelarbeiten vorgestellt werden. Ziel ist es, die Zuhörer bzw. die Leser zu informieren und/oder zu überzeugen.

Mündlich

- Rede
- Referat (Vortrag)

Aufgabenbeispiel: Verfassen Sie eine Erwiderung auf die Rede Merkels, in der Sie den Befund einer Krise zu relativieren versuchen. Argumentieren Sie, indem Sie die Überlegungen in M5 auf Seite 12 mit einbeziehen. (vgl. Seite 13, M6, A3)

Schriftlich

- (offener) Brief
- Essay
- Protokoll
- Thesenpapier
- Zeitungsartikel

Aufgabenbeispiele: Entwickeln Sie zum Zeitungsartikel einen ablehnenden und/oder einen zustimmenden Leserbrief. (vgl. Seite 55, M1, A2)

Entwickeln Sie in Form eines Thesenpapiers mögliche Gegenargumente derjenigen Seite, die für einen schwachen Zentralstaat eingetreten ist. (vgl. Seite 75, M1, A3)

Visuell

- Fotodokumentation/-reportage
- Mindmap
- Plakat
- Schaubild/Grafik
- Tafelbild

Aufgabenbeispiele: Ordnen Sie die Kritikpunkte, die gegen die Kirche erhoben wurden, in einer Mindmap. Stellen Sie dabei das Schisma ins Zentrum. (vgl. Seite 108, M1, A1)

Stellen Sie die genannten Merkmale von Krisen (Zeile 4 bis 46) in einem Schaubild dar. Unterscheiden Sie dabei zwischen Bedingungen, die nach Vierhaus notwendig sind, und denen, die ihm zufolge nicht unbedingt gegeben sein müssen. (vgl. Seite 12, M5, A1)

Interaktiv

- Diskussion
- Interview
- Rollenspiel
- Streitgespräch
- Umfrage

Aufgabenbeispiele: Der 31. Oktober 1517 gilt als Gedenktag der Reformation (in Niedersachsen gesetzlicher Feiertag). Führen Sie eine Pro- und Kontra-Diskussion in der Klasse über die Frage, ob es die historischen Hintergründe rechtfertigen, gerade mit diesem Datum an die Reformation zu erinnern. (vgl. Seite 110, M4, A4)

Entwickeln Sie, ausgehend von den Informationen im Text, ein Rollenspiel, das die Visitation einer (noch) katholischen Pfarrei nachstellt. Bringen Sie dabei die Ansprüche der landesherrlichen Kommission ebenso wie die Ängste und Bedenken der Kleriker zum Ausdruck. (vgl. Seite 113, M7, A3)

Hinweis: Einige grundlegende Arbeitshinweise zu einzelnen Präsentationsformen, wie zum Beispiel Referat und Mindmap, finden Sie unter dem Code **32201-30**.

Quellen und Methoden

Die Vergangenheit hat zahllose Spuren in unserer Gegenwart hinterlassen, die uns überall begegnen. Historiker bezeichnen diese Überreste aus früheren Zeiten als Quellen. Allgemein lassen sich folgende Arten unterscheiden:

- **schriftliche Quellen** (Textquellen): Gesetze, Zeitungen, Briefe etc.
- **visuelle Quellen** (Bildquellen): Gemälde, Karikaturen, Fotografien etc.
- **gegenständliche Quellen** (Sachquellen): Münzen, Fahrzeuge, Bauwerke etc.
- **mündlich überlieferte Geschichte** (mündliche Quellen): Sagen, Mythen, Zeitzeugenberichte etc.

Für jede Quellenart werden eigene Verfahren und Arbeitsweisen benötigt, um möglichst viele und verlässliche Informationen zu erhalten. Die nachstehende Übersicht bietet daher Hinweise auf Erklärungen, wie Sie Schritt für Schritt bei der **Quellenanalyse** vorgehen können. Zum einen wird auf die entsprechende Schulbuchseite verwiesen. Zum anderen finden Sie Codes, die sich auf Methoden beziehen, die nicht im Schulbuch abgedruckt sind.

Methoden im Schulbuch

Seite 80	Verfassungsschemata auswerten
Seite 92	Historiengemälde analysieren
Seite 118	Streitschriften untersuchen
Seite 146	Umgang mit historischer Fachliteratur üben

Methoden im Internet

Um auf die folgenden Methoden zuzugreifen, geben Sie bitte in das Suchfeld auf unserer Internetseite (www.ccbuchner.de) den in der Randspalte genannten Code ein.

Code 32201-22	Fotografien als Quellen deuten
Code 32201-23	Historische Urteile untersuchen
Code 32201-24	Karikaturen interpretieren
Code 32201-25	Mit Karten arbeiten
Code 32201-26	Münzen und Medaillons analysieren
Code 32201-27	Politische Plakate auswerten
Code 32201-28	Rollenspiele durchführen
Code 32201-29	Statistiken auswerten

Lösungsskizze: Verfassungsschemata auswerten

1. beschreiben | Das Schema zeigt die Verfassung der Vereinigten Staaten von Amerika. Es ist hierarchisch aufgebaut und kann sowohl von unten nach oben, als auch von oben nach unten gelesen werden. Wenn es von unten nach oben gelesen wird, steht zunächst das „Volk", d.h. in diesem Falle die Wahlberechtigten, im Zentrum der Betrachtung. Es wird deutlich, dass die Demokratie von Wahlen lebt und dass alle Amtsträger, mit der Ausnahme der obersten Bundesrichter letztlich vom Volk bestimmt werden. Wird das Schema von oben nach unten gelesen, so steht im Mittelpunkt die „check and balances", d.h. die gegenseitige Kontrolle der Institutionen. Die drei Gewalten – Legislative, Exekutive und Judikative – werden getrennt voneinander gezeigt. Die Legislative wird vom Kongress repräsentiert, der sich aus Repräsentantenhaus und Senat zusammensetzt. Im Zentrum der Exekutive steht der Präsident, der die Regierung ernennt und entlässt und der den Oberbefehl über die Streitkräfte ausübt. Bei der Bevölkerung werden lediglich die Wahlberechtigten erwähnt, die Legende ergänzt, wer jeweils wahlberechtigt ist. Zwei unterschiedliche Arten von Bezugspfeilen sind vorhanden: Die dünnen roten, blauen und grünen Linien stellen die jeweiligen Hierarchien und Kontrollmöglichkeiten dar. Die dicken grauen und gelben Pfeile zeigen die Wahlmöglichkeiten zu den entsprechenden Institutionen, wobei einige dieser Wahlvorgänge direkt, andere indirekt verlaufen.

2. erklären | Deutlich wird, dass die Verfassung drei unterschiedliche Gewalten einführt, die sich gegenseitig kontrollieren. Gesetze können sowohl von der Exekutive als auch von der Judikative angefochten werden. Kongress, Präsident und Oberstes Bundesgericht stehen in diesem Schema auf gleicher Augenhöhe. Die Regierung, d.h. die Minister, sind deutlich untergeordnet. Rechte und Pflichten sind zwar voneinander getrennt, zugleich aber auch ineinander verschränkt. Sowohl der Präsident, als auch der Kongress kann Gesetze vorschlagen, diese müssen aber mehrheitsfähig sein. Der Kongress kann mit einer Zweidrittelmehrheit das Veto des Präsidenten überstimmen. Alle Gesetze können außerdem vom Obersten Bundesgericht auf ihre Verfassungsmäßigkeit überprüft werden. Alle drei Gewalten stehen sich also gleichwertig gegenüber, auch wenn der Präsident eine sehr starke Stellung hat. Das Grundprinzip der Verfassung lässt sich mit dem Begriff der „check and balance" gut fassen. Keine Institution kann so stark werden, dass sie die anderen vollständig dominiert: Konflikte sind ausdrücklich gewollt. Das Schaubild kann allerdings einen wichtigen Aspekt der Verfassung nicht zeigen, weil es sonst zu kompliziert geworden wäre. Von Anfang an stellte sich die Frage, wieviel Macht die 13 (heute 50) Einzelstaaten haben sollten. Die Einzelstaaten hatten und haben eine erhebliche Bedeutung. Das Schema bildet nicht ab, dass die USA nach dem Verständnis der Gründungsväter ein freiwilliger Zusammenschluss unabhängiger Staaten war.

3. beurteilen | Im Zentrum des Schaubildes stehen die jeweiligen Wahlvorgänge und die institutionellen „check and balances". Unklar bleibt die Rolle der einzelnen Bundesstaaten. Diese spielten aber auch für die Entwicklung des Wahlrechtes eine Rolle: Mehrere Bundesstaaten im Süden haben sich auch noch nach dem Bürgerkrieg (1861–1865) und der Befreiung der Sklaven geweigert, Afroamerikanern das Wahlrecht zu gewähren, bzw. haben durch zahlreiche indirekte, aber effektive Maßnahmen verhindert, dass Farbige ihr Wahlrecht ausüben konnten. Dies hatte zu ständigen und kontinuierlichen Konflikten mit dem Obersten Bundesgericht und anderen Institutionen geführt. Abgesehen vom Wahlrecht berücksichtigt das Schema keine historischen Entwicklungen im Staatsaufbau. Es könnte auch ein Schema entworfen werden, in dem die Bundesstaaten ausdrücklich erwähnt werden und eine sehr viel wichtigere Rolle spielen. Dann müsste allerdings an anderer Stelle etwas weggelassen oder in Kauf genommen werden, dass das Schema sehr unübersichtlich wird.

Hinweis: Das Schaubild zur amerikanischen Verfassung finden Sie auf Seite 81.

Lösungsskizze: Historiengemälde analysieren

Hinweis: Das Gemälde „Washington Crossing the Delaware" (1851) von Emanuel Gottlieb Leutze finden Sie auf Seite 93.

1. beschreiben | Das 378,5 x 647,7 cm große Monumentalgemälde entstand 1851 in Düsseldorf und ist heute im Besitz des Metropolitan Museum of Art in New York. Geschaffen hat es Emanuel Gottlieb Leutze (1816–1868), der 1825 mit seinen Eltern aus Schwäbisch-Gmünd nach Philadelphia kam und dort zum Porträtmaler ausgebildet wurde. 1841 ging der 25-jährige Leutze zu Studienzwecken an die Akademie nach Düsseldorf. Er blieb mit Unterbrechungen bis 1859 in der rheinischen Kunstmetropole, in der damals viele amerikanische Kunstmaler lebten. Das Historiengemälde „Washington Crossing the Delaware" – der Titel stammt vom Künstler – machte Leutze zu einem der berühmtesten Maler des 19. Jahrhunderts in den Vereinigten Staaten und in Deutschland. Ob er es in einem bestimmten Auftrag oder aus eigenem Antrieb malte, ist bis heute ungewiss.

Das Bild zeigt im Vordergrund ein Boot mit zwölf Männern, das durch die Eisschollen eines Flusses gerudert wird. Im Hintergrund der rechten Bildhälfte sind weitere Kähne mit Soldaten, Pferden und Waffen zu erkennen. Links von der Mitte des Gemäldes steht in der aufgehenden Sonne aufrecht ein General: George Washington, der Oberbefehlshaber der aufständischen Truppen im Amerikanischen Unabhängigkeitskrieg. Hinter ihm, in der Mitte des Bildes, flattert im Wind das Sternenbanner, gehalten von zwei Personen und umringt von den übrigen Insassen des Bootes. Sie sind alle durch unterschiedliche Kleidung, Mimik und Gestik individuell gestaltet.

2. erklären | Leutze erinnert mit dem Historiengemälde an eine Episode des Unabhängigkeitskampfes. Am späten Nachmittag des 25. Dezember 1776 verließ General Washington mit einer Truppe von 3 500 Mann, darunter Sklaven und freie Schwarze, die Westküste von New Jersey, überquerte am folgenden Morgen um etwa vier Uhr den Delaware-Strom und siegte danach über die vor Trenton lagernden britischen Einheiten. Der Sieg entschied den Unabhängigkeitskrieg nicht, und militärisch hatte er keine große Bedeutung. Er flößte den demoralisierten Truppen aber neues Selbstvertrauen ein, sodass sie zuversichtlich in ihre Winterquatiere zogen. Es dauerte noch vier Jahre, bis die Briten bei Yorktown endgültig aufgaben, und weitere zwei Jahre, bis die Unabhängigkeit der USA 1783 im Frieden von Versailles anerkannt wurde.

Das Gemälde erzählt die schicksalhafte Überquerung des Delaware vom Ende her. Der erfolgreiche Ausgang der Überquerung soll die erschöpften und niedergeschlagenen Truppen wie erwähnt angespornt haben, den Unabhängigkeitskampf fortzusetzen. Um dies deutlich zu machen, dramatisierte Leutze das Geschehen. Er malte den Fluss breiter und vereister, als er war, und ein Sternenbanner, das erst 1777 zur amerikanischen Flagge wurde. In das Boot nahm er nicht zufällig zwölf Amerikaner auf, denn die Zahl zwölf steht symbolisch für Vollkommenheit und erinnert z. B. an die zwölf Apostel. Denkbar ist aber auch, dass Leutze damit die zwölf Kolonien symbolisieren wollte, die am 4. Juli 1776 die Unabhängigkeitserklärung angenommen hatten (New York hatte sich enthalten). Nicht grundlos lässt der Künstler auch das Morgenlicht auf den zielstrebigen Washington und die flatternde Fahne fallen, obwohl die Sonne im Dezember um vier Uhr morgens noch nicht scheint. Die aufrechte Haltung von General Washington in dem Boot ist zudem wenig realistisch. Er wäre angesichts des Eisganges wahrscheinlich schon nach kurzer Zeit ins Wasser gefallen. Die Botschaft des Bildes lautet: Wer für Freiheit und Unabhängigkeit kämpft, wird nicht untergehen.

3. beurteilen | Leutzes Gemälde wurde 1851 in Deutschland und den USA gezeigt. Überall wurde es enthusiastisch aufgenommen. Für manchen deutschen Betrachter drückte es nach der gescheiterten Revolution von 1848/49 wohl den Wunsch nach einer Republik mit einem starken Freiheitshelden aus. In Amerika wurde das Gemälde zur Ikone des nationalen Selbstbewusstseins. Noch heute hängen Drucke davon in fast jeder Amtsstube und jedes Kind lernt es spätestens in der Schule kennen.

Lösungsskizze: Streitschriften untersuchen

1. beschreiben | *„Von den Juden und ihren Lügen"* wurde im Winter 1542/43 von Martin Luther in Wittenberg verfasst. Der Text erschien auf Deutsch und Lateinisch. In der hier verwendeten Edition umfasst die Schrift 135 Seiten. Davon sind einzelne Stellen zitiert und an das heutige Deutsch angeglichen. Luther spricht davon, er wolle auf einen Text erwidern, in dem ein Jude die Bibel uminterpretiere und damit den christlichen Glauben anzufechten versuche.

In seinem Pamphlet will Luther die jüdische Auffassung der Bibel als „Lügen" hinstellen. Die Juden hätten Jesus Christus nicht als Messias anerkannt, und wären dafür mit dem Zorn Gottes bestraft worden. Luther nennt die Juden uneinsichtig, neidisch und stolz. Sie würden die Christen hassen und deren Glauben verspotten. Darauf mit Nachsicht zu reagieren, verbiete sich, sonst provozierten die Christen gleichfalls Gottes Zorn. Christen sollten die Juden als ihre schlimmsten Feinde ansehen. Christliche Obrigkeiten müssten mit aller Härte gegen jüdische Untertanen vorgehen – vom Einäschern der Synagogen und der Räumung ihrer Häuser über Zwangsarbeit bis hin zur Ausweisung.

Luthers Text enthält jede Menge Übertreibungen, Vorurteile und unbewiesene Anschuldigungen. Besonders anstößig erscheint sein Vergleich des jüdischen Glaubens mit einer Infektion, vor der der eigene Körper (die christliche Gemeinschaft) unbedingt zu schützen sei (vgl. Zeile 27 bis 29).

2. erklären | Der religiöse Dissens zwischen Juden und Christen führte seit der Spätantike zu Ausgrenzung und Gewalt gegen Juden in Europa. Im Spätmittelalter nahmen die Übergriffe noch zu, Juden wurden etwa zu Sündenböcken für Seuchen und Hungersnöte. In Frankreich oder Spanien verloren sie das Aufenthaltsrecht, auch aus deutschen Territorien wurden sie im 16. Jahrhundert ausgewiesen.

Luther war anfangs für die Duldung der Juden und ihre friedliche Bekehrung. Seine Hoffnung, die Juden ließen sich für ein erneuertes Christentum gewinnen, blieb jedoch unerfüllt. Angesichts bleibender religiöser Gegensätze wollte Luther seine Deutung der Bibel verteidigen, die ihm als maßgebliche Quelle des Glaubens (*sola scriptura*) galt.

Der Text wendet sich an die evangelischen Christen. Sie sollten die Juden meiden und ihre angebliche Gotteslästerung nicht hinnehmen, denn dies sei eine schwere Sünde. Er warnt die Obrigkeiten davor, die Juden zu schützen. Luther stellt es zwar jedem frei, sich ein eigenes Urteil zu bilden (vgl. Zeile 37 f.). Seine Aussagen, was von den Juden zu halten und wie mit ihnen umzugehen sei, erscheinen gleichwohl als fanatische Hassbotschaft.

3. beurteilen | Luther hatte zeitlebens kaum Kontakt mit Juden. Auch in dem Pamphlet von 1542/43 spricht er nur über sie, nicht zu ihnen. Der Text verrät Wut und Enttäuschung über das Scheitern aller Bekehrungsversuche, ebenso Furcht, die Reformation könne durch jüdische Lehren beeinträchtigt werden. Luther verfasste zwischen 1538 und 1546 mehrere Schriften über die Juden, alle ähnlich gehässig in Ton und Inhalt. Mit seiner unversöhnlichen Haltung war er keineswegs allein, vielmehr galt dieses Denken als Allgemeingut unter den Christen seiner Zeit. Luthers antijüdische Schriften sorgten damals weder für Aufsehen noch waren sie sonderlich erfolgreich.

Im späten 19. und frühen 20. Jahrhundert wurden diese Schriften in Deutschland „wiederentdeckt" und nun für den rassistischen Judenhass vereinnahmt. Der Reformator hatte die Juden nicht nur als Religionsgemeinschaft, sondern als Volk mit angeblich angestammten negativen Eigenschaften definiert. Luther hat den Antisemitismus zwar nicht erfunden, dennoch wurde er zu einem seiner Stichwortgeber.

Hinweis: Die Auszüge aus der Streitschrift „Von den Juden und ihren Lügen" (1542/43) von Martin Luther finden Sie auf Seite 119.

Lösungsskizze: Umgang mit historischer Fachliteratur üben

Hinweis: Auszüge aus Publikationen von Albert Soboul und Rolf E. Reichardt über die Französische Revolution finden Sie auf Seite 147.

1. beschreiben | Albert Soboul (1914–1982) hatte lange Jahre den Lehrstuhl für die Geschichte der Französischen Revolution an der Sorbonne in Paris inne. Sein 1962 erschienenes Werk „Precis d'histoire de la Revolution française" gilt als Standardwerk, das auch ins Deutsche übersetzt wurde.

Rolf E. Reichardt (*1940) ist ein deutscher Neuzeithistoriker und Bibliothekar an der Universität Mainz. An der Universität Gießen hatte er verschiedene Lehraufträge. Mit der Französischen Revolution beschäftigte er sich vor allem unter kultur- und mediengeschichtlichen Aspekten.

Soboul weist der Französischen Revolution eine zentrale Stellung in der modernen Weltgeschichte zu, deren Wirkung bis heute anhält. Für ihn markiert sie den Übergang vom „Feudalismus" zum Kapitalismus und schuf damit die Voraussetzungen für einen modernen bürgerlichen Staat.

Reichardt stellt die Revolution als ein differenziertes kultur- und mentalitätsgeschichtliches Ereignis dar. Durch sie seien soziale Schichten politisiert worden, die bislang vom politischen Leben ausgeschlossen waren. Vor allem die neue Publizistik und neue politische Umgangsformen trugen zur Entwicklung einer neuen demokratischen Kultur in ganz Europa bei.

2. erklären | Soboul steht in der Tradition der sozialistischen Geschichtsschreibung. Er vertritt die marxistische These, wonach die Revolution im Wesentlichen ein Klassenkonflikt war und den Übergang von einer feudalen zur kapitalistischen Produktionsweise darstellt. Insofern ist sie für ihn eine „bürgerliche Revolution". Reichardt sieht den Verlauf der Revolution nicht durch Klassengegensätze festgelegt. Er versteht sie vor allem als ein politisches und kulturelles Ereignis.

Sowohl Soboul als auch Reichardt wenden sich an ein breites Publikum, um ihm einen Überblick ihrer Forschungen zum Thema zu liefern.

3. beurteilen | Den beiden Textauszügen liegen unterschiedliche theoretische Ansätze zugrunde. Konsequenterweise beschreiben sie die Französische Revolution aus unterschiedlichen Blickwinkeln. Diese schließen sich nicht gegenseitig aus, sondern vervollständigen unser Bild von den Jahren nach 1789.

1. Krisen, Umbrüche und Revolutionen

1.1 Kernmodul: Krisen

Diskutieren Sie, inwiefern Angst und Unsicherheit Kennzeichen sind, die mit einer Krise einhergehen.

Seite 8, Abb., A2, F

Stellen Sie den von Marx beschriebenen „Teufelskreis" von Handels- bzw. Überproduktionskrisen visuell in einem Schaubild dar. Hilfe zur Erklärung: Code **32201-21**.

Seite 11, M3, A1, H

Weisen Sie in M4 nach, dass Burckhardt Krisen als „Befreiung" charakterisiert. Überprüfen Sie, inwieweit diese Sichtweise auch mit Kosellecks Ausführungen zu Krisen in M2 auf Seite 10 vereinbar ist.

Seite 11, M4, A1, F

Überprüfen Sie anhand Ihres Schaubildes und der Checkliste, ob die sogenannten „Krisen" des Spätmittelalters tatsächlich als Krisen zu bezeichnen sind. Verfahren Sie ebenso bei der Frage, ob der Französischen und Amerikanischen Revolution Krisen vorausgingen.

Seite 12, M5, A3, F

1.2 Kernmodul: Revolutionen

Setzen Sie die Begriffe, die Schieder in Bezug auf den schnellen Wandel nennt, in Beziehung zu den passenden Informationen des Verfassertextes auf den Seiten 14 und 15.

Seite 17, M2, A1, H

Erörtern Sie nach der Behandlung der „Amerikanischen Revolution", ob man bei dieser tatsächlich von einer Revolution sprechen kann. Nutzen Sie dabei die Kriterien einer Revolution, die Sie im Rahmen des Kernmoduls entwickelt haben.

Seite 17, M2, A3, F

Diskutieren Sie, was es für die Bevölkerung heißt, nur noch mit der Sicherung der eigenen Existenz beschäftigt zu sein. Was geschieht, wenn sich die Lage zumindest soweit verbessert, dass dies nicht mehr ausschließlich die Hauptaufgabe der Menschen ist und Spielräume entstehen?

Seite 17, M3, A2, H

1.4 Pflichtmodul: Amerikanische Revolution

Stellen Sie die Entwicklung von 1700 bis 1770 in einem Graphen dar. Achten Sie dabei auf die Abstände in der Zeitachse. Erklären Sie anschließend die zu beobachtenden Veränderungen mithilfe des Verfassertextes auf Seite 28 bis 31.

Seite 32, M1, A, H

Überprüfen Sie, inwiefern sich die im Verfassertext auf Seite 28 beschriebene Einstellung der protestantischen Gemeinschaften in M2 wiederfinden lässt.

Seite 32, M2, A1, H

Weisen Sie anhand der Stilelemente des Gemäldes eine Mythenbildung nach. Charakteristika eines Mythos sind z. B.: Sinnstiftung (eine für eine Gemeinschaft verbindende, Identität stiftende Geschichte wird erzählt), Komplexitätsreduktion (Ereignisse und Fakten, die die Geschichte verkomplizieren und der Aussage im Wege stehen könnten, werden weggelassen) und Überhöhung (bestimmte Aspekte werden besonders hervorgehoben, um die gewünschte Aussage zu erzeugen).

Seite 33, Abb., A, F

Erklären Sie die Unterschiede, die zwischen den zeitgenössischen und heutigen Bildungsbegriffen deutlich werden, anhand des jeweiligen historischen Hintergrundes. Beachten Sie dabei auch die Identität stiftende Rolle, die die Religion für die Kolonisten besaß.

Seite 33, M3, A2, F

Stellen Sie die Folgen des Sklavenhandels für Afrika in einem Schaubild (z. B. in Form eines Kreislaufs) dar.

Seite 35, M5, A2, H

Diskutieren Sie, ob bei der Resolution wirtschaftliche Motive oder politische (Freiheits-)Rechte im Vordergrund stehen. Überlegen Sie anschließend, wie sich die politischen Rechte und die wirtschaftlichen Motive gegenseitig in der Argumentation der Abgeordneten unterstützen.

Seite 45, M2, A2, H

Beachten Sie bei der Stellungnahme die finanzielle Situation Großbritanniens nach dem Siebenjährigen Krieg und die daraus folgende Steuerlast der Bürger Großbritanniens.

Seite 45, M2, A3, H

Beachten Sie hier besonders die letzte Textpassage ab Zeile 37.

Seite 47, M4, A1, H

Informieren Sie sich über den religiösen biblischen Kontext, in dem die „ägyptischen Sklaventreiber" (siehe Zeile 43f.) vorkommen, und erklären Sie mithilfe von M5 auf Seite 47 mögliche Motive Adams, diesen Begriff zu verwenden.

Seite 47, M4, A1, F

Lesen Sie hierzu noch einmal den Verfassertext „Die Puritaner und andere protestantische Gemeinschaften" auf Seite 28.

Seite 47, M5, A2, H

Seite 54, M2, A1, F	Weisen Sie den zeitgenössischen Freiheitsbegriff der Kolonisten im Text nach. Sie können als Grundlage die passenden Informationen auf Seite 51 und 52 hinzuziehen (Verfassertext: „Intellektuelle Hintergründe der Freiheitsbewegung").
Seite 55, M3, A4, H	Als Vorarbeit zu Aufgabe 4: Analysieren Sie den Text arbeitsteilig in Hinblick auf Paines Definition a) der natürlichen Rechte aller Menschen, b) der Art der künftigen rechtmäßigen Regierung und c) der Rolle von Freiheit und Unabhängigkeit. Führen Sie Ihre Ergebnisse in Dreiergruppen zusammen und halten Sie Paines Konzept für ein unabhängiges Amerika stichpunktartig fest. Geben Sie dabei relevante Belegstellen an.
Seite 64, M1, A2, H	Überprüfen Sie anhand des Verfassertextes auf den Seiten 36 bis 43 und 56 bis 60, inwieweit sich die in M1 dargestellten Beschwerden (siehe Zeile 39-80) faktisch nachweisen lassen.
Seite 64, M1, A4 und A5, H	Als Vorarbeit zu Aufgabe 4 und 5: Analysieren Sie den Text arbeitsteilig in Hinblick auf die Grundsätze der Unabhängigkeitserklärung in Bezug auf a) die natürlichen Rechte aller Menschen, b) die Art der künftigen rechtmäßigen Regierung und c) die Rolle von Freiheit und Unabhängigkeit. Führen Sie Ihre Ergebnisse in Dreiergruppen zusammen und halten Sie die wesentlichen Neuerungen stichwortartig fest.
Seite 65, M3, A2, H	Erläutern Sie die Hintergründe, auf die die Satire anspielt. Nutzen Sie dazu die Informationen des Verfassertextes „Die ‚Hessen'" auf Seite 57.
Seite 66, M5, A2, F	Beurteilen Sie, inwieweit die Petition einen Wandel im zeitgenössischen Freiheitsverständnis der Kolonisten/Revolutionäre darstellt. Zum vorherrschenden zeitgenössischen Freiheitsbegriff siehe nochmals den Verfassertext auf Seite 51 und 52 („Intellektuelle Hintergründe der Freiheitsbewegung").
Seite 67, M6, A3, H	Charakterisieren Sie die sprachliche und inhaltliche Gestaltung der Argumentation von Abigail und John Adams. Mögliche Adjektive wären hierbei: sachlich, logisch, herausfordernd, diplomatisch, beleidigend etc.
Seite 67, M6, A4, H	Nutzen Sie dazu auch die Informationen des Verfassertextes auf Seite 62 („Die Rolle der Frauen bei der Unabhängigkeit") und die Grundsätze der Unabhängigkeitserklärung (M1 auf Seite 63).
Seite 69, M1-M3, A3, F	Erörtern Sie ausgehend von M1 bis M3 und Ihrem Hintergrundwissen, ob man bei der Amerikanischen Revolution von einer „ungeplanten Revolution" oder sogar „widerwilligen Revolution" sprechen kann.
Seite 75, M1, A3, H	Anregungen für die Argumentation finden sich im Verfassertext „Zentralstaat oder Staatenbund?" auf Seite 70.
Seite 75, M2, A2, H	Ziehen Sie die Textinformationen auf Seite 71 („checks and balances") zum Menschenbild hinzu und weisen Sie die Konsequenzen, die daraus gezogen werden, in M2 nach.
Seite 77, M4, A1, H	Analysieren Sie M4 arbeitsteilig in Hinblick auf a) den geforderten Charakter des politischen Systems und seiner Vertreter, b) das geforderte Prinzip der Kontrolle der Regierung und c) die geforderten Menschen- und Freiheitsrechte. Tragen Sie anschließend Ihre Ergebnisse in Dreiergruppen zusammen und erstellen Sie ein Schaubild, in dem deutlich wird, wie die einzelnen untersuchten Aspekte zusammenwirken sollen.
Seite 77, M5, A1, F	Erläutern Sie die Gründe für die inhaltlichen Unterschiede zwischen den beiden Dokumenten M4 und M5. Ziehen Sie als Hilfe die Informationen aus den Verfassertexten auf Seite 71 bis 73 hinzu („checks und balances" und „Bill of Rights – Ideal und Realität").
Seite 78, M7, A3, H	Autonomie heißt in diesem Zusammenhang „Unabhängigkeit".
Seite 79, M8, A2, F	Überprüfen Sie durch geeignete Recherchen, inwieweit die USA den von Washington formulierten außenpolitischen Grundsätzen in Vergangenheit und Gegenwart gefolgt sind bzw. folgen.
Seite 86, M1, A1, H	Legen Sie eine Folie über das Gemälde und umranden Sie mit einem Folienstift einzelne Bereiche. Analysieren Sie diese Bereiche dann in Bezug auf ihre Wirkung und Bedeutung hin. Beachten Sie dabei auch die Symbolik in den Bildelementen. Die Bearbeitung kann auch arbeitsteilig erfolgen. Die Bereiche werden dann unter den Gruppenmitgliedern verteilt, die Teilergebnisse werden anschließend zusammengetragen und die Gesamtdeutung gemeinsam erarbeitet.
Seite 87, M2, A, F	Analysieren Sie, für welche Botschaften die jeweils in M2 hergestellten Bezüge zur Gründungsphase genutzt werden. Beurteilen Sie anschließend, inwieweit diese Botschaften historisch vertretbar sind.
Seite 89, M5, A2, F	Weisen Sie anhand der Kriterien Komplexitätsreduktion, Überhöhung, Sinnstiftung und Stilisierung begründet nach, dass bei den in M4 und M5 beschriebenen Sachverhalten eine Mythisierung der Verhältnisse der „Gründungsphase" vorliegt.

„The spirit of '76 (Yankee Doodle)" (Seite 90) und US-Propagandaplakat (Seite 91): Legen Sie eine Folie über die jeweilige Bilddarstellung und umranden Sie mit einem Folienstift einzelne Bereiche. Analysieren Sie diese Bereiche dann in Bezug auf ihre Wirkung und Bedeutung hin. Beachten Sie dabei auch die Symbolik in den Bildelementen. Die Bearbeitung kann auch arbeitsteilig erfolgen. Die Bereiche werden dann unter den Gruppenmitgliedern verteilt, die Teilergebnisse werden anschließend zusammengetragen und die Gesamtdeutung gemeinsam erarbeitet.

Seite 90, Abb., A1, H

„The spirit of '76 (Yankee Doodle)" (Seite 90), US-Propagandaplakat (Seite 91) und „Washington Crossing the Delaware" (Seite 93): Klären Sie für die Entstehungszeit der Bildquellen den historischen Kontext und vergleichen Sie anschließend die Bildaussagen vor diesen historischen Kontexten. Erörtern Sie, inwieweit ein Wandel in der Aussageabsicht erkennbar ist. Beachten Sie dabei auch den persönlichen Hintergrund des jeweiligen Künstlers.

Seite 91, Abb., A2, F

Entwickeln Sie aus der Perspektive der jeweils in M7 genannten Personengruppen eine These, die die Gründungsväter der amerikanischen Bevölkerung und Politik heute mit auf den Weg geben würden.

Seite 91, M7, A1, F

Analysieren Sie hierzu noch einmal die Motive und Ziele der Gruppen, von denen die Amerikanische Revolution ausging.

Seite 95, M1, A3, H

Überprüfen Sie anhand der von Ihnen in Aufgabe 1 und 2 im Kernmodul „Krisen" (M5, Seite 12) erstellten Checkliste und des Schaubildes, ob die von Roswell genannten Aspekte, die zur Amerikanischen Revolution führten, Merkmale einer Krise darstellen.

Seite 95, M2, A2, F

1.5 Wahlmodul: Die Krise der spätmittelalterlichen Kirche und die Reformation

Analysieren Sie, wie beide Texte ihren jeweiligen Anspruch begründen.

Seite 109, M2, A2, H

Charakterisieren Sie, welche Eigenschaften Erasmus von einem wahren Theologen fordert und untersuchen Sie, inwieweit sich dieser Anspruch mit dem „Priestertum aller Gläubigen" Luthers deckt.

Seite 109, M3, A3, H

Analysieren Sie dazu arbeitsteilig auch die kurz- und langfristigen gesellschaftlichen und politischen Folgen der Veröffentlichung der Thesen (siehe dazu den Verfassertext auf den Seiten 100 bis 107) und tragen Sie Ihre Ergebnisse als Diskussionsgrundlage zusammen.

Seite 110, M4, A4, H

Weisen Sie begründet nach, an welchen Stellen im Text die von Luther entwickelten Glaubensgrundsätze (siehe dazu den Verfassertext „Eine theologische Initiative" auf Seite 100 f.) zum Ausdruck kommen.

Seite 111, M5, A1, F

Analysieren Sie die Forderungen in den Artikeln arbeitsteilig daraufhin, an welchen Stellen

Seite 112, M6, A2, H

a) eine Rückkehr zum „alten Recht" (also Zuständen, wie sie zuvor einmal bestanden) gefordert wird,

b) eine Begründung der Forderung mit der Heiligen Schrift erfolgt.

Tauschen Sie Ihre Ergebnisse anschließend aus und diskutieren Sie das Verhältnis zwischen den Forderungen der Bauern und der Reformation.

Beachten Sie dabei besonders Luthers Ausführungen in Zeile 51 bis 70 (M5).

Seite 112, M6, A3, H

Orden Sie die Elemente des Schaubildes verschiedenen Bereichen (z. B. Beratung, Teilhabe, Wahl, Rechtsprechung, Religion usw.) zu und erklären Sie, wie die „Verfassung" in diesen Bereichen jeweils funktionierte. Recherchieren Sie dazu auch die Funktionen des „Reichtages" und des „Reichskammergerichtes" seit 1495. Bearbeiten Sie anschließend das gesamte Schaubild mithilfe der Methode „Verfassungsschemata auswerten" auf Seite 78.

Seite 114, M8, A1, H

Informieren Sie sich über die Bestimmungen des Augsburger Religionsfriedens auf Seite 104.

Seite 114, M8, A2, H

1.6 Wahlmodul: Französische Revolution

Überprüfen Sie, inwieweit sich die in M1 herausgearbeiteten Ideen der Aufklärung in den Materialien M2 und M3 (Seite 139 bis 141) nachweisen lassen.

Seite 139, M1, A1, F

Erklären Sie die Veränderungen zwischen den Verfassungen anhand des jeweiligen historischen Kontextes.

Seite 143, M4, A1, F

Erstellen Sie ein Schaubild, in dem das Verhältnis von „Tugend" und „Terror" nach Robespierre deutlich wird. Bringen Sie dabei auch die jeweiligen Funktionen der beiden Begriffe für die Gesellschaft ein.

Seite 144, M5, A1, H

Seite 144, M5, A2, H	Erläutern Sie sich gegenseitig anhand der Karte auf Seite 132 die Lage, in der sich die französische Republik im Jahr 1793 befand. Diskutieren Sie dann gemeinsam, inwieweit die Rede Robespierres (erster Text) und die „Schreckensherrschaft" eine verständliche Reaktion auf die jeweiligen Bedrohungen der Republik waren.
Seite 144, M5, A4, F	Nehmen Sie ausgehend von der Bearbeitung von M5 Stellung zu der Frage, inwieweit das Erstreben eines höheren, moralisch wertvollen Zieles auch radikale Mittel zu dessen Erreichung rechtfertigt. Heiligt der Zweck die Mittel?
	Recherchieren Sie Beispiele aus der Geschichte, in denen mithilfe von „Terror" eine tugendhafte Ordnung etabliert oder beschützt werden sollte, und stellen Sie diese im Kurs vor. Setzen Sie sich dabei auch damit auseinander, inwieweit die Ziele letztlich erreicht und welche Wirkungen dabei erzeugt wurden.
Seite 145, M6, A2, F	Vergleichen Sie die von Lachenicht dargestellte neue Definition, die der Begriff „Revolution" durch die Französische Revolution erhalten hat, mit denen von Ihnen im Kernmodul (Seite 14 bis 21) entwickelten Charakteristika von Revolutionen.
	Recherchieren Sie, welche Rolle die Französische Revolution für das Selbstverständnis der Franzosen spielt, und überprüfen Sie, ob hier Formen einer Mythenbildung (Komplexitätsreduktion, Sinnstiftung, Überhöhung, Stilisierung) nachzuweisen sind.
Seite 145, M7, A2, H	Weisen Sie in M7 und dem Gemälde die Charakteristika einer Mythenbildung (Komplexitätsreduktion, Sinnstiftung, Überhöhung, Stilisierung) nach.
Seite 149, M, A4, H	Überprüfen Sie, inwieweit die Kriterien für eine Revolution und eine Modernisierung, die Sie in den jeweiligen Kernmodulen (Seite 14 bis 25) entwickelt haben, nach Schama (M, Seite 149) und Lachenicht (M6, Seite 144 f.) nachzuweisen sind.

Die **fettgedruckten Namen und Seitenzahlen** verweisen auf biografische Informationen in der Randspalte des Darstellungsteils.

Die **fettgedruckten Begriffe und Seitenzahlen** verweisen auf Erläuterungen in der Randspalte des Darstellungsteils.